PREFACE

This is a preliminary revision of *Modern Standard Arabic. Intermediate Level* (IMSA), first published by the Center for Middle Eastern and North African Studies, University of Michigan, in 1971. It retains the original goal of taking the intermediate student to an Advanced or Advanced High proficiency level on the ACTFL scale in the four language skills, but from a functional approach, with increased emphasis on authenticity of language and on Arab culture.

When the revision is complete the new IMSA will consist of (1) a text of 20 lessons, (2) a second volume containing a comprehensive treatment of the grammar (morphology and syntax) and covering all structures found in EMSA and IMSA arranged in the form of a reference grammar, (3) a set of audio cassettes in which are recorded the Basic Texts and the Reading Aloud passages from each lesson, and (4) a set of audio tapes for the Listening Comprehension passages. This preliminary edition contains (1) the first fifteen lessons, which classroom testing at a number of institutions has shown to be more than enough for a year's classroom work (the last five lessons, which are ready but need editing, are expected to be available by the end of this year); (2) the grammatical notes from the original version, which are still pertinent to the grammatical features of the Basic Texts and which are useful for students who have consistently felt the need for such notes (the reference grammar is still under preparation and will be published as soon as it is ready); and (3) a set of audio tapes for the Basic Texts and Reading Aloud passages. The audio tapes for the Listening Comprehension passages have actually been selected and questions for them have been set and appear in the lessons; it is hoped that they will be assembled in a cassette set and will also be available by the end of the year.

The lessons in this new edition of IMSA have been restructured and their content completely revised and revamped. Each lesson now has seven parts:

Part I: **Preliminaries** is designed to prepare the student for understanding the Basic Text and assimilating its content. It consists of (a) Pre-reading questions, which stimulate the students' interest and put them in the mindset where they are better able to understand the topic being presented in the Basic Text; (b) New Vocabulary, which presents the new items of vocabulary occurring in the Basic Text in a context where they can be more easily studies and memorized. These sentences have been totally rewritten to include a greater amount of Arabic context to prepare the learner to use a meaningful Arabic environment in mastering new words. These words are given, wherever possible, Arabic synonyms or definitions, and are also translated into English in the first ten lessons. After Lesson 10 an English translation is used only when the Arabic preparatory sentence and the Arabic definition are felt not to be sufficient to convey the new meaning to the learner. One innovation in the revised edition is that, where feasible, the causative correspondent of each non-causative verb, and vice versa, is provided. Also, transitive and doubly-transitive verbs are so identified using the convention in Hans Wehr's dictionary; and (c) Cultural notes.

Part II: **Reading Activities** contains the Basic Text itself, followed by exercises designed to help students understand its content, use the new vocabulary, and practice the new grammatical structures. The Basic Texts themselves have been updated, extended and enlarged to make them more intellectually challenging and to reflect the Arab World and Arab culture of today. The comprehension exercises, here and elsewhere in the book, use the 'top-to-bottom' approach, thus helping students figure out the content by asking them first questions that are more general and then moving on to more specific details.

Part III: **Review** contains a passage for reading aloud, generally a summary of the Basic Text or a recasting of it in dialogue form, and review exercises of vocabulary and grammar, in which older items and structures are recycled and reinforced. As in the original version, there has been strict control of vocabulary reinforcement by assuring the reinsertion of vocabulary items, once introduced, in the following lesson, then in either of the next two lessons, and then at least once in every three lessons throughout the rest of the book.

Part IV: **Applications** is designed to train students to use the information and knowledge acquired plus the skills developed in the lesson to perform other, more demanding spoken and written tasks that are related to the topic of the lesson.

Parts V and VI, **Reading Comprehension** and **Listening Comprehension** provide reading and listening passages as well as activities designed to stimulate students to search for and understand their content. These passages are all authentic texts prepared by Arabs for Arabs, and are

INTERMEDIATE

MODERN STANDARD ARABIC

(Revised Edition)

by

Peter Abboud, Chairman
Aman Attieh
Ernest McCarus
Raji Rammuny

Contributors to the first edition:

Peter Abboud, Chairman
Ernest Abdel-Massih
Salih Altoma
Wallace Erwin
Ernest McCarus
Raji Rammuny

with the assistance of
Ali Kasimi, George Saad, Najib Saliba

Center for Middle Eastern and North African Studies

The University of Michigan
Ann Arbor, Michigan

Copyright © 1997 by Peter F. Abboud and Ernest N. McCarus

reproduced in the same format as are seen and heard by Arabs. As indicated above, these activities use the top-to-bottom approach. Specific items that the students do not know but which are crucial for the understanding of the text are glossed and defined in Arabic wherever possible.

Part VII: **Dictionary Studies** is an occasional feature presenting groups of words from the same root as selected words in the lesson, as well as word expansions, where extensions of the meanings of words and their derivatives are provided.

The book IMSA is available from

University of Michigan Press
P.O. Box 1104
Ann Arbor, Michigan 48106-1104
Tel.: (313) 764-4394
Fax : 313-936-0456

The audio cassettes are available from

Language Resource Center
University of Michigan
2018 Modern Languages Bldg.
University of Michigan
Ann Arbor, MI 48109-1275
ATTN: FLACS Program
Tel: (313) 764-0424
Fax: 313-764-3521

These materials have been extensively classroom tested in a number of university settings. Any comments on the materials or questions about the availability of the component parts may be sent to

Ernest McCarus
Department of Near Eastern Studies
University of Michigan
3074 Frieze Building
Ann Arbor, Michigan 48109-1280
USA
e-mail: enm@umich.edu

The Authors

July 9, 1997

GRAMMAR NOTES

Lessons 1 - 15

الدرس الاول

Part II. Grammar — القسم الثاني: القواعد

A. — أ- إذا بـِ / إذا

The particle إذا or إذا بـِ 'lo! (all of a sudden) there was!' is never followed immediately by a verb; إذا is followed by a nominative form, while إذا بـِ is followed by a genitive. Illustrations:

جلس يستمع الى الاذاعة فاذا بصوت جميل يقول...	'He sat listening to the broadcast when suddenly there was a beautiful voice saying...'
اذا صاحبُهُ يُقْبِل عليه	'And then his friend approached him'

B. — ب - الحال

A smooth translation of فوجده قد احترق وتحجر is 'He found that they were burnt and had turned to stone'. Grammatically the clause قد احترق وتحجر is a hāl clause modifying ه (object of وجد); a more literal translation showing this relationship is 'And he found them they had burned and turned to stone.' Hāl clauses with a verb in the perfect normally begin with وَقَدْ ; after certain verbs, such as وَجَدَ the conjunction وَ may be omitted, as it has been in this sentence.

C. 'to resume, return to; again' وَعادَ 'no longer' ما عادَ ، لَمْ يَعُدْ — ج - ما عادَ ، لَمْ يَعُدْ

The verb عادَ 'to return' followed by another verb in the indicative means 'to resume, return to; again', e.g.

وبعد خمس سنوات عاد يكتب في "الاهرام"	'And after five years he again wrote for Al-Ahram.'
عادت المدرّسة تقول...	'The teacher went on to say...'

Negative عاد plus indicative means "no longer", "no more", e.g.

لم يعدْ يعرف ماذا يفعل.	'He no longer knew what to do.'
ما عدت اعرف ماذا افعل.	'I no longer knew what to do.'

In this usage عادَ occurs only in the perfect tense, but may be translated as either past or present, depending on the context, e.g.

عاد ينظر الى الفتاة.	'He again looked (looks) at the girl.'
لم يعد الحزب ينقاد لسياسة رئيسه بعد ذلك.	'The party no longer followed (has no longer followed, no longer follows) its leader's policy after that.'

D. Word Structure. د ـ تركيب الكلمة

One essential part of the process of learning to read Arabic with facility is developing a familiarity with Arabic syntax: how words are put together in phrases and phrases into clauses and sentences. Another and equally important part is acquiring a firm grasp of morphology, or word structure: how individual words are composed. This kind of knowledge is of particular value in building an ever-increasing vocabulary and thus in reducing dependence on the dictionary. In this lesson we present a brief review of the major aspects of word structure, and in subsequent lessons we shall treat some of the features in more detail.

In the study of Arabic word structure four terms are basic: stem, affix, root, and pattern. Every Arabic word contains a stem. Some words may consist of a stem only; most consist of a stem and one or more affixes. Words which consist of a stem alone are uninflected words, commonly known as particles, for example:

هَلْ	(interrogative particle)	إذا	'if'
لا	'not'	أنَّ	'that'
قَدْ	(verbal particle)	مِنْ	'from'

Certain particles may occur either independently as above and/or with an attached pronoun suffix, for example:

أنَّهُ	'that he'	مِنْها	'from her'

Others, such as لا ، قَدْ, never occur with a suffix.

The great majority of words other than particles are composed of a stem plus one or more affixes. For example, the word أَدَبٌ 'literature' consists of the stem /ʔadab-/ plus a suffix /-u/ indicating nominative case and a suffix /-n/ indicating indefiniteness. The stem in some words can itself be further broken down into a smaller stem plus one or more affixes; for example أَدَبِيٌّ 'literary' consists first of a stem /ʔadabiyy-/ plus a nominative suffix /-u/ and an indefinite suffix /-n/, and that stem in turn consists of a stem /ʔadab-/ plus a derivational suffix /-iyy-/. Stems like /ʔadab-/, which contain no smaller stems, are called primary stems; those like /ʔadabiyy-/, which consist of a smaller stem and an affix, are called secondary stems.

The word affix includes both prefixes--bound forms attached to the beginning of a stem, for example /ya-/ of يَكْتُبُ 'he writes'--and suffixes--bound forms attached to the end of a stem, for example /-iyy-/, /-u/, and /-n/ of أَدَبِيٌّ 'literary'.

Primary stems, from the point of view of their internal structure, are of two kinds. One kind is not further analyzable into smaller constituent elements. These are known as solid stems. They include the particles mentioned above, various borrowed words, place names and other words (see grammar section of lesson 2), for example مِنْ 'from', راديو 'radio', and باريس 'Paris'. The other kind of stem, far more numerous, is composed of two elements: a root and a pattern; these are referred to as root-and-pattern stems. Thus, for example, the stem /kitaab-/ consists of the root k t b and the pattern -i-aa-; and the stem /muraasil-/ in مراسل 'reporter' consists of the root r s l and the pattern mu_aa_i_. This type includes the stems of nouns, adjectives, verbs and certain prepositions.

A root is a set of consonants in a certain order, associated with a certain general area of meaning, which interlocks with a pattern to form a stem. Each consonant in a root is known as a radical. Roots may contain from two to five radicals, but the vast majority contain three. Since most dictionaries of Arabic are arranged by root, an ability to recognize the root of a word is essential in the process of looking up words.

A pattern is a fixed arrangement consisting of (1) one or more vowels (and in some cases also one or more consonants) and (2) a set of slots or spaces indicating the positions which the radicals of a root must occupy when combined with that pattern. For example, the pattern of the following stems:

kitaab-	(as in كِتاب 'book')
jibaal-	(as in جِبال 'mountains')

consists of (1) the short vowel /i/ and the long vowel /aa/ in that order and (2) one slot for a radical before the /i/, another before the /aa/, and a third after the /aa/.

A pattern as such may be symbolized in various ways. We might use dashes to indicate the positions of the radicals, and write the pattern of the stems shown above as -i-aa-. Or, instead of dashes, some books use a capital C (for consonant): CiCaaC. The traditional system, long favored by Arabs and orientalists, involves the use of the letters ف , ع , and ل to represent the positions of the radicals: فِعال or, in transcription, Fi9aaL. In this book we shall adopt this last system with one modification, using the letters F, M, and L to indicate the positions of the First, Middle, and Last radicals respectively: FiMaaL. Such a form presents no difficulties of pronunciation aloud, and can be easily typed. For quadriliteral roots (those consisting of four radicals) we shall use the letters F S T L, representing the First, Second, Third, and Last radicals respectively; thus the stem pattern of ترجم 'to translate' can be symbolized as FaSTaL. Finally, we shall if necessary use a capital C to represent any consonant regardless of its status as a radical, and a small v to represent any vowel.

Patterns are of two main types. A simple pattern is one which consists solely of one or more vowels between the radicals. The pattern FiMaaL, illustrated above, is one example of a simple pattern. Here are three others:

FaML

qalb-	as in	قَلْبٌ	'heart'
xawf-	"	خَوْفٌ	'fear'

FaMaL

9araq-	as in	عَرَقٌ	'sweat'
malak-	"	مَلَكَ	'he owned'

FaMiiL

kariim-	as in	كَرِيمٌ	'noble'
laðiið-	"	لَذِيذٌ	'delightful'

A <u>pattern complex</u> is a pattern which includes not only one or more vowels between the first and last radical slots but also an additional vowel after the last radical, or one or more (non-radical) consonants in any position, or the doubling of a radical. Here are some examples:

<u>FuMLaa</u>

kubraa as in كُبْرى 'biggest'(fem)

ʔuxraa " أُخْرى 'other' (fem)

<u>maFMaL</u>

maṭbax as in مَطْبَخ 'kitchen'

maṣna9- " مَصْنَع 'factory'

<u>FtaMaL</u>

-ntað̣ar- as in انتظر 'he waited'

-stama9- " إِسْتَمَعَ 'he listened'

<u>FuMaLaa</u>

sufaraaʔ- as in سُفَراءُ 'ambassadors'

wuzaraaʔ- " وُزَراءُ 'ministers'

<u>FaMMaL</u>

darras- as in دَرَّسَ 'he taught'

fakkar- " فَكَّرَ 'he thought'

<u>FaMLa</u>

hamzat- as in هَمْزَةٌ 'hamza'

zawjat- " زَوْجَةٌ 'wife'

Note that in the case of stems ending in ة /-at/, as in FaMLa above, the pattern is symbolized as ending in /a/ alone, to conform to the usual pause-form pronunciation of such words.

From the various examples above it can be seen how the radicals of a root fit into the slots of a pattern, and how a root and a pattern thus combine in interlocking fashion to form a stem. Each of the two elements contributes its characteristic share of meaning to the stem. The root indicates a general area of lexical meaning; for example the root <u>ṭ</u> <u>b</u> <u>x</u> conveys the general idea of "cooking". The pattern indicates a more or less specific grammatical meaning, for example "Form I perfect verb" (FaMaL, as in طَبَخْنا 'we cooked'), "place where an activity goes on" (maFMaL, as in مَطْبَخٌ 'kitchen'), or "person of a certain trade" (FaMMaL, as in طَبّاخٌ 'cook'). Thus the meaning of a root and the meaning of a pattern intersect to indicate the specific meaning of the stem as a whole.

A. The Indefinite Relative Pronouns. أ ـ اسم الموصول العام

The relative pronouns مَنْ and ما have no antecedents; in a sense, they contain their own antecedents singular or plural. مَنْ thus can be translated "whoever, he who, those who, anyone who" and ما may be translated "what, that which, whatever, etc."

When a relative clause contains a verb whose object is the same as the antecedent, that object is a suffixed pronoun agreeing in gender and number with the antecedent:

الاشعار التي درسناها 'the poems that we studied'

اذكر ما قاله 'Mention what he said.'

When the relative prpnoun is indefinite (مَنْ or ما), the pronoun direct object of a verb is often omitted, as in

اذكر ما قال 'Mention what he said.'

The non-human pronoun ما is equivalent to such expressions as الشيء الذي، بعض الاشياء التي ، الاشياء التي ,etc. and مَنْ is equal to الشخص الذي 'the person who'. The pronoun ما itself, however, is always masculine singular, and مَن is generally masculine singular.

B. Stems. I ب ـ أَصْلُ الكَلِمة :

In Lesson I, as an introduction to the study of Arabic word structure, there was a review of the major points concerning stems, affixes, roots, and patterns. In this lesson there will be a more detailed discussion of the two main stem types: primary stems, which may be solid or composed of a root and a pattern, and second-

a. Primary stems.

A primary stem is one which contains no smaller stem, as opposed to a secondary stem, which is composed of a primary stem and a derivational affix. Examples of primary stems are:

min	as in	مِنْ	'from'	-9bud-	as in	يَعْبُدُونَ 'they worship'
?amr-	"	أَمْرٌ	'matter'	?aaman-	"	آمَنَّا 'we believed'

With respect to their internal structure, primary stems are of two types: solid stems, and root-and-pattern stems.

(1) Solid stems.

These are stems which are not analysed as consisting of a root and a pattern. There are far fewer solid stems than those of the other type, but among them are a great many common items of very high frequency. The major categories are described below.

(a) Particles. A large group of solid stems is to be found among the particles, almost all of which are of this type. Particles are uninflected words. They function syntactically as prepositions, as various kinds of negatives and interrogatives, as conjunctions, as adverbs, and in a variety of other ways. Here are some examples:

Prepositions	إِلى 'to'	في 'in'
Negatives	لَمْ (with jussive) 'did not, has/have not'	ما 'not'
Conjunctions	أَو 'or'	وَ 'and'
Adverbs	هُنا 'here'	

(b) Personal pronouns. Solid stems are also found in the independent forms of the personal pronouns.

		Singular	Dual	Plural
3	M	هُوَ	هُما	هُمْ
	F	هِيَ		هُنَّ
2	M	أَنْتَ	أَنْتُما	أَنْتُمْ
	F	أَنْتِ		أَنْتُنَّ
1		أَنا		نَحْنُ

These forms show distinctions of person, gender, and number.

(c) Demonstratives. Solid stems are found in the various forms of demonstratives. Listed below are the most common of these: the near demonstrative هٰذا 'this' and the far demonstrative ذٰلِكَ 'that'. The forms in parentheses are rarely used.

	Singular	Dual Nom.	Dual Gen./Acc.	Plural
M	هٰذا	هٰذانِ	هٰذَيْنِ	هٰؤُلاءِ
F	هٰذِهِ	هاتانِ	هاتَيْنِ	
M	ذٰلِكَ	(ذانِكَ)	(ذَيْنِكَ)	أُولٰئِكَ
F	تِلْكَ	(تانِكَ)	(تَيْنِكَ)	

These forms show distinctions of gender (except in the plural), number, and (in the dual only) case.

(d) Relative pronouns. Solid stems are also found in the indefinite relative pronouns

مَنْ 'anyone who, one who, he who, whoever'

ما 'anything which, one which, that which, what, whatever'

and in the definite relative pronoun الذي 'who, which, that, the one who/which/that':

	Singular	Dual Nom.	Dual Gen./Acc.	Plural
M	الّذي	اللذانِ	اللذَيْنِ	الّذينَ
F	الّتي	اللتانِ	اللتَيْنِ	اللواتي

These forms show distinctions of gender, number, and (in the dual only) case.

(e) Interrogative pronouns. These are:

مَنْ 'who?'

ما 'what?'

ماذا 'what?'

The first two are solid stems identical in form with the indefinite pronouns listed in (d) above; the third is a combination of two elements.

Note: when the preposition عَنْ 'about' or مِنْ 'from' is followed by the pronoun ما or مَنْ (whether interrogative or relative), the combination is always written and pronounced as one word, the final -n of the preposition changing to m:

عَمّا	'about what?, about that which'	مِمّا	'from what?, from that which'
عَمَّنْ	'about whom?, about the one who'	مِمَّنْ	'from whom?, from the one who'

(f) The verb لَيس. This verb, meaning 'am/is/are not' consists of a solid stem /lays-/, or (before a consonant suffix) /las-/, and a set of regular perfect-tense verb endings. Despite its meaning, it has no imperfect tense forms.

(g) Certain loanwords. Another group of solid stems is to be found among loanwords, that is, among the words--mostly nouns and adjectives--which have been borrowed from other languages. Examples:

raadiyoo	as in	راديو	'radio'	sikriteer	as in	سِكرتيرون 'male secretaries'
siinamaa	"	سينَما	'movies'	"	"	سِكرتيرة 'female secretary'
šeek	"	شيكات	'checks'	dimuqraaṭ-	"	ديمُقْراطِيّ 'democratic'

Since words of this sort are not considered to have roots, they are listed in dictionaries in alphabetical order, according to the letters appearing in the unvowelled Arabic word. Thus راديو , is to be found under ر ـ ا ـ د ـ ي ـ و، سينما under س ـ ي ـ ن ـ م ـ ا and so on.

Not all loanwords have solid stems; some have been completely arabicized so as to fit into the root and pattern system. For these see (2) (e) below.

(h) Certain place names. Finally, solid stems are to be found among place names, especially but not exclusively those referring to places outside the Arab world. Examples:

نيويورك	'New York'	الإِسْكَنْدَرِيّة	'Alexandria'
لَنْدَن	'London'	ليبْيا	'Libya'

القسم الثاني : القواعد

A. Idafa. أ ـ الاضافة :

When either member of an idafa construction is modified by an adjective, the adjective must follow the entire idafa construction, e.g. لغة العرب القديمة ' the ancient language of the Arabs'. When each member of the idafa is modified by an adjective, both adjectives must follow the idafa construction, e.g. مشكلة الخط العربي الاساسية 'the basic problem of the Arabic script'. In such a case the first adjective modifies the noun closest to it (so that they together as a unit constitute the second member of the idafa) and the second adjective modifies the first member of the idafa. Another illustration:

في مناطق الدولة الاسلامية الاخرى	'in the other regions of the Islamic State'

Generally, however, the tendency in MSA is to break up such constructions into two noun-adjective phrases joined by لِ e.g.

المشكلة الاساسية للخط العربي	'the basic problem of Arabic script'
المناطق الاخرى للدولة الاسلامية	'the other regions of the Islamic State'
السكرتير العام للامم المتحدة	'the Secretary-General of the United Nations'

B. بـ الماضي مع مَهْما ، وسَواءٌ كانَ

A feature characteristic of the conditional sentence is the regular occurence of the perfect tense form of the verb after the conditional particle, regardless of the time involved in the given proposition, e.g. وَإنْ كان قصيرا 'even if he is short'. This characteristic use of the perfect tense occurs also in two other constructions:

(1) with مهما 'whatever, whatsoever, no matter how much, however much', e.g.

مَهما كانت صعبة عليّ 'no matter how hard it is for me'

As is the case with إنْ 'if', the jussive may be used in lieu of the perfect tense, but again with present meaning, e.g.

مهما يكن من الامر 'whatever the case may be'

If the مهما clause precedes its result clause, the latter must be introduced by ف , e.g.

مهما يحاول اقناعي فانني لن اذهب معه . 'no matter how much he tries to convince me I'll never go with him.'

(2) with___ ام ___ سواء كان 'whether_____or____, be it_____or______. Here the verb كان is required; it is always in the perfect tense, and it agrees with the antecedent; the predicates are in the accusative. Illustrations:

احب الشعر سواء كان حديثا ام قديما . 'I like poetry, be it new or old.'

اللغة الفصحى واحدة سواء كانت في العراق ام المغرب او المهجر . 'Literary Arabic is the same whether in Iraq or Morocco or wherever Arabs are found.'

C. Sentence Analysis ج – تحليل الجملة

In the following sentence

مما يجب ذكره ان هذا الاختلاف موجود في كثير من لغات العالم . 'One of those things that must be mentioned is the fact that this difference is found in many languages of the world.'

the subject of the sentence is the ان clause, while مما يَجِبُ ذكره is the predicate. The meaning of من in this context is 'among, some of, one of' and that of ما is 'that which, those things which ما يجب ذكره is a relative clause, in which ذكره is the subject of يجب .

The structure of the sentence above is typical of a large number of sentences which begin with a predicate consisting of من ال plus a participle, adjective or noun and ending with an ان -clause as subject. These sentences correspond to English sentences beginning with <u>It is</u>... and ending with a <u>that</u>- clause as subject; illustrations:

من المُمكِن أنْ تَخيب اماله .	'It is possible that his hopes will be frustrated.'
ليس من الصعب عليها أنْتملك قلبه .	'It is not hard for her to own his heart.'
من المفهوم انها ستخصص جوائز لافضل القصائد .	'It is understood that it will allocate prizes for the best poems.'
كان من عادات البدو انهم يَمدحون البطولة .	'It was one of the customs of the Bedouins to praise heroism.'

D. Stems.(continued) — د - اصل الكلمة (تتمة):

(2) Root-and-pattern stems

Far more numerous than solid stems are root-and-pattern stems (i.e. stems composed of a root and a pattern). These include the stems of almost all verbs, most native nouns, adjectives, and numerals, and a number of arabicized loanwords. The major categories are described below.

(a) Stems with triliteral roots. Stems containing roots composed of three radicals (triliteral roots) are the largest category of all. They, together with the much smaller category of stems with quadriliteral roots, make up the great bulk of Arabic vocabulary, and form the core of the root and pattern system. Here are some examples from various word classes.

	Word		Stem	Root	Pattern
Verbs	مَدَحَ	'he praised'	madaḥ-	M D Ḥ	FaMaL
	صَوَّرْتُم	'you depicted'	ṣawwar-	Ṣ W R	FaMMaL
Nouns	بَيْض	'eggs'	bayḍ-	B Y Ḍ	FaML
	قَبيلَة	'tribe'	qabiilat-	Q B L	FaMiiLa
Adjectives					
	بَسيط	'simple'	basiiṭ-	B S Ṭ	FaMiiL
	مُتَعَدِّدَة	'numerous'	muta9addid-	9 D D	mutaFaMMiL

Numerals

ثَلاثٌ	'three'	θalaaθ-	θ l θ	FaMaaL
خَمْسَةٌ	'five'	xamsat-	X M S	FaMLa

Noun-prepositions. (These are words with the form of nouns in the accusative case without nunation, which function as prepositions.)

بَعْدَ	'after	ba9d-	B 9 D	FaML
أَمامَ	'in front of'	ʔamaam-	ʔ M M	FaMaaL

(b) Stems with quadriliteral roots. Stems containing roots composed of four consonants are less common than the triliteral type, but are found in some important words. Two examples may be cited:

تَرْجَمَ	'he translated'	tarjam-	T R J M	FaSTaL
جُمهورِيَّةٌ	'republic'	jumhuur-	J M H R	FuSTuuL

(c) Stems with biliteral roots. There is in Arabic a relatively small group of words whose stems contain only two radicals. Some of these are extremely common, for example يَدٌ 'hand', which has the stem /yad-/, and اسْمٌ 'name', which has the stem /-sm-/ (the initial alif in اسم represents an elidable hamza, not one of the radicals). It is a little difficult to analyze these biliteral stems according to the root and pattern system, as their patterns are not found elsewhere; indeed a stem like /-sm-/ might be said to have no pattern at all. However, most of the words involved here have related forms (for example a plural, or a nisba adjective, or a related verb) in which a third consonant appears, functioning as a radical; and the stems of these words then fit neatly into the root and pattern system. For example, the nisba of يَدٌ 'hand' is يَدَوِيٌّ 'manual', stem /yadaw-/; this stem consists of a root Y D W and the pattern FaMaL (also found in the stem of قَبَلِيٌّ 'tribal' and many others). Similarly, the verb سَمَّيْتُ (closely related to اسْمٌ 'name') has a stem /sammay-/, which consists of a root S M Y and the common Form II perfect stem pattern FaMMaL. Thus biliteral roots become triliteral in certain cases where they must be expanded to fill the slots of particular patterns. Shown below is a list of familiar biliteral stems, with some examples of related triliteral stems. Note that the added radical is w or y in most cases.

		Biliteral		Triliteral
	ابْن 'son'	- bn-	أَبْناء 'sons'	?abnaa?-
(	ابْنَة 'daughter'	- bnat -)		
(	بِنْت 'daughter,girl'	bint -)		
	إِثْنان 'two'	- θn -	الثاني 'the second'	θaaniy-
	إِسْم 'name'	-sm-	أَسْماء 'names'	?asmaa-
	أَب 'father'	?ab-	ابَوان 'parents'	?abaw-
	أَخ 'brother'	?ax-	أَخَوِيّ 'brotherly'	?axaw-
(	أُخْت 'sister'	?uxt-)	أَخَوات 'sisters'	?axaw-
	يَد 'hand'	yad-	يَدَوِيّ 'manual'	yadaw-
	سَنَة 'year'	sanat-	سَنَوات 'years'	sanaw-
	مِئَة 'hundred'	mi?at-	مِئَوِيّ 'centi-'	mi?aw-

The two stems for 'daughter' and the one for 'sister', shown in parentheses above, are secondary stems based on ابن 'son' and اخ 'brother' respectively. The plurals for 'sons' and 'names' have the pattern ?aFMaaL; the final /?/ represents a radical Y or W, which always becomes /?/ in this pattern.

(d) Stems with roots of more than four radicals. Only a few of these occur with any frequency. In the singular they have various patterns, not found outside this group. In the plural, however, of those which have broken plurals, they have stems in which one or more radicals are dropped, leaving only four. These stems thus become quadriliterals, with the patterns typical of that group.

	Multiliteral		Quadriliteral
عَنْدَليب 'nightingale'	9andaliib-	عَنادِل 'nightingales'	9anaadil-
بَرْنامَج 'program'	barnaamaj-	بَرامِج 'programs'	baraamij-

Thus it can be seen that, whereas biliteral stems are in certain cases expanded to fit the triliteral root and pattern system, multiliteral stems are in certain cases reduced to fit the quadriliteral system.

(e) Loanwords. In a discussion of root-and-pattern stems, the subject of words borrowed from other languages deserves special comment. First, some loanwords clearly do not fit into the root-and-pattern system and must be considered to have solid stems, for example سِكْرتير 'secretary'; these were discussed in (1) (g) above. Second, certain other loanwords happen to have shapes very much like native Arabic words and thus can immediately find their place in the root-and-pattern system, becoming completely arabicized. An example is the borrowed word مِتر 'meter', which happened to have the same pattern (FiML) as a number of native words such as قِسْم 'part'. The latter word, and others like it, has a broken plural of the pattern aFMaaL (أَقْسام 'parts'), and so مِتْر, by analogy with these, also came to have a broken plural of that pattern (أَمتار 'meters'). Thus we can say that the stem of متر consists of the root M T R and the pattern FiML, and the stem of امتار consists of the same root and the pattern aFMaaL; and since the same root occurs with at least two different patterns, the stems involved are clearly of the type which can be analyzed into root and pattern. Here are two other examples, the first with the same patterns as above, and the second with the same patterns as in قلب, plural قلوب:

		Stem	Root	Pattern
فِلْم	'film'	film-	F L M	FiML
أَفْلام	'films'	aflaam-	F L M	? aFLaaM
بَنْك	'bank'	bank-	B N K	FaML
بُنوك	'banks'	bunuuk-	B N K	FuMuuL

Third, there are loanwords like تِليفون 'telephone'. This word does not have a typical Arabic pattern, nor does it have a broken plural form; thus it might seem to qualify as a solid stem. However, after the introduction of the noun تليفون into Arabic, a verb تَلْفَنَ 'to telephone' came into use--a verb made up of the four consonants t-l-f-n of تليفون and the familiar quadriliteral verb pattern FaSTaL (as found, for example in تَرْجَمَ 'to translate'). The stem of the verb تلفن , therefore, is clearly composed of a root T L F N and the pattern FaSTaL. (Indeed, although loan words of various shapes can be used as nouns and adjectives in Arabic, no loanword can be used as an Arabic verb unless it fits, or is adapted to fit, either a triliteral or a quadriliteral verbal pattern.) The existence of the verb تلفن thus also puts the noun تليفون with the root-and-pattern system, even with its unusual pattern. Similar are the cases of تلفزيون 'television' with a verb تَلْفَزَ , and امريكا 'America' with a verb تأمْرَكَ 'to become americanized', and a number of others.

b. Secondary stems.

A secondary stem consists of a primary stem and a derivational suffix. The number of derivational suffixes is small; two of the most common are the nisba suffix ـيّ (-iyyi-), used to form adjectives from other words, and the feminine suffix ـة (/-at/), used among other things to form nouns referring to females from those referring to males. Not all primary stems take derivational affixes, but those which may do so include both solid and root-and-pattern stems, both native and borrowed. Examples:

šarq-	شَرْق	'east'	šarqiyy-	شَرْقِيّ	'eastern'
diimuqraaṭ			diimuqraaṭiyy-	ديمُقراطِيّ	'democratic'
sikriteer-	سِكْرِتير	'secretary'	sikriteera-	سِكْرِتيرَة	'female secretary'
-bn-	إِبْن	'son'	-bnat-	إِبْنَة	'daughter'

Some primary stems, like diimuqraat-, do not occur without a derivational suffix. Some primary stems undergo various kinds of changes when a derivational suffix is added. These stem changes and all the derivational suffixes will be described in the next two lessons.

الدرس الرابع

القسم الثاني : القواعد

A. أن with بعد and قبل — أ ـ بَعْدَ أَنْ ، قَبْلَ أَنْ

The conjunction أَنْ 'that' characteristically is followed by a verb in the subjunctive mood. After the preposition بَعْدَ 'after', however, أَنْ may be followed by a verb in the perfect tense, in which case بَعْدَ أَنْ is equivalent to بَعْدَما :

بَعْدَ أَنْ كانوا في الجاهلية قبائل متعددة = بَعْدَما كانوا في الجاهلية قبائل متعددة ...	'After having been numerous tribes in the pre-Islamic age...'

The verb together with بَعْدَ أن or بَعْدَما may be translated in various ways such as "after they had (been), after they (were), after having (been)", etc.; the context should determine the best choice.

بعد أن followed by the subjunctive has present or future meaning, e.g.

بعد أن يدركوا ذلك	'after they realize that'

In contrast to بعد أن , قبل أن may be followed only by the subjunctive, but may refer to either past or present time:

قال لي قبل أن يموت...	'He said to me before he died...'
لا تضيفي اللحم قبل أن تخلطي البطاطس مع البيض .	'Don't add the meat before you mix the potatoes with the eggs.'

تمرين ٦ في كتاب التمارين.

B. Human Collectives. — ب ـ اسمُ الجِنْسِ العاقِل:

Nouns like الحَضَر 'the town dwellers' are human collective nouns. As human collectives, they refer to groups or classes of humans; they take masculine plural agreement; and they form unit nouns by means of the nisba suffix. (The nisba suffix regularly forms a feminine singular in ـِيَّة , and takes masculine and feminine sound plurals.) Illustrations:

collective:	الحَضَر	'the town dwellers'
unit noun:	حَضَرِيّ ، حَضَرِيَّة	'a town dweller'
plural of unit noun:	حَضَرِيّون، حَضَرِيّات	'town dwellers'

agreement: الحضر يعملون بالتجارة والصناعات الخفيفة. 'The town-dwellers engage in trade and light industries.'

The unit noun is a nisba derivative; it accordingly may serve as either a noun, e.g. حضريّ 'a town-dweller' or as a relative adjective, e.g. حضريّ 'settled, sedentary, non-Bedouin'. The masculine plural of the relative adjective is equal in meaning to the collective noun itself: الحضريون equals الحضر . Thus there are three ways to say "the sedentary poets" in Arabic: شُعراءُ الحَضَر ، الشُّعَراءُ الحَضَر and الشُّعَراء الحَضَريون . Technically speaking, the first means "the poets of the town dwellers" while the last two mean "the sedentary poets"; for all practical purposes, however, such differences in nuance are slight and can be ignored.

Other human collectives in this lesson are العرب 'the Arabs' and البَدْو 'the Bedouins'; these two are exactly like الحضر except that they cannot form masculine sound plural forms of the nisba, the collective itself serving for الشعراء العرب or شعراء العرب 'the Arab poets'; الشعراء البدو 'the Bedouin poets'. Additional human collectives like الحضر are: اليونان 'the Greeks'; الإنْكليز 'the English'; الأَمْريكان 'the Americans' (unit noun is أَمْريكيّ); الفُرْس 'the Persians' (unit noun is فارِسيّ); اليَهود 'the Jews'; البَرْبَر 'the Berbers'.

Some human collectives also have broken plurals, e.g. أَعْراب '(Bedouin) Arabs', plural of عَرَب ; التُّرْك / الأَتْراك 'the Turks'; الكُرْد / الأَكْراد 'the Kurds'; الأَرْمَن / الارامِنَة 'the Armenians'.

C. Affixes. جـ - زَوائِدُ الكَلِمَة :

Affixes are of three kinds: (a) inflectional, (b) derivational and (c) lexical. Inflectional affixes are obligatory for all words except particles, which are by definition uninflected. Thus, verbs, nouns and adjectives are inflected for such features as mood, case, number, etc. Nouns, for example, are inflected for case and show a suffix for nominative, genitive or accusative. Derivational affixes create secondary stems from primary stems. For example, from the noun مَلِكٌ 'king' the noun مَلِكَةٌ 'queen' is derived by the addition of the feminine suffix ةٌ , and the adjective مَلَكِيٌّ 'royal' is formed by the addition of the nisba suffix يٌّ (plus in this instance a vowel change). The third type of affix, lexical affixes, represents words. Included here are prefixes, like the preposition بِ 'in' which is exactly parallel in function to the full-word preposition في 'in'; and suffixes, like the pronominal suffix كَ 'you', which is, in effect, a shortened form of the word أَنْتَ . We will now enumerate the inflectional categories found on Arabic words. The categories will be listed here by name only, with the actual inflections discussed in later lessons.

a. Inflectional Affixes.

Nouns are inflected for the following features:

Case	Number	Definiteness
nominative	singular	definite
genitive	dual	indefinite
accusative	plural	
	collectives	

The same inflectional features are found on verbal nouns and cardinal numerals.

Pronouns function like nouns and are considered a subclass of nouns. Although pronouns are uninflected, two exceptions should be noted:

(1) personal pronouns have an independent as well as a suffixed form, e.g. هِيَ and ـها . The independent form normally has nominative functions,

e.g. هِيَ من قَبيلَةٍ أَفْرِيقِيَّة . 'She is from an African tribe.'

while the suffixed form performs genitive and accusative functions, e.g.

انها من قَبيلَتِنا 'She is from our tribe.'

(2) the relative pronouns are inflected for case in the dual only, i.e.

اللَذانِ and اللَتانِ (nom.) and اللذين and اللَتَيْنِ (gen.acc.)

Adjectives are inflected the same as nouns, but show in addition gender and comparison (degree).

Case	Number	Definiteness	Gender	Comparison
nominative	singular	definite	masculine	positive
genitive	dual	indefinite	feminine	elative
accusative	plural			

Inflected like adjectives are participles, elatives and ordinal numerals.

Verbs are inflected for the following categories:

Tense	:	perfect, imperfect
Voice	:	active, passive
Mood	:	indicative, subjunctive, jussive, energetic, imperative
Person	:	first, second, third
Number	:	singular, dual, plural
Gender	:	masculine, feminine

b. Derivational Suffixes.

Derivation is the forming of a new word from an existing word; thus it is the process of creating secondary stems on the basis of primary stems. It normally is done through affixation, as in the case of the English noun laziness derived from the adjective lazy, or through vowel change, as in the English plural noun men derived from the singular man. Derivational processes are usually well-defined and regular in a given language, and knowledge of them is always exceedingly useful in mastering vocabulary in a foreign language.

The derivational processes of Arabic are two: suffixation and pattern change. Pattern change is either vowel change, e.g. KiTaaB - KuTuB 'book - books' or vowel change combined with affixation, e.g. KaTaBa - maKTaB 'he wrote' - 'office'. Pattern changes pervade Arabic thoroughly and will be treated throughout the rest of this book; derivational suffixes, on the other hand, are quite limited in number, and will be dealt with here exhaustively.

(1) The nisba suffix يّ. Relative adjectives are formed from nouns by adding the nisba suffix to the stem of the noun, e.g.

لُبْنان	'Lebanon'	بَيْت	'house'	مَحَلّ	'place'
لُبْنانِيّ	'Lebanese'	بَيْتِيّ	'house--domestic home-made'	مَحَلِّيّ	'local'

The nisba adjective may be inflected for gender, number (taking sound plurals), case and definiteness, e.g. اللّبنانِيّة 'the Lebanese (girl)', اللّبنانِيّات 'the Lebanese (girls)' and اللّبنانِيّون 'the Lebanese'.

Words having the definite article أل or ending in : ة ، ـية or ـيا lose these before receiving the nisba suffix, e.g.

القاهِرَة	'Cairo'	أَفْرِيقِيَة	'Africa'	أَمْرِيكا	'America'	سوريا	'Syria'
قاهِرِيّ	'Cairene'	أَفْرِيقِيّ	'African'	أَمْرِيكِيّ	'American'	سورِيّ	'Syrian'

In addition, certain words change their stem shape before adding the nisba suffix: FaMiiLa becomes FaMaLiyy-, e.g.

مَدِينَة	'city'	قَبِيلَة	'tribe'	كَنِيسَة	'church'
مَدَنِيّ	'civilized'	قَبَلِيّ	'tribal'	كَنَسِيّ	'ecclesiastical'

and FaMiL and FaMiLa become FaMaLiyy-, e.g.

مَلِك	'king'
مَلَكِيّ	'royal'

However, if the root is a doubled root the nisba suffix is added without this stem change, e.g. حَقِيقَة 'truth'-- حَقِيقِيّ 'true'. Note also the exception to the rule طَبِيعِيّ 'natural' from طَبِيعَة 'nature'.

The derivational processes of Arabic are two: suffixation and pattern change. Pattern change is either vowel change, e.g. KiTaaB - KuTuB 'book - books' or vowel change combined with affixation, e.g. KaTaBa - maKTaB 'he wrote' - 'office'. Pattern changes pervade Arabic thoroughly and will be treated throughout the rest of this book; derivational suffixes, on the other hand, are quite limited in number, and will be dealt with here exhaustively.

(1) The nisba suffix يّ. Relative adjectives are formed from nouns by adding the nisba suffix to the stem of the noun, e.g.

لُبْنان	'Lebanon'	بَيْت	'house'	مَحَلّ	'place'
لُبْنانِيّ	'Lebanese'	بَيْتِيّ	'house--domestic home-made'	مَحَلِّيّ	'local'

The nisba adjective may be inflected for gender, number (taking sound plurals), case and definiteness, e.g. اللّبنانِيّة 'the Lebanese (girl)', اللّبنانِيّات 'the Lebanese (girls)' and اللّبنانِيّون 'the Lebanese'.

Words having the definite article أل or ending in: ة ، ـية or ـيا lose these before receiving the nisba suffix, e.g.

القاهِرَة	'Cairo'	أفْريقِيَة	'Africa'	أمْريكا	'America'	سوريا	'Syria'
قاهِريّ	'Cairene'	أفْريقِيّ	'African'	أمْريكِيّ	'American'	سورِيّ	'Syrian'

In addition, certain words change their stem shape before adding the nisba suffix: FaMiiLa becomes FaMaLiyy-, e.g.

مَدينَة	'city'	قَبيلَة	'tribe'	كَنيسَة	'church'
مَدَنِيّ	'civilized'	قَبَلِيّ	'tribal'	كَنَسِيّ	'ecclesiastical'

and FaMiL and FaMiLa become FaMaLiyy-, e.g.

مَلِك	'king'
مَلَكِيّ	'royal'

However, if the root is a doubled root the nisba suffix is added without this stem change, e.g. حَقيقَة 'truth'-- حَقيقِيّ 'true'. Note also the exception to the rule طَبيعِيّ 'natural' from طَبيعَة 'nature'.

أَبٌ	'father'	أَخٌ	'brother'	إِبْنٌ	'son'
أَبَوِيٌّ	'paternal'	أَخَوِيٌّ	'brotherly'	بَنَوِيٌّ	'filial'

The relative adjective is extremely common in Arabic, and the student is expected to recognize it immediately. Henceforth, active vocabulary items will be given in their underlying word form only, and the student is expected to recognize and understand any derivative relative adjectives that might occur.

Affixes II (continued). زوائد الكلمة (تتمة):

b. Derivational Suffixes (continued)

(2) Abstract nouns are formed by suffixing ـيّة to a noun or adjective. The rules for suffixation are the same as for the nisba suffix. Illustrations:

بَلَد	'town; country'	حَيّ	'live'	كُلّ	'all'
بَلَدِيّ	'native, home-; municipal'	حَيَوِيّ	'vital'	كُلِّيّ	'total'
بلديّة	'township, municipality'	حَيَوِيّة	'vitality'	كُلِّيّة	'totality'
مَسْؤول	'responsible'	فَعّال	'effective'	جِنْس	'race'
مسؤولِيّة	'responsibility'	فَعّالِيّة	'effectiveness'	جِنْسِيّة	'citizenship'
أَكْثَر	'most'	أَغْلَب	'most'		
أَكْثَرِيّة	'majority'	أَغْلَبِيّة	'majority'		

Note: أنا 'I' and كَمّ 'how much?'
أنانِيّ 'egotistical' كَمِّيّة 'quantity'
أنانِيّة 'egotism'

This suffix takes a feminine sound plural, e.g. أَقَلِّيّات 'minorities', plural of أَقَلِّيّة (from أَقَلّ 'less').

Other abstract nouns are formed through pattern change; in general, verbal nouns of qualitative verbs are abstract nouns, for example شجاعة 'bravery' from شَجُعَ 'to be brave' and بُطولَة 'heroism' from بَطَلَ 'to be heroic'. Such patterns will be dealt with in later lessons.

(3) Female nouns are formed by adding ة to a noun with a male referent, for example:

مَلِك	'king'	إِبْن	'son'	طالِب	'student'	حِمار	'donkey'
مَلِكَة	'queen'	إِبْنَة	'daughter'	طالِبَة	'student'	حِمارَة	'female donkey'

The stem of طالب is, of course, taalib- while the stem of طالبة is taalibat-.

Male-female nouns reflect the sex distinction of the real world; in some cases Arabic also reflects this reality with special words for the two sexes, such as, أَبٌ 'father' but أُمٌّ 'mother' (alongside of والِدٌ 'father' and والِدَةٌ 'mother') and حِصانٌ 'horse, stallion' and فَرَسٌ 'horse, mare'.

(4) Unit nouns are formed from human collective nouns by suffixing يّ , to the collective, e.g. عَرَب 'Arabs' and عَرَبِيٌّ 'an Arab'. The feminine singular is يّة e.g. عَرَبِيَّةٌ and the feminine plural is يات e.g. عَرَبِيّاتٌ .

Some foreign nouns may also have a masculine sound plural. Other examples:

collective	بَدْوٌ	'Bedouins'
singular	بَدَوِيٌّ / بَدَوِيَّةٌ	'a Bedouin'
dual	بَدَوِيّانِ / بَدَوِيَّتانِ	'two Bedouins'
plural	بَدْوٌ / بَدَوِيّاتٌ	'Bedouins'
	يونان	'Greeks'
	يونانِيٌّ / يونانِيَّةٌ	'a Greek'
	يونانِيّانِ / يونانِيَّتانِ	'two Greeks'
	يونان / يونانِيّون / يونانيات	'Greeks'

(5) Unit nouns are formed from non-human collective nouns by suffixing ة , e.g.

صَخْرٌ	'rock'	بَيْضٌ	'eggs'
صَخْرَةٌ	'a rock'	بَيْضَةٌ	'an egg'

Unit nouns are pluralized with the feminine sound plural ending ـات , e.g. بَيْضاتٌ 'eggs'. Collectives of the pattern FVML generally take the plural form FaMaLaat, although FuML may be FuMuLaat or FuMLaat.

أَكْلَةٌ ـ أَكَلاتٌ 'meal(s)' حُجْرَةٌ ـ حُجُراتٌ 'room(s)'

لَحْظَةٌ ـ لَحَظاتٌ 'moment(s)

(6) Instance nouns are formed by suffixing ة to certain verbal nouns; like the unit noun it is pluralized by the ات or by broken plural patterns. The

instance noun denotes one occurrence of the action denoted by the underlying verb, e.g.

ضَرَبَ	'he hit'	فِكْرٌ	'thinking'
ضَرْبٌ	'hitting, to hit'	فِكْرَةٌ	'a thought'
ضَرْبَةٌ (ضَرَبَاتٌ)	'a blow''(blows)'	فِكَرٌ	'thoughts'
ضَرَبَها ضَرْبَتَيْنِ.	'he hit her twice'		

The instance noun is normally added to Form I verbal nouns of the pattern FaML, as well as to any of the derived verbs, e.g. ابتسام 'smiling, to smile' and ابتسامة 'a smile'.

In a few cases the instance noun may receive a specialized meaning, such as أَكْلَةٌ 'meal; (tasty) morsel' from أَكْلٌ 'eating; food; meal' and شُرْبَةٌ 'laxative' alongside of شُرْبٌ 'drinking'.

Both unit nouns and instance nouns may be dualized, or pluralized with the feminine sound plural. It is interesting to note that these two kinds of noun are parallel not only in form--they are both derived by suffixing ةٌ --but in meaning as well: the verbal noun, is, in a sense, a kind of collective noun, referring to the total class of instances of the action in question. The unit noun and the instance noun are thus expressions of one unit of the totality expressed by the original word.

The suffixes presented in the five preceding sections are productive; that is, they are constantly being used to create new Arabic words, as the occasion arises. The following two suffixes are not productive, but are found on a limited number of words. It is, however, useful to identify them, as an aid in analyzing the structure of words. Both suffixes are found on adverbs, which form a limited class of particles.

(7) Adverbs in ـاً :

أَيْضاً	'also'	قَبْلاً	'formerly'	أَوَّلاً	'first of all'
إِذاً / إِذَنْ	'then'	قُدُماً	'forward'	مَعاً	'together'

These adverbs look like nouns in that they are spelled with alif and nunation; they differ from nouns, however, in that they are invariable in form and function.

(8) Adverbs in ـُ :

بَعْدُ	'afterward'	فَوْقُ	'over'
قَبْلُ	'formerly'	حَيْثُ	'where'
تَحْتُ	'underneath'	فَحَسْبُ	'only'

Being adverbs, these words never change their spelling or pronunciation, regardless of their function; note, for example,

مِنْ قَبْلُ	'formerly'	الى حَيْثُ	'to the place where'

c. Lexical Affixes. Lexical affixes, which stand for full words, are divided into prefixes and suffixes. The prefixes include particles of various types, such as prepositions, conjunctions, interrogatives while the suffixes include pronouns and the items غيرِ and ذاكَ .

(1) Prefixes.

Prepositions		Conjunctions		Interrogatives		Future	
بِـ	'in'	فَـ	'and'	أَ	?	سَ	(fut)
كَ	'like,as'	وَ	'and'				
لِـ	'to, for'						

(2) Suffixes.

Pronouns:

		Singular	Dual	Plural
3	M	ه	هما	هم
	F	ها	هما	هن
2	M	كَ	كما	كم
	F	كِ		كن
1		ي / يّ / ني		نا

The items ئِذٍ and ذاكَ . These are suffixed to the accusative forms of words of time and mean 'at that (time)':

وَقْتَئِذٍ	'at that time'	قَبْلَئِذٍ	'before then'
وَقْتَذاكَ	'at that time'		
ساعَتَئِذٍ	'at that time'	بَعْدَئِذٍ	'after that'
		إِذّاكَ	'then, at that time'
يَوْمَئِذٍ	'on that day'		
يَوْمَذاكَ	'on that day'	حينَئِذٍ / حينَذاكَ	'then, at that time'
آنَئِذٍ / آنَذاك	'at that time'		

القسم الثاني : القواعد

Roots. I   الجذور :

Roots are classified in two ways. One is according to the number of radicals: two, three four, or more; examples of these were given in Lesson 2. The other is according to the kind of consonants serving as radicals. In this classification, which applies chiefly to triliteral roots, the major categories are sound, doubled, hamzated, (discussed below), and weak roots (discussed in the next lesson).

a. Sound roots.

Sound roots are those in which the middle and last radicals are not identical, and no radical is /ʔ/, /W/, or /Y/; an example is S L M as in إِسْلام 'Islam' or مُسْلِم 'Muslim'. The main characteristic of a sound root is that its radicals remain unchanged in all the stems in which that root occurs, making the recognition of a sound root a relatively easy matter.

b. Doubled roots.

A doubled root is one in which the middle and last radicals are identical, for example J D D in جديد 'new' or H M M in هامّ 'important' and إِهْتِمام 'concern'. There are some words in which doubled roots behave no differently from sound roots, for example when combined with a pattern which calls for the middle and last radicals to be separated by a long vowel, like the pattern FaMiiL:

Sound	K B R	كَبير	'big'
Doubled	J D D	جَديد	'new'

or in a verb stem such as FaMaL when followed by a suffix beginning with a consonant:

Sound	Ṭ B X	طَبَخْنا	'we cooked'
Doubled	M R R	مَرَرْنا	'we passed'

There are also some words in which doubled roots behave the same as sound roots but where the similarity may be obscured by the fact that a doubled consonant is indicated by a shadda, which may not be present in unvowelled text. Such would be the case in a pattern like FaML, in which the middle and last radicals are not separated by any equivalent:

Sound	X M R	خَمْر	'wine'
Doubled	R B B	رَبّ	'lord'

There are a great many words, however--and this is why doubled roots form a separate category--in which the two identical consonants are affected by an overall phonological rule of Arabic, which states: A sequence consisting of two identical consonants separated by a short vowel does not occur unless the sequence is followed by another consonant (as for example in /mararnaa/ مَرَرْنا 'we passed'). When a doubled root is combined with a pattern which has a short vowel between the middle and last radicals, and the sequence is followed by a vowel, the vowel of the sequence is either dropped, or shifted to a position before the first of the two identical consonants. It is dropped if the sequence is preceded by a vowel, for example in the Form I perfect stem pattern FaMaL:

Sound	D X L	دَخَلَتْ	'she entered'
Doubled	M R R	مَرَّتْ	'she passed'

It is shifted if the sequence is preceded by a consonant, as in the Form I imperfect stem pattern -FMvL:

Sound	D X L	تَدْخُلُ	'she enters'
Doubled	M R R	تَمُرُّ	'she passes'

or in the broken plural pattern ?aFMiLaa?-:

Sound	Ṣ D Q	أَصْدِقاءُ	'friends'
Doubled	Ṭ B B	أَطِبّاءُ	'doctors'

There are, however, some important exceptions to the phonological rule just illustrated: in noun and adjective stems of the patterns FaMaL, FiMaL, FuMuL and FuMaL, the sequence in question does occur, for example:

سَبَبٌ	'cause'
عَدَدٌ	'number'

جُدُدٌ	'new'
أُمَمٌ	'nations'

c. Hamzated roots.

A hamzated root is one in which one of the radicals is /ʔ/. In the great majority of cases, whether /ʔ/ is the first, middle, or last radical, hamzated roots behave exactly like sound roots. Compare:

		FaMaL-a		
Sound	B L G	balaga	بَلَغَ	'he reached'
Hamzated	ʔ K L	?akala	أَكَلَ	'he ate'

		FaMiiL		
Sound	S F R	safiir	سَفِيرٌ	'ambassador'
Hamzated	R ʔ S	raʔiis	رَئِيسٌ	'president'

		maFMaL		
Sound	T B X	maṭbax	مَطْبَخٌ	'kitchen'
Hamzated	B D ʔ	mabda?	مَبْدَأٌ	'principle'

In certain cases, however, a radical /ʔ/ undergoes changes of various sorts. The most important of these are described below.

(1) Initial /ʔ/. In the position of first radical, /ʔ/ may be affected by a general phonological rule which states: A sequence /ʔvʔ/ (v standing for any short vowel) does not occur before a consonant, but is replaced by a sequence /ʔvv/, in which the second /ʔ/ and the original short vowel merge into a corresponding long vowel. This situation arises when a non-radical element of the shape /ʔv-/ occurs in a word before an initial radical /ʔ/. The non-radical element may be the first person singular inflectional prefix /ʔa-/ or /ʔu-/ or the imperative prefix /ʔi-/ or/ʔu-/, or it may be part of a pattern complex. Contrast the following. (Here, and in subsequent sections, the transcribed forms in parentheses are hypothetical "regular" forms--those one would expect if the root in question behaved

exactly like a strong root. The forms given after the colon are those which actually occur.)

		?a-FMuL		
Sound	X R J	?axruj	أَخْرُجُ	'I go out'
Initial ?	? K L	(?a?kul):?aakul	آكُلُ	'I eat'
		?u-FMiL		
Sound	D R K	?udrik	أُدْرِكُ	'I realize'
Initial ?	? M N	(?u?min):?uumin	أُومِنُ	'I believe'
		?u-FMuL		
Sound	N ð̣ R	?unð̣ur	أُنْظُرْ	'look!'
Initial ?	? M L	(?u?mil):?uumil	أُومِلْ	'hope!'
		?iFMaaL		
Sound	D R K	?idraak	إِدْرَاكٌ	'realization'
Initial ?	? M N	(?i?maan):?iimaan	إِيمَانٌ	'belief'
		?aFMaL		
Sound	B S Ṭ	?absaṭ	أَبْسَطُ	'simpler'
Initial ?	? X R	(?a?xar):?aaxar	آخَرُ	'other'
		?aFMaaL		
Sound	X L Q	?axlaaq	أَخْلَاقٌ	'morals'
Initial ?	? θ R	(?a?θaar):?aaθaar	آثَارٌ	'ruins'

Three Form I verbs with initial radical ? have irregular imperative forms in which there is no imperative prefix and no trace of the radical /?/. These are أَخَذَ 'to take' (imperative خُذْ 'take!'), أَكَلَ 'to eat' (imperative كُلْ 'eat!') and أَمَرَ 'to order' (imperative مُرْ 'order!'). All the imperative forms of أَخَذَ are given below for reference.

MS خُذْ   D خُذا   MP خُذوا

FS خُذي   FP خُذْنَ

In one Form VIII verb, an initial radical ʔ is assimilated to the following /t/. This verb is إِتَّخَذَ 'to take, adopt' (measures or steps), and the assimilation occurs in all the verb forms and in the participles and verbal noun:

-FtaMiL

Sound	Q R Ḥ	yaqtariḥu	يَقْتَرِحُ	'he suggests'
Initial ʔ	ʔ X ð	(yaʔtaxiðu): yattaxiðu	يَتَّخِذُ	'he takes'

(2) Medial /ʔ/. In general, roots with /ʔ/ as the middle radical are like strong roots. In only a few specific cases does the /ʔ/ show instability. First, the verb سَأَلَ 'to ask' (root S ʔ L) has, besides its regular imperative forms إِسْأَلْ ، إِسْأَلي and so on, a set of irregular imperative as follows:

MS سَلْ   D سَلا   MP سَلُوا

FS سَلِي   FP سَلْنَ

Second, the verb رأى 'to see' (root R ʔ Y) has imperfect forms with no ʔ: يَرى 'he sees', يَرَوْنَ 'they see', and so on (imperfect endings are like those of يَلْقى 'to find'); and the following imperative forms (which are rarely used):

MS رَ ، رَهْ   D رَيا   MP رَوْا

FS رَيْ   FP رَيْنَ

Third, a few nouns with ʔ in middle position have broken plurals without it, for example:

بِئْرٌ	'well'	آبارٌ	'wells'
رَأْيٌ	'opinion'	آراءٌ	'opinions'

(3) Final /ʔ/. With rare exceptions, roots with ʔ as the final radical are like strong roots.

القسم الثاني : القواعد

A. أ ـ الحال :

A ḥal is a construction of the following types, modifying a noun or a pronoun:

(1) A participle in the indefinite accusative, with or without modifiers:

دَخَلَ الرجلُ مُبْتَسِماً . 'The man entered smiling.'

(2) A clause beginning with an indicative verb:

دخل يَبْتَسِمُ . 'He entered smiling.'

(3) A clause beginning with وَ plus a noun or independent pronoun, and an indicative verb:

دخل وهو يبتسم . 'He entered smiling.'

أستمع وقلبه يطير شوقا . 'He listened, his heart leaping with longing.'

خرج وقد اقبل الصباح . 'He went out, the morning having dawned.'

(4) An equational sentence introduced by و :

دخل وعلى وجهه ابتسامة . 'He entered with a smile on his face.'

(5) A clause beginning with وقد and a perfect-tense verb:

دخل وقد قرأ رسالتها . 'He entered, having read her letter.'

(6) The word وَحْدَ with a pronoun suffix ('alone, by ____self'):

دخل وحده 'He entered alone.'

(7) (Rarely) a verbal noun in the indefinite accusative:

أخذت ذلك منه سمعا . 'I received that from him by hearing.'

حضر مشيا . "He came, walking'

In uses (1), (2), and (6) above, the participle, indicative verb, or pronoun suffix respectively must agree with the person or thing modified.

B. ب ـ ما / مَن ... مِن

Note the following two Arabic constructions:

الكتب التي قرأتها

ما قرأت من كتب (أو من الكتب)

The two are roughly equivalent in meaning, and are both best translated into English as 'the books which I have read'. The second means literally 'what I have read in the way of books'. This construction is extremely common.

The relative مَنْ also occurs in constructions of this sort, for example

الكتّاب الذين اعرفهم .

مَنْ اعرف مِنْ كتّاب (أو مِن الكتّاب) .

both of which can be translated 'the writers I know'. Here مَن is used instead of ما because the reference is to human beings. Both ما and مَن take third person masculine singular agreement. When ما or مَن refers to the direct object of a verb, the pronoun suffix referring to the object is optional. Thus one may say either of the following:

ما قرأتهُ مِن كتب. 'the books I have read'
ما قرأتُ مِن كتب. " " " " "

If it refers to the object of a preposition, however, the pronoun suffix is obligatory:

ما احتاجُ اليه مِن كتب. 'the books I need'

C. The Adjective used as a noun. ج ـ الصفة المستعملة اسما :

Adjectives characteristically modify nouns. They may also be used like nouns for example as subject or object of the verb. In the phrase من مختلفِ اقطار العالم 'from the various countries of the world' the active participle مختلف is the first member of an idafa. Used as a noun, it does not agree with any following noun, but probably means 'that which is different'. It is equivalent to من اقطار العالم المختلفة In the same way مجرد 'mere' and كثير من 'a lot of, much, many' are unvarying, as in

ليست هي مجرد عواطف. 'They are not mere emotions.'

اشترى كثيرا من الكتب.
اشترى كتبا كثيرة . } 'He bought a lot of books.'

D. د ـ كان وأصبحَ :

The principal use of the verb كان is to indicate the time context of a sentence, with the perfect tense denoting past time and the imperfect tense denoting future. Illustrations:

Past : كان مدرّسا 'He was a teacher.' كان مريضا . 'He was sick.'

Present: هو مدرّس 'He is a teacher.' هو مريض . 'He is sick.'

Future : سيكون مدرسا 'He will be a teacher.' سيكون مريضا . 'He will be sick.'

With all other verbs in Arabic the perfect tense denotes an event: an act or a change in condition, e.g. كَبُرَ 'he became big, he grew up', مَرِضَ 'he got sick'. For this function كان in past time is replaced by أَصْبَحَ 'to become, to come to be', thus:

كان مدرسا .	'He was a teacher.'
اصبح مدرسا .	'He became a teacher.'
كان لها اثر كبير.	'It had great influence.'
اصبح لها اثر كبير.	'It came to have great influence.'
كان عنده شك كبير في ذلك.	'He had great doubt about it.'
اصبح عنده شك كبير في ذلك.	'He began to have great doubt.'
سيكون عنده شك في ذلك.	'He will have doubts about it.'
سيصبح عنده شك في ذلك.	'He will begin to have doubts about it.'

ﻫ. Roots. II (continued) ﻫ ـ الجذور (تتمة)

d. Weak roots.

Weak roots are those in which one or more of the radicals is W or Y. These roots are characterized by the instability of their weak radicals. This means that in a set of words with the same root, both a radical W and a radical Y may appear in some of the words as a consonant /w/, or as a consonant /y/, or as a /ʔ/, or merged with one of the vowels of the prefix or the pattern to form a long vowel, or totally absent. Here, for example, is a list of the various ways in which the radical W of the root Q W M may appear. Contrast these with the unchanging T in a sound root like K T B:

FaML	katb	كَتْبٌ	'writing'
	qawm	قَوْمٌ	'people'
FiMaaL	kitaab	كِتابٌ	'book'
	(qiwaam): qiyaam	قِيامٌ	'rising'
FaaMiL	kaatib	كاتِبٌ	'writer'
	(qaawim): qaaʔim	قائِمٌ	'standing'

FaMaL	kataba	كَتَبَ	'he wrote'
	(qawama): qaama	قامَ	'he stood'
-FMul	yaktubu	يَكْتُبُ	'he writes'
	(yaqwumu): yaquumu	يَقومُ	'he stands'
FiMLa	kitba	كِتْبَةٌ	'writing'
	(qiwma): qiima	قيمَةٌ	'value'
-FMuL	ʔu-ktub	أُكْتُبْ	'write!'
	(ʔu-qwum): qum	قُمْ	'stand!'

In many cases these irregularities result from the operation of quite regular phonological rules; for example the hypothetical sequence /-awa-/ becomes /-aa-/, and this explains a form like قامَ . In some cases, however, words with weak roots show irregularities of a less general nature, and these must be learned individually. Both types are discussed below, according to the position of the weak radical in the root.

(1) Initial W and Y. (assimilated) An initial radical W or Y, in the sequence -uWC- or -uYC-, combines with the preceding vowel to form a long vowel /uu/, for example in the passive imperfect of Form I verbs. Contrast:

		-FMaL		
Sound	X L Ṭ	yuxlaṭ	يُخْلَطُ	'it is mixed'
Initial W	W J D	(yuwjad): yuujad	يُوجَدُ	'it is found'

In all Form VIII verbs, participles, and verbal nouns, an initial radical W or Y assimilates to the following /t/, forming /tt/. Contrast:

		muFtaMiL		
Sound	X L F	muxtalif	مُخْتَلِف	'various'
Initial W	W Ḥ D	(muwtaḥid): muttaḥid	مُتَّحِد	'united'

In the sequence -iWC- or -iYC (where C is not the /t/ of Form VIII as above), an initial radical W or Y combines with the preceding vowel to form a long vowel /ii/. This situation arises in verbal nouns of From IV and X. Contrast:

ʔiFMaaL

Sound	D R K	ʔidraak	إِدْراك	'realization'
Initial W	W J D	(ʔiwjaad): ʔiijaad	إِيجاد	'creation'

A number of important Form I verbs have imperfect and imperative stems (and in some cases also verbal noun stems) in which the initial radical W does not appear at all. Contrast:

-FMiL

Sound	R J 9	yarji9u	يَرْجِعُ	'he returns'
Initial W	W Ṣ F	(yawṣifu):	يَصِفُ	'he describes'

(2) Medial W and Y. (hollow) The apparent complexities of the hollow verbs and other words with weak middle radicals are chiefly due to the working of regular phonological rules. A knowledge of these rules will make it much easier to determine the roots of such words and thus to make good guesses as to their meaning or, if necessary, to find them in a dictionary. In the discussion which follows, we first present two special cases, and then those covered by more general rules.

Medial W and Y become / / in the Form I active participle pattern FaaMiL:

Sound	N Š R	naašir	ناشِر	'spreading'
Medial W	R W 9	(raawi9): raaʔi9	رائِع	'splendid'
Medial Y	Ṭ Y R	(ṭaayir): ṭaaʔir	طائِر	'flying'

(Forms like the last two above should be distinguished from forms like سائِل 'asking' (root S ʔ L) in which the middle radical is itself ʔ. The latter are few in number.)

Medial W becomes / y/ in the sequence /-iWa-/ or /-iWaa-/, for example in the broken plural pattern FiMaL, the noun pattern FiMaaL(a), and the Form VII and VIII verbal noun patterns -nFiMaaL and -FtiMaaL. Contrast:

FiMaaLa

Sound	S N 9	ṣinaa9a	صِناعَة	'industry'
Medial W	Z W R	(ziwaara): ziyaara	زِيارَة	'visit'

-FtiMaaL

Sound	Q R Ḥ	ʔiqtiraaḥ	إقْتِراح	'suggestion'
Medial W	9 W D	(ʔi9tiwaad): ʔi9tiyaad	إعْتِياد	'habituation'

(Note: There is one exception to this rule. In Form III verbal nouns of the pattern FiMaaL, medial W remains /w/, as in جِوار 'conversation'.)

In the majority of other cases, both medial W and Y merge with a preceding and/or following vowel of the pattern to form a long vowel. It is important to distinguish a long vowel which is the result of such a merger from a long vowel which is itself part of a pattern. These two possibilities are illustrated by words like إدْراك 'realization' and إمْتازَ 'to be distinguished', which look similar but have different internal structures. In ادراك, the root D R K, and the long vowel is part of the pattern iFMaaL; while in امتاز the root is M Y Z and the pattern is -FtaMaL, giving the hypothetical form /-mtaYaza/, in which the sequence /-aYa-/ merges to become the long vowel /aa/ in the actual form امتاز . The main cases of this sort of merging are listed and illustrated below. (These changes are valid primarily in patterns connected with the verb system, including participles and verbal nouns. They apply also to certain other noun and adjective patterns, but not to all. Further, there are some verbs in which a medial radical W or Y does not undergo these changes but functions like a strong radical, for example إسْتَجْوَبَ 'to interrogate').

The following sequences become /aa/:

awa	Z W R	(zawara): zaara	زارَ	'he visited'
	B W B	(bawab): baab	بابٌ	'door'
aya	B Y 9	(baya9a):	باعَ	'he sold'
awi	9 W D	(ya9tawidu): ya9taadu	يَعْتادُ	'he got used to'
ayi	X Y R	(muxtayir): muxtaar	مُخْتار	'choosing'

(C)wa N W M (yanwamu): yanaamu يَنامُ 'he sleeps'

(C)ya B Y 9 (yubya9u): yubaa9u يُباعُ 'it is sold'

T̥ Y R (maṭyar): maṭaar مَطار 'airport'

(C)waa Q W M (ʔiqwaam): ʔiqaama إقامَة 'sojourn'

(C)yaa F Y D (ʔistifyaad): istifaada إسْتِفادَة 'utilization'

The last two items apply only to Form IV and X verbal nouns; note also that such nouns all end in /-a/ ة .

The following sequences become /ii/:

iy)C) 9 Y D (9iyd): 9iid عيدٌ 'feast'

iw(C) Q W M (qiwma: qiyma): qiima قيمَةٌ 'value'

uwi Q W L (quwila): qiila قيلَ 'it was said'

uyi B Y 9 (buyi9a): bii9a بيعَ 'it was sold'

(C)wi Š W R (yušwiru): yušiiru يُشيرُ 'he points'

(C)yi F Y D (mustafyid): mustafiid مُسْتَفيد 'benefitting'

(C)yuu B Y _ (mabyuu9): mabii9 مَبيع 'sold'

The last item applies only to Form I passive participles.

The following sequences become /uu/.

uw(C) R W Ḥ (ruwḥ): ruuḥ رُوحٌ 'spirit'

(C)wu Ṣ W M (yaṣwumu): yaṣuumu يَصُومُ 'he fasts'

(C)wuu Z W R (mazwuur): mazuur مَزُورٌ 'visited'

The last item applies to Form I passive participles.

The operation of the three rules just cited brings into being a large number of stems ending in a consonant preceded by a long vowel, for example the perfect tense stem /-xtaar-/ of the verb إخْتارَ 'to choose'. Once created, such stems are affected by the operation of another phonological rule valid throughout the language (with one exception noted below), which states: A long vowel does not occur followed by two consonants, or by a doubled consonant, or by a single consonant at the end of a word; in such environments it is replaced by a short vowel. This rule mainly affects (hollow) verb stems with their various inflections, for example the long vowel of /-xtaar-/, remains unchanged when suffixes beginning with a vowel are added, as in إختار 'he chose' and إختاروا 'they chose', but is replaced by /a/ /-xtar-/ when suffixes beginning with a consonant are added, as in اخترتُ 'I chose' and اخترنا 'we chose'. Similarly the imperfect stem /-xtaar-/ becomes /-xtar-/ before the zero jussive ending, as in لم يَختَرْ 'he has not chosen'. The identity of the short vowel which replaces a long vowel in these cases is predictable as follows:

/aa/ becomes /u/ in the perfect stem of Form I verbs whose imperfect stem has /uu/: قالَ (يَقولُ) 'he said' but قُلْتُ 'I said'.

/aa/ becomes /i/ in the perfect stem of Form I verbs whose imperfect stem has /ii/ or /aa/: باعَ (يَبيعُ) 'he sold' but بِعتُ 'I sold'

نامَ (يَنامُ) 'he slept' but نِمتُ 'I slept'.

Elsewhere each of the three long vowels becomes its corresponding short vowel. يَقولُ 'he says' but لَمْ يَقُلْ 'he did not say'; تَبيعُ 'she sells' but يَبِعْنَ 'they (fem.) sell'; أرادَ 'he wanted' but أرَدْتُ 'I wanted'; زِيرَ 'he was visited' but زُرْتُ 'I was visited'. The one exception to the general phonological rule just discussed is that the long vowel /aa/ does occur before a double consonant. This sequence is especially common in the Form I active participle (pattern FaaMiL) of doubled verbs (where the short vowel /i/ between two consonants is dropped), for example هامّ 'important' or خاصّ 'special'.

(3) Final W and Y. (defective) In final position also, the weak radicals W and Y are subject to general phonological rules. As before, we present some special cases first and then the more comprehensive ones.

Final W and Y become /ʔ/ after /aa/, for example in the plural pattern aFMaaL and the verbal nouns of Froms IV, VII, VIII and X:

Sound	X L Q	ʔaxlaaq	أخلاق	'morals'
Final W	9 A W	(ʔa9daaw): aʔdaaʔ	أعداء	'enemies'
Sound	K M L	ʔikmaal	إكمال	'completing'
Final Y	X F Y	(ʔixfaay): ʔixfaaʔ	إخفاء	'hiding'

The sequence /uuw/ becomes /uww/, for example in the pattern FaMuuL or the Form I passive participle pattern maFMuuL.

Sound	R S L	rasuul	رسول	'messenger'
Final W	9 D W	(9aduuw): 9aduww	عدوّ	'enemy'

The sequences iiy, iiw, and uuy all become iyy, for example in the pattern FaMiiL(a) and the Form I passive participle pattern maFMuuL.

Sound	S F R	safiir	سفير	'ambassador'
Final Y	X F Y	(xafiiy): xafiyy	خفيّ	'hidden'
Final W	N B W	(nabiiw): nabiyy	نبيّ	'prophet'
Sound	B 9 θ	mab9uuθ	مبعوث	'sent'
Final Y	B N Y	(mabnuuy): mabniyy	مبنيّ	'built'

The sequences aWa and aYa become /aa/ before feminine /t/ (ة), for example in the pattern FaMaLa and the feminine forms of all derived past participles.

Sound	Ḥ R K	ḥarakat	حركة	'vowel'
Final W	Ṣ L W	(ṣalawat): ṣalaat	صلاة	'prayer'
Sound	N Ẓ M	munaẓamat	منظمة	'organized'
Final W	Ġ Ṭ W	(muġaṭṭawat): muġaṭṭaat	مغطاة	'covered'
Final Y	S M Y	(musammayat): musammaat	مسمّاة	'called'

The rules given thus far are to be distinguished from those which follow in that the former produce stems which then remain unchanged no matter what inflectional endings are added: the dividing line between the stem and the ending is always clear. In the rules to be illustrated below, on the other hand, the final radical W or Y may merge not only with the preceding vowel of the pattern but also with the following vowel(s) of various inflectional suffixes, so that the line between stem and suffix is often very difficult to determine. It is the operation of these rules which gives rise to defective verbs, such as دَعا 'to call', to defective nouns and adjectives, such as قاضٍ and to indeclinable nouns and adjectives, such as مقهًى 'coffee house'. Following are the main cases.

Final W becomes Y after /i/, for example in the Form I perfect passive stem pattern FuMiL-:

Sound	B L Ġ	buliġa	بُلِغَ	'it was reached'
Final W	D 9 W	(du9iwa): du9iya	دُعِيَ	'he was called'

The sequence /iy/ resulting from this change is then also subject to the same changes which affect an original /iy/, as described below.

The following sequences become /aa/: (Here, and subsequently, the hyphens in the hypothetical forms show the division between a stem and an inflectional suffix.)

aw-u	R B W	(ribaw-u): ribaa	الرِّبا	'the usury' (nom.)
aw-i	R B W	(ribaw-i): ribaa	الرِّبا	' " " (gen.)
aw-a	R B W	(ribaw-a): ribaa	الرِّبا	(acc.)
ay-u	L Q Y	(yalqay-u): yalqaa	يَلْقَى	'he meets'
	9 N Y	(ma9nay-u): ma9naa	المَعْنَى	'the meaning'(nom.)
ay-i		(ma9nay-i): ma9naa	المعنى	" " (gen.)
ay-a		(ma9nay-a): ma9naa	المعنى	(acc.)

This long /a / then becomes short /a/ before the final /n/ of nunation, according to the rule cited in (2) above; thus riban رِبًا 'usury' (all cases) and ma9nan مَعْنًى 'meaning' (all cases). It also becomes short /a/ before /t/ in the sequences aw-at and ay-at of the third person feminine singular perfect tense forms: (banay-at: banaat): banat بَنَتْ 'she built' and the corresponding dual forms: بَنَتا 'they built' (f.d.).

The following sequences become /ii/:

iy-(C)	Y N Y	(ya9niy-na): ya9niina	يَعْنِينَ	'they mean' (f.p.)
iw-(C)	D 9 W	(du9iw-tu): du9iitu	دُعِيتُ	'I was called'
iw-u	R J W	(raajiw-u): raajii	الرّاجي	'the hopeful' (nom.)
iw-i		(raajiw-i): raajii	الراجي	" " (gen.)
iy-u	B N Y	(yabniy-u): yabnii	يَبْنِي	'he builds'
	B Q Y	(baaqiy-u): baaqii	الباقي	'the remaining'(nom.)
iy-i		(baaqiy-i): baaqii	الباقي	" " (gen.)
iy-ii	B N Y	(tabniy-iina): tabniina	تَبْنِينَ	'you build' (f.s.)

This long /ii/ becomes short /i/ before the final /n/ of nunation: raajin راجٍ 'hopeful' (nom. and gen.); baaqin باقٍ 'remaining' (nom. and gen.).

The following sequences become /uu/:

uw-(C)	R J W	(yarjuw-na): yarjuuna	يَرْجُونَ	'they hope' (f.p.)
uw-u		(yarjuw-u): yarjuu	يَرْجو	'he hopes'
uw-uu		(yarjuw-uuna): yarjuuna	يَرْجُون	'they hope' (m.p.)
iy-uu	L Q Y	(laqiy-uu): laquu	لَقوا	'they met'
	B N Y	(yabniy-uuna): yabnuuna	يَبْنُونَ	'they build'
	B Q Y	(baaqiy-uuna): baaquuna	باقونَ	'remaining' (m.p.)

The following sequences become /aw/:

aw-uu	D 9 W	(yud9aw-uuna): yud9awna	يُدْعَوْنَ	'they are called'
	R B W	(murabbaw-uuna): murabbawna	مُرَبَّوْنَ	'educated' (m.p.)
ay-uu	L Q Y	(yalqay-uuna): yalqawna	يَلْقَوْنَ	'they meet'
	Š R Y	(muštaray-uuna): muštarawna	مُشْتَرَوْنَ	'bought' (m.p.)

The following sequences become /ay/:

aw-ii	D 9 W	(tud9aw-iina): tud9ayna	تُدْعَيْنَ	'you are called' (f.s.)
	R B W	(murabbaw-iina): murabbayna	مُرَبَّيْنَ	'educated' (m.p. acc.)

ay-ii L Q Y (talqay-iina): talqayna تَلْقَيْنَ 'you meet' (f.s.)

Š R Y (muštaray-iina): muštarayna مُشْتَرَيْنَ 'bought' (m.p. acc.)

In environments other than those described above, radical W and Y generally function as consonants exactly like sound radicals. Examples:

As first consonant of a word

وَصْفٌ 'description'

يَسَّرَ 'he facilitated'

In sequences -awC and -ayC

صَوْمٌ 'fasting'

بَيْضٌ 'eggs'

In sequences -aww- and -ayy-

صَوَّرَ 'he depicted'

مَيَّزَ 'he distinguished'

In sequences -aawa and -aaya

حِكايَة 'story'

تَناوَلَ 'he dealt with'

In sequences -uwa and -ia

دُوَلٌ 'states'

بُنِيَ 'it was built'

As middle radical when last radical is also weak

قَوِيَ 'he became strong'

يَقْوى 'he becomes strong'

تمرين ٧ في كتاب التمارين.

الدرس الثامن

القسم الثاني : القواعد

A. أ ـ المستثنى

The exceptive إلاّ 'except' is often used with a negative to mean 'only', as illustrated in

لم تأت الاّ رسالتان.	'Only two letters came.'
لن نقرأ الاّ قصتين من قصص نجيب محفوظ.	'We will read only two of Nagib Mahfouz's stories.'

In this construction the exceptive does not affect the position or the case inflection of the following noun. غير and سِوى are also used in this construction, with the difference that the noun following them is in the genitive case, e.g.

لا يدرس سوى اللغات.	'He only studies languages.'

الاّ with a following accusative noun means 'except', as

حضر الجميع الا محمدا.	'Everyone came except Muhammad.'

الاّ أنّ 'except (for the fact) that, however' serves as a conjunction and لا غيرُ 'nothing else, no one else' functions as an adverb.

طلبت مني عشر ليرات، الاّ انني سأدفع لك سبع ليرات لا غير.	'You asked for ten liras, but I will pay you seven and no more.'

B. The uses of ما .　　　　　　　　　　ب ـ أنواع "ما" :

One of the most common of all Arabic words is ما . It is really not one word but many, with many different functions and translations. These are listed and illustrated below.

a. Negative ما 'not'　　　　　　　　　　ما النافِيَة :

(1) with a verb in the perfect (or more rarely, the indicative):

ما كان في المصنع . 'He was not in the factory.'

(2) with an equational sentnece, most often in combination with الاّ :

ما هي الاّ فتاة صغيرة . 'She is only a little girl.'

(3) in constructions such as ما ان ... حتى 'no sooner...than, and ما هي الاّ ... حتى 'it was only...before', for example:

ما ان وصل الى اوربا حتى وقعت الحرب. 'No sooner had he arrived in Europe than the war broke out.'

وما هي الاّ لحظات حتى عرف انه يحبها . 'It was only a few moments before he realized he loved her.'

b. Interrogative ما 'what?'　　　　　　　　　　ما الإسْتِفْهامِيَّة :

(1) as the subject or predicate of an equational sentence:

ما هي النتيجة ؟ 'What is this result?'

(as the subject or object of a verb, ماذا is normally used: ماذا تريد؟ 'What do you want?')

(2) as the object of a preposition:

عمّا تبحثون؟ 'What are you looking for?'

When عن and من are followed by ما , the combinations are written as one word, and the /n/ of the preposition becomes /m/: عمّا , ممّا . In these and certain other combinations of preposition plus ما , the two words are written as one, and the vowel of ما is often shortened, for example:

الى	إلامَ	'to what?'
على	عَلامَ	'on what?'
ب	بِمَ	'with what?'

ل لِمَ 'for what? why?'

من مِمَّ 'from what?'

c. Relative ما 'that which, what' — ماْ اسم المَوْصول :

اشترينا ما انتجوا . 'We bought what they produced.'

d. Nominalizing ما — ماْ المَصْدَرِيَّة :

This ما introduces a clause, and serves to convert the clause into a nominal, that is, an element having the functions of a noun. (Thus, ما plus a verb is equivalent to a verbal noun.) This use of ما is particularly common after prepositions, and then the clause beginning with ما becomes the object of the preposition:

بعد ما وصلوا 'after they arrived'

بعد وصولهم 'after their arrival')

Note also the cases where ما follows an indefinite accusative adjective; here the whole phrase is usually best translated as an adverb. The following are common:

كثيرا ما رأيته يعمل مساء . 'I have often seen him working in the evening.'

قليلا ما نذكر اسمه . 'We seldom mention his name.'

غالبا ما يكتب لي بالفرنسية . 'He often writes to me in French.'

Similar are the combinations of certain verbs plus ما , notably طالما 'often' and قلّما 'seldom':

e. Durative ما 'as long as' — ماْ الدَيْمومَة :

With a verb in the perfect tense. This use of ما is not very common, except in a few specific phrases:

ما دام حيّاً . 'as long as he is (continues to be) alive'

f. Exclamatory ما 'how...!' — ماْ التَّعَجُّبِيَّة :

Followed by an adjectival verb (a Form IV verb based on the root of an adjective) and an object in the accusative.

ما أجْمَلَها ! 'How beautiful she is!'

ما أرْوَعَ هذا الشعرَ! 'How splendid this poem is!'

g. Indefinite ما 'some, one, a certain' **ما المُبْهَمَة :**

Following a noun:

يوما ما 'one day, some day'

الى حدٍّ ما 'to a certain extent'

بسببٍ ما 'for some reason or other'

h. Conditional ما **ما الشَرْطيّة :**

Attached to interrogatives and certain other words, this ما has the meaning ' _______ever, any _____ that' for example أينَ 'where', أينَما 'wherever, any place that'. Such combinations introduce clauses, which follow the same syntactic rules as clauses introduced by the conditional particles such as إنْ of إذا 'if'. Compare:

ان كنتم مؤمنين 'if you are believers'

أينما كنتم 'wherever you are'

Others are:

مَهْما 'whatever, anything that'

متا ما (متى ما) 'whenever, any time that'

أيُّما 'whichever, any one that'

كيفَما 'however, any way that'

حيثُما 'wherever, any place that'

i. Redundant ما **ما الزّائِدَة :**

This ما is called 'redundant' because it may be omitted without altering the syntax of the phrase. It occurs only after a few specific words, for example:

اذا ذهبت	'when you go'	عن قريب	'soon, before long'
اذا ما ذهبت	" " "	عمّا قريب	" , " "

C. ج ـ ذو

The word ذو means 'possessor of' or 'endowed with'. It always occurs as the first term of an idafa, followed by a noun in the genitive case, for example

ذو مالٍ 'possessor of wealth, wealthy'

It can occur as the predicate of an equational sentence:

هو ذو مالٍ. 'He is wealthy.'

or modifying a preceding noun:

هو رجلٌ ذو مالٍ. 'He is a wealthy man.'

If the preceding noun is definite, the noun following ذو agrees in definiteness.

اين الرجلُ ذو المالِ. 'Where is the wealthy man?'

The word ذو is inflected for case, gender, and number, and it agrees in these respects with the noun it refers to or modifies. The forms are as follows:

		Masculine	Feminine
Singular	Nom.	ذو	ذاتٌ
	Gen.	ذي	ذاتٍ
	Acc.	ذا	ذاتَ
Dual	Nom.	ذُوَا	ذَواتا (ذاتا)
	Gen./Acc.	ذُوَيْ	ذَواتَيْ (ذاتَيْ)
Plural	Nom.	ذَوو	ذَواتٌ
	Gen./Acc.	ذَوي	ذَواتٍ

Further examples:

مدارس ذات طابع ديني 'schools of a religious character '

في مصانع ذات انتاج محدود 'in factories of limited production'

الى الطلاب ذوي الخبرة 'to the experienced students'

The feminine accusative singular is used with a following noun of time in the genitive in the meaning of 'one, a certain':

ذاتَ يومٍ 'one day' ذاتَ مرّةٍ 'once'

D. Patterns

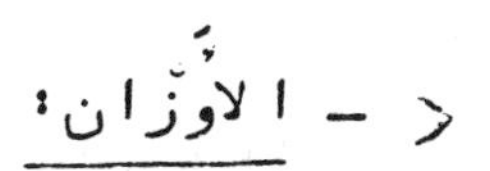

To recapitulate briefly what has been said before, patterns are of two main types. A simple pattern consists solely of one or more vowels between the radicals, for example FuMaL; while a pattern complex also includes an additional vowel after the last radical (FaMLa) or one or more non-radical consonants in any position (taFMiiL, -FtaMaL, ?aFMiLaa?), or the doubling of a radical (FaMMaL). Whereas roots have meanings connected with specific objects or activities such as 'heart' or 'dancing', patterns have meanings of a different kind, sometimes referred to as grammatical meaning, or function, such as 'Form II imperfect', (broken) 'plural', 'abstract noun', 'place of (a certain activity)', or simply 'noun'. In this lesson, and in those to follow, we shall discuss the forms and the meanings of the major patterns of the language. We begin with the three sample patterns which have only one vowel, each followed by the corresponding pattern complex with the ending -a (ـَة).

a. Pattern FaML

With this pattern, all types of radicals remain stable in all positions.

Examples:

Sound	Q L B	قَلْب	'heart'
Doubled	R B B	رَبّ	'lord'
Weak M	S W M	صَوْم	'fasting'
	B Y T	بَيْت	'house'
Weak L	B D W	بَدْو	'Bedouins'
	R ? Y	رَأْي	'opinion'

Stems of this pattern are nouns (including Form I verbal nouns) and adjectives. Most of the nouns have plurals of the pattern FuMuuL, FiMaaL, or ?aFMaaL; the adjectives, FiMaaL.

FaML	FuMuuL	
قَلْبٌ	قُلوبٌ	'heart'

حَقّ	حُقُوق	'right'
بَيْت	بُيُوت	'house'

<u>FaML</u>	<u>FiMaaL</u>	
بَحْر	بِحار	'sea'
صَعْب	صِعاب	'difficult'

<u>FaML</u>	<u>?aFMaaL</u>	
رَبّ	أَرْباب	'lord '
شَيْء	أَشْياء	'thing'
أَلْف	آلاف	'thousand'
يَوْم	أَيّام	'day'
رأي	آراء	'opinion'

b. <u>Pattern FaMLa</u>

All radicals are stable in all positions. Examples:

Sound	<u>Ḥ</u> <u>F</u> <u>L</u>	حَفْلة	'party'
Doubled	<u>M</u> <u>R</u> <u>R</u>	مَرّة	'time'
Weak M	<u>θ</u> <u>W</u> <u>R</u>	ثَوْرَة	'revolution'
	<u>D</u> <u>W</u> <u>L</u>	دَوْلَة	'state'
	<u>B</u> <u>Y</u> <u>Ḍ</u>	بَيْضة	'egg'
Weak L	<u>D</u> <u>ʕ</u> <u>W</u>	دَعْوَة	'call'
	<u>Q</u> <u>R</u> <u>Y</u>	قَرْيَة	'village'

Stems of this pattern are all nouns (including some verbal nouns). Most have feminine sound plurals in /-aat/. Those with doubled root or weak middle radical undergo no stem change when /-aat/ is added:

مرّة	مرّات	'time'
ثورة	ثورات	'revolutions'

Others change the stem pattern to FaMaL-:

حفلة	حَفَلات	'party'
دعوة	دَعَوات	'call '

Some have a broken plural pattern FuMaL; in this pattern all radicals are stable except weak final, where -aw and -ay become -aa or (with nunation) -an.

FaMLa	FuMaL	
دَوْلَة	دُوَل	'state'
قَرْيَة	قُرًى	'village'

c. Pattern FiML

All radicals are stable except weak-middle, where iw and iy become /ii/. Examples:

Sound	9 L M	عِلْم	'knowledge, science'
Doubled	S N N	سِنّ	'age; tooth'
Weak M	R W Ḥ	ريح	'wind'
	9 Y D	عيد	feast'

Stems of this pattern are nouns (including verbal nouns) and adjectives. The most common plural pattern is ?aFMaaL; some have FuMuuL:

FiML	?aFMaaL	
حِزْب	أَحْزاب	'party'
سِنّ	أَسْنان	'teeth'
عيد	أَعْياد	'feasts'

FiML	FuMuuL	
عِلْم	عُلوم	'sciences'

d. Pattern FiMLa

All radicals are stable except weak-middle, where iw and iy become /ii/. Examples:

Sound	F K R	فِكْرة	'idea'
Doubled	Q Ṣ Ṣ	قِصّة	'story'
Weak M	Q W M	قيمَة	'value'
	Ṭ Y B	طيبَة	'goodness'
Weak L	B N Y	بِنْية	'structure'

Stems of this pattern are all nouns (including some verbal nouns). The most common plural is FiMaL; here all radicals are stable except weak-final, where -aw and -ay become /-aa/ or (with nunation) /-an/.

FiMLa	FiMaL	
فِكْرة	فِكَر	'idea'
قِصّة	قِصَص	'story'
قيمة	قِيَم	'values'
بنية	بِنًى	'structure'

e. Pattern FuML.

All radicals are stable except weak-middle, where uw becomes /uu/, and uy becomes /ii/. Examples:

Sound	H K M	حُكْم	'regime'
Doubled	H B B	حُبّ	'love'
Weak M	S W Q	سوق	'market'

Stems of this pattern are nouns (including verbal nouns)and adjectives. The most common plural is ?aFMaaL:

FuML	?aFMaaL	
حُكْم	أَحْكام	'regime'
مُرّ	أَمْرار	'bitter'
سوق	أَسواق	'market'

The pattern FuML is also itself a broken plural, chiefly for adjectives of color and defect with the pattern ?aFMaL:

		?aFMaL	FuML	
Sound	H M R	أَحْمَر	حُمْر	'red'
Weak M	S W D	أَسْوَد	سُود	'black'
	B Y D	أَبْيَض	بيض	'white'

f. Pattern FuMLa

All radicals are stable except weak-middle, where uw becomes /uu/.

Examples:

Sound	J M L	جُمْلَة	'sentence'
Doubled	? M M	أُمَّة	'nation'
Weak	Ṣ W R	صورَة	'picture'
	K N Y	كُنْيَة	'name' (containing أبو or أم)

Stems of this pattern are nouns (including some verbal nouns). The most common plural is FuMaL; here all radicals are stable except weak-final, where -aw and -ay become /-aa/ or (with nunation) /-an/.

FuMLa	FuMaL	
جُملة	جُمَل	'sentence'
أمة	أُمَم	'nation'
صورة	صُوَر	'picture'
كنية	كُنى	'name'

Summary of most common singular-plural pattern correspondences

FaML - ?aFMaaL
- FuMuuL
- FiMaaL

FiML - ?aFMaaL
- FuMuuL

FuMl ?aFMaaL

FaMLa - FaM(a)Laat
- FuMaL

FiMLa - FiMaL

FuMLa - FuMaL

الدرس التاسع

القسم الثاني : القواعد

A. Uses of كُلّ and جَميع 'all' — أ ـ استعمال "كل" و "جميع"

In the following respects كل and جميع are used similarly:

(1) Both may be followed by a definite plural noun in the genitive:

كُلّ الفَلاحين
جَميعُ الفلاحين — 'all the farmers'

(2) Both may follow a definite plural noun (agreeing with it in case) and have an attached pronoun suffix referring to the noun:

العمال كُلُّهم
العمال جَميعُهم — 'all the workers'

(3) Both may occur, with the definite article, as independent nouns. Here generally refers to things, always to people:

الكُلّ — 'the whole, everything, all,

الجَميعُ — 'everyone'

The differences between them are as follows:

(1)Only كل is used with a following singular noun:

كلُ الدرسِ — 'the whole lesson'

كلُ درسٍ — 'each lesson'

(2) Only كل is used as a noun in the indefinite state:

كُلٌّ من الشُعراءِ — 'each of the poets'

(3) Only جميع (in the indefinite accusative) is used as an independent modifier, following the modified item:

رأينا الطلابَ جميعًا . — 'We saw the students all together.'

تكلم مع الصحفيين جميعًا . — 'He talked to the journalists in a body.'

B. ب ـ وظائف المصدر:

Verbal nouns may have the following noun functions:

(1) Subject or predicate of an equational sentence.

(2) Subject of a verb.

(3) Object of a verb or preposition.

(4) First or second term of an idafa.

(5) Accusative of specification.

(6) As a ḥal

They may also have the following special functions:

(7) Cognate accusative.

(8) Accusative of purpose or cause.

C, Parts of Speech: Verb. جـ ـ أقسامُ الكَلام : الفعل

Words in Arabic are traditionally divided into three parts of speech or form three classes: verbs (أفعال), nouns (أسماء) and particles (حروف). This classification is based primarily on forms--the particular set of inflections that a given word takes. Thus, in Lesson four it was pointed out that verbs are inflected for tense, voice, mood, person, number and gender, and that nouns are inflected for case, number and definiteness; particles are not inflected at all. These three classes of words are further broken down into sub-classes, partly on the basis of inflections but also partly on the basis of syntactic function or meaning. For example, certain nouns can be inflected not only for case, number and definiteness but for gender and comparison as well, and are labelled "adjectives" to set them off from those nouns that cannot be so inflected. On the syntactic level, adjectives can do whatever nouns can do, e.g. serve as a member of an idafa as in كَبيرُ الاطباء 'the chief doctor', but unlike nouns, can also be used attributively, e.g.:

الطَبيبُ الكَبيرُ 'the great doctor'

Semantically nouns are names while adjectives describe. Some sub-classes of particles are prepositions, which indicate the relationship of the phrase following it to the rest of the clause; adverbs, which denote place, manner, degree, time, etc. and typically modify verbs; and nominalizers, which are conjunctions introducing clauses and permit those clauses to function as nouns. The sub-classes of the various parts of speech will now be listed.

A. Verbs.

1. Verbs are remarkably uniform in Arabic; there are only a few incomplete verbs to be noted: the negative verb لَيْسَ 'not to be', which occurs only in the perfect tense active voice and has present meaning, and the imperative verbs هاتِ 'give!', (fem. هاتي , pl. هاتوا) a variant of the Form IV verb أتى 'to give' (s.o.) (s.th.); and تعال 'come!' (fem. تعالي, pl. تعالوا) which serves as the imperative for the verbs أتى 'to come' and جاء 'to come'.

2. Impersonal verbs, such as وَجَبَ - يَجِبُ 'to be necessary', جازَ - يَجوزُ 'to be permissable' and أمْكَنَ - يُمكِنُ 'to be possible' can take a subject only verbal nouns or clauses beginning in أن , أنّ or ما , and so are found only in the third person masculine singular. These clauses may also be subjects of certain other verbs as well, which are then said to be used impersonally.

The impersonal use of verbs is illustrated in the next two drills.

3. Adjectival verbs أفعالُ التّعجُّب are those found after exclamatory ما ,'how...!' as in ما أجمَلَها 'How beautiful she is!' They are found in the perfect tense third masculine singular only, and are followed by a direct object in the accusative.

All other verbs in the language are regular and complete in their inflections.

The above groupings of verbs are based on inflections; the following groupings are based on the syntactic constructions in which verbs participate.

القسم الثاني : القواعد

A. Negation: Summary.

أ ـ النّفي

1. Verbs are negated as follows:

a. Perfect tense:

لم + jussive 'did not, has not' :	لم أقل شيئاً .	'I didn't say anything.'
ما + perfect 'did not'	ما كان في مكانه .:	'It was not in its place.'
لا 'may...not' (optative) :	لا سمح الله .	'God forbid!'
لمّا + jussive 'has not yet' (rare) :	لمّا يجيء	'He has not come yet.'
هلّا (لا + هل) 'why did not?' (rare):	هلّا حضرت	'Why didn't you come?'

b. Imperfect tense:

(1) Indicative -

لا 'not' (present or future) :	لا أعرف	'I don't know'
	قد لا يذهب	'Perhaps he will not go.'
ليس 'not' (present)	لسنا نعترف بمثل هذا الدين	'We do not acknowledge such a religion as that.'
ما 'not' (present) (rare) :	ما يدرس الآن.	'He is not studying now.'
سوف لا 'will not' (future) :	سوف لا نجتمع غدا	'We are not going to meet tomorrow.'

(2) Subjunctive -

لا 'not' :	يجب ألّا يعود	'He must not return.'
	كيلا يتعب	'in order that he not get tired.'
لن + subjunctive 'will never' :	لن أعود	'I will never return!'

(3) Jussive -

لم 'did not, has not' :	See Perfect tense
لا 'don't' :	See Imperative

(4) Imperative -

لا + jussive 'don't' (negative command): 'Eat but don't drink!'

2. Nouns and adjectives are negated as follows:

a. in general -

غير 'non-' 'un-' : الطلاب وغير الطلاب 'students and non-students'

: غير مخلص 'insincere' غير واضح 'unclear'

b. verbal nouns -

عدم 'not' : عدم التدخل 'non-intervention'

: عدم الاخلاص 'insincerity'

3. Particles are negated as follows:

لا 'not' : لا فوق بل تحت 'not above but below'

: لا هنا ولا هناك 'neither here nor there'

4. Equational sentences

a. definite subject -

ليس (ب) 'is not' ليست المشكلة مشكلةَ تفاهم فحسب 'The problem is not one of mutual understanding alone.'

لست طالباً 'I am not a student.'

ليس ذلك بغريب 'That is not strange.'

ما ... (الاّ) 'not, nothing' : ما الدنيا الا خيال 'Life is nothing but a drill.'

b. indefinite subject

لا 'there is no' : لا شك في ذلك 'There's no doubt about that.'

ما (من) 'there is no' (rare): ما من شك فيذلك 'There's no doubt about that.'

5. Independent negatives

لا 'no' : لا، لا يريد الذهاب معنا 'No, he doesn't want to go with us.'

كلا 'no, certainly not' : هل تحبينه ؟ كلا 'Do you love him? Certainly not.'

Note: In general the interrogative particle أ rather than هل is used before a negative, as in اليس كذلك ؟

B. Parts of speech. Verbs (continued) ب ـ أقسام الكلام ـ الفعل

The verb كان can be used in three ways: with a subject only, in which case it denotes existence; with a predicate in the accusative, a prepositional phrase; or an adverb clause in which case the predicate describes or in some way modifies the subject; or with a verb in the imperfect indicative or the perfect, in which case it denotes the time context of that following verb. Illustrations:

كان في قديم الزمان ملك من الملوك له بنت واحدة.	'There was, long ago, a certain king, who had only one daughter.'
كانت ابنته معروفة بذكائها وكانت على جانب كبير من الجمال. كانت تدرس الفنون والعلوم.	'His daughter was known for her intelligence, and she was exceedingly beautiful. She was studying the arts and the sciences.'
وكانت قد درست الموسيقى الهندية.	'(And) she had studied Indian music.'

There are a number of other verbs in Arabic that, like كان , can take an accusative predicate and can be followed by a verb in the indicative; these verbs are called أَخواتُ كان 'the sisters of كان ', and may be subgrouped as follows:

a. Verbs of continuing أفعال الاستمرار these may be used with a predicate or with an indicative verb or with a subject alone, e.g.

ظل ساكتا.	'He remained silent.'
ظل يعمل في المصنع مدة طويلة.	'He kept on working at the factory for a long time.'

The common verbs in this group are

ما دام	'as long as'	بقي ، يبقى	'to remain'
ما زال لا يزال لم يزل	'to still be or do'	ما برح لا أبرح لن يبرح	'to still be or do'

b. Verbs of becoming: افعال الصيرورة these verbs mean 'to become' when they are followed by a predicate, and 'to come to, get to the stage of (doing something)' when followed by an indicative verb (see also group c below), e.g.

اصبح الرجل مريضا واصبحت ابنته تشعر بها لالم . 'The man became sick and his daughter began to feel the pain.'

The common verbs in this group are

أصبح - يصبح 'to become'

صار - يصير 'to become'

أمسى - يمسي 'to become'

c. Verbs of beginning: إفعال الشروع these are verbs which mean 'to begin (doing s.th.)' when used in the perfect tense with a following indicative verb. For example, the verb أخذ normally means 'to take', but in the following sentence it means 'to begin':

أخذ اللحم يحترق 'The meat began to burn.'

These verbs thus contrast with the verbs بدأ and ابتدأ which mean 'to begin' in both tenses and have no other meanings.

The most common verbs of beginning are

أخذ	أنشأ	بات	هبّ
جعل	راح	شرع	
طفق	قام	قعد	

d. Verbs of 'about to': أفعال المقاربة in this group are two common verbs--1) كاد - يكاد 'almost' is commonly followed by an indicative verb(but may also be followed by أن plus subjunctive), e.g.

كدت أقع 'I almost fell.'

فيصبح حرّا ... أو يكاد 'And then he will be free...or almost.'

2) أوشك - يوشك 'to be on the point of, about to (do s.th.) is usually followed by أنْ plus subjunctive, as

أوشكت الحرب أن تقع . 'War was about to break out.'

يوشك المشروع أن يتم . 'The project is about to be completed.'

The verbal noun is often used in the expression على وشك (أن) 'on the verge of', e.g.

كانت على وشك المغيب. 'It (f.) was about to disappear.'

e. The <u>negative verb</u> ليس is also one of the sisters of كان , since it can be followed by a predicate or by an indicative verb, (which it serves to negate) :

ليست اردنية بل لبنانية . 'She is not Jordanian but Lebanese.'

الى اين انا ذاهب؟ لست ادري 'Where am I going to? I do not know.'

The predicate of ليس is generally in the accusative, but is also often in the genitive after ب , with no difference in meaning, as in

ليس ذلك غريبا = ليس ذلك بغريب. 'That is not strange.'

f. In Classical Arabic عسى 'it is hoped that, perhaps' was a fully conjugated verb (عسينا ، عسيت etc.); in modern Arabic, however, only the form عسى occurs, never inflected. We have accordingly classified it among introducers under particles, عسى may be followed by the subject but more commonly is followed by أن plus subjunctive:

عسى أن تصل رسالتي هذه وانت في تمام الصحة . 'I hope this letter of mine will reach you and (find you) in perfect health.'

عسى الرسالة ان تصلكم . 'I hope the letter will reach you.'

C Parts of Speech. Verbs (continued) ج - أقسام الكلام . الفعل

Verbs with two accusatives الافعال المتعدية الى مفعولين

Certain verbs take two accusative objects; they can be divided into three groups depending on the relationship of the two accusatives to each other.

a. <u>Verbs of giving</u>: the first accusative is an indirect object and the second is a direct object, e.g.

اعطى الجارية دينارين. 'He gave the slave-girl two dinars.'

It is also possible to express the indirect object with ل ,e.g.

أعطى دينارين للجارية . 'He gave two dinars to the slave-girl.'

Other verbs of giving are

منح - يمنح	'to give, grant'	وهب - يهب	'to give, donate'
زاد - يزيد	'to give (s.o.) more of (s.th.)'	وفّى - يوفّي	'to give (s.o.) his full share of (s.th.)'
آتى - يؤتي	'to give (s.o.)(s.th.)	هات	'give!(s.o.)(s.th.)'

b. Verbs of considering: the first accusative and the second accusative are in the relationship of subject and predicate, e.g.

نعتبره بطلا عظيما . 'We consider him a great hero (=that he is a great hero)'

Some common verbs of considering are

اعتبر ـ يعتبر	'to consider'	ظنّ ـ يظنّ	'to consider'
حسب ـ يحسب	'to consider'	عدّ ـ يعدّ	'to consider'
خال ـ يخال	'to imagine, suppose'	عرف ـ يعرف	'to know'
رأى ـ يرى	'to view, believe'	علم ـ يعلم	'to know'
وجد ـ يجد	'to find'		

c. Verbs of transforming: the first accusative becomes the second accusative, e.g.

عيّنوا الشابّ رئيسا للّجنة . 'They appointed the young man chairman of the committee.'

Some common verbs in this group are

انتخب ـ ينتخب	'to elect (s.o.) as (s.th.)'
اختار ـ يختار	'to choose (s.o.) as (s.th.)'
عيّن ـ يعيّن	'to appoint (s.o.) as (s.th.)'
جعل ـ يجعل	'to make (s.th.) into (s.th.)'
دعا ـ يدعو	'to call (s.o. s.th.)'
سمّى ـ يسمّي	'to name (s.o. s.th.)'
صيّر ـ يصيّر	'to make (s.o.) into (s.th.)'
ولّى ـ يولّي	'to put (s.o.) in charge of (s.th.)'

Note that the first three may also occur without a second object.

d. Causative verbs: the first accusative is caused to act on the second accusative; these are typically Form II or Form IV verbs with causative meaning, e.g.

علّمته الحب (أن يحب) 'She taught him love (caused him to know love)'

This verb stands in a causative relationship to عَلِمَ 'to know, come to know' as in علم ان يحب or علم الحب 'He learned to love'.

Other causative verbs are listed below; the accusative object of the underlying verb, if any, whether noun or clause, may in every case serve as the second accusative of a causative verb :

زوّج – يزوّج 'to give (a girl) in marriage to (s.o.)'

شرّب – يشرّب 'to give (s.o.) (s.th.) to drink'

أطعم – يطعم 'to feed (s.o.) (s.th.)'

عرّف – يعرّف 'to acquaint (s.o.) with (s.th.)'

أعلم – يعلم 'to inform (s.o.) of (s.th.)'

كفى – يكفي 'to save (s.o.) (a trouble)';'to protect (s.o.) from (s.th.)'

سقى – يسقي 'to give (s.o.) (s.th.) to drink'

e. Verbs with two accusatives can be made passive, in which case the first accusative becomes the subject of the passive verb and the second accusative remains unchanged. Example:

عُيِّنَ الشاب رئيسا للجنة 'The young man was appointed chairman of the committee.'

In the case of verbs of giving, either of the two accusatives can be made the subject of the passive verb, as in

أُعْطِيَت الجارية دينارين 'The slave-girl was given two dinars.'

أُعْطِيَ ديناران للجارية 'Two dinars were given to the slave-girl.'

لمن اعطي الديناران؟ 'To whom were the two dinars given?'

القسم الثاني : القواعد

A. Parts of speech. Nouns. أ . اقسام الكلام . الاسم

B. Nouns are divided into five subclasses: nouns, pronouns, demonstratives, adjectives and noun-prepositions

1. Nouns include

nouns: رجل 'man' سبب 'cause' بيض 'eggs'

cardinal numerals: ثلاثة 'three' عشرة 'ten' مئة 'hundred'

interrogative nouns: أي (أية) 'which?' كم 'how many? how much?'

quantifiers: كل 'all,each' جميع 'all' بعض 'some' معظم 'most'

verbal nouns: درس 'studying' اغناء 'enriching' أستعمال 'using'

Of these, interrogative nouns and quantifiers have no dual or plural. The noun أي in statements means 'any'; in exclamatory sentences, it means 'what a...' and كم , which is followed by genitive, means 'how many...!' 'how often...!' for example:

لاي شعب من الشعوب 'for any people (at all)'

ألّف قصة ـ وأيّ قصة 'He composed a story--and what a story!'

كم نجم في السماء ! 'How many stars there are in the sky!'

وكم طار فرحا عند سماع ذلك الخبر 'and how overjoyed he was on hearing that piece of news!'

Quantifiers used independently are masculine singular:

الكل يعرف ذلك 'Everyone knows that.'

Verbal nouns are nouns in shape but have verbal force in that they may form a construction with a subject in the genitive case and a direct object in the accusative, e.g.

طَبْخُ زوجتِهِ اللحم 'his wife's cooking (of) the meat'

which is different from

طَبَخَتْ زوجتُه اللحم 'His wife cooked the meat.'

2. Pronouns include

personal pronouns: انا 'I' انت 'you' هم 'they'

interrogative pronouns: من 'who?' ما / ماذا 'what?'

relative pronouns: الذي 'who' من 'whoever, he who' ما 'that which'

The relative الذي is definite, while the interrogatives and the relatives من and ما are indefinite.

3. <u>demonstratives</u> include

هذا	'this, that (near you)'	ذا / ذاك	'that'
ذلك	'that (over there)'		
هذا	'this, that (near you)'	ذلك	'that (over there)'
		ذا / ذاك	'that'

4. <u>Adjectives</u> include

adjectives :	كبير	'big'	صعب	'hard'	شجاع	'brave'
participles:	ذاهب	'going'	دارس	'having studied'	مشهور	'famous'
elatives:	أكبر	'bigger'	أشهر	'more famous'		
ordinal numerals:	ثالث	'third'	عاشر	'tenth'		
included also:	واحد	'one'	اثنان	'two'		

Participles are adjectives with verbal force: they can take direct objects like verbs, and show differences in type of action, as in

البنتُ ذاهبةٌ الى المدرسةِ . 'The girl is going to school'(progressive action)

أنا فاهمٌ الدرسَ 'I have understood the lesson.' (present perfect action)

5. <u>Noun-prepositions</u> are nouns that occur only in the accusative or genitive cases and function as prepositions. Some common ones are

أثناء	'during'	تحت	'under'	فوق	'over'
أمام	'before'	بعد	'after'	حول	'around; about'
بين	'among'	خلال	'during'	قبل	'before'
عند	'with;at'	وراء	'behind'	دون	'without; but not'

B. Parts of Speech. Particles — ب ـ أقسام الكلام ، الحروف:

Particles include the following; listed also are combinations of words that have the functions of particles:

1. Accompaniment: و plus accusative 'with'

جاء وأخاه . 'He came with his brother.'

2. Adverbs:

الآن	'now'	هكذا	'thus'
البارحة	'yesterday'	هنا	'here'
اذا/اذن	'in that case, then'	هناك/هنالك	'there'
أمس	'yesterday'	بعدُ	'after'
أولا	'firstly'	قبلُ	'before'
أيضا	'also'	فوقُ	'above'
فقط	'only'	قط	'at all'

Combinations:

اذذاك / اذّاك	'at that time, then'	كذلك	'likewise'
ربما	'perhaps'	هكذا	'thus'
فحسبُ	'only'	كذا	'thus'

Interrogative adverbs:

كيف	'how?'	متى	'when?'
أين	'where?'	لماذا / لم	'why?'

Relative adverbs:

حيثُ	'where'	لمّا	'when'

3. Affirmatives: نعم 'yes' أجل 'yes'

4. Annunciatives: اذا / اذا بـ 'lo, there is; all of a sudden there is...'

... واذا الباب يفتح '...And suddenly the door opens.'

5. Aspectual: قد (with perfect) 'has/have/had (done s.th.);(with indicative) 'will perhaps'

لقد استلمت رسالة من أخي. 'I have received a letter from my brother.'

6. Assertative: لَ 'indeed, surely'

انه لغريب 'It is certainly strange.'

7. Circumstantial (حال): و 'while, as'

جاء وهو يضحك 'He came laughing.'

8. Command: لِ (plus jussive) 'let, make, have'

لِيَقُمْ ' Let him rise up!' لِنَذْهَبْ 'Let's go.'

فلتُجَرِّبْ 'So try!'

9. Conditional: إِنْ 'if', اذا 'if, when' لَوْ 'if'

10. Conjunctions: إِذْ (followed by a verb) 'and then; when; since, because'

أم 'or' أو 'or'

أي 'that is to say' بل 'but rather'

ثم 'thereupon, then' لكنّ 'but, however'

فَ 'and then, and' و 'and'

Combinations:

with انّ	with أَنْ	with ما
اذ أنّ 'in view of the fact that'	الى أن 'until, up to the point that'	بينما 'while, whereas'
كأنّ 'as if'		كأنما '(plus nom.) 'as if'
لانّ 'because'		كما 'as; and also'
كما أنّ 'and likewise (is)'		
الا أنّ 'but, however'		
غير أنّ " "		
مع أنّ " "		
على أنّ " "		
بَيْدَ أنّ " "		

11. Correlative: (أَو)... إِمّا 'either...(or)'

12. Durative: ما (plus perfect) 'as long as'

...ما عشنا 'as long as we live'

...ما درس العربية 'as long as he studies Arabic'

13. Exceptives: الاّ 'except' سوى 'except'

14. <u>Exclamatory</u>: ما (followed by adjective verb) 'how...!'

ما أبعد الماء ! 'How far away the water is!'

15. <u>Future</u> (followed by indicative): سوفَ ، سَ 'will, going to (do s.th.)'

16. <u>Indefinite</u> ما (following a noun) 'some, one, a certain'

سنراكم يوما ما 'We'll be seeing you some day.'

17. <u>Interjections</u>: آه 'oh!'

وا ...آه 'oh!' وا أسفاه 'oh grief!'

ها 'ha! look! hey! هيهات (أن) 'how preposterous (that...)!'

Note the following uses of ها :

a) ها هي قادمة 'Here she comes!' 'See her coming!'

b) ها ... ذا 'here...is', consisting of ها and the demonstrative ذا , as in

ها انت ذا 'There you are!'

ها نحن اولاء 'Here we are!'

18. <u>Interrogatives</u>: أ 'is it that...?' هل 'is it that...?'

19. <u>Introducers</u> (coming initially in a clause):

لكن	'but'	لكن	'but'
انّ	'indeed'	ليت	'would that'
عسى أن	'perhaps'	لعلّ	'perhaps, it is hoped that...'

With the exception of عسى these take a subject in the accusative. عسى in Classical Arabic was an inflected verb, but is found only in this form in modern Arabic.

Combinations: فانّ 'for, since' انما 'indeed, rahter' (followed by nominative)

20. <u>Negative</u>:

كلا	'no, certainly not'	لا	'no; not'
لم	'has not, did not'	لمّا	'not yet'
لن	'will never'	ما	'not'

21. <u>Nominalizer</u>: أن 'that' ما 'that'

أنّ 'that, the fact that' لو 'that (foll. تمنى ، ودّ)

The nominalizer ما is used with certain verbs (in the third masculine singular perfect) and adjectives (in the indefinite accusative) at the beginning of a clause to form adverbail expressions of degree:

كَثُرَ ما / كثيراً ما 'often' قلّما / قليلا ما 'seldom,rarely'

طالما / لطالما 'how often' طالما أنّ 'while, as, the more so as'

كثيرا ما نتعب من هذه التمارين. 'We often get tired of these drills.'

غالبا ما 'most often, mostly, in most cases'

22. Prepositions: الى 'to' لِ 'to, for'

ب 'in; by; with' لدى 'with, at'

حتى 'until; as far as' مع 'with'

على 'on' منذ 'since'

عن 'from; about' وَ (in oaths) 'by'

في 'in' واللهِ 'by God!'

ك 'like, as , such as'

Combinations: بدون 'without' بلا 'without' من غير 'without'

23. Purpose (followed by subjunctive) 'in order that':

لِ ، كَيْ ، لكي ، لأنْ ، حتى ، و ، ف

Combination: 'in order that...not' كيلا ، لكيلا

24. Redundant ما: (does not affect case inflection), 'ever, at all', etc.

عن قريب = عمّا قريب 'from nearly; soon'

اذا ما رأيته 'if you (ever) see him'

25. Topicalizer: أما ... (ف) 'as for...'

أما محمد فلم يحضر اليوم. 'As for Mohamed, he did not come today.'

26. Vocatives: يا 'O' أيّها / أيّتها 'O'

يا is used before a nominative without nunation, e.g. يا قارئُ 'o reader'; if the noun is the first term of an idafa, it is put in the accusative, e.g.

يا ملك الملوك 'O king of kings!'. If the addressee is not present, or unknown, the accusative indefinite is used, e.g. يا رجلا 'Somebody!' 'O fellow!' (wherever you are).

أيّها (masculine or feminine), (rarely, أيّتها fem.) is used only before a nominative noun with the definite article, e.g. أيّها المستمعون 'O listeners!'

C. <u>Nouns of place and time</u>. ج - اسم المكان واسم الزمان:

A great many Arabic nouns are derived from verbs and generally have the meaning 'place where or time when (the activity indicated by the verb) is carried on'. For example, from the verb صَنَعَ (imperfect يصنع) 'to manufacture' comes the noun مَصْنَعٌ 'factory'. Such words are known as <u>nouns of place and time</u> (or simply <u>nouns of place</u>, since that is much the more common of the two meanings.) In a number of cases the noun of place has a specialized meaning which may seem somewhat removed from the meaning of the verb; for example مَبْدَأٌ (from the verb بَدَأَ 'to begin') can mean 'starting-point', but can also mean 'foundation' or 'principle'. A few nouns of place are derived from nouns rather than verbs, for example مقهى 'coffee-house' from قهوة 'coffee'.

Nouns of place derived from Form I verbs most commonly have the patterns maFMaL or maFMiL; some have maFMaLa, maFMiLa, or maFMuLa, as follows:

a. <u>Pattern maFMaL</u>.

Doubled: Short vowel shifts: -FMaL becomes -FaML

Weak M: -Wa- and -Ya- become /aa/

Weak L: -aW- and -aY- become /aa/, with nunation /an/

This is the pattern for nouns of place derived from Form I verbs (other than those with first radical <u>W</u> or <u>Y</u>) whose imperfect vowel is /a/ or (with a few exceptions) /u/, from a few with imperfect vowel /i/, and from those with last radical <u>W</u> or <u>Y</u>. Examples:

Sound :	Ṭ B X	مطبخ	'kitchen'	(طَبَخَ ـُ 'to cook')
	S R Ḥ	مسرح	'theatre'	(سَرَحَ ـَ 'to be distracted')
Doubled:	M R R	مَمَرّ	'aisle'	(مرّ ـُ 'to pass')
Weak M :	K W N	مكان	'place'	(كان ـُ 'to be')
	Ṭ Y R	مطار	'airport'	(طار ـِ 'to fly')
Weak L :	L H W	ملهى	'nightclub'	(لها ـُ 'to amuse s.o.')
	R M Y	مرمًى	'goal'	(رمى ـِ الى 'to aim at')

b. Pattern maFMiL

This is the pattern for nouns of place derived from Form I verbs with first radical W or Y, most of those whose imperfect vowel is /i/, and a few whose imperfect vowel is /u/.

Sound :	J L S	مَجْلِس	'council'	(جَلَسَ ـِ 'to sit')
	Ġ R B	مَغْرِب	'west, sunset'	(غَرُبَ ـُ 'to set(sun)'
Weak F :	W Q F	مَوْقِف	'standpoint'	(وَقَفَ يقِف 'to stand')
	W Q 9	مَوْقِع	'situation'	(وَقَعَ يَقَعُ 'to be situated')

c. Patterns maFMaLa, maFMiLa, and maFMuLa

Some nouns of place have one (or more) of these patterns instead of, or in addition to, the two previously discussed.

Sound :	M L K	مَمْلَكَة	'kingdom'	(مَلَكَ ـِ 'to rule')
	K T B	مَكْتَبَة	'library'	(كَتَبَ ـُ 'to write')
	Q B R	مَقْبَرَة	'cemetery'	(قَبَرَ ـُ ''to bury')
Weak M :	Ġ W R	مَغارَة	'cave'	(غارَ ـُ 'to become hollow')

For the patterns in a, b, and c above, by far the most common plural is maFaaMiL:

مسرح	مسارح	'theatre'
مرمًى	مرامٍ	'goal'
مجلس	مجالس	'council'
موقع	مواقع	'situation'
مملكة	ممالك	'kingdom'

Those with doubled and weak-middle roots may have sound plurals in /-aat/:

ممّر	ممرات	'aisle'
مغارة	مغارات	'cave'

A few have other plurals:

مكان · أمكنة or اماكن 'place'

Nouns of place derived from verbs other than Form I have patterns identical to those of the passive participles of those verbs, for example:

II	S̱ L W	مصلّى	'place of prayer'	(صلّى 'to pray')
XIII	X B R	مختبر	'laboratory'	(اختبر 'to test')

All these have sound plurals in /-aat/:

مصلّيات 'places of prayer'

مختبرات 'laboratories'

القسم الثاني: القواعد

A. Noun Inflection I. أ - اعرابُ الأسم:

Nouns were defined in previous lession as words inflected for definiteness, number and case and divided into the subclasses of noun, pronoun, demonstratives, adjectives and noun-preposition. Tow of these features, definiteness and case, will now be examined in more detail. We will look at number and gender in the next lesson.

1. Definiteness.

a. The definite article

Every noun is either definite or indefinite. Definite means that the referent of the noun has already been specified or is assumed to be known; this is indicated in English and Arabic by the definite article, e.g.

شهد العالم العربي نهضة فكريّة . 'The Arab world has witnessed an intellectual renaissance.'

The Arabic noun is also definite without the definite article if it is the first term of an idafa whose second term is definite or whose second is a pronoun, e.g.

حياة الانسان 'the man's life' ('the life of the man')

حياتك 'your life'

حياتك الطويلة 'your long life'

If a noun is not definite in one of these three ways then it is indefinite and must take nunation.

Note, however, that in an idafa construction where the second term is indefinite, the first term is also indefinite but, since it is in an idafa, cannot take nunation:

حياة انسان 'a man's life' (='the life of a man')

فنجان قهوة ثالث 'a third cup of coffee'

Arabic and sometimes English, also uses the definite article for generic or abstract meaning as well, as for example 'the dog' in 'The dog is man's best friend'. However, whereas English may also generalize a concrete noun with an indefinite singular, as in 'A dog is a man's best friend' or an indefinite plural, as in 'Dogs are men's best friends', in Arabic all such abstractions must be with the definite article, e.g.

الحياة في الصحراء صعبة. 'Life in the desert is difficult.'

الفلاحون معروفون بالصبر. 'Farmers are well-known for patience.'

Finally, proper nouns are a special category, since semantically they are definite regardless of whether they are definite or indefinite in form. Thus, a proper noun which has a common noun or adjective counterpart takes nunation. For example, كَريمٌ takes nunation whether it is an adjective 'noble' or a person's name 'Karim'. As a proper name, however, any adjective modifying it must be definite, e.g.

كَريمٌ الذَّكِيُّ 'clever Karim'

To summarize, a noun is definite in form and in meaning if it has the definite article prefix, has a pronoun suffix, or is the first term of an idafa whose second term is definite. It is definite in form but indefinite in meaning if it is the first term of an idafa whose second term is indefinite. Otherwise it is indefinite in form and meaning and takes nunation. The definite article is used to make a noun generic or abstract in meaning. Finally, proper nouns are definite in meaning whether they are definite or indefinite in form.

b. Diptotes

Certain nouns and adjectives, called diptotes, never take nunation, e.g. أَكْبَرُ 'bigger'. Since they fit into well-defined groups it is fortunately possible to memorize a few rules which will include practically all diptotes. These rules are listed below, first for (1) common nouns and adjectives and then for (2) proper nouns.

(1) Common nouns and adjectives.

(a) All adjectives of the form ʔaFMaLu, e.g.

أَكْبَرُ 'greater'(elative) أَقْصَى 'more distant'

أَحْمَرُ 'red'(adjective of color) أَهَمُّ 'more important'

أَطْرَشُ 'deaf' (adjective of defect)

(b) All plurals of the patterns : maFaaMiL, maFaaMiiL, or FaSaatiiL

مَكاتِبُ 'offices' مَواضِيعُ 'subjects' أَسالِيبُ 'methods'

(c) All words ending in the feminine suffix ى or in ا when not part of the root; this includes

--the feminine elative, e.g. كُبْرى 'great'; included here are أُولى 'first' and أُخْرى 'other'

--feminine nouns such as ذِكْرى 'remembrance' شَكْوى 'complaint', دَعْوى 'invitation'. Do not confuse this with defective nouns where ى represents a radical and takes nunation, e.g. صَدى 'echo'.

--certain broken plurals such as FaMaaLaa, e.g. صَحارى plural of صَحْراءُ 'desert' and قُدامى 'ancients' masculine plural of قَديمٌ, as well as هَدايا plural of هَدِيَّةٌ 'a present'; and FaMLaa, e.g. قَتْلى masculine plural of قَتيل 'killed, murdered'.

--the feminine FaMLaa of the pattern FaMLaaNu, e.g. كَسْلى feminine of كَسْلانُ 'lazy'.

(d) All words ending in the suffix اءُ (that is, when اءُ is not part of the root); this includes

--feminine adjectives of the form FaMLaa ,e.g. حَمْراءُ 'red', طَرْشاءُ 'deaf' and عَذْراءُ 'virgin'

--broken plural patterns FuMaLaaʔu, e.g. وُزَراءُ plural of وَزيرٌ 'minister of state'; aFMilla u, e.g. أَصْدِقاءُ plural of صَديقٌ 'friend'; أَطِبّاءُ 'doctores' plural of طَبيبٌ .

(e) The adjective pattern FaMLaan if its feminine form can be FaMLaa or FaMLaanatun, e.g. سَكْرانُ 'drunk' . (The f. FaMLaanatun for this pattern is now considered correct Arabic usage.) FaMLaan words whose f. is FaMLaanatun only, are regular; e.g. نَدْمانٌ, f. نَدْمانَةٌ

(f) The word أَشْياءُ, plural of شَيْءٌ 'thing'

2. Proper names.

Proper names include masculine and feminine personal names and place names.

All proper names are diptotes except:

(a) those with the definite article, which are regular, e.g. النِّيلُ 'the Nile', العِراقُ 'Iraq'

(b) masculine personal names taken from regular common noun or adjective patterns, e.g.

كريم 'Karim' (as adjective: 'noble')

حسن 'Hassan' (as adjective: 'good')

محمود 'Mahmud' (as participle: 'praised')

فؤاد 'Fuad' (as noun: 'heart')

(c) masculine personal names spelled with three letters with ْ on the second letter are regular, e.g. زَيْدٌ 'Zayd' (feminine personal names of this type can be diptotes or regular). But عُمَرُ 'Omar', spelled with َ on the second letter, is a diptote.

(d) feminine personal names ending with ـَة .

فاطِمَة 'Fatima' مَيّادَة 'Mayyada'

Diptotes, then, do include all palce names not having the definite article; all proper names ending in alif (ا or ى); all proper names from foreign languages (e.g. ابْراهيمُ); and all masculine personal names of the patterns aFMaLu (e.g أَحْمَدُ 'Ahmad') and FaMLaan (e.g. عَدْنانُ).

2. Case

a. Three-case inflection

There are three case inflections in Arabic: ـُ (nominative), ـٍ (genitive) and ـَ (accusative). The regular noun, whether singular or broken plural, shows all three inflections:

	Singular		Broken Plural	
Nom	كِتَابٌ	'book'	كُتُبٌ	'books'
Gen	كِتَابٍ		كُتُبٍ	
Acc	كِتَابًا		كُتُبًا	

Diptotes, whether singular or plural, show only two inflections when indefinite, with ـَ serving as inflection for genitive and accusative:

	Singular		Broken Plural	
Nom	أَخْلَصُ	'more,sincere'	أَصْدِقَاءُ	'friends'
Gen/Acc	أَخْلَصَ		أَصْدِقَاءَ	

When definite in form diptotes show the regular three inflections, e.g., مِنْ أَخْلَصِ الأَصْدِقَاءِ 'among the sincerest of the friends' as opposed to مِنْ أَصْدِقَاءَ أَخْلَصَ 'from sincerer friends'.

b. Two-case inflection

Sound plurals have a two-case inflectional system: one form for the nominative case and a second inflection for genitive-accusative:

	Masculine Sound Plural		Feminine Sound Plural	
Nom	مُعَلِّمُونَ	'teachers'	مُعَلِّمَاتٌ	'teachers'
Gen/Acc	مُعَلِّمِينَ		مُعَلِّمَاتٍ	

Defective nouns also show a two-case inflectional system, but here the nominative and the genitive share one ending while the accusative is different:

Singular:	Indefinite 'a judge'	Definite 'the judge'	First member of idafa 'judge of a city'
Nom/Gen	قَاضٍ	أَلْقَاضِي	قَاضِي الْمَدِينَةِ
Acc	قَاضِيًا	أَلْقَاضِيَ	قَاضِيَ الْمَدِينَةِ

Plural:	Indefinite 'coffeehouses'	Definite 'the coffeehouses'	First member of an idafa 'coffeehouses of Beirut'
Nom/Gen	مَقاهٍ	أَلْمَقاهي	مَقاهي بَيروتَ
Acc	مَقاهِيَ	أَلْمَقاهِيَ	مَقاهِيَ بيروت

Note that the accusative forms of defective nouns coincide with the regular inflections for that case.

Note also that plural words like مَقاهٍ (plural of مَقْهىً) are diptotes and yet take nunation in the nominative-genitive singular.

c. <u>One-case inflection</u>

All nouns and adjectives ending in <u>ʔalif</u> (ا or ى) show no variation for case, whether singular or plural. If the <u>ʔalif</u> represents the third radical of a defective root, the word may take nunation and is called an <u>indeclinable</u>, e.g. مَقْهىً 'coffeehouse', أَلْمَقْهى 'the coffeehouse' (root <u>Q</u> <u>H</u> <u>W</u>). If the <u>ʔalif</u> is a feminine suffix, then that word cannot take nunation and is called an <u>invariable</u>, e.g.

<u>Ḏ</u> <u>K</u> <u>R</u>	ذكرى	'remembrance'	<u>S</u> <u>Ḥ</u> <u>R</u>	صحارى	'deserts'
<u>ʔ</u> <u>X</u> <u>R</u>	أخرى	'other'	<u>Q</u> <u>D</u> <u>M</u>	قدامى	'ancients'
<u>K</u> <u>B</u> <u>R</u>	كبرى	'great'	<u>H</u> <u>D</u> <u>Y</u>	هدايا	'gifts'
<u>D</u> <u>N</u> <u>Y</u>	دنيا	'world'			

d. <u>Dual inflection</u>

The dual suffix for the nominative case is ـان ـ and for the genitive-accusative is ـَيْن ـ. This suffix is attached to the stem of the noun or adjective:

	'two days'	'two hours'	'two evenings'	'two bedouins'
Nom	يَوْمانِ	ساعَتانِ	مَساءانِ	بَدَوِيّانِ
Gen/Acc	يَوْمَيْنِ	ساعَتَيْنِ	مَسائَيْنِ	بَدَوِيَّيْنِ

A defective noun or adjective forms its dual on the basis of the definite stem, e.g. قاضِيانِ 'two judges'.

Nouns and adjectives ending in <u>?alif</u> (ا or ى) change the <u>?alif</u> to a consonant before adding the dual suffix; ىً and ى become ي and ا and ا become و ,e.g.

مَقْهىً – مَقْهَيانِ 'coffeehouse' - 'two coffeehouses'

ذِكْرى – ذِكْرَيانِ 'remembrance' - 'two remembrances'

عَصاً – عَصَوانِ 'stick' - 'two sticks'

دُنْيا – دُنْيَوانِ 'world' - 'two worlds'

Words ending in the feminine suffix اءُ change ء to و before adding the dual suffix, e.g. حَمْراءُ – حَمْراوانِ 'red' (feminine singular - feminine dual)

الدرس الثالث عشر

القسم الثاني : القواعد

I Noun Inflection II. اعرابُ الاسم (تتمة)

A Number.

Nouns are inflected for singular (one item referred to), dual (two items) or plural (three or more) number. The unmarked noun stem is singular, e.g. مطبخ 'kitchen' زوجة 'wife'. Dual is indicated by the suffix ـ انِ ـ, e.g. مَطْبَخانِ 'two kitchens', زوجتانِ 'two wives'. Plurals are either broken plurals, e.g. مطابِخ 'kitchens' or sound, e.g. مُسْتَمِعونَ 'listeners', زَوْجاتٌ 'wives'. Sound plurals involve suffixes - ونَ- for masculine plural and اتٌ ـ for feminine plural-- while broken plurals generally involve a different stem pattern. There is a great deal of predictability in the plural formation of nouns and adjectives in Arabic. For example, following are listings of words that regularly take sound plurals, and of words that regularly or predominantly take a particular broken plural pattern. Remember that these are broad generalities, and that there are many minor patterns and exceptions. Still, there is enough predictability to make it worth while to learn the following rules.

a. Words taking sound plurals.

(1) Participles:

ذاهبونَ / ذاهباتٌ 'those going'

مَدْروسونَ 'those who have been studied'

مُسْتَعْمِلونَ 'those who use'

(2) Nisbas: عراقيونَ ، عراقياتٌ 'Iraqis'

(3) Nouns of profession: فَلّاحونَ ، فلّاحاتٌ 'farmers'

b. Words taking the feminine sound plural ـ ات

(1) Verbal nouns II-X اسْتِعمالاتٌ 'uses'

Note II: تَعْليم 'teaching' = تَعاليم 'teachings, instructions, directions' تَعليماتٌ

(2) Unit nouns: وَرَقَةٌ ـ وَرَقاتٌ 'a piece of paper' - 'pieces of paper'

(3) Instance nouns: ضَرْبَةٌ ـ ضَرَباتٌ 'blow' - 'blows'

(4) Diminutives: جُبَيْلٌ ـ جُبَيْلاتٌ 'little mountain(s)'

(5) Names of letters of the alphabet: ميماتٌ 'mīms'

(6) Recent foreign borrowings, especially those not fitting regular Arabic word shapes:

لوردٌ ـ لورداتٌ 'lord' - 'lords'

تِليفونٌ ـ تِليفوناتٌ 'telephone' - 'telephones'

c. Feminine nouns of the following patterns take ـ ات :

(1) FaMaLa: حَرَكَةٌ ـ حَرَكاتٌ 'movement(s)'

(2) FaMaaLa: خَيالَةٌ ـ خَيالاتٌ 'fantasy-fantasies'

(3) FiMaaLa: دِراسَةٌ ـ دِراساتٌ 'study-studies'

(4) FaMiiLa (human females): أَميرَةٌ ـ أَميراتٌ 'princess(es)'

(5) FaMMaaLa (instrument): سَيّارَةٌ ـ سَيّاراتٌ 'car(s)'

FaMMaaL : تَيّارٌ ـ تَيّاراتٌ 'current(s)'

d. Words that tend to take certain broken plural patterns. Given here are the major plural patterns; again it should be understood that these are usually other patterns occurring as well, as well as many exceptions. نِظامٌ , for example, has the plurals نُظُمٌ , أَنْظِمَةٌ and نِظاماتٌ . It is also necessary to distinguish between human and non-human nouns, since some patterns are not used for one or the other. The major non-human pattern is ʔaFMiLa, and the major human plural pattern is FuMaLaaʔ.

Non-human nouns:

(1) FaML - FuMuuL قَلْبٌ ـ قُلوبٌ 'hearts'

Exception: nouns containing a radical W take the plural aFMaaL:

وَقْتٌ ـ أَوْقاتٌ 'time(s)' لَوْنٌ ـ أَلْوانٌ 'color(s)' نَحْوٌ ـ أَنْحاءٌ 'direction(s)'

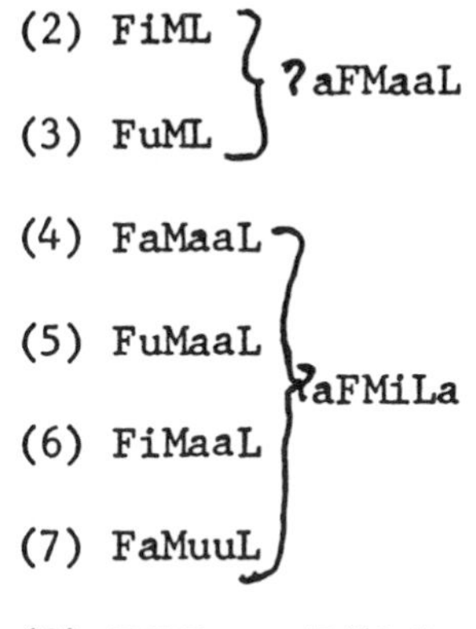

(2) FiML } ʔaFMaaL — دينٌ - أديانٌ 'religion(s)'

(3) FuML } ʔaFMaaL — قُطْرٌ - أقطارٌ 'religion(s)'

(4) FaMaaL } ʔaFMiLa — خيالٌ - أخيلةٌ 'imagination(s)'

(5) FuMaaL } ʔaFMiLa — سؤالٌ - أسئلةٌ 'question(s)'

(6) FiMaaL } ʔaFMiLa — مثالٌ - أمثلةٌ 'example(s)'

(7) FaMuuL } ʔaFMiLa — عمودٌ - أعمدةٌ 'column'

(8) FiMLa → FiMaL — قِصّةٌ - قِصَصٌ 'story-stories'

(9) FuMLa → FuMaL — دَوْلَةٌ - دُوَلٌ 'state(s)'

(10) FaMiiLa → FaMaaʔiL — جريدةٌ - جرائدُ 'newspaper(s)'

(11) FaaMiL } FawaaMiL — عاملٌ - عواملُ 'factor(s)'

FaaMiLa } FawaaMiL — جائزةٌ - جوائزُ 'prize(s)'

Human nouns:

(1) FaMiiL mostly FuMaLaa — رئيسٌ - رؤساءُ 'president(s)'

doubled root } ʔaFMiLaa — طبيبٌ - أطباءُ 'doctor(s)'

weal final } ʔaFMiLaa — ذكيٌّ - أذكياءُ 'clever'

Note: صديقٌ - أصدقاءُ

(2) FaMiiL('adjective of misfortune') - FaMLaa:

قتيلٌ - قتلى 'killed' — أسيرٌ - أسرى 'prisoner'

جريحٌ - جرحى 'wounded' — مريضٌ - مرضى 'sick'

(3) FaML - ʔaFMaaL: — ربٌّ - أربابٌ 'master(s)'

زوجٌ - أزواجٌ 'husband(s)'

(4) FaaMiL (occupation) - FuMMaaL — كاتبٌ - كتّابٌ 'writer(s)'

final weak FaaMin - FuMaat — قاضٍ - قضاةٌ 'judge(s)'

Words containing four consonants (whether all are radicals or not) are extremely regular, taking the pattern CaCaaCiC; if the singular contains a long vowel the plural pattern is CaCaaCiiC:

CvCCvC } CaCaaCiC — مصدرٌ - مصادرُ 'source(s)'

أكبرُ - أكابرُ 'greater,greatest'

CvCCvCa } CaCaaCiC — مدرسةٌ - مدارسُ 'school(s)'

CvCCvvC - CaCaaCiiC   دُكّان ـ دَكاكين   'shop(s)'

Human nouns of four or more consonants tend to take the plural CaCaaCiCa, e.g.

أُسْتاذٌ ـ أَساتِذَةٌ 'professor(s)' بَرْبَرِيٌّ ـ بَرابِرَةٌ 'Berber(s)'

فَيْلَسوفٌ ـ فَلاسِفَةٌ 'philosopher'

Neuter plurals

Adjectives with the feminine sound plural suffix ات may be used as nouns with neuter plural meaning ('things'), for example

الطيبات	'the good things' (of life)
معنويّات	'immaterial (ideal) things'
مطبوعات	'printed matter, publications'
معلومات	'information, data'
شوقيّات	'Shawgiana' (collected poems of (Ahmad) Shawgi)

Such neuter plurals have no singular forms.

Collective nouns

Arabic also has collective nouns: words singular in form but plural in meaning, referring to all members of a class. If the noun refers to humans it is plural in syntax; otherwise it is syntactically singular.

(a) Non-human collectives

Collective nouns not referring to humans are subdivided into two groups: those which have a unit noun ending in ة and those which do not. The latter are few: خَيْلٌ 'horses' and غَنَمٌ 'sheep (and goats)' are among the most common ones. These nouns refer to larger animals, are feminine singular in grammatical concord, and have no derived unit noun. Thus 'a horse' is expressed by completely different words: حِصانٌ 'stallion' (plural أَحْصِنَةٌ) or فَرَسٌ 'horse, mare' (plural أَفْراسٌ).

Most collectives by far are exemplified by شَجَرٌ 'trees', which is a masculine singular noun denoting all the members of a class of objects. This kind of collective usually refers to plants, animals or materials or objects found in nature.

From this collective a unit noun may be formed by addition of the feminine suffix ة ,e.g. from شَجَرٌ 'trees' comes شَجَرَةٌ 'a tree'. (see Lesson 3) This is a feminine singular noun. The unit noun can be pluralized as a feminine sound plural, شَجَراتٌ '(individual) trees' ; most collectives also have a broken plural form as well, e.g. أَشْجارٌ 'trees'.

Since the collective refers to all members of a class it cannot be used with numerals; in order to count objects, the sound plural or broken plural form must be used. Thus, 'five trees' in Arabic is either خَمْسُ شَجَراتٍ or خَمْسَةُ أَشْجارٍ, with no apparent difference in meaning.

Sometimes differences in the two languages require different or extra words in translation, e.g.

لَحْمٌ 'meat' - لَحْمَةٌ 'a piece of meat'
بَقَرٌ 'cattle' - بَقَرَةٌ 'a cow' بَقَراتٌ 'cows'
('bull' = ثَوْرٌ , pl. ثيرانٌ)

Some collectives, especially those from foreign languages, e.g. بَطاطِس , cannot have a unit noun; in this case a "counter" is used, much as in English we say 'a grain of rice' or 'three heads of lettuce'. The usual word for this in Arabic is حَبَّةٌ 'grain', as in حَبَّةُ بَطاطِس 'a potato' ثَلاثُ حَبّاتِ بَطاطِس 'three potatoes'.

The human collective, e.g. عَرَبٌ 'Arabs' may take the nisba suffix to form a singular noun, e.g. عَرَبِيٌّ "Arab' (feminine عَرَبِيَّةٌ 'Arab (girl)'). Collectives themselves may rarely take broken plurals, e.g. أَعْرابٌ '(bedouin) Arabs'. In classical Arabic collectives may be feminine singular in grammatical gender, e.g. قالَتْ العَرَبُ 'The Arabs have said...'; in modern Arabic, however, they are most generally construed as masculine plural on the basis of meaning:

العرب يقولون 'The Arabs say...'. Other human collectives are:

الامريكان	'The Americans'	البدو	'The Bedouins'
الانكليز	'The English'	الحضر	'The town-dwellers'
اليونان	'The Greeks'		

B. Gender. Nouns are not inflected for gender, but every noun has gender inherent in it. Nouns with animate referents take the gender of the sex of the referent; thus, أب 'father' is masculine and أم 'mother' is feminine; note that

خليفة 'caliph' is masculine in spite of the feminine suffix. Other nouns have grammatical gender, with feminine nouns being marked by any of three feminine suffixes:

(1) ـة : صحيفة 'newspaper' حياة 'life'

(2) اء : عذراء 'virgin' صحراء 'desert' كبرياء 'pride'

(3) ـى : ذكرى 'remembrance' شكوى 'complaint'

ى after يـ is spelled ا , as in دُنْيا 'world'.

Certain nouns, like سوق 'market' and أرض 'land', are feminine even though they have no feminine marker. These must be learned individually, although it is true that most names of the parts of the body that come in pairs are feminine, e.g. عين 'eye', يد 'hand' and أذن 'ear'. Also, there are a few nouns with masculine referents containing the suffix ة which is said to have here intensive meaning, e.g. علّامَة 'great scholar', رحّالَة 'great traveler, globe trotter', نابِغَة 'genius'.

الدرس الرابع عشر

A. Special adjectival clauses — أ - جمل وصفيّة خاصّة

An adjectival clause in which the subject has a pronoun suffix referring to the antecedent, or in which there is a passive verb, is equivalent in meaning to a construction beginning with a participle or an adjective:

في الجريدة التي يُنْتَظَرُ صدورُها تقريبا . 'in the newspaper whose publication is expected soon.'

في الجريدة المنتظر صدورها قريبا . (Same as above).

The rules for transforming the first kind of construction to the second are as follows:

(1) If there is a verb in the adjectival clause (normally in first position), it becomes a participle of the same voice (active or passive) as the verb, staying in the same position: يُنْتَظَرُ صدورُها becomes مُنْتَظَرٌ صُدورُها . This participle agrees in gender and number with the following noun, its subject.

(2) If there is a relative (التي ، الذي , etc.), this becomes the article أل , prefixed to the participle: المُنْتَظَرُ صُدورُها .

(3) The participle agrees in case with the antecedent of the adjectival clause:

في الجريدة المُنْتَظَرِ صُدورُها 'in the newspaper whose publication is expected soon.'

(4) If the adjectival clause contains a predicate adjective, the positions of the subject and the adjective are reversed, and the adjective then follows the rules described above for the participle:

في الجريدة التي مُحرّرُها شهيرٌ . 'in the newspaper whose editor is famous'

في الجريدة الشّهيرِ مُحرّرُها . 'in the newspaper whose editor is famous'

Note that the English translation is usually the same for both constructions.

B. ب ـ استعمالات الحروف : مِن

1. The preposition مِن has various important areas of meaning.

   a. "from (a location)" من هنا 'from here'

   b. "among" "one of"

   مَن مِنْكُم بلا خطأ 'who among you is mistaken'

   هذا من أشهر الكتّاب 'he is one of the most famous of writers'

   c. "of" من المفهوم أن 'one of the things that is understood is that....'

   سنة مِنَ السنين 'a year, a certain year'

   d. "some of", partitive

   أكلت مِنْهُ 'I ate some of it'

   قطعة مِن الحرير 'a piece of silk'

   e. "than (comparative)"

   هو أكبر مني 'he is older than I am.'

   f. "with respect to", "by way of"

   ما اشتراه من الكتب 'what he bought, by way of books'

2. It is used in verb-preposition idioms such as

   تَعَجَّبَ مِن 'he wondered about.'

3. It is used in certain idiomatic expressions:

   من ساعته 'the same hour'

   من غير 'without'

4. It is sometimes redundant

   ما من أحد 'nobody'

C. The Tenses of the Verb. جـ - زمن الفعل:

The verb performs a significant set of functions in the Arabic sentence, and a full understanding of the verb can go a long way in enhancing one's comprehension and appreciation of Arabic. Not only does the verb denote an action or state, for example, but it also helps identify the actor, it indicates whether the actor performed the act or underwent it, whether the action has been completed or is in progress or is yet to be begun, and so forth. This discussion will deal with the two tenses of the Arabic verb--their meanings and uses.

The Perfect Tense.

The perfect tense is basically narrative in function; it denotes a completed event, or series of events in a narrative. It answers the question, "What took place?"

ماذا فعلتم أمس مساءً؟	'What did you do yesterday?'
شاهدت فيلما مصريا .	'We saw an Egyptian movie.'
أُنتِجَ أول فيلم عربي قبل خمسين سنة تقريبا .	'The first Arabic film was produced about 50 years ago.'

It is important to note that the perfect tense implies a change of some sort. Thus كَبُرَ cannot mean "he was big", but only "he became big" or "he grew up", and مَرِضَت must mean "she got sick, she fell ill" (as opposed to كانت مريضة 'she was sick').

Verbs like كبر and مرض are called qualitative verbs--verbs denoting qualities or characteristics rather than activities. They include verbs of the pattern FaMuLa--yaFMuLu, which denote permanent traits, and those verbs of the FaMiLa--yaFMaLu pattern which denote traits or qualities (usually of a temporary nature). They also lack participles of the form FaaMiL, but have instead adjectives usually of the patterns FaMiiL, FaMiL, or FvMLaan, as well as FaML and FaMaL. Illustrations:

كَبُرَ - يَكْبُرُ : كَبيرٌ	'to become or be big; grow up': 'big, old'

كَسِلَ - يَكْسَلُ : كَسِلٌ / كَسْلان 'to become lazy': 'lazy'

صَعُبَ - يَصْعُبُ : صَعْب 'to become/be hard': 'hard, difficult'

حَسُنَ - يَحْسُن : حَسَنٌ 'to become good, be well': 'good'

مَرِضَ - يَمْرَضُ : مَرِيضٌ 'to become sick': 'sick'

غَضِبَ - يَغْضَبُ : غاضِبٌ/غَضِبٌ/غَضْبان 'to become angry': 'angry'

It should be pointed out here that the jussive mood is equivalent to the perfect tense in the following cases: (a) after لم , as the negative of the perfect tense; it is more common than ما plus the perfect.

لم يكن 'he was not'.

(b) in conditional sentences beginning with إنْ 'if':

إنْ تذهب أذهب 'If you go I'll go.' لم plus jussive is the regular negative after conditional particles, since اذا ما is not negative but conditional 'if ever':

اذا لم ترها 'if you don't see her'

اذا ما تراها 'when (ever) you see her.'

The perfect tense has several uses:

1. narration of completed events.

While the English past tense also denotes completed events (see English translations above), English and Arabic differ in three ways: (a) The Arabic perfect tense corresponds to both the English past tense and the English present perfect:

رَأَيْتُهُ 'I saw him' / 'I have seen him.'

The proper translation will depend on the context, e.g. كم سنة درست العربية؟ is translated by "How many years did you study Arabic?" if the person addressed is no longer studying Arabic, or by "How many years have you studied Arabic?" if she still is.

(b) Arabic tends to depict events, e.g. فَهِمْتُ 'I (have) understood', in situations where English presents the result, e.g., "I understand." Likewise, Arabic may say وَصَلَ 'he (has) arrived' when English says "He's here (now)."

(c) While the Arabic perfect tense denotes <u>only</u> completed events, the English past tense denotes <u>either</u> completed events <u>or</u> past habitual actions:

I saw her	رأيتها	(I saw her once)
	كنت أراها	(I saw her always)

English "I saw her" as past tense = Arabic perfect رَأَيْتُها . English "I knew that", on the other hand, is not an event but a state or condition and is not equal to Arabic perfect عرفت ذلك . The latter means "I came to know that," "I found out, learned, became aware of that." In translating an Arabic perfect tense verb used in narrating events, be sure to indicate in your translation a change or transformation if the verb is a qualitative or other non-action type.

(The one exception is كان , whose primary function is merely to denote past time.)

2. <u>optative</u> = wishes, blessings, curses, etc.

طاب يَوْمُكَ	'may your day be nice!' (greeting)
سلّمك الله	'may God protect you!'

In its optative meaning the perfect tense is negated by لا :

لا سمح الله	'May God not permit it' = 'Heaven forbid!'

3. <u>proclamatory</u>: The performing of an act by the mere saying of it, as in promises, contracts, bets, proclamations, etc.

وَعَدْتُكَ بذلك	'I promise you.'
هل قبلت هذا العقد؟	'Do you accept this contract?'
قَبِلْتُ.	'I do.'

4. In addition, the perfect is found in certain specialized contexts, as:

(a) The perfect regularly occurs after the conditional particles إن , إذا and لو , as well as the particles of conditional force, such as

مهما , كيفما , أينما , حيثما , etc. After a conditional particle the perfect tense refers to present-future action, while كان قد plus perfect refers to completed action. Illustrations:

تفضل معنا اذا شئت.	'Come with us, if you wish.'
ستقرأونها ، ان لم تكونوا قد قرأتموها .	'You will read them, if you haven't already read them.'
لو ذهب	'if he were to go'
لو كان قد ذهب	'if he had gone'

(b) After قد the perfect usually has present perfect or past perfect meaning, depending on whether the overall time context is present or past.

لقد وصلت البعثة العلمية الايطالية منذ زمن بعيد .	'The Italian scientific mission has long since arrived.' (present perfect)
وصل الوفد في الساعة العاشرة وكان الموتمر قد بدأ .	'The delegation arrived at ten o'clock but the conference had already begun.' (past perfect)
لقد بدأ الموتمر قبل أن يصل الوفد الاخير .	'The conference had begun before the last delegation arrived.

It was stated earlier that the perfect tense alone is usually translated as a simple past, but sometimes may be rendered by a present perfect depending on context. Here we see that the perfect after قد is usually translated as a present perfect or past perfect, but sometimes may be rendered by a simple past tense in English, according to context.

In a sense, the perfect tense after قد no longer has primarily a narrative function but assumes a "situational" function, providing a background setting for the events of the narrative.

When it comes to translating Arabic into English, the perfect tense has three possible translations: simple past ("I went"), emphatic with "did" ("I did go") and present perfect ("I have gone").

رأيتها اليوم	'I saw her today.' / 'I have seen her today.'
لقد رأيتها اليوم .	'I have seen her today.'

لقد رأيتها اليوم. 'I did see her today.'

The context is the best basis for selecting the proper translation.

A second way of expressing present perfect meaning is via the active participle of certain verbs, e.g.

لقد فهم درسه 'He has understood his lesson.'

هو فاهم درسه 'He has understood his lesson.'

The discussion so far applies to all verbs in the language except the negative verb ليس , which has only present meaning, and كان , which does not denote events but simply provides the time context for the sentence. كان plus قد plus a perfect tense verb provides the equivalent of English past-perfect, e.g. كان قد درس 'he had studied'; more literally, "he was he studied." Likewise, يكون قد plus the perfect tense provides future perfect meaning, يكون قد درس 'he will have studied' ("he will be he studied"). The participle can be used the same way: ...... كان دارسا 'he had studied' and ...... سيكون دارسا 'he will have studied'.

الدرس الخامس عشر

القسم الثاني : القواعد

A. **أ ـ أستعمالات الحروف : اللام**

The particle ل is really several different particles having the same shape. Before a subjunctive verb ل and its combinations لِكي and لِأَنْ mean 'in order that' (negative is لِكَيْلا or لِئَلّا), e.g. لِيَأْتِيَ 'in order that he come'; before a jussive verb ل means 'have, make, let' (s.o. do s.th.), e.g. لِيَأْتِ 'have him come!' Otherwise, لِ as a preposition may indicate an indirect object, and also may have the meanings of English 'for' or 'to'. Other important areas of meaning are 'for the purpose of' (with a verbal noun); 'because of'; and 'belonging to' or 'of' (possession). It has the meaning of 'of' plus a possessive pronoun in phrases such as صديق لي 'a friend of mine', كتاب لَهُ 'a book of his'. It has the meaning of 'for , to the credit of' in opposition to على 'against, to the debit of', e.g. لي عَلَيْكَ دولاران 'you owe me two dollars', كل ما كُتِبَ له وكل ما كُتِبَ عليه 'all that was recorded for him and all that was recorded against him'. Before an author's name it means 'by', لِتَوفيق الحَكيم 'by Tawfiq al-Hakim'. In the idiom لَه ... أن it means 'he has a right to..., he can...', and the idioms ... يا لَكَ مِن and ... لَكَ اللّه مِن , meaning 'what a...!' (in admiration), and ما لَه plus verb, 'why, why should he...'. It is also found in the idiom أَخٌ لأبيه 'a brother on his father's side'. Finally, it introduces the direct object of a verbal noun of purpose or of a verbal noun plur subject construction, in which case it may be translated by 'of' or left untranslated: قَتْلُ مُحَمَّدٍ لِزَيْدٍ 'Mahammad's killing (of) Zayd'.

B. <u>The dummy pronoun</u> **ب ـ ضمير الشأن**

Contrast the following two constructions:

شعروا أنّ أهدافهم قد تحققت. 'They felt that their goals had been achieved.'

شعروا أنّه قد تحققت اهدافهم . 'They felt that their goals had been achieved.'

In the first, أنّ is followed immediately by a noun (in the accusative), which is the subject of the verb which follows it. In the second, أن is followed by the pronoun suffix هُ ; next comes the verb, and then its subject (in the nominative). The suffix in the latter construction is invariably هُ , regardless of the gender or number of the following noun.

This pronoun suffix may be called the dummy pronoun (in Arabic ضَميرُ الشَّأْنِ). It serves basically to allow the verb to precede the noun in the following clause. Thus the use of the dummy pronoun is a matter of style; and constructions with it and without it can usually be translated the same way in English.

The dummy pronoun may occur attached to إنَّ , أنَّ , combinations such as لكنّ 'but and لِأنَّ 'because', and لَعَلَّ 'perhaps'.

C. ج ـ الاوزان فَعَلَ ـ فَعَلة ـ فُعَل ـ فُعَلَه ـ فُعَل

1. Patterns FvMvL and FvMvLa

In this lesson, continuing the discussion of the main noun and adjective patterns, we describe some of the simple patterns containing two short vowels, and the corresponding pattern complexes ending in -a (ـَة). At the beginning of each section, a note in tabular form calls attention to any changes undergone by non-sound roots in that pattern.

a. Pattern FaMaL

Doubled: Short vowel between identical consonants not dropped.

Weak-middle: -awa- and -aya- become /-aa-/.

Weak-last: -aw and -ay become /-aa/, with nunation /-an/.

Stems of this pattern are nouns (including verbal nouns) and adjectives.

Examples:

Sound	B L D	بَلَدٌ	'country'
	Ḥ S N	حَسَنٌ	'good, handsome'
	K R M	كَرَمٌ	'generosity'
Hamzated	ʔ M L	أَمَلٌ	'hope'
Doubled	S B B	سَبَبٌ	'cause'
Weak F	W L D	وَلَدٌ	'boy'
M	B W B	بابٌ	'door'
L	9 Ṣ W	عَصًا	'stick'
	M D Y	مَدًى	'range'

The most common plural is ʔaFMaaL; FiMaaL, FuMLaan, and FiMLaan also occur, the last especially with weak-middle roots.

FaMaL	-	ʔaFMaaL	
خَبَرٌ		أَخبارٌ	'news item'
أَثَرٌ		آثارٌ	'ancient monument'
وَلَدٌ		أَوْلادٌ	'boy'
بابٌ		أَبْوابٌ	'door'
FaMaL	**-**	**FiMaaL**	
جَبَلٌ		جِبالٌ	'mountain'
حَسَنٌ		حِسانٌ	'good, handsome'
FaMaL	**-**	**FuMLaan**	
بَلَدٌ		بُلْدانٌ	'country'
FaMaL	**-**	**FiMLaan**	
جارٌ		جِيرانٌ	'neighbor'

b. <u>Pattern FaMaLa</u>

Doubled : Short vowel between identical consonants <u>not</u> dropped.

Weak-middle: <u>-awa-</u> and <u>-aya-</u> become /aa/.

Weak-last: <u>-aw-a</u> and <u>-ay-a</u> become /aa/.

Singular stems of this pattern are nouns (including verbal nouns). Examples:

Sound:	H R K	حَرَكَةٌ	'vowel'
Weak M:	H W J	حاجَةٌ	'necessity'
L:	S L W	صَلاةٌ	'prayer'

Most nouns of this pattern have a sound plural in /-aat/. A final radical W or Y remains unchanged before /-aat/.

FaMaLa	-	FaMaLaat	
حَرَكَة		حَرَكات	'vowel'
حاجة		حاجات	'necessity'
صلاة		صَلَوات	'prayers'

The pattern FaMaLa is also itself a plural pattern for both nouns and adjectives:

FaaMiL	-	FaMaLa	
حامِلٌ		حَمَلَةٌ	'bearer'
طالِبٌ		طَلَبَةٌ	'student'
بارٌّ		بَرَرَةٌ	'pious'

FaMiiL	-	FaMaLa	
سَيِّدٌ		سادَةٌ	'gentleman'

c. <u>Pattern FaMiL</u>

Stems of this pattern are nouns (including verbal nouns) and adjectives .

Examples:

Sound :	M L K	مَلِكٌ	'king'
	D H K	ضَحِكٌ	'laughter'
	T 9 B	تَعِبٌ	'tired'
	F R H	فَرِحٌ	'joyful'

For the nouns, the broken plurals are FuMuuL and ?aFMaaL; the adjectives generally have a sound plural.

d. Pattern FaMiLa

Stems of this pattern are nouns (including a few verbal nouns). They have sound plurals in /-aat/.

	FaMiLa	-	FaMiLaat	
K L M	كَلِمَةٌ		كَلِمَاتٌ	'word'
M L K	مَلِكَةٌ		مَلِكَاتٌ	'queen'
S R K	شَرِكَةٌ		شَرِكَاتٌ	'company'

e. Pattern FaMuL

Stems of this pattern are nouns. The most common plural is FiMaaL.

	FaMuL	-	FiMaaL	
R J L	رَجُلٌ		رِجَالٌ	'man'

f. Pattern FiMaL

Doubled: Short vowel between M and L does not drop.

Weak M: -iwa- becomes /iya/.

Weak L: -aw and -ay become /aa/, with nunation /an/.

Singular stems of this pattern are nouns (including verbal nouns). Examples:

Sound:	9 N B	عِنَبٌ	'grapes'
	S G R	صِغَرٌ	'smallness, childhood'
	K B R	كِبَرٌ	'bigness, old age'
Weak L:	R B W	رِبًا	'usury'

This is also a broken plural pattern, chiefly for singulars of the pattern FiMLa:

FiMLa	-	FiMaL	
فِكْرَةٌ		فِكَرٌ	'idea'
قِصَّةٌ		قِصَصٌ	'story'
قِيمَةٌ		قِيَمٌ	'value'

g. Pattern FuMaL

Doubled : Short vowel between M and L does not drop.

Weak L : -aw and -ay become /aa/, with nunation /an/.

Singular stems of this pattern are chiefly verbal nouns. It is more commonly a broken plural pattern, for singulars of the pattern FuMLa.

Sound :	J M L	جُمَلٌ	'sentences'	(sing. جُمْلَةٌ)
Doubled :	ʔ M M	أُمَمٌ	'nations'	(sing. أُمَّةٌ)
Weak M :	Ṣ W R	صُوَرٌ	'pictures'	(sing. صُورَةٌ)
Weak L :	R B W	رُبىً	'hills'	(sing. رَبْوَةٌ)
	H D Y	هُدىً	'guidance'	

h. Pattern FuMaLa

Weak L : -awa- and -aya- become /aa/.

Weak L :	R Ḍ W	رُضاةٌ	'satisfied'	(sing. راضٍ)
	Q Ḍ Y	قُضاةٌ	'judges'	(sing. قاضٍ)
	R W Y	رُواةٌ	'reciters'	(sing. راوٍ)
	S R Y	شُراةٌ	'salesmen'	(sing. شارٍ)
	K F Y	كُفاةٌ	'capable'	(sing. كافٍ)

i. Pattern FuMuL

Doubled: Short vowel between M and L in most cases does not drop.

This is primarily a broken plural, chiefly for singular nouns and adjectives which have a long vowel in the second syllable.

Strong :	K T B	كُتُبٌ	'books'	(sing. كِتابٌ)
	T R Q	طُرُقٌ	'roads'	(sing. طَرِيقٌ)
	R S L	رُسُلٌ	'messenger'	(sing. رَسولٌ)
	M D N	مُدُنٌ	'cities'	(sing. مَدِينَةٌ)
	S F N	سُفُنٌ	'ships'	(sing. سَفِينَةٌ)
Doubled:	J D D	جُدُدٌ	'new'	(sing. جَدِيدٌ)
	L S S	لُذٌّ	'delightful'	(sing. لَذِيذٌ)

(Note that in the last item the short vowel is dropped.)

D. The Imperfect Tense: Uses of the Indicative. د ـ زمن الفعل: المضارع

The main function of the imperfect tense is 'situational'--to depict the current situation, to provide a background against which the events of a narrative take place, or to expound on a topic in an essay or other kind of exposition. The imperfect tense answers the question "How are things?" Thus, the perfect tense narrates completed events, while the imperfect is used for any other kind of activity or condition. In a word, the perfect is the tense of 'becoming' while the imperfect is the tense of 'being'.

1. Meanings of the present indicative.

Specifically, the imperfect indicative has the following kinds of meaning:

(a) habitual action: action that is repeated as a custom or general practice. Habitual action is usually indicated by such expressions as 'every day', 'usually', 'always', 'sometimes', 'often', etc.

أنت دائما تعيد ما أقوله أنا .	'You always repeat what I say!'
يمرض دائما حينما يأكل البطاطس المقلي.	'He always gets sick when he eats fried potatoes.'
لا يدرس دروسه قط.	'He never studies his lessons.'

Habitual action is negated by لا (occasionally ما) or ليس .

(b) Progressive action: action going on at the time in question. This tends to occur with expressions meaning 'at that time', '(right) now', etc.:

ماذا تدرس هذه السنة ؟	'What are you studying this year?'

The progressive indicative is negated by لا (occasionally ما) or ليس

لا، لا يقرأ جريدة اليوم .	'No, he is not reading today's paper.'

The indicative of verbs of motion does not as a rule have the progressive meaning; for these verbs the active participle must be used, as in

الى أين أنتم ذاهبون الان؟	'Where are you going now?'

The indicative يذهب means 'he goes' (habitual), etc. but not 'he is going' (progressive).

(c) Future action: action that has not yet even begun, but is predicted for later. The usual sign for this is س or سوف ; قد 'perhaps' also signifies future action as a possibility. Time expressions are, for example, 'later', 'tomorrow', 'in five minutes', etc.

سيسافر القطار بعد خمس دقائق.	'The train will leave in five minutes.'
سنراكم غدا .	'We 'll be seeing you tomorrow.'
والان ماذا ستفعل؟	'And now what are you going to do?'

Future action is negated by سوف لا 'will not' or, with emphasis, لن plus the subjunctive: 'will never'.

سوف لا يزداد عددا .	'It will not increase in number.'
لن أزور تلك الولاية .	'I will never visit that state.'

The active participle of verbs of motion may also be used for future action, as

المراسلون مسافرون غدا .	'The correspondents are leaving tomorrow.'

(d) Stative: a condition rather than activity, not specified as to time but a generally true statement. In this usage, qualitative verbs for the most part, have an impersonal meaning, usually translatable by 'it is' and an adjective. A few qualitative verbs, such as يَعُدُ , are used with personal subjects and stative meaning.

تتكلم العربية جيدا .	'You speak Arabic well.'
ماذا تعرف عن مُحَمَّد عَبْدُه ؟	'What do you know about Muhammad Abdo?'
يجب عليك أن تستمع الى الاخبار كل يوم .	'You must listen to the news every day.'
يصعب عليّ أن أتكلم بسرعة .	'It is hard for me to talk fast.'
يجدر بالذكر أنّ التلفزيون معلم فعّال جدا .	'It is worthy of note that TV is a most effective teacher.'
تبعد بيروت عن دمشق ثمانين كيلومترا	'Beirut is 80 kilometers from Damascus.'

(e) Historical narrative: in fiction and other forms of narrative the indicative is often used instead of the perfect tense to narrate events. This use of the imperfect, which corresponds to the 'historical present' of English, lends more vividness to the narrative.

يتقدم ملاك من الملائكة ويقول...	'One of the angels comes forward and says...'

(f) <u>Conditional 'would'</u>. Arabic has no exact equivalent for the English conditional 'would' as in 'I would go if I could' or 'Would you like some coffee?' Notice, however, that in some cases the differences can be expressed by various other means:

ان استطعت الذهاب ذهبت.	'If I can go I will.' (we'll see)
لو استطيع الذهاب لذهبت.	'If I could go I would.' (but I can't)
هل تحب القهوة ؟	'Do you like coffee?'
هل تحب قهوة ؟	'Would you like some coffee?'
هل تحب الذهاب معنا ؟	'Do you like going with us?' 'Would you like to go with us?'
أحب أن أقول هنا ...	'I would like to say here...'

2. <u>Meanings of the past indicative</u>.

It can be seen from the discussion above that the imperfect indicative is not necessarily limited to one particular time. As a matter of fact, the time of the indicative is determined by the context in which it is found. It may be determined by time expressions such as 'now', 'tomorrow', etc. or by سوف ، قد etc. for present and future (as illustrated in the previous sections) or by كان or other verbs in the perfect tense for past time. كان plus the indicative produces the following kinds of 'past time':

(a) <u>Past habitual</u>: often accompanied by time expressions such as 'at that time', 'yesterday', etc.; may be translated by English past tense ('I went'), 'used to' ('I used to go') or 'would' ('I would go'), e.g.

كنت ولا أزال أصلّي قبل أن آكل.	'I always prayed--and still do--before eating.' 'I always used to pray--and still do--before eating.' 'I would always pray--and still do--before eating.'

Negative:

لم أكن أصلّي / كنت لا أصلّي .	'I didn't use to pray.'

(b) <u>Past progressive</u>: translated by English 'was/were' plus participle, e.g.

كنت أصلّي حين دخلوا عليّ .	'I was praying when they came into my room.'
كانت آتية من المركز الصحيّ.	'She was coming from the Health Center.'

Negative: same as for past progressive.

(c) <u>Past future</u> or rather, 'past predictive' equal to English 'was going to', 'would', e.g.

كنت أعرف أنّه سيصلّي معنا .	'I knew that he was going to pray with us.'

Negative:

كنت أعرف أنّه سوف لا يصلّي معنا .	'I knew that he was not going to pray with us.'

(d) <u>Past stative</u>: same as for past progressive; with qualitative verbs, 'it was' plus adjective:

كنت تتكلم العربية جيدا .	'You used to speak Arabic well.'
كان يصعب عليّ أن أتكلم بسرعة .	'It was hard (used to be hard) for me to talk fast.'

Once a past-time context has been established, as, for example, by كان or another verb in the perfect tense, it is not necessary to repeat كان with each verb; illustration:

كان سمير يتكلم العربية ويكتب رسائله بها .	'Samir used to speak Arabic and write his letters in it.'

مطلقًا without exception

مذيعة broadcaster spread

العربية المعاصرة

للمرحلة المتوسطة

الطبعة المنقحة

تأليف

ارنست مكاريوس
امان عطية
بيتر عبّود ، رئيس اللجنة
راجي رمّوني

الف الطبعة الاولى

بيتر عبّود ، رئيس اللجنة
والاس ايروين
راجي رمّوني

صالح الطعمة
ارنست عبد المسيح
ارنست مكاريوس

بمساعدة

جورج سعد — نجيب صليبا — علي القاسمي

مركز دراسات الشرق الاوسط وشمال افريقيا

جامعة ميشغان

آن آربر ، ميشغان

الدرس الأول

أَسْعَدُ زَوْجَيْن

Part I: Preliminaries — القسم الأول : التمهيد

Pre-reading Questions — أ. أسئلة قبل القراءة

١. من يُعِدُّ الطعام في بيتك ؟
٢. أي طعام يعجبك ؟
٣. هل معرفة الزوج أو الزوجة لاعداد الطعام أمر هام في الزواج السعيد ؟
٤. ما هي الصفات الأساسية للزواج السعيد في رأيك ؟
٥. أذا قرأت نصا بعنوان " أسعد زوجين " فماذا يتناول مثل هذا الموضوع في رأيك ؟

New Vocabulary — ب . المفردات الجديدة

١. صديقتي ليلى **سَعيدَةٌ** جداً **بخَبَر** حصولها على بعثة للدراسة في بريطانيا ، فقد انتظرتها مدة طويلة . وقالت لي اليوم : " هذا أسعد يوم في حياتي " .

سَعيدَة بِـ (مَسرورة) — happy at, over
أَسْعَدُ يَوْمٍ — the happiest day
سَعِدَ ـَ بِـ ، سَعادة : سَعيدٌ - سُعَداءُ

٢. كان الشعب **يُصْغي بِانْتِباهٍ إلى** نشرة الاخبار لان فيها اخر تطورات الحرب في المنطقة .

يُصْغِي بِانْتِباهٍ إلى (يستمع باهتمام) — listens attentively to
أَصْغى إلى ، إِصْغاءٌ — to listen to
انْتَبَهَ الى / لِ ، انْتِباهٌ — to pay attention to

٣. ذهبت سلمى لمشاهدة مسرحية **وإذا بِزوجها** جالس في المسرح مع سكرتيرته .

إذا بـ (زوجها) — all of a sudden there was (her husband)

٤. قالت الام لابنها **بِصَوْتٍ ناعِمٍ** : "لا تخف يا حبيبي نحن بخير" .

بِصَوْتٍ ناعِمٍ — in a soft voice
صَوْتٌ - أَصْوات
نَعُمَ ـُـ ، نُعومَةٌ : ناعِمٌ - نِعامٌ — to be soft, smooth, tender

٥. يقول الاطباء اليوم ان أكل **اللَّحْم** بكثرة قد يسيء أكثر ممّا ينفع .

لَحْمٌ - لُحومٌ — meat
لَحْمَةٌ — piece of meat

٦. في الماضي كانت المرأة الغربية لا تخرج من البيت إلا ورأسها **مُغطّىً** .

مُغطّىً (وُضع شيء فوقه بحيث أصبح من الصعب مشاهدته) — covered
غَطّى ه بـ ، تَغْطِيَة — to cover s.o./s.th. with

٧. يحب الناس في ايرلندا والمانيا أكل **البَطاطِس** .

بَطاطِس — potatoes (collective)

٨. ستَزداد اثمان الكتب اثناء السنة القادمة . فسوف **يُضاف إلى** ثمن قاموس المنجد دولاران او اكثر .

يُضاف إلى ثمنه (يزداد ثمنُه) — it is added to its price
أَضافَ ه إلى ، إضافَة ، إضافات

٩. من العادة ان يضاف **المِلْحُ** بكثرة الى الطعام . لهذا لا استطيع ان آكل في المطاعم لان الاطباء منعوني من اكل المِلْح .

مِلْحٌ [مُذَكَّر وَمُؤَنَّث] ـ أَمْلاحٌ — salt

١٠. بدأت المذيعة نشرة الاخبار قائلة : " أيها المستمعون **الكِرام** ، السلام عليكم " .

كِرامٌ (أعِزّاء) — dear
كَرُمَ ـُـ ، كَرَمٌ : كَرِيمٌ - كِرامٌ / كُرَماءُ — to be noble, generous, distinguished

١١. **طارَ شَوْقاً** عندما سمع صوتها على التليفون لانه كان يرغب في ان يراها .

طارَ شَوْقاً (شعر برغبة شديدة)	he was filled with longing
طارَ ـَ ، طَيَران	to fly
شاقَ ـُ ه ، شَوْقٌ ؛ أشْواقٌ	to fill s.o. with longing, desire, delight

١٢. **لا بُدَّ لَكَ مِنْ** بذل الجهود والعمل المستمر ان كنت تريد النجاح والتقدم .

لا بُدَّ (لِـ) من انْ (يجب (على) أن)	it is imperative that (s.o.) do s.th., must

١٣. في حفلة اقامها صديقنا وليد كان الطعام **لَذيذاً** ، فأكلت منه كثيراً .

لَذيذ (جيّد جداً)	delicious
لَذَّ ـَ ، لَذاذ / لَذاذة : لَذيذ - لِذاذ	

١٤. تَمْلِكُ جارتنا بيتاً جميلاً على رأس الجبل تذهب اليه مع عائلتها خلال الصيف وقد اشترته منذ مدة قصيرة .

تَملك (لها ، عندها)	she owns, possesses
مَلَكَ ـِ ، مِلْك ؛ أمْلاكٌ	

١٥. طلاب السنة الاولى احياناً **يَخْلِطونَ بين** كلمتي « قادم » و« قديم » .

يَخلطون بين ... و...	they confuse ... and ... , mistake ... for ...
خَلَطَ ـِ بين ... و... ، خَلْطٌ	

١٦. **أشارَ** الاستاذ بيده **إلى** الكلمة الاولى في النص سائلاً : "ما هذه الكلمة ؟ " فأجاب احدنا : "أسعد" .

أشارَ (ب) الى ، إشارة ؛ إشارات (دلّ على)	to point to; to indicate (with)

١٧. بالرغم من ان **مَطْبَخ** بيتها كبير وجميل الا انها لا تحب ان **تَطْبُخ** مطلقاً ، وتفضّل أن تأكل في المطاعم .

مَطْبَخ – مَطابِخ (مكان لاعداد الطعام) kitchen

طَبَخ ـُـ ه ، طَبْخ (أعدّ الطعام) to cook

١٨. يظلّ الرجل يفضّل **الأَكَلات** التي تعدّها امّه حتى لو لم تكن لذيذة .

أَكْلَةٌ – أَكَلاتٌ (طعام مُعَدّ) meal

١٩. انقطعت صديقتي عن الكلام مدة طويلة . و**أخيراً** فقدت صبري وقلت لها : "ما هذا السكوت الطويل ؟ الا يهمك الأمر ؟ " .

أخيراً (في النهاية) finally

٢٠. أعطت أمي الفقير قليلاً من المال فاخذ يشكرها و**يُبارِكها** قائلاً : "ليُعطِك الله اكثر مما اعطيت" .

يُبارِكُها (يسأل الله ان يحافظ عليها ويعطيها من عنده) blesses her

بارَكَ ه ، مُبارَكَةٌ

٢١. دخلت هند الصف متأخرة وقالت : " **لا مُؤاخَذَة على** التأخير. كان عندي مشكلة في سيارتي فأخذت الاوتوبيس وقد وصل متأخراً " .

لا مُؤاخَذَة pardon me! forgive me!

آخَذَ ه على ، مؤاخذة to hold s.th. against s.o.

٢٢. مريم : لم تتحدث ليلى الى والدها عن موضوع زواجها **خَوْفاً مِنْ** ان يشتد الخلاف بينهما .

خَوْفاً من for fear, in fear of, lest

خاف ـَـ ، خَوْفٌ

أخاف ه ، إخافةٌ = خَوَّفَ ه ، تَخْويفٌ to frighten, scare s.o.

٢٣. مريم : لم تتحدث ليلى الى والدها عن موضوع زواجها .

سميرة : ماذا تقولين ؟ هل **أَخْفَتْ عن** اهلها امر زواجها من الرجل الاجنبي الذي تحبه ؟

أَخْفَت أمراً عن (لم تُظهر / لم تُخبر) — hid s.th. from s.o.

أخْفى ه عن ، إخْفاءٌ (عكس أظهر)

خَفِيَ ـَ على ، خِفْيَةٌ / خَفاءٌ : خافٍ / خَفِيٌّ (لم يظهر) — to be hidden, unknown to s.o.

٢٤. شعر سليم **بالخَيْبَة** عندما دعا فتاة تعجبه الى الحفلة فرفضت دعوته .

الخَيْبَة — disappointment, frustration

خاب ـِ ، خَيْبَةٌ (لم ينجح فيما طلبه) — to be frustrated, disappointed

خَيَّبَ ه ، تَخْييبٌ (منع عنه ما طلب) — to frustrate, thwart s.o./s.th.

٢٥. **احْتَرَقَت** الاكلة بعد ان طبختها مدة طويلة .

احْتَرَقَ ، احْتِراقٌ — to be burned

أحْرِق ه ، إحْراقٌ = حَرَقَ ه ، حَرْق — to burn s.o./s.th.

٢٦. عندما **دَقَّت** الساعة الخامسة اخذ الموظفون ينصرفون من مكاتبهم مسرعين .

دَقَّ ـُ ه ، دَقٌّ — (the clock) struck

٢٧. بعد ان دخلت الجامعة **لَمْ تَعُدْ** تسكن مع والديها **ولَمْ يَعُدْ** لها اتصال باصدقائها القدامى **ولَمْ تَعُدْ** خائفة من المستقبل .

لَمْ يَعُدْ ... — (he) no longer (does, is ...)

٢٨. فقد الولد الصغير المال الذي اعطاه اياه ابوه فأخذ يبحث عنه وهو **يَبْكي** .

بكى ـِ ، بُكاءٌ / بُكىً — to cry

أبكى ه ، إبْكاءٌ = بكّى ه ، تَبْكِيَةٌ (جعله يبكي)

ج. التعبيرات الحضارية — Cultural Expressions

١. بارَكَ الله في/ مُبارَك / مَبْروك

تستخدم هذه العبارة في المناسبات التالية :

أ) إذا قام الشخص بعمل يعجب الآخرين ،

الزوج : بارك الله فيك على هذه الاكلة اللذيذة.
الزوجة : بارك الله فيك / الله يبارك فيك (colloquial) .

سليم : لقد أكملتُ إعْداد ما طلبتَ مني يا استاذ.
الاستاذ : بارك الله فيك يا سليم.

ب) الأعياد

خالد : عيد مبارك .
أحمد : بارك الله فيك .

ج) الحصول على عمل أو ترقية

سلوى : مبروك على الترقية في العمل يا مريم .
مريم : بارك الله فيك /الله يبارك فيك .

د) ولادة الابناء

أم فريد : مبروك المولود الجديد يا أم حسن .
أم حسن : بارك الله فيك وفي أولادك .

ه) الزواج

سميرة : مبروك العريس يا ليلى .
ليلى : الله يبارك فيك .

٢. « والأُذْنُ تَعْشَقُ قَبْلَ العَيْنِ أحياناً »

هذه الكلمات مأخوذة من الشعر العربي . ومن المعروف ان الثقافة العربية تعتبر « الاستماع » الى شيء ما مهماً جداً في الحياة مثل النظر اليه أو مشاهدته . فالشاعر يقول بأن الإنسان أحياناً ممكن أن يحب شخصاً عند سماع كلامه وقبل مشاهدته . ويستخدم الناس اليوم هذه الكلمات كمثل من الامثال .

٣. « صلوات الله على »　　　　God bless

تعتمد هذه العبارة في معناها على عبارة « صلّى الله عليه وسلّم » التي يقولها المسلمون عندما يذكرون اسم النبي محمد أو غيره من الأنبياء . والطلب من الله أن يصلّي على النبي معناها أن يباركه ويحفظه من كل سوء . فالمذيع في هذه القصة عندما يقول « صلوات الله على تلك الزوجة التي ستسعدني بالأكلة اللذيذة » فإنه يطلب من الله أن يبارك زوجته ويحفظها من كل سوء حتى تستمرّ في أعداد الأكلات اللذيذة له .

وقع في حبّها　fall in love

وجبة　prescription

طبخة　recipe

مذيعة　broadcaster

إقتباس　quotation

غزل عفيف

غزل تشبيب　fabricated love poem

يا قوم أذني لبعض الحيّ سامعة والأُذُن تعشقُ قبل العين أحيانا

خلاق

رجل ملخبط

انخبط

زواج كرت أخضر

يا قوم أذني لبعض الحي ...

Part II: Reading Activities — القسم الثاني : القراءة والاستيعاب

The Basic Text — أ. النص الأساسي

أسعد زوجين !..

جلس يصغي بانتباه إلى الراديو فإذا بصوت ناعم يقول: « يوضع اللحم في البرام ... ثم يُغطّى بالبطاطس والبَصَل ... وتُحَمَّر جميعها في السَمْن ويضاف اليها بعد ذلك البَقْدونِس والملح والفُلفُل والبِهار ...» إلى آخر ما جاء في بْرنامَج التَدْبير المَنْزِلي ذلك اليوم ... وكان ذلك المستمع الكريم يسمع بقلب يطير شوقاً ... والأذن تَعْشَقُ قبل العين أحياناً ... فلم يستطع أن يصبر وقام إلى أهله يقول لهم :

pot; onion; are browned; ghee
parsley; pepper; spices; home economics program; falls in love

– لا بدّ لي من الزواج بهذه المرأة ...

فسألوه : هل تعرفها ؟ ...

– لا أعرف إلا إذاعتها اللذيذة في الراديو ... إنها تملك قلبي ...

وكان صاحبنا هذا من أولئك الذين يخلطون بين القلب والمَعدَة ، فإذا سأله الطبيب أين مَعِدَتُك ؟ ... أشار إلى قلبه ... وإذا سأله : أين قلبك ؟ ... أشار إلى معدته ... وكان لا بدّ للمرأة التي تريد أن تملك قلبه من أن تملك المعدة أولاً ... فإذا ملكتها ملكت كل شيء ...

stomach

وتمّ الزواج ...

ومرّت الأيام الأولى من أيام الزوجية ... والعَريس يطير شوقاً ... منتظراً اليوم الذي تدخل فيه زوجته المطبخ ، وتطبخ له تلك الأكلات اللذيذة التي وصفتها في الراديو ...

bridegroom

ودخلت الزوجة المطبخ أخيراً ، وزوجها يباركها قائلاً: «صَلَوات الله على تلك الزوجة التي ستسعدني بالأكلة اللذيذة ».

the blessings of God

a must

وانتظر ساعة ... ثم ساعة ... فخرجت الزوجة من المطبخ والعَرَق يَسيلُ من وجهها ... وقالت له: — sweat flowing

– لا مؤاخذة! ... عملت لك طَبَقَ بَيْضٍ مَقْلِيّ ... خوفاً من التأخير. — a platter of fried eggs

فأخفى الرجل شعوره بالغضب والخيبة وبدأ يأكل البيض المقلي ... فوجده قد إحترق ...

ودقّت الساعة الرابعة ... فأسرعت الزوجة إلى الخروج كأنّها على موْعد هامّ ..

وعندما دقّت الخامسة والربع سمع الزوج المِسْكين صوت امرأته من الراديو، وهي تذيع على المستمعين : — miserable, wretched

– « يوْضَع اللحم في البرام ... ثم يغطى بالبطاطس والبصل وتُحَمَّرُ جميعها في السمن ... إلخ» ...

وجلس الزوج ساكتاً ... ولم يعد يعرف ماذا يفعل : هل يضحك ؟! ... هل يبكي ؟! .

(بتصرف) توفيق الحكيم – أرني الله ،
(القاهرة ، بدون تاريخ) ، ص ١٦٦ – ١٦٩

ب. القراءة الأولى السريعة
First Reading

الأسئلة العامة
General Questions

١. ما نوع هذا النص؟ هو

أ) مقال　　ج) تمثيلية

ب) قصّة　　د) رسالة

٢. هل ترى/ترين عنوان القصة «أسعد زوجين» مناسباً ؟ قدّم/قدّمي عنواناً آخر .

٣. المشكلة التي يتناولها الكاتب هي

أ) الخلط بين ما يحبه القلب وما تحبهّ المعدة

ب) عدم استطاعة الزوجة الجمع بين العمل والبيت

جـ) عدم معرفة الزوجين لبعضهما البعض معرفة جيدة

د) اهتمام الزوجة بعملها أكثر من اهتمامها بزوجها

٤. كيف كانت النهاية ؟

جـ. القراءة الثانية المركزة
Intensive Reading

١. الاسئلة التفصيلية
Detailed Questions

إكمال
Completion

أكمل/أكملي الجمل التالية معتمداً/معتمدة على النص.

أ) كان الصوت الناعم ________ .

ب) قال المستمع لأهله انه لا يعرف عن المذيعة إلاّ ________ .

جـ) كان لا بدّ للمرأة التي تريد الزواج من المستمع من أن ________ .

د) تشمل الأكلة التي وصفتها المذيعة اللحم و________ و________ .

ﻫ) عملت الزوجة لزوجها طبق بيض مقلي لأنها ________ .

و) لمّا راى الزوج طبق البيض شعر ________ .

ز) عندما دقّت الساعة الرابعة ________ .

ح) عندما استمع الزوج لامرأته تذيع على المستمعين ________

٢. المفردات والتعبيرات المفيدة — Useful Words and Expressions

أسئلة

أ) **طار شوقا**

اذكر/اذكري بعض الاشياء التي تجعل الانسان يطير شوقاً.

ب) **لا بد ل ... من ...**

ما هي بعض المناسبات التي لا بدّ لك فيها من تقديم الهدايا ؟

جـ) **ملك قلب ...**

من يملك قلبك ؟

د) **مرت الايام**

كيف تمر ايام الدراسة / العطلة ؟

هـ) **تسعدني**

ما بعض الاشياء التي تُسعد الإنسان ؟ تغضبه ؟ تجعله يطير شوقاً ؟

و) **أكلة لذيذة**

أيّ الاكلات التالية تعتبرونها أكلات لذيذة : البيض المقلي ، الكباب، الكّبة ، اللحم المحترق ؟

ز) **لا مؤاخذة**

متى يُستخدم عادةً تعبير « لا مُؤاخَذَة » ؟

ح) **على موعد**

اذا كنت على موعد مع صديقك وتأخرت عن الموعد فماذا تقول/تقولين ؟

ط) **لم يعد**

ما بعض الامور التي لم تعد/تعودي تَسْعَد/تسعدين بها ؟ لم تَعُد / تعودي خائفاً / خائفة منها ؟

ي) **وجدتها**

ما بعض الامور التي تجدها/تجدينها قد فقدت نَفْعَها ؟

Useful Grammatical Constructions — ٣. التراكيب المفيدة

أ) الحال

اعطِ / اعطي كل تراكيب الحال التي جاءت في النص مبيناً / مبينّة صاحبها ونوعها .

Write down each instance of *Hal* that has occurred in this text, indicating its antecedent and type.

مثال :

الحال	صاحبها	النوع
يصغي	هو (المستمع)	جملة فعلها فعل مضارع

Grammatical Function — ب) الوظائف النحوية

تحليل

أعطِ / اعطي وظيفة الكلمات او التراكيب التالية في جملها .

Give the function of the following words or constructions in their sentences.

	الكلمة / التركيب	الوظيفة	
مثال :	يطير شوقاً	وصف ل « قلب »	modifier
	الطبيب	فاعل « سأله »	subject
	اليوم	مفعول به ل « منتظراً »	object

اللحم	اذاعتها	خوفاً من التأخير
الملح	اين معدتك	شعوره
شوقا	تملك (قلبه)	ماذا يفعل

Part Three: Review — القسم الثالث : المراجعة

Reading Aloud — أ. القِراءة الجَهْرِيّة

سمير : ما عنوان القصة التي قرأتها يا جميلة؟

جميلة : عنوانها « اسعد زوجين » .

سمير : هل كان الزوجان سعيدين في حياتهما ؟

جميلة : لا ، يا سمير .

سمير : و ما السبب الرئيسيّ في عدم سعادتهما ؟

جميلة : لقد تمّ الزواج بينهما من غير ان يعرف احدهما الآخر معرفة جيدة . أيدهشك ذلك يا سمير ؟

سمير : يدهشني ذلك بعض الشيء ، في رأيي هذا الزواج غريب حقاً .

جميلة : نعم ، إنه زواج غريب . فقد وقع الزوج في حُبّ الزوجة بعد الاستماع الى صوتها الجميل في الراديو وهي تَصِفُ للمستمعين كيف تقوم بإعداد بعض الاكلات اللذيذة.

سمير : هل افهم من ذلك انّ المستمع قرّر ان يتزوّج المُذيعة دون ان يراها ؟

جميلة : هذا صحيح . فقد ملكت المذيعة قلب المستمع بصوتها الجميل ووصفها للأكلات اللذيذة.

سمير : ولماذا لم يشعر بالسعادة بعد الزواج ، إذن ؟

جميلة : لأنه وجد انّ زوجته لم تستطع طبخ الاكلات اللذيذة التي كانت تصفها في الراديو.

سمير : ألم تطبخ له أيّ شيء ، مثلاً ؟

جميلة : مرّت الايّام الأولى على زواجهما والزوج ينتظر من زوجته إعداد اكلة لذيذة ، وأخيراً قامت بطبخ الأكلة الأولى .

سمير : وماذا كانت هذه الاكلة ؟

جميلة : كانت الاكلة الاولى التي عملتها الزوجة طبق بيض مقلي لأنها لم تستطع ان تطبخ ما كانت تصفه في الراديو .

سمير : هذه قصّة مُضحكة يا جميلة .

جميلة : نعم ، إنّها قصّة مضحكة حقاً . ولكنّنا تعلمّنا منها درساً مفيداً .

سمير : وما هو هذا الدرس ؟

جميلة : لا بدّ للرجل والمرأة من ان يعرفا بعضهما البعض معرفة تامة قبل ان يقررا موضوع الزواج .

about each others

ب. معاني المفردات والتعبيرات

Words and Expressions

١. ملائمة

Matching

ضع/ضعي رقم العبارة التي تحتها خط في العمود الاول أمام الكلمة أو العبارة المناسبة في العمود الثاني

أ. اشار اليها دون ان يتكلم .	___ لم تعد تفكر برجل آخر
ب. طبخت امي اكلة لذيذة.	___ يستمع
جـ. خلطت البصل مع اللحم والبطاطس قبل طبخه	___ وضعت فوقه شيئاً
د. ملك قلبها بماله الكثير .	___ جيدة جداً
ه. الطبخ امر لا بد منه	___ دلّ عليها
و. غطت وجهها خوفاً من ان يعرفها	___ يجب اعداده
ز. أخفى تذاكر السفر عن زوجته .	___ أضافته الى
ح. اضيف الى ثمنه ٥ دولارات	___ لم يظهر لـ
ط. يصغي الى الموسيقى وهو يدرس	___ إزداد

٢. التعريف بالتعبيرات الحضارية

المطلوب شرح التعبيرات الحضارية التالية التي تعلمناها من هذا الدرس والإشارة إلى بعض المناسبات التي تستخدم فيها:

أ) بارك الله فيك

ب) مبروك

جـ) الأذن تعشق قبل العين أحياناً

ج. تدريبات القواعد

Grammatical Drills

١. الحال

أ) « وجد » + حال مع « قد »

إكمال

Completion

المطلوب إكمال الجمل التالية

مثال ١ : وجد الأكلة قد احترقت

مثال ٢ : زرتُ القرية فوجدت اهلها قد تركوها خوفاً من الحرب .

١) عندما عاد من الحرب وجد صاحبته ______ .

٢) جئت متأخّراً فوجدت الضيوف قد ______

٣) دخلت المطبخ فوجدت ______ قد ______ .

٤) ______ وجدوني قد ______ .

٥) سألنا عنهم فوجدناهم قد ______ .

ب) « وجد » + حال بدون « قد »

إكمال

المطلوب إكمال الجمل التالية :

مثال : زرت القرية فوجدت الناس يُغَنّون ويرقصون ______

١) ذهب لزيارة جيرانه فوجدهم ______ .

٢) زرت صديقتي فوجدتها ______ .

٣) اصغى الشعب الى الرئيس فوجد ______ .

٤) قرأنا قصة «اسعد زوجين» فوجدناها ______ .

٥) عندما ______ وجدتني ______ .

جـ)   حال فعله ماضٍ ومضارع

Hal with perfect and imperfect verbs

تصريف

المطلوب تصريف الجملتين التاليتين مع كل الضمائر

Conjugate with all pronouns

١)   جلس يصغي بانتباه

٢)   وجدوهم قد ذهبوا (يُبدّل المفعول به « هم »)

د)   حال فعل ماضٍ ومضارع

مواقف

Situations

دعاك خريجو صفك لحضور حفلة بعد عشر سنوات من التخرّج

(10th anniversary class reunion) فحضرتها اذكر/اذكري كيف وجدت ما يلي ؟

(استخدم/استخدمي الحال مع « قد » و بدون « قد ») .

مثال :   الحاضرون

وجدتُ الحاضرين قد تغيّروا تغيرا كبيراً .

ووجدتُهم لا يعرفون شيئاً عن اصدقائهم القدامى .

١)   مديرة المدرسة

٢)   الاساتذة

٣)   استاذك المفضل

٤)   أقرب صديق

٥)   اعزّ صديقة

٦)   الطعام

٧)   المشروبات

٨)   أعز صديق لي

٢. « لم يعد » + جملة

أ) أسئلة

١) ما الأشياء التي لم تعُد تفعلها/ لم تعودي تفعلينها ؟ اشياء لم تعد المرأة الامريكية تفعلها ؟ اشياء لم يعد الناس يفعلونها في القرن العشرين ؟

٢) هل ما زال الرئيس « ريغان » يحكم امريكا ؟

٣) هل لا تزال الحرب مستمرة في « فيتنام » ؟

٤) ما بعض الامور التي لم يعد ثمنها غالياً ؟ واخرى بقي ثمنها غالياً ؟

٥) هل لا تزال روسيا تسيطر على اوروبا الشرقية ؟

٦) هل لك اتصال باصدقائك في المدرسة الابتدائية ؟

٧) هل تسكن / تسكنين مع والديك ؟

٨) ما بعض الامور التي لم تعد / تعودي تحبها / تحبينها ؟

ب) تحويل

مثال : في الماضي كانت المرأة تطبخ كل يوم .

ط : أمّا الآن فلم تعد تطبخ كل يوم لان وقتها لا يسمح بذلك .

١) في بداية الزواج طار قلب الزوج شوقاً عند رؤية أم زوجته .

٢) في بداية الأمر فَهِمَ اسباب تركها اياه .

٣) كانوا يخافون من الحكومة .في الماضي .

٤) كنت أخفي شعوري بالغضب عند تأخر زوجي .

٥) كانت تنتظره في الماضي حتى يعود .

٦) في الماضي وهب كل أوقاته لعمله .

جـ) تصريف

المطلوب تصريف الجملة التالية مع كل الضمائر : لم يعد يعرف ماذا يفعل

مثال : (أنتِ) لم تعودي تعرفين ماذا تفعلين .

٣. الجمل الشرطية ب «اذا» و «لو»

أ) مواقف

١) ادرس/ادرسي هذين المثالين من النص
اذا سأله الطبيب اين معدتك / أشار الى قلبه
اذا ملكت معدته / ملكت كل شيء .

والآن تصوّر/تصوّري المستمع جالساً يصغي الى برنامج التدبير المنزلي في بداية القصة . ماذا يقول في نفسه ؟ اكتب/اكتبي ٥ جمل عنه مستخدما/مستخدمة جملاً شرطية بـ « اذا »

مثال : اذا تزوجتُ هذه المرأة اصبحتُ سعيداً .

٢) والآن تصور/تصوري صاحبنا جالساً يصغي الى البرنامج نفسه في نهاية القصة . ماذا يقول في نفسه الان ؟ اكتب / اكتبي ٥ جمل عنه مستخدما / مستخدمة جملاً شرطية بـ « لو » .

مثال : لو اصغيت بانتباه الى ما قاله اهلي لَما تزوجت هذه المرأة .

ب) تصريف

المطلوب تصريف الجمل التالية مع كل الضمائر .

إنْ تزوجت هذه المرأة أصبحت سعيداً .
لو لم اخلط بين قلبي ومعدتي لما تزوجت هذه المرأة .

Part Four: Applications — القسم الرابع : التطبيقات

أ. النشاطات الشفوية — Oral Activities

أسئلة

١. ما هدف الكاتب من كتابة هذه القصة ؟

٢. لو كنت الزوج في هذه القصة فكيف كنت تتصرّف مع زوجتك المذيعة؟

٣. ما رأيك في نهاية القصة ، وكيف يمكنك تغييرها ؟

٤. تحدّث/تحدّثي عن طريقة اعداد بعض الأكلات التي تستطيع / تستطعين طبخها .

ب. النشاطات الكتابية — Writing Activities

إنشاء

اختر/اختاري موضوعاً واحداً فقط (٨٠ كلمة تقريباً)

١. رأيك في الزواج السعيد وكيف يتمّ .

٢. وصف لشخصيّة المستمع أو المذيعة اعتماداً على ما جاء في القصة .

٣. حوار بين الزوج وزوجته بعد عودتها من العمل في المساء .

Part 3

5 senten any 2

not 2 shortest.

Annex: Word Study / ملحقات : دراسات معجمية

Word Expansion / التوسع في المعاني

the clock struck	دَقّت الساعة الواحدةَ	١.
the bell rang	دَقَّ الجَرسُ	
to ring the bell	دقَّ الجرسَ	
to knock, bang on the door	دَقَّ البابَ	
to play the lute	دَقَّ على العود	
to point to	أشار إلى	٢.
to allude to, hint at	أشار إلى	
to advise s.o. of s.t. / to do s.t.	أشار على ه بـ (أن)	
sign, signal, indication	إشارة – إشارات	
alert	إشارة النظر	
traffic signal	إشارة المرور	
radio signal	إشارة لاسِلْكيّة	
demonstrative pronoun	اِسم الإشارة	
	خاب ـِـ ، خَيْبة	٣.
her hopes were dashed	خابت آمالُها	
he dashed her hopes	خَيَّبَ آمالَها	
voice	صَوْتٌ – أصْواتٌ	٤.
sound, also vote	صَوْتٌ – أصوات	
to add to	أضاف إلى ، إضافة	٥.
moreover..., furthermore...	أُضيف إلى ذلك أنّ ...	
moreover, furthermore, besides	بالإضافة إلى ذلك	
in comparison with, with respect to	بالإضافة إلى	
idafa, genitive construct	إضافة	
it is imperative that (s.o.) to s.th.	لا بُدَّ (ل) من أنْ	٦.
it must be the case that	لا بُدَّ من أن	

الدرس الثاني

العرب قبل الإسلام

Part I: Preliminaries — القسم الأول : التمهيد

أ. أسئلة قبل القراءة — Pre-reading Questions

١. ما هي الاديان الرئيسية في العالم ؟ متى وأين نشأت ؟
٢. ماذا تعرف عن حياة العرب قبل الاسلام ؟
٣. ما الموضوعات التي يمكن ان يتناولها هذا الدرس (العرب قبل الاسلام) في نظرك ؟

ب . المفردات الجديدة — New Vocabulary

١. يقع في **الجَزيرَةِ العَرَبِيَّةِ** اليوم عدد من الدول العربية هي السعودية والكويت والامارات وقطر والبحرين وعمان واليمن .

الجَزيرَةُ العَرَبيّة — The Arabian Peninsula

جَزيرَة - جُزُرٌ / جَزائِرُ — island

٢. لا يرحل **الحَضَرُ** من مكان الى مكان كالبدو بل يسكنون المدن .

حَضَرٌ [مفرد : حَضَري] (سكان المدن) — city dwellers (collective)

٣. يعيش كثير من الامريكيين **مُتَنَقِّلينَ من** مكان الى مكان بحثا عن العمل او لتحسين اوضاعهم الاقتصادية .

مُتَنَقِّلين من ... إلى ... (يرحلون) — moving about from ... to ...

تَنَقَّلَ من ... إلى ... ، تَنَقُّلٌ

٤. قامت الحضارات القديمة بالقرب من الانهار لان اقتصادها كان يعتمد اعتماداً كبيراً على **الزِّراعَة** .

زِراعة	agriculture, cultivation (of land)
زَرَعَ ـَـ ه ، زَرْعٌ	to sow, plant, grow (plants)

٥. لا تزال بعض بلدان العالم الثالث تعتمد في الزراعة على الأساليب **البَسيطَة** التي كانت سائدة قبل الثورة الصناعية .

بَسيطة (غير متطورة او متقدمة)	simple, uncomplicated
بَساطَةٌ : بَسيطٌ - بُسَطاءُ	simplicity: simple
بَسَّطَ ه ، تَبْسيطٌ (جعله بسيطا او سهلا)	to simplify

٦. عندما حضر البيض الى امريكا وجدوا فيها عدداً من **القَبائِل** اشهرها «النافاهو» و« الاباتشي » . وما يزال افراد هاتين القبيلتين يقيمون في بعض الولايات الغربية .

قَبيلَةٌ - قَبائِلُ	tribe
قَبَلِيٌّ	tribal

٧. «الاباتشي » من القبائل الكبرى التي انقسمت الى قبائل **مُتَعَدِّدَةٍ** انتشرت في مناطق كثيرة من امريكا .

مُتَعَدِّدَةٌ (كثيرة او كثيرة العدد)	numerous, varied, variegated
تَعَدَّدَ ، تَعَدُّدٌ (زاد في العدد) : مُتَعَدِّدٌ - مُتَعَدِّدون	to become numerous, to increase in number

٨. في المجتمعات الديموقراطية **يَخْضَعُ** الناس للقانون وليس لحكم الافراد والاحزاب .

خَضَعَ ـَ لـِ ، خُضوع (عكس سيطر على)	to submit to
أَخْضَعَ ه لـِ ، إخْضاعٌ (جعله يخضع/خاضعاً)	to subject s.o./s.th. to s.th., to cause s.o. to submit to s.o./s.th.

٩. يعرف سكان الولايات الجنوبية **بالكَرَم** . عندما يزورهم زائر يقدّمون له الطعام والشراب وكل مساعدة يستطيعون تقديمها .

الكَرَمُ	generosity, magnanimity
كَرُمَ ـُ ، كَرَمٌ : كَريمٌ - كُرَماءُ	to be generous, magnanimous

١٠. مع ان التكساسيين ، أو التكسكانيين كما يعرفون وقتئذٍ ، خسروا في « الألَمو » (The Alamo) الا انهم اظهروا **شَجاعَة** عظيمة في مقاومتهم للمكسيكيين .

شَجاعَةٌ : شُجاعٌ - شُجْعانٌ	courage, bravery

١١. اظهر بعض القواد **بُطولَةً** وشجاعة رائعتين في الحرب بين الولايات الشمالية والولايات الجنوبية . منهم القائد روبرت لي (Robert E. Lee) .

بُطولَةٌ (شجاعة عظيمة)	heroism, bravery, valor
بَطَلٌ - أَبْطالٌ (من يُظهِر شجاعة عظيمة)	hero, champion

١٢. ان **رُكوبَ** السيّارة والطائرة للتنقل في المدينة أو للسفر من مدينة الى اخرى أصبح من حاجات الحياة في هذا العصر .

رُكوبٌ	riding (n.)
رَكِبَ ـَ ه ، رُكوبٌ	to ride; to mount, get on (a vehicle)
رَكَّبَ ه ، تَرْكيبٌ = أَرْكَبَ ه ، إرْكابٌ	to make s.o. ride or mount

lose

١٣. قبل السيارات والطائرات كان الناس يعتمدون على **الحَيَوانات** للتنقّل من مكان الى آخر .

حَيْوان - حَيَوانات — animal

١٤. أحبّ زوجته حبّاً عظيماً ولما ماتت **حَزِنَ عليها حُزْناً** عميقاً وبكى مدة طويلة.

حَزِنَ على (عكس سُرَّ من/ب) — he grieved over; mourned over

حَزِنَ ـَ على ، حُزْنٌ : حَزينٌ - حُزَناء/ حَزانى ؛ أَحْزان

أَحْزَنَ ه ، إِحْزانٌ (جعله حزيناً) — to sadden, grieve s.o.

١٥. غضب الشعب الامريكي غضباً **شَديداً** عندما عرف ان بعض السياسيين أساؤوا استخدام نفوذهم وقاموا باعمال ٍغير قانونية.

شديداً (قويّا) — strong, powerful, intense

شَدَّ ـُ ، شِدَّةٌ : شَديدٌ - أَشِدّاءُ / شِدادٌ — become firm, intense to

بِشِدَّةٍ — to a high degree, powerfully, with severity

١٦. لم نعرف كيف نتصرف **اِذ اننا** لم نعرف عادات تلك البلاد ونظمها الاجتماعية.

إذْ (أنّ) (لأن / بما أنّ) — for; since; because

١٧. هناك **سِجلٌ** بأسماء جميع الطلاب في المدرسة . وفي كل صباح يشير الاساتذة اليه لمعرفة من حضر الى الصف ومن لم يحضر .

سِجِلٌ - سِجِلّاتٌ (كتاب فيه الاسماء والعناوين والارقام الخ) — register

١٨. **يَحْفَظ** الطلاب العرب قصائد واشعاراً طويلة ويلقونها بدون حاجة ما إلى قراءتها . وقد يحفظ الكثيرون القرآن كلّه . **والحفظ** من اساليب الدراسة الشائعة في العالم العربي .

حَفِظ ـَ ه ، حِفْظٌ	to learn by heart, memorize
حَفَّظَ ه ، تَحْفيظٌ (جعله يحفظه)	to have s.o. memorize

١٩. بعض الطلاب **يُرَدِّدونَ** الكلمات او الجمل او الاشعار أيْ يعيدونها مرّةً بعد مرّة بعد مرّة لكي يحفظوها .

يُرَدِّدونَها (يقولونها مراراً كثيرة)	they repeat it
رَدَّدَ ه ، تَرْديدٌ	

٢٠. هل **عِظَمُ** شأن الدول في قوتها وسيطرتها وغناها أم في نجاحها في بناء مجتمع تسوده المحبة والمساواة ؟

عِظَمٌ (كونه عظيماً)	greatness, magnitude, significance
عَظُمَ ـُ ، عِظَمٌ : عَظيمٌ - عِظامٌ / عُظَماءُ	to become great, big, mighty
عَظَمَةٌ	exaltedness
عُظْمٌ	greatness, significance
عَظَّمَ ه ، تعْظيمٌ (كبّر)	to enhance the greatness of s.o./s.th., to glorify s.th./s.o.

٢١. يقال ان **مُسْتَوى** التعليم في المدارس الامريكية اقلّ منه في المدارس الاوروبية وخصوصاً في العلوم واللغات .

مُسْتَوىً - مُسْتَوَياتٌ	level, standard

٢٢. بلغت الصناعة اليابانية مستوى **عالياً** من التقدم وخاصة في صناعة السيارات وصناعة «الكمبيوتر» .

عالي (مثلا جبال «الهملايا» جبال عالية جداً) — high, elevated

عَلا ـُـ ، عُلُوٌّ : عالٍ — to be high, elevated; to rise

علّى ه ، تَعْلِيَةٌ = أعلى ه ، إعْلاءٌ (جعله عالياً) — to raise, elevate, further s.th.

٢٣. من السهل جداً على الطلاب الذين يدرسون اللغة العربية لأول مرّة ان يخلطوا بين **شَكْلَي** الفاء والغين في وسط الكلمة .

شَكْلٌ - أشْكَالٌ (المظهر الخارجي لشيء) — form, shape

شَكْلاً — formally, in form

٢٤. يذهب الناس الى **السّوقِ** لبيع وشراء **المَنْتوجاتِ** الزراعية والصناعية .

سوقٌ - أسْواقٌ [مؤنث في معظم الأحيان] — market

مَنْتوجٌ - مَنْتوجات = مُنْتَج - مُنْتَجات

(أمور ينتجها الافراد او الدول ويشتريها الناس) — products, production

مَنْتوجات زراعية — produce

٢٥. من المعلوم ان الحضارات القديمة تركت آثاراً **رائِعَةً** تدعو الى الاعجاب من حيثُ مستواها الجمالي والفني .

رائِعةٌ (جميلة جدّاً / تدعو إلى الإعجاب) — splendid, imposing, impressive

راع ـُـ ه ، رَوْعٌ : رائِعٌ (أعجبه) — it pleased s.o., it awoke his admiration

رَوْعَةٌ — charm, splendor

٢٦. مَدْح الأولاد عندما يقومون بواجباتهم ويتصرفون تصرفاً مقبولاً أسلوب جيّد وهامّ في التربية يؤدي الى الثقة بالنفس والسعادة والحيوية .

المَدْح (القول الحسن عن شخص أو أمر)	praise, commendation (panegyric, in literature)
مَدَحَ ـَـ ه ، مَدْحٌ	to praise, commend, extol

٢٧. المسلمون يُؤْمِنونَ بالله وبالقرآن ككتاب الله وبالانبياء .

يُؤْمِنون بالله (يعتقدون بوجوده) آمَنَ بـ ، إيمانٌ	they believe in God

٢٨. المسيحيون واليهود والمسلمون يَعْبُدون إلٰهاً واحداً لا اله الا هو وان اختلفت اساليب العِبادَة بينهم .

يَعْبُدونَ الله (يخضعون له ويوَدّون واجبهم نحوه)	they worship God
إلٰهٌ - آلهةٌ	god
عَبَدَ ـُـ ه ، عِبادَةٌ	to worship, adore
عِبادَةٌ - عِبادات	worship; (pl.) religious observances (Islamic law)

جـ. التعبيرات الحضارية — Cultural Expressions

١. الخَنْساء (ماتت ٦٠ هـ/٦٤٥ م)

شاعرة ولدت في عصرما قبل الاسلام وأسْلَمَتْ مع قبيلتها. اشهر شعرها ما قالته في رثاء اخويها «صخر» و «مُعاوية» اللذين قُتِلا (were killed) قبل الاسلام.

٢. المُعَلّقاتُ

المعلقات مجموعة من القصائد الطويلة (٧ - ١٠ قصائد) المشهورة عند العرب قبل الاسلام ، وقيل انها سُمِّيَت (معلقات) لانها كانت تُوضَعُ على أبواب الكعبة في مكّة ، و ذلك لأنها كانَت او لا تزال تُعَدُّ من اعظم واروع ما انتجه العرب في الشعر.

Part II: Reading Activities

القسم الثاني : القراءة والاستيعاب

The Basic Text

أ. النص الأساسي

العرب قبل الاسلام

أقام العرب في الجزيرة العربية وبعض المناطق في العراق وسوريا وكانوا قبل الاسلام قسمين : بدواً وحضراً .

كان البدو يعيشون في الصحاري متنقلين من مكان الى آخر طلباً للماء والعُشْب . أما الحضر فكانوا يسكنون المدن كمكّة والمدينة والبَتْراء وتَدْمُر ويعملون في الزراعة والتجارة والصناعة البسيطة . وقد ساد حياتَهم النظامُ القبلي فكانوا قبائل متعددة لكل منها رئيس يُدعى « الشَيْخ » أو « الأمير » يخضع جميع افراد القبيلة لادارته ويرفضونها اذا شعروا أن فيها ما يسيء الى حريتهم وحقوقهم . وقد عُرف العرب بالكرم والشجاعة والبطولة واعمال الفُروسيّة كركوب الخَيْل .

grass — العُشْب
Mecca, al-Medina, Petra, Palmyra — مكّة، المدينة، البَتْراء، تَدْمُر
horsemanship ; horses — الفُروسيّة، الخَيْل

وكانت المرأة تساعد الرجل في الاعمال والزراعية فتُحضر الماء وتهتم بتربية الحيوانات وتقوم باعمال بيتية أُخرى وتشترك احياناً في الحروب ، كما انها كانت تقول الشعر كالشاعرة المشهورة «الخَنْساء» التي ألقت اشعاراً معظمها في رِثاء اخويها تعبّر فيها عن حزنها الشديد لموتهما .

eulogy — رِثاء

وكان للشعر مكانة عُظمى عند العرب اذ كان سجّلاً لاعمالهم وتاريخهم وانتصاراتهم ، فكانوا يحفظونه ويرددونه في اجتماعاتهم الخاصّة والعامّة . وكانت كل قبيلة تشعر بسعادة كبيرة عند ظهور شاعر موهوب فيها لانه كان يذيع من خلال شعره اسم القبيلة وعِظَم شانِها في كل الجزيرة . وقد بلغ الشعر الجاهلي مستوىً عالياً في الاسلوب والشكل والصور الكلامية واللغة . وكان العرب يجتمعون مرة كل عام لمدة شهر في سوق قريبة من مكة تدعى « عُكاظ » يبيعون فيها منتوجاتهم الزراعية والصناعية ويصغون الى شعرائهم وهم يلقون قصائدهم الرائعة التي تتناول موضوعات الوصف والمدح والهِجاء والرثاء وغيرها . ومن أشهر هؤلاء الشعراء «أمْرُؤ القَيْس» و «زُهَيْر بن أبي سلْمى» و«طَرَفَة بنُ العَبْد» الذين عرفوا بقصائدهم الطويلة المشهورة باسم « المُعَلّقات » .

Ukaz — عُكاظ
satire or defamatory poetry — الهِجاء

ولعل من اسباب تسمية عصر ما قبل الاسلام ب « عصر الجاهِلِيَّة » ان معظم العرب كانوا لايؤمنون بالله ولا يخضعون له بل كانوا وَثَنِيِّين يعبدون آلهة متعدّدة . ولكن بعض القبائل كانت تؤمن باليهودية و المسيحيّة منها قبائلُ اقامت امارات ودولاً عربية في سوريا والعراق واليمن . ولقد كان اتصال بين القبائل العربية من جهة وبين العرب والامم المحيطة بهم و من جهة اخرى عن طريق التجارة والقَوافِل التي كانت تمر بالجزيرة في طريقها إلى مصر والهِنْد والحَبَشَة .

pagans

caravans,
India, Ethiopia

ب. القراء الأولى السريعة

First Reading

الأسئلة العامة

General Questions

ما المواضيع الرئيسية التي يتناولها هذا النص ؟

جـ. القراءة الثانية المركزة

Intensive Reading

١. الاسئلة التفصيلية

Detailed Questions

أ) الاختيار من متعدّد

١) سكن العرب قبل الاسلام في

(أ) ايران وتركيا (جـ) الجزيرةالعربية

(ب) الجزيرة العربية وسوريا والعراق (د) ____________

٢) كان البدو يتنقلون في الصحاري لانهم كانوا

(أ) يعملون في التجارة البسيطة (جـ) يبحثون عن الماء والعشب

(ب) يعملون في الزراعة (د) يحبون الحروب

٣) كان القسم الاكبر من العرب قبل الاسلام

(أ) وثنيين (جـ) مسيحيين

(ب) يهوداً (د) __________

٤) « المُعَلّقات » اسم لـ

(أ) حروب العرب المشهورة قبل الاسلام (جـ) بعض آلهة العرب المتعددة قبل الاسلام

(ب) قصائد العرب الرائعة قبل الاسلام (د) موضوعات الوصف والمدح والرثاء

٥) كان عرب الجاهلية يجتمعون في سوق عكاظ

(أ) للتجارة والقاء الشعر (جـ) للاشتراك في أعمال الشجاعة والبطولة

(ب) لانتخاب رؤساء القبائل (د) للحرب

٦) كانت المرأة العربية في الجاهلية

(أ) لا تحب قول الشعر (جـ) تشارك الرجل في اعماله وتقوم بالاعمال البيتية

(ب) تقوم بالأعمال البيتية فقط (د) تعيش في الصحاري متنقلة من مكان الى مكان

٧) سمي عصرُ ما قبل الاسلام ب «عصر الجاهلية » لان العرب كانوا

(أ) يعيشون حياة بسيطة جدا (جـ) لا يؤمنون بالمسيحية

(ب) لا يؤمنون بالله (د) يحبون الشعر الجاهلي

٨) كانت القصائد العربية قبل الاسلام تتناول

(أ) الوَصْفَ والمدح والهجاء (جـ) مَدح الاسلام

(ب) الزراعة والصناعة والتجارة (د) سوق عكاظ

ب) الأسئلة

تحدّث عن :

١) أهم صفات العرب في الجاهلية

٢) مكانة الشاعر عند العرب وأهميته

٢. المفردات والتعبيرات المفيدة — Useful Words and Expressions

أ) النظام القبليّ
اين يسود النظام القبلي في العالم اليوم ؟

ب) ركوب الخيل
اذكر/اذكري بعض الشعوب المعروفة بركوب الخيل

جـ) القى قصيدة رائعة
أعط/أعطي اسم شاعر أو أديب سمعته يلقي قصائد رائعة .

د) عصر الجاهلية
لماذا سُمي عصر ما قبل الاسلام بعصر الجاهلية ؟

هـ) من أسباب ... أنّ
ما بعض أسباب قيام الثورة الأمريكية ؟

و) المدح
في أي مناسبات تُلقى كلمات المدح ؟

٣. التراكيب المفيدة — Useful Grammatical Constructions

أ) التراكيب الوصفية (relative clauses)
تحليل (analysis)
جاء في النص عدد من التراكيب الوصفية بعضها جمل وصفية بدون اسم موصول (asyndetic) وبعضها تشمل اسم موصول + صلته (syndetic) . بيّن/بيّني التراكب الوصفية واذكر/اذكري موصوفها (the head noun) .

مثال :

الموصوف	التركيب الوصفي
قبائل	لكل منها رئيس

ب) الوظائف النحوية (grammatical functions)

تحليل (analysis)

أعط/أعطي وظيفة الكلمات أو التراكيب في جملها . (الرقم الاول بعد الكلمة يشير الى المقطع والثاني الى السطر . وهكذا (٤ ، ٦) يشير الى المقطع الرابع والسطر السادس)

الكلمات أو التراكيب	الوظيفة
مثال : منتوجاتهم (٤ ، ٦)	مفعول به لـ «يبيعون»
مثال : وهم يلقون قصائدهم (٤ ، ٦)	حال تعود الى «شعرائهم»
متنقلين (٢ ، ١٢)	طلباً (٢ ، ١٦)
حياتهم (٢ ، ٣)	معظمها (٣ ، ٣)
انّ فيها ما يسيء (٢ ، ٤)	يبيعون . . . (٣ ، ٦)
أن معظم العرب كانوا لا يؤمنون بالله (٥ ، ١)	

جـ) صيغة والتَعَجُّب (exclamatory sentences)

مواقف

اعجبك ما قرأته عن العرب في الجاهلية . عبّر/عبّري عن إعجابك في ١٠ جمل تَعَجُّبيّة فيها أكبر عدد من مفرادات النص ومستخدماً/مستخدمةً :

١) ما أشَدَّ + اسم معنى (مصدر)

مثال : ما اشدَّ حُبَّهم للحرية ! وما اشدَّ شجاعتَهم !

٢) ما + افعل + ...

مثال : ما أروع شِعْرَهم ! ما أعظمَ مكانةَ الشعر عندهم !

د) المبتدأ المؤخر (postponed subject)

اكمل / اكملي ما يلي مستخدماً / مستخدمةً افكاراً وحقائق (facts) من النص : « من اسباب ________ انّ ________ » .

مثال : من اسباب اهتمام العرب بالشعر انه كان سجلاً لاعمالهم .

القسم الثالث : المراجعه

Part Three: Review

أ. القراءة الجهرية

Reading Aloud

جون : اين درست التاريخ العربيّ القديم يا محمود ؟

محمود : في جامعة دمشق .

جون : ماذا تعلّمت عن حياة العرب قبل الاسلام ؟

محمود : عرفنا ان العرب قبل الاسلام سكنوا في الجزيرة العربية وبعض المناطق الاخرى في العراق وسوريا .

جون : كيف كانوا يعيشون ؟

محمود : كان البدو منهم يعيشون في الصحاري ويرحلون من مكان الى آخر طلبا للماء والعشب . اما الحضر فكانوا يسكنون المدن ويعملون في الزراعة والتجارة والصناعة البسيطة .

جون : واي نظام اجتماعي كانوا يتبّعون ؟

محمود : كانت هناك قبائل متعددة تتبع النظام القبلي . وكان لكل قبيلة رئيس يخضع لإدارته جميع افراد القبيلة .

جون : سمعت انّ العرب في ذلك الوقت كانوا معروفين بالكرم والشجاعة .

محمود : هذا صحيح . فالعرب منذ بداية حياتهم معروفون باكرام الضيف واحترام الغرباء والشجاعة والبطولة وكذلك ركوب الخيل .

جون : وكيف كان انتاج العرب الادبي في العصر الجاهلي ؟

محمود : كان الانتاج الادبي عظيما جدا . فقد ألّف الشعراء الجاهليون قصائد رائعة الاسلوب وعظيمة الشأن شكلاً ومعنىً أشهرها القصائد التي سُمِّيت بالمعلّقات. وتناولت قصائدهم موضوعات الوصف والمدح والهجاء والرثاء والاحداث الهامة في حياة العرب .

جون : بقي عندي سؤال واحد . بِمَ كان العرب يؤمنون قبل الاسلام ؟

محمود : كان البعض منهم يؤمنون باليهودية والمسيحية . أما القسم الأكبر منهم فكانوا يعبدون آلهة متعدّدة .

جون : أشكرك كثيرا على هذه المعلومات النافعة .

محمود : العفو . انا مستعد للإجابة على اسئلتك حول هذا الموضوع او ايّ موضوع آخر اعرف شيئاً عنه في ايّ وقت . الى اللقاء .

ب. معاني المفردات والتعبيرات — Words and Expressions

١. التعريف بالمفردات : من انا؟ — Identification

اعط/ اعطي كلمة او عبارة تؤدي معنى كل جملة من الجمل التالية :

(أ) انا نظام سياسي اجتماعي كان سائداً بين العرب في الجاهلية .

(ب) كنّا نؤمن بآلهة متعدّدة .

(جـ) لا نتنقّل كثيراً ونعيش في مكان واحد .

(د) لم نخضع له اذا لم يحترم حقوقنا .

(ه) انا منطقة جنوب العراق وسوريا سكنها العرب .

(و) اشتركنا احياناً مع قبائلنا في حروبنا ضد الأعداء .

(ز) كنا عرباً نعبد الها واحداً قبل دعوة محمّد .

(ح) تعتمد معيشتنا على الزراعة والصناعات البسيطة .

(ط) انا مركز مهم كانت تجتمع فيه القبائل العربية مرّة كل سنة .

(ك) انا من المواضيع التي تناولها الشعر الجاهلي لتصوير الامور الرائعة .

(ل) انا مكان للبيع والشراء .

٢. ملء الفراغ — Filling the blanks

املأ / املأي الفراغات بالمفردات المناسبة من النص استعداداً لقراءتها قراءة جهرية في الصف .

كان العرب قبل الاسلام قسمين ________ و________ . عاش البدو في الصحاري ________ من مكان الى مكان ________ للماء والعشب . امّا ________ فقد سكنوا المدن كمكة والمدينة . ساد النظام ________ حياة العرب في ذلك العصر . وكان لكل قبيلة رئيس يدعى ________ او________ وقد عرف العرب بالكرم و________ و ________ الخيل . وكانت النساء يساعدن الرجال في الصناعة و________ ويشاركنهم في الحروب وقول الشعر الى جانب قيامهن بتربية ________ . كان العرب يجتمعون في عكاظ لبيع ________ الزراعية و الصناعية والاستماع الى الشعراء وهم يلقون القصائد الطويلة المعروفة باسم «المعلقات» وقد بلغ الشعر ________ في الأسلوب والصور و ________ . وقد سميّ هذا العصر بعصر ________ لان العرب وقتئذ كانوا يعبدون ________ ________ ولا يؤمنون ب ________ .

Grammatical Drills — ج. تدريبات القواعد

Indefinite Pronouns — ١) اسما الموصول « ما ومن » المبهمين

أ) تحويل

استعمل/استعملي بدلاً من « ما ومن » كلمات مفيدة تزيل ابهامهما .

Use specific nouns that remove the ambiguity of the indefinite pronouns.

مثال : شعروا ان فيها ما يسيء الى حريتهم .

شعروا ان فيها بعض القوانين والأنظمة التي تسيء الى حريتهم .

١. وجدت في زوجها ما جعلها تشعر بالغضب .

٢. اضافت الى اللحم ما جعل منه اكلة لذيذة .

٣. لقد فكرت كثيراً في دعوة كل من قابلته في المؤتمر .

٤. ذهبت المرأة الى السوق لشراء ما تحتاج اليه في المطبخ .

٥. هل تعرف اسماء من القيَن قصائد رائعة في المؤتمر الأدبي ؟

٦. سمعت منه ما اعتبره مسيئاً الى حقوقي .

٧. تحدّث عن ما تناوله الشعراء في شعرهم .

٨. اذكر ما كانوا يؤمنون به وما كانوا يعبدون .

ب) إكمال

مثال : جورج : قل لي يا أحمد ماذا أفعل عندما أزور عائلة عربية؟

أحمد : من المفضل أن تشرب وتأكل ما يُقدّم لك

١) البنت : يا امّي ، اشتريت اشياء رائعة من السوق .

الأم : أريني ________________________ .

٢) مريم : شاهدت اثناء زيارتي للقدس اثاراً تاريخية متعدّدة .

سالي : أذكري لي ________________________ .

٣) وليم : قابلت بعض الشعراء العرب الذين تناولوا العصر الجاهلي في اشعارهم.

وداد : حدّثني عن ________________________ .

٤) ط ١ : بعد عودتي من المؤتمر ساتحدث عن الاصدقاء الذين قابلتهم .
ط ٢ : لمَ لا تتحدث الان ________________ .

٥) ط ١ : القى بعض القصائد التي حفظها في الوصف والرثاء .
ط ٢ : أسْمعني ________________ .

٢. الجمع

المطلوب جمع الكلمات واستعمالها في تعبيرات مفيدة

Put in the plural and use in appropriate expressions

	المفرد	الجمع	تعبيرات مفيدة
مثال :	قلب	قلوب	قلوب مؤمنة بالله

مطبخ	لحم	شوق
ماء	صناعة	صوت
كريم	منتوج	مال
صاحب	نبي	قصيدة
سوق	أكلة	أمير
قبيلة	وضع	بطولة

٣. التصريف

المطلوب تصريف الفعل مع الضمير في الماضي والمضارع واستعماله في جملة مفيدة ثم اشتقاق مصدره .

Conjugate the verb for the given pronoun in the perfect and imperfect, providing an appropriate context, then form the masdar.

	الضمير	الفعل	الماضي	المضارع	المصدر
drink	انا	شرب	شَربْتُ القهوة	أشْرَبُ القهوة	شُرْبُ القهوة
cover	هي	غطّى			غطاء رأسها
own	انت	ملك	مَلَكْتَ	تَمْلُكُ	مُلك السماء والأرض
hide	هم	أخفى			إخفاء صوتها
sit	انتم	جلس	جَلَستم	تجلسون	جلوس
burn	هو	احترق			إحتراق
help	هي	أسعد	أسعدت	تُسعِد	إسعاد (مساعدة) من بيت المال
cook	هن	طبخ	طبخن	يطبخن	طبخة الطعام لذيذة
add	نحن	أضاف			إضافة
	هما	أذاع			

Part Four: Applications
القسم الرابع : التطبيقات

أ. النشاطات الشفوية
Oral Activities

أسئلة

١. ما هي المعلومات الجديدة التي اضفتها إلى معرفتك أو المعلومات الخاطئة التي كانت لديك عن موضوع هذا النص ؟
٢. اذكر/اذكري بعض الأشياء التي أعجبتك أو لم تعجبك في هذا الدرس .
٣. أنت بدوي . قابلت مراسلة مجلّة "People" الأمريكية التي تتكلم العربية جيداً . ترغب هذه المراسلة في معرفة بعض المعلومات عن الحياة البدوية في الصحراء . أخبرها عن بعض الأمور الاجتماعية والسياسية والأدبية والدينية الخاصة بالبدو بالإضافة الى بعض العادات السائدة عندهم .

ب. النشاطات الكتابية
Writing Activities

إنشاء

اكتب / اكتبي موضوعاً عن حياة العرب الثقافية والحضارية في الجاهلية (٨٠ كلمة)

في عصر الحاضر

Annex: Word Study

ملحقات : دراسات مُعْجَمِيَّة

Words from the Same Root

أ. مفردات من جذر واحد

أ خ ر

١. أخَّرَ ه ، تأخيرٌ — to delay, hinder s.o.

عملت لك بيضاً خوفاً من التأخير

جاء وتحدث معي لوقت طويل فأخرني عن العمل الذي كنت أقوم به .

٢. تَأخَّرَ ، تَأخُّر — fall behind, be delayed

بالرغم من إنشاء المدارس الحديثة في مصر في القرن التاسع عشر فإن ظهور الجامعات قد تأخر حتى سنة ١٩٠٨ .

كان موعد وصول الطائرة هو الساعة الحادية عشرة صباحاً ، ولكنها تأخرت حتى الساعة الواحدة بعد الظهر . وصلت الطائرة متأخرة .

٣. آخَرُ – أُخَر / آخَرون [مؤنث: أُخْرى – أُخْرَيات] — other, another

أعادت وصف الأكلة مرة أخرى .

لم أقرأ القصة في هذا الكتاب ، بل قرأتها في كتاب آخَر .

٤. آخِرُ – أواخِرُ — end, last

طلب مكاناً للوقوف في آخِرِ الصف .

هذه آخِرُ مرّة أراك فيها لأنني مسافر إلى الخارج .

٥. العالَمُ الآخَرُ / الدّار الآخِرَة / الآخِرَة — the hereafter

قرأنا قصة كتبها شاعر عربي عن العالم الآخَر (الآخِرَة) .

٦. أخيراً – مُؤَخَّراً — at last, finally, recently

انتظرناه طويلاً ، وأخيراً جاء دون أن يحضر معه ما أردنا .

لم نسمع بالخبر إلاّ أخيراً (مُؤَخَّراً) .

٧. مُؤَخَّرَة — rear, rear position of lines

وقف في المُؤَخَّرَة ولم يَعُد يعرف ماذا يفعل .

ب. التوسع في المعاني

Word Expansion

١. بسيط	
حَياة بسيطة	simple life
تغيير بسيط	slight/little change
بَسيط – بُسَطاء	the simple, naive
بَسيطة !	a trifle! no problem
٢. تَعَدَّد ، تَعَدُّد	
تعدُّد الآلهة	polytheism
تعدُّد الزوجات	polygamy
التعدُّديَّة	pluralism
مُتعدِّد النواحي	multifarious, variegated
٣. بُطولَةٌ	bravery, valor, heroism
بطولة (العالم) / بطولة عالمية	(world) championship
بطولة (الفلم)	leading role, starring role
٤. شَدَّ ـــِ ، شِدَّةٌ	become firm, intense to
شَدَّ ـــُ ه ، شَدّ	to make firm, strong
شدَّه إليه	to pull s.o. to oneself
شَديد اللَّهْجَة	sharp in tone
أشَدَّ ما يكون	extremely, exceedingly
٥. حَفِظَ ـــَ ه ، حِفظٌ	to memorize, know by heart
حَفَظَ ـــَ ه ، حَفظٌ	to protect, guard, defend
حَفِظَ ـــَ ه ، حِفظٌ	to refrain, uphold, maintain
مَحْفوظٌ	protected; memorized; secured
دار المَحْفوظات	Public Records Office

٦. راعَه الشيءُ / الأمرُ (أعجبه)	s.th. pleased s.o.
راعَه الأمرُ (أخافه)	s.th. frightened him, alarmed him
راعَه الأمرُ	s.th. startled him
(منظر/فكر/فنّ) رائع	splendid, superb
رائِعَةٌ - رَوَائِعُ	s.th. imposing, impressive
من رَوائِع « شكسبير »	one of Shakespeare's great works
رَوَّع ه ، تَرْوِيعٌ = أراعَ ه ، إراعَةٌ	to frighten, alarm, awe

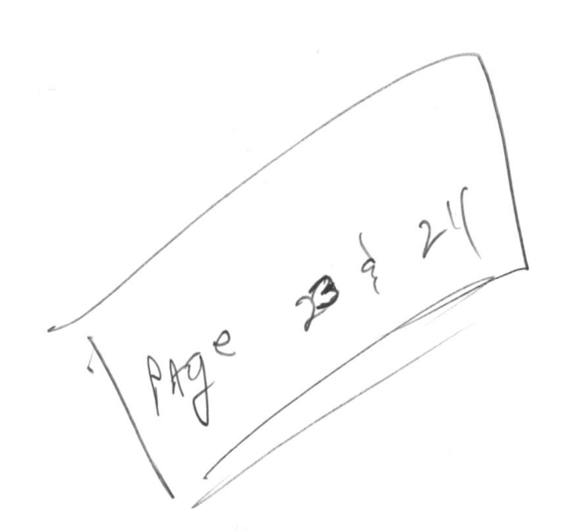

الدرس الثالث

دِراسَةُ اللُّغَةِ العَرَبِيَّة

القسم الاول : التمهيد

أ. أسئلة قبل القراءة (يُوجّه كل سؤال إلى أكثر من طالب) .

١. منذ كم سنة تدرس اللغة العربية وكيف تقارنها مع اللغات الاخرى التي تعرفها ؟
٢. هل تجد/تجدين صعوبة في دراسة اللغة العربية، وما أصعب مشكلة لك في دراستها ؟
٣. هل لك أراء لجعل دراسة اللغة أسهل وما هي ؟

ب. المفردات الجديدة

١. سامية : لماذا انت حزينة ، هل عندك مشاكل ؟
وداد : **يُواجِهُ** زوجي مشاكل كثيرة في عمله ودراسته .

واجَهَ ه ، مُواجَهَةٌ (وجد ، قابل) — to face, confront

٢. تستخدم امم اسلامية غير عربية **الخَطّ** العربي في الكتابة منها ايران والباكِسْتان وأفْغانِسْتان .

خَطٌّ - خُطوطٌ (كتابة) — script, writing

٣. **بِالنِّسْبَة إلى** العربي الرابطة العائلية وإكرام الضيف واحترام الجار اساس العلاقات الاجتماعية .

بِالنِّسْبَة الى / لِـ — for, to, as to, with regard to

٤. لا نستطيع فهم مجتمع ما دون دراسته من **نَواحٍ** متعدّدة منها **الناحية** الاقتصادية والسياسية والدينية والثقافية .

ناحِيَة - نَواحٍ (جانب - جوانب) viewpoint, standpoint; side, direction

٥. يستفيد الطلاب استفادة عظيمة عند **استِعْمال** اللغة العربية في داخل الصف وخارجه .

اسْتَعْمَلَ ه ، اسْتِعْمالٌ (استخدم) to use

٦. ساءت الاحوال الاقتصادية في بعض البلاد الافريقية . فان السكان يواجهون مشاكل **أيْنَما** ذهبوا وحيثما وُجدوا .

أيْنَما (في اي مكان كان / حيثما) wherever

٧. ليلى : سأدعوك الى بيتي للأكل . اي اكلات تحبّ ؟
جون : احبّ الاكلات العربية **سَواءً كانت** لبنانية **أم** اردنية **أم** مغربية .

سواءً كان هذا أم / أو ذلك = سَواءً أكان ... whether it's ... or ..., be it ... or ...

٨. علي : متى ترك والدك وطنه الى **المَهْجَر** ؟
أحمد : والدي وُلد هنا في ديترويت . لكن جدّي هو الذي حضر الى امريكا من لبنان بعد الحرب العالمية الأولى .

مَهْجَر - مَهاجِرُ place of emigration, the Arab diaspora
(بلد ينتقل اليه الناس للإقامة الدائمة)

٩. إن **أَوْجُهَ الشَّبَه** بين اللهجة الرسميّة الامريكية واللهجة الرسميّة البريطانية اكثر بكثير من أوجه الاختلاف بينهما .

أَوْجُهُ الشَّبَه	points of resemblance
وَجْه – أَوْجُهٌ (ناحية – نواحٍ)	aspect, point of view
شَبَهٌ – أَشْباهٌ (عكس اختلاف)	resemblance, likeness

١٠. **كُلَّما** واجهن صعوبة ازداد ايمانهن بأنفسهن وازدادت ثقتهن ببلوغ هدفهن .

كُلَّما (في كل مرّة)	whenever

١١. في السنوات الأخيرة أخذ عدد الطلاب في العلوم الانسانية **يَقِلُّ** وعدد الطلاب في علوم الاقتصاد وادارة الأعمال يزداد .

قَلَّ ـِ ، قِلّةٌ : قَليلٌ ، قَلائِلُ (قلّ عكس ازداد أو كَثُر وقليل عكس كثير)	to become small (in number or quantity)
قَلَّل ه / من ، تَقْليلٌ (عكس أَكْثَرَ)	to diminish s.th.

١٢. أهم **فَرْق** بين التعليم في العالم العربي وفي امريكا ان الأوّل يعتمد اعتماداً كبيراً على الحفظ والترديد بينما يعتمد الثاني على البحث وابداء الرأي .

فَرْق – فُروقٌ (وجه اختلاف)	difference, distinction

١٣. نبيل : ماذا **نَعْني** بِالنظام القبلي ؟

سميرة : هو نظام سياسي واجتماعي حيث يخضع افراد القبيلة لحكم شيخ او أمير .

عَنَى ـِ بـ ، عَنْيٌ	to mean s.th. by

١٤. من اهم **المُناسَبات** التي يحتفل بها الشعب الامريكي يومُ الاستقلال ويوم الشكر . وهي مناسبات يجتمع فيها كل أفراد العائلة .

مُناسَبَةٌ - مُناسَباتٌ — occasion

١٥. يُلقي مُرشح الحزب **خُطَباً** كثيرة يبدي فيها آراءه بالنسبة الى الاوضاع السياسية والاقتصادية وغيرها .

خُطْبَةٌ - خُطَبٌ (كلمة تلقى في مكان عام) — speech, public address; Friday sermon

١٦. في المجتمعات الديمقراطية يستطيع الفرد **التَّعْبيرَ عَنْ** آرائه بحرية وبدون خوف .

عبَّر عن ، تَعْبيرٌ ؛ تَعْبيراتٌ — to express (an opinion)

١٧. النجاح والتقدم **يَتَطَلَّبان** كثيراً من الجهود والعمل المستمرّ .

تَطَلَّبَ الأمرُ ه ، تَطَلُّبٌ (كان بحاجة إلى) — to require, necessitate

١٨. نجد أوجه شبه بين أشكال **الحُروف** « ج ح خ » ، كما انّ هناك اوجه شبه بين « ب ت ث » .

حَرْفٌ - حُروفٌ / أَحْرُفٌ — letter

١٩. بالنسبة الى البدوي **تُمَثِّل** الصحراء حياة الحرية و **تُمَثِّل** المدينة عكس ذلك .

مَثَّل ه ، تَمْثيلٌ (عبّر عن) — to exemplify, represent

٢٠. **عَمَلِيّةُ** طبخ الاكلات العربية تتطلب وقتاً طويلاً وجهوداً كثيرة .

عَمَلِيَّةٌ - عَمَلِيّاتٌ (طريقة ، أسلوب عَمَل) — job, work, process

٢١. أصبح **مِنَ المُمْكِن** التنقل بين اوروبا وامريكا في ساعات قليلة وذلك على طائرة «الكونكورد» .

من المُمْكِن (من المُسْتَطاع) — it is possible, feasible

في الإمكان — in the realm of possibility

في إمْكانه — it is in his power, he is in a position to

أمْكَنَ ه ، إمْكانٌ ؛ إمكانات — to be possible, feasible for s.o.

إمْكانيَّةٌ - إمْكانِيّاتٌ (الاستطاعة) — (have the) resources (to do s.th.)

٢٢. **أدْرَكَت** امريكا في أواخر الخمسينات أهمية دراسة اللغات الشرقية فأخذت تمنح طلابها مساعدات مالية لدراسة هذه اللغات .

أدْرَكَ ه ، إدْراكٌ (عرف ، أصبح يعرف ، أصبح على علم) — to realize, grasp, understand

٢٣. **تُخَصِّصُ** بعض المنظمات العالمية المساعدات لمن فقدوا كل ما لهم في الحروب .

خَصَّصَ ه لِـ ، تَخْصيص — to earmark, allocate s.th. to s.o./s.th.

٢٤. تُمنح **جائزةُ** «نوبل» سنوياً لعالم أو أديب قدّم خدمة عظيمة الشأن للانسانية .

جائِزةٌ - جَوائِزُ — prize

٢٥. صار وضع المرأة في هذا العصر **أفْضَلَ** بكثير ممّا كان عليه في القرن الماضي وذلك بسبب جهودها المستمرة لتحسين مستواها .

أفْضَلُ من (أحسن من) — better, superior

أفْضَلُ - أفْضَلون / أفاضِلُ [مؤنث فُضْلى - فُضْلَياتٌ]

٢٦. هنري : نواجه انا وزملاءُ لي مشكلة في حفظ المفردات العربية . هل عندك اقْتِراحٌ لحلّ هذه المشكلة .

الاستاذة : أَقْتَرِحُ الاّ تدرس المفردات عن طريق الترجمة بل في جمل عربيّة .

اقْتَرَحَ ه / أنْ ، اقْتِراحٌ – اقْتِراحاتٌ (قدّم فكرة للعمل بها) to suggest, propose

٢٧. هناك برنامج على « الكومبيوتر » لِتَيْسيرِ تعلّم الحروف العربية على الطلاب وكتابتها وقراءتها في ساعات قليلة كما أن هناك برامج لِتَيْسيرِ تعلّم المفردات .

يَسَّرَ ه على ، تَيْسيرٌ (جعله سهلاً) to facilitate, make easy s.th. for s.o.

يَسُرَ ـُ (الأمرُ) ، يُسْرٌ : يَسيرٌ (أصبح سهلاً) to become easy for s.o

٢٨. لا شك أن مَشْروعاً لبناء البيوت للفقراء كمشروع « هابيتات » يؤدّي خدمة اجتماعية عظيمة .

مَشْروعٌ – مَشاريعُ project, plan

القسم الثاني: القراءة والاستيعاب

أ. النص الاساسي

دراسة اللغة العربية

من المشاكل التي يواجهها دارسو اللغة العربية مشكلتان اساسيتان أحداهما الإختلاف بين العامية والفصحى وثانيتهما صعوبة قراءة خطوط النصوص المكتوبة .

فالمشكلة الأولى بالنسبة الى الطالب الاجنبي هي وجود اختلافات بين العامية والفصحى من ناحية التراكيب اللغوية والاستعمال . والفصحى تكاد تكون واحدة اينما تستخدم سواء كان ذلك في العراق أم في مصر أم في المغرب أم في المهجر حيثما يوجد العرب . اما العامية فليست واحدة ، فهي لهجات متعددة تختلف من بلد الى آخر ومن منطقة الى أخرى في البلد الواحد وإنْ كان بينها اوجه شبه واضحة في كثير من المفردات والقواعد والاصوات . ويظهر هذا الاختلاف بين اللهجات بوضوح كلما أزدادت المسافات وقلّ الإتصال . وتختلف الفصحى عن العامية في كثير من قواعدها ومفرداتها واساليبها واصواتها . ولعلّ اهم فرق بينهما هو انّ العامية لا تستعمل الإعراب الذي نجده في الفصحى . ونعني بذلك ان الفصحى تستخدم حركات قصيرة مختلفة كالفتحة والضمّة والكسرة واشارات اخرى كالواو والنون والياء والنون في اواخر الكلمة للدلالة على وظيفتها في الجملة ، بينما تبقى الكلمة في العامية في معظم الاحيان على صورة واحدة في كل وظائفها.

case or mood endings

vowels

اما من ناحية الاستعمال فالفصحى تُستخدم في الكتابة عامةً وكلغة محكية في المناسبات الرسمية كالقاء المحاضرات والخطب واذاعة الاخبار وفي المؤتمرات ، بينما يسود استعمال الناس العامية في الاتصال اليومي في البيت والشارع والسوق عند التعبير عن الامور والحاجات اليومية ، اذ انّ العامية في الاساس لغة محكية . ومن هذا كله نرى ان الامر يتطلب من الطالب الاجنبي ان يتعلم الفصحى كتابةً وكلاماً بالاضافة الى العامية . والمشكلة هنا : اي لهجة يدرس ؟ وهل يدرسها قبل الفصحى او بعدها او يدرس الاثنتين معاً ؟

وممّا يجبُ ذكره ان الطالب العربي أيضاً يواجه مشكلة ليست سهلة في تعلم الفصحى وخاصةً عند دخوله المدرسة حيث يدرس لغة لها قواعد وحركات ومفردات تختلفُ عن العربية التي تعلمها في البيت . و بسببِ هذا الاختلاف بين العامية والفصحى يجد العربي بعض الصعوبات في التعبير عن نفسه باللغة الفصحى ، خاصةً عندما يحاول استعمال الفصحى في الكلام في المناسبات التي تتطلب استعمالها.

أما المشكلة الثانيّة فهي صعوبة قراءةُ الخط العربي لان الكلمات تظهر عادة بدون الحركات القصيرة (اي الفتحة والضمة والكسرة) لعدمِ وجودِ حروف تمثلها في الخط العربيّ . وهذا يجعل عملية القراءة عملية صعبة تتطلب من القارئ ان يعرف مُسبَقاً ما يجب استعماله من الحركات التي لا يراها مكتوبة او مطبوعة . فمثلاً اذا اخذنا كلمة « كتب » فأنها من المكن ان تُقرأ « كَتَبَ » أو « كُتِبَ» أو « كُتُبٌ » . ولكلٍ من هذه الكلمات معنى خاص كما هومعروف . علماً بأن الجملة تُساعدُ على فهم المعنى وعلى قراءة الكلمة قراءة صحيحة . ويواجه الطالب العربي هذه المشكلة ايضاً في قراءة النصوص المكتوبة وخاصّةً عندما يتطلب الامرُ وضعَ حركات الاعراب المناسبة .

beforehand

it being well-known that

Translate.

ولقد ادركت مجامع اللغة العربية في القاهرة ودمشق وبغداد أهميّة هذه المشكلة من ناحيتها التربوية والفكرية فخصّص بعضها جوائز لمن يقدم أفضل اقتراح لتيسير الكتابة العربية . وقد قُدمت اقتراحات متعددة هدفها تيسير الكتابة وجعل عملية القراءة أسهل مما هي عليه الآن ، ومن بينها اقتراح قديم باستخدام الحروف اللاتينية . ولم يَلقَ هذا الاقتراح قبولا عند العرب . كما قُدم مشروع آخر يدعو الى استخدام شكل واحد لكل حرف سواء كان في أول الكلمة أو في وسطها أو في آخرها ، مع وضع الحركات في جميع الحالات . فمثلاً تكتب «ع» في جميع الكلمات بصورة واحدة وهي « عـ » كما في عَـرَبَ / نـاعِـمُ / أسْـعـدُ / را عـَ / سَـمِعـَ . ولم يتمّ العمل بهذا المشروع حتى الآن على شكل واسع . ولعل من اسباب ذلك رغبة العرب الشديدة في المحافظة على تُراثهم القديم .

heritage

(بتصرف) أنيس فريحة – في اللغة العربية وبعض مشكلاتها
(بيروت ، ١٩٨٠) ، ص ٩–١٠ ر ١٤٧ – ١٧٩

ب. القراءة الاولى السريعة

الأسئلة العامة

١. اذا طلب منك تقسيم النص من ناحية افكاره الرئيسية ، فالى كم قسم تقسّمه/تقسّمينه وما عنوان كل قسم ؟

٢. هل لك عنوان افضل لهذا النص ؟ ما هو ؟

ج. القراءة الثانية المركزة

١. الاسئلة التفصيلية

استخراج العناصر الأساسية (Outline)

استخرج/استخرجي العناصر الأساسية من أفكار رئيسية وثانوية مستعملا/مستعملة أسماء ومصادر من المفردات الجديدة .

مثال : ١) المقدمة

٢) المشكلة الأولى

أ) الفروق بين العامية والفصحى

(١) في التراكيب

(٢) ....

٢. المفردات والتعبيرات المفيدة

أ) أسئلة

اجب/اجيبي عن الاسئلة التالية مستعملا/مستعملة العبارات التالية :

١) مناسبة خاصّة

ما المناسبات الخاصة التي تحتفل بها عائلتك ؟ ما المناسبات الخاصة التي تحتفل/تحتفلين بها أنت شخصياً ؟

انشاء

٢) الحياة اليومية

ما بعض الاعمال التي تقوم بها في حياتك اليومية ؟ ما بعض الأعمال التي تقوم بها استاذة جامعية في حياتها اليومية ؟ المرأة المتزوجة ؟

٣) من الممكن

ما هي بعض الامور التي من الممكن القيام بها اليوم واخرى من غير الممكن القيام بها اليوم ؟

٤) نواحٍ

اي النواحي تعجبكم في هذا الكتاب اكثر من غيرها ؟

٥) سواء (كان) هذا ام ذاك

ما هي الامور التي يجب ان يفعلها او ان يمرّ بها الانسان سواء كانت تُعجبه ام لا ؟

٦) كلّما

ما هي الامور التي تروعك كلما قرأت او سمعت عنها او رأيتها ؟

٧) أينما

ما الامور التي يجب رفضها او تغييرها اينما وجدت ؟

٨) حَيْثُ

اذكر مناسبات حيث لا ينفع : (أ) الغضب (ب) السكوت (جـ) الصبر

ب) إكمال

١) في هذا النص امور كثيرة تعتبر هامة . عبّر/عبّري عن أهمية ما يلي منها في عبارة « مما يجب ذكره انّ.... »

دارس اللغة العربية	اقتراح ـــــــ	الفصحى والعامية
عدم العمل (باقتراح ما)	الخط العربي	لغات العالم

٢) والآن عبّر/عبّري عن أهمية أمور أخرى ذكرت في النص باستخدام العبارة نفسها .

مثال : مما يجب ذكره أن العامية لهجات متعددة تختلف من بلد إلى آخر .

٣) ادركتَ من هذا النص ان هناك فروقاً بين العامية والفصحى . اذكر/اذكري ٥ من اهم هذه الفروق في نظرك مستَخدماً/مستخدمةً عبارة «لعل اهم فرق بين ________ و ________ انّ ________ »

مثال : لعل اهم فرق بين الفصحى والعامية ان العامية لا تستخدم حركات الاعراب

٣. التراكيب المفيدة

أ) المصدر : إعماله

تحليل

بيّن/بيّني تحليل العلاقة بين المصدر والأسماء التي تليه .

مثال ١ : استعمال الكتاب الفصحى

الكتاب (فاعل) (subject)

الفصحى (مفعول به) (object)

مثال ٢ : كون العامية لغة الكلام

العامية (اسم كان) (subject)

لغة الكلام (خبر كان) (predicate)

صعوبة قراءة الخط (٢.١)
وجود اختلافات (١.٢)
إلقاء المحاضرات (٢.٣)
اذاعة الاخبار (٢.٣)

استعمال الناس العامية (٣.٣)
تعلّم الفصحى (١.٤)
استعمالها (٥.٤)
وضع حركات الاعراب (٨.٥)

ب) الجمل الوصفية (asyndetic relative clauses, i.e. relative clauses without relative pronouns)

تحليل

ضع/ضعي خطاً (line) في النص تحت الجمل الوصفية وبيّن/بيّني موصوفها (head noun) .

القسم الثالث : المراجعة

أ. القراءة الجهرية

سالي : قل لي يا كريم : ماذا نعني باللغة العربية الفصحى ؟

كريم : اللغة العربية الفصحى هي لغة الكتابة سواء كان ذلك في الكويت ام السعودية او في المهجر .

سالي : كيف تختلف الفصحى عن العامية ؟

كريم : اهم فرق بينهما ان اللهجات العامية لا تستعمل حركات الاعراب التي نتعلمها في كتب القواعد والتي تستخدم عند قراءة نشرة الاخبار مثلاً .

سالي : هل اللهجات العربية واحدة في العالم العربي ؟

كريم : لا . تختلف اللهجات العربية من بلد الى آخر في مفرداتها واصواتها وفي اهم قواعدها .

سالي : افهم من ذلك ان العرب يستطيعون الاتصال مع بعضهم بدون صعوبات كبيرة .

كريم : هذا صحيح . فكلما اجتمع العرب من بلاد مختلفة استخدموا الفصحى المحكية او لغة عامية عالية قريبة من الفصحى .

سالي : هل من الممكن ان يستعمل العرب لغة واحدة في المستقبل ؟

كريم : ان العرب اليوم يستعملون لغة عربية واحدة ، وهي العربية المعاصرة خاصة في المؤتمرات العالمية واللقاءات الرسمية وطبعاً في الكتابة . اما في حياتهم اليومية فيستعمل كل عربي عادة لهجة البلد الذي يعيش فيه .

سالي : لكن العربية المعاصرة وعربية التُراث كلاهما تستعملان حركات الاعراب وهذا يجعل عملية القراءة امرا صعبا . heritage

كريم : من الجدير بالذكر هنا ان العرب وغيرهم يتعلمون قواعد اللغة العربية وحركات الإعراب للتحدث بالفصحى بصورة صحيحة .

سالي : سمعت ان هناك محاولات لتيسير الكتابة العربية باستعمال صورة واحدة لكل حرف بدلا من صور مختلفة في اول الكلمة او وسطها او آخرها .

كريم : ظهرت اخيرا مشاريع كثيرة لتيسير عملية الكتابة كاستعمال صورة واحدة لكل حرف او استعمال الحروف اللاتينية بدلا من العربية . ولكن لم تعجب هذه المشاريع الاساتذة والطلاب ولقيت مقاومة شديدة من معظم الكتاب والمفكرين العرب .

سالي : أنا مسرورة لسماع ذلك . فهذا يدل على ان للخط العربي بشكل خاص واللغة الفصحى بشكل عام اهمية كبرى عند العرب وان العرب في كل مكان يرغبون في المحافظة على تراثهم القديم .

ق ٧

ب. معاني المفردات والتعبيرات

١. التعريف بالمفردات

المفردات

اعط مثالاً على ما يلي :

أ) مناسبة عامة يحتفل فيها الأمريكون في شهر نوفمبر من كل سنة

ب) ثلاثة حروف في العربية وأوجه الشبه بينها تسبب مشاكل لدارسي اللغة العربية الجدد

جـ) كل الحركات القصيرة في اللغة العربية

د) عبارة تعني كلمة اقتراح

هـ) أمر أدركتُ اهميته في حياتي

و) منتوجات يتطلب صنعها عملية بسيطة

ز) مشكلة اجتماعية لها ناحية اقتصادية وسياسية

ح) من الفروق القائمة بين الشعبين العربي والامريكي

ط) من بلاد المهجر التي عاش فيها العرب

ك) رجل يمثّل البطولة والشجاعة والرغبة الشديدة في القاء القصيدة

٢. ملء الفراغ

المطلوب ملء الفراغات بمفردات جديدة من هذا الدرس .

قرأنا في هذا الدرس ان دارسي اللغة العربية وخاصة الاجانب منهم ______ مشكلتين اساسيّتين أولاها وجود ______ بين الفصحى واللهجات العامية . فالعرب عادة ______ عن أفكارهم في الكتابة والمطبوعات وبعض ______ الخاصة كالقاء المحاضرات و ______ ونشرات الاخبار . اما اللهجات العامية فـ ______ في الاتصال اليومي في الشارع والبيت وأماكن العمل . ومع أن هناك ______ متعدّدة بين الفصحى والعامية فانهما تختلفان في ______ كثيرة . والمشكلة الثانية التي يواجهها دارسو العربية هي عدم حروف عربية ______ الحركات القصيرة . وهذا يجعل ______ القراءة امراً صعباً . ولقد ______ مجامع اللغة العربية اهمية هذه المشكلة فخصّصت بعض ______ لمن يقدّم ______ لِـ ______ الكتابة العربية وقد قدّمت بعض ______ لكن لم يعمل بها حتى الان .

٣. ملاءمة

المطلوب وضع رقم العبارة في العامود الاول بجانب العبارة المناسبة في العامود الاول

١. الخضوع لشيخ القبيلة	ـــ لا يمثل دائما الخوف منه .
٢. شعر المدح	ـــ يعني عبادة الله الواحد .
٣. المرأة في العصر الجاهلي	ـــ ان العامية لا تستخدم الاعراب .
٤. قبائل البدو	ـــ يعبر عن شعور انسان مُعْجَب بآخر .
٥. سوق عكاظ	ـــ شاركت الرجل في نواح عديدة .
٦. كان بعض الامراء	ـــ كانت تتنقّل في الصحراء طلباً للماء .
٨. الايمان بالله الواحد	ـــ كان من المناسبات الادبية والاقتصادية .
٩. الأكلة اللذيذة	ـــ تتطلب معرفة جيدة في عملية الطبخ .
١٠. لعل اهم فرق بين الفصحى والعامية	ـــ يخصصون جوائز لمن يقول فيهم شعر المدح .

٤. ملء الفراغ

المطلوب ملء الفراغ بجمل مناسبة فيها عبارة « سواء كان .... أم .... » كما في المثالين التاليين :

مثال ١

وداد : احب الإصغاء الى القصائد العربية سواءً كان موضوعها المدح أم الهجاء أم الرثاء .

سمير : الى هذا الحدّ يعجبك الإصغاء الى القصائد العربية !

مثال ٢

حسين : كانت المرأة الجاهلية تشارك الرجل في نواحي الحياة المختلفة سواءً كان ذلك في اعمال البيت ام في الحرب .

لوسي : الى هذا الحدّ كانت مشاركة المرأة في المجتمع الجاهلي مشاركة شاملة !

أ) علي : ________________________________
سوزان : الى هذا الحدّ تحبّ ان تُصغي الى صوتي بانتباه !

ب) الزوج : ________________________________
الزوجة : الى هذا الحد لا تحبّ البطاطس مطلقاً !

جـ) سالي : ________________________________
فريد : الى هذا الحدّ تحبين الأكلات العربية !

د) أحمد : ________________________________
وليم : الى هذا الحدّ تُنشِيء الدول العربية الغنية بالزيت المشاريع !

هـ) هانسِل : ________________________________
سعاد : جميع المنتوجات الالمانية رائعة الى هذا الحد !

و) ط١ : ________________________________
ط٢ : الى هذا الحد تحاول استعمال الفصحى !

ز) ط١ : ________________________________
ط٢ : الى هذا الحد تشعر بالخيبة !

ح) ط١ : ________________________________
ط٢ : الى هذا الحد انت مُعْجَب بعرب الجاهلية !

جـ. تدريبات القواعد

١. **الاشتقاق : الفعل من المصدر** Derivation: Masdar --> Verb

المطلوب التعبير في جملة قصيرة عما تفعله/تفعلينه أو لا تفعله/تفعلينه في الأمور التالية :

مثال ١ : خَلْط

أخلِطُ البصل مع البقدونس عند اعداد «التبّولة»

مثال ٢ : مُوافقة

لا اوافق الاستاذ دائماً في كل ما يقوله

مدح	ركوب	ملك
خضوع	تغطية	إيمان
إشارة	تخصيص	اخفاء

القسم الرابع : التطبيقات

أ. النشاطات الشفوية

أسئلة

١. بعد دراستك لهذا النص ، هل تعتقد انه يُغطي اهم المشاكل التي واجهتها حتى الآن في دراسة اللغة العربية وما هي المشاكل الاخرى التي لم تذكر ، إن وُجدت ؟

٢. من يواجه صعوبة اكثر في التحدّث في الفصحى ، دارسة لغة عربية في منهجك هذا بعد اربع سنوات أم طالبة عربية مصرية في المرحلة الاعدادية ، ولماذا ؟

٣. ما هو تعليقك على الاقتراحات التي قُدِّمت لحل مشكلة الكتابة العربية في هذا النص ؟ هل لك اقتراحات اخرى لتيسير عملية قراءة هذه اللغة وما هي ؟

٤. هل هناك عامية في اللغة الانكليزية واين ومتى يتمّ التعبير فيها ؟

٥. اذكر/اذكري اكبر عدد ممكن من الاختلافات الموجودة بين اللغة الانكليزية المحكية والمكتوبة .

ب. النشاطات الكتابية

إنشاء

اختر/اختاري موضوعاً واحداً فقط (٨٠ كلمة)

١. المشاكل التي واجهتها في دراسة لغة اجنبية (العربية أو غيرها) .

٢. المشاكل التي واجهتها في دراسة لغتي الام .

ملحقات : دراسات مُعْجَمِيَّة

أ. مفردات من جذر واحد

خ ص ص

١. خَصَّ ـُـ ه بـ ، — to devote s.th. to s.o. (in preference to others)

لقد ارسل إليّ رسالة يسأل فيها عنكم جميعا وقد خصّ ليلى بسلامه .

خَصَّه بالذكر — to make special mention of s.o. or s.th.

٢. اِخْتَصَّ بـ ، اِخْتِصاصٌ — to specialize in

اِخْتِصاصِيّ — specialist

درس الطب عامة واختص بالعيون ، اي انه اختصاصي بالعيون .

٣. خُصِيَّصاً ، خاصَّةً ، عَلَى الخُصوصِ ، عَلَى وَجْهِ الخُصوصِ — especially, particularly, specifically

ساعد المواطنون كلهم وخاصة المتعلمات منهم على تنظيم الامور الاجتماعية والتربوية في بلادهم .

٤. خُصوصِيّ — private, personal

ليست هذه السيارة حكومية بل خصوصيّة .

٥. خَصيصَةٌ - خَصائِصُ — special characteristic or quality

ما هي خصائص الشعر الجاهلي ؟

ب. التوسيع من المفردات

١. خَطٌّ – خُطوط	script, writing
خَطٌّ – خُطوط	line
خطٌّ تليفوني	telephone line
خطّ سكة الحديد	railroad line
على طول الخطّ	all along the line
٢. كُلَّما	whenever
كُلَّما ... كُلَّما	the more ... the more ...
« كُلَّما قرأت كُلَّما ازددت معرفة »	
٣. مَثَّل ه ، تَمْثيل	to represent
مثَّل ه بـ ، تَمْثيل	to liken s.th. to s.th.
مَثَّل ه ، تَمْثيل	to act (on stage or screen)
٤. عَمَلِيَّة – عَمَلِيَّات	work, job, process
عَمَلِيَّة طِبِّيَّة	operation
عَمَلِيَّة حَرْبِيَّة	military operation
٥. أدْرَكَ ه ، إدراك	to realize, grasp, understand
أدْرَكَ ، إدْراك	to attain, reach, arrive at
أدْرَكَ ، إدْراك	to get, catch, overtake
أدْرَكَ ، إدْراك	to attain puberty (boy)
فَقَدَ الإدْراك	to lose consciousness
الإدْراك	reason, intelligence
سِنّ الإدراك	age of discretion

الدرس الرابع

ظُهورُ الإِسْلامِ وَانْتِشارُهُ

القسم الاول : تمهيد

أ. أسئلة قبل القراءة

ماذا تعرفون عن الاسلام ؟ (يتم تصنيف هذه المعلومات التي يعطيها الطلاب تحت مواضيع تاريخية، اجتماعية، سياسية، دينية، ادبية ... الخ ، استعدادا لما سيقرأه الطلاب في النص الاساسي .

ب. المفردات الجديدة

١. أحمد : ما عنوان **قِطْعَة** القراءة للغد ؟

ليلى : لا اعرف ، لكن يظهر انها صعبة وطويلة .

قِطْعَة - قِطَعٌ (نص أو جزء للقراءة مثلاً) — piece, segment, section (e.g. for reading)

٢. من أهم **أَحْداثِ** القُرن التاسع عشر انتشار الإِمْبرياليّة وانهاء حكم نابليون وانتصار الولايات الشمالية في الحرب بين الولايات الامريكية وتوحيد المانيا وقيام الولايات المتحدة كقوة سياسية واقتصادية عالميّة .

حَدَثٌ - أَحْداثٌ (أمور جرت) — event, unprecedented thing, happening, phenomenon

٣. **أَعْلَنَتِ** الولايات المتحدة استقلالها سنة ١٧٧٦ .

أَعْلَنَ ه / أنّ ، إِعْلان ؛ إِعْلانات (أذاعه ، أخبر عنه) — to proclaim, announce

٤. للمعلّم رِسالَةٌ هامّة ورائعة ، وهي إعداد الصغار للقيام بمسؤولياتهم العائلية والوطنية والاجتماعية احسن قيام .

رِسالَةٌ - رِسالاتٌ (وظيفة أو هدف عالٍ وأساسي) calling, message, mission

٥. الطالبة : من كان أَعْداءُ أمريكا في الحرب العالمية الثانية ؟

الاستاذ : كان أعداؤها ألمانيا واليابان وايطاليا وكان اصدقاؤها بريطانيا وفرنسا وروسيا .

عَدُوٌّ - أَعْداءٌ (عكس صديق) enemy

٦. وليم : لم أُصْغِ الى خطبة الرئيس امس . هل اقْتَصَرَت عَلى مواضيع اقتصادية فقط ؟

سالي : لا ، لم تَقْتَصِرْ عَلى مواضيع اقتصادية فقط بل شملت مشاريع تعليمية ايضاً .

اِقْتَصَرَ على ، اِقْتِصارٌ (لم يشمل أكثر من) to be limited to

قَصَرَ ـُ ه على ، قَصْرٌ to limit, restrict s.o. to s.th.

٧. فرانك : اي أمورٍ أَخْلاقِيَّةٍ تعتبر هامة في المجتمع العربي الآن ؟

علي : هي كثيرة . منها احترام الكبار وإكرامهم والإصغاء إليهم بانتباه والعمل بالتعاليم الدينية والشعور القوي بالواجب نحو العائلة .

أَخْلاقِيٌّ (يتعلّق بتصرُّفات وأعمال الإنسان) moral, ethical

خُلُقٌ - أَخْلاقٌ character (of a person); (pl.) morals, morality

٨. علي : أخبرني ماهي الامور التي **قَضَتْ عَلَيْها** المسيحية ؟

فرانك : لقد **قَضَت** المسيحية **عَلى** عادة الزواج باكثر من إمرأة واحدة وعلى الوثنية في مناطق واسعة من الدولة الرومانية وعلى عادة عبادة رئيس الدولة او الدولة او الإمبراطور كإله .

قَضَى ـِ على ، قَضاءٌ (أنْهى) — to do away with, root out, put an end to

٩. أحمد : ما **المَبادِئُ** الاساسية للديمقراطية ؟

سالي : من أهمها حرية الرأي والتعبير عنه والتصرف .

مَبْدَأٌ - مَبادِئُ — principle, fundamental concept, element

(أفكار وآراء تُبنى عليها غيرها)

١٠. هل يمكن ان يعمل الانسان أعْمالاً **صالِحَةً** تنفع الآخرين وتساعدهم وان يكون إنساناً **صالِحاً** دون ان يكون مؤمناً بدين ؟ ما رأيك ؟

أعْمالٌ صالِحَةٌ (جيدة / تتّفق مع مبادئ الدين) — good, virtuous works

إنْسانٌ صالِحٌ — good, righteous human being

صَلُحَ ـُ / صَلَحَ ـَ ، صَلاحٌ : صالِحٌ - صالِحون — to be good, righteous

١١. فريد : ما هي الأمور التي **تَبْعَثُ فيك** السرور يا مريم ؟

مريم : من الأمور التي **تَبْعَثُ فِيَّ** السرور النجاح في الدراسة والعمل ومشاهدة الاهل .

بَعَثَ ـَ في ه ، بَعْثٌ — to stir up, bring on, arouse, awaken in s.o.

(أدخل في إنسان أمراً أو شعوراً)

١٢. سليم : أشار النص الأساسي في الدرس الأول الى بعض المبادئ التي يَقومُ عَلَيْها الزواج السعيد .

ماري : نعم . واهمّها المحبة والتقدير ومعرفة كل من الزوجين للاخر معرفة عميقة .

قام ـُ على ، قِيامٌ — to be based on, rest on, be founded on,

(بُنِي على ، اعتمد على أمر بشكل رئيسي)

أقامَ ه على ، إقامةٌ (بناه على ، جعله يقوم على)

١٣. سليم : ماذا تعني المُساواةُ بين الرجل والمرأة بالتحديد .

ماري : تعني المساواة انه يجب ان تكون مكانة المرأة مثل مكانة الرجل في كل نواحي الحياة مثلا في العمل وفي الواجبات والمسئوليات والوظائف و الدخل وحرية التصرف .

المُساواةُ (مبدأ الحصول على نفس المكانة والحقوق) — equality

ساوى بين ... و ... ، مُساواةٌ — to establish equality between ... and ..., make equal, put on same footing

١٤. فريد : أواجه صعوبة في كتابة موضوع عن اسباب الثورة الامريكية . ماذا أعمل ؟

مريم : لِتيسيرُ هذه العمليّة ، لا بدّ لك اولاً من تَنْظيمِ الأفكارِ حوّل النواحي المختلفة ، السياسية والاقتصادية والاجتماعية والأخلاقية منها...وأخيرا اِجْمَع الافكار الخاصة بكل ناحية وأكْمِل كتابتها .

نَظَّمَ ه ، تَنْظيمٌ (جعله خاضعاً لنظام) — to organize, order, arrange, put in order

١٥. علي : ما هي بعض الامور التي **يُحَرِّمُها** القانون الامريكي ؟

جورج : **يُحَرِّمُ** القانون الامريكي الزواج من اكثر من زوج او زوجة في آن واحد .

حَرَّمَ ه (على) ، تَحْرِيمٌ (منع) — to prohibit, declare s,th. unlawful (to s.o.)

حَرُمَ ـُ (على) ، حَرامٌ / حُرْمَةٌ — to be prohibited, unlawful (to s.o.)

١٦. علي : وهل يحرّم القانون شرب **الخَمْرِ** ؟

جورج : لا . كان ذلك في العشرينات . امّا الان فشرب **الخُمورِ** ليس ممنوعاً . لكن للسكان في منطقة من المناطق الحق بان يضعوا قانوناً لمنع شرب **الخَمْرِ** في الاماكن العامة في منطقتهم .

خَمْرٌ [مذكر ومؤنث] – خُمورٌ — wine/alcohol

خُمورٌ — alcoholic drinks

خَمْرَةٌ — wine

١٧. كريم : استطعت أن أدرس في هذه الجامعة **بِفَضْلِ** مساعدة والديَّ .

سالي : وانا استطعت ان ادرس في هذه الجامعة **بِفَضْلِ** منحة مالية من الجامعة .

بِفَضْلِ (بسبب) — thanks to, owing to

١٨. سمير : الى اين **اِمْتَدَّتِ** السيطرة العربية الاسلامية في اوروبا ؟

جورج : امتدت الى ايطاليا ومالطا والاندلس في اسبانيا وبلغت مدينة بواتْيِيه (Poitiers) في فرنسا .

امتدَّ إلى ، امتداد (انتشر) — to extend, reach, stretch

١٩. سميرة : وماذا عن **التَوَسُّع** الاسباني في امريكا ؟

جورج : **تَوَسَّعت** أملاك اسبانيا في العالم الجديد حتى شملت مناطق واسعة من امريكا الجنوبية وفلوريدا وتكساس وكاليفورنيا.

تَوَسَّع ، تَوَسُّعٌ (ازداد وكبر وانتشر الى مناطق أوسع) — to expand

٢٠. من المعروف ان الاوروبيين قد **اقْتَبَسوا** الأرقام العربية عن العرب ولهذا تُسَمّى في اللغات الاوروبية الأرقام العربية .

اقْتَبَسَ ه عن/من ، اِقْتِباسٌ ؛ اِقْتِباساتٌ (أخذ عن الآخرين) — to adopt, take from, borrow from

٢١. علّم السيد المسيح مبادئ رائعة يجب أن يأخذها كل إنسان **نموذَجاً** أعلى له منها السلام القائم على محبة الناس حتى الاعداء والاهتمام بمن لاقوه لهم ومقاومة الشر بالخير . **وهكذا** يمكن أن ينتشر السلام في المجتمعات وبين الامم .

نَموذَجٌ / نُموذَجٌ - نَماذِجُ / نَموذَجاتٌ (مثال يُتَّبَع) — model, example, pattern

هكذا (بهذه الصورة / على هذا الشكل) — thus

٢٢. وداد : هل تعرفين كم يبلغ عدد سكان امريكا الان؟

نادية : قرأت انه يبلغ حوالي ٢٥٠ مليون **نَسَمَةٍ**.

نَسَمَةٌ - نَسَماتٌ (نَفْس / إنسان) — person

٢٣. ايملي : ما أسماء **قارّاتِ** العالم بالعربية ؟

سمير : هي آسيا وإفريقيا وأوروبّا وأمريكا الشمالية وأمريكا الجنوبية وأستراليا وآنتاركتيكا .

قارَّةٌ - قارّاتٌ — continent

ج. تعبيرات ثقافية حضارية

١. "لا فضل فيها لاحد على آخر الاّ بالتقوى" : يعني انّ هناك مساواة بين كل المسلمين عند الله إذا فعلوا ما يطلبه منهم. وإنْ كانت هناك اختلافات وفروق في المكانة بينهم فإنها تقوم على اساس ان المسلمين الذين يعملون بما يطلبه الدين يُعتبرون افضل من الذين لا يتّبعون التعاليم الدينية .

٢. الصلاة والزكاة والصوم والحج والشهادة هذه اهم مبادئ الاسلام واسسه وتُسمى بالاركان الخمسة إذ لابدّ لكل مسلم ان يقوم بها .

أ) الصلاة : يُطلب من كل مسلم الصلاة خمس مرات كل يوم ووجهه نحو الكعبة في مكة. يقوم بالصلاة الاولى فجراً قبل ظهور الشمس، والثانية ظهراً، والثالثة بعد الظهر، والرابعة عصرا والخامسة والاخيرة عشية أي بعد غروب الشمس .

ب) الصوم : يُطلَب من كل مسلم في شهر خاص من كل عام واسمه "رمضان" ان ينقطع عن الأكل والشرب من الفجر حتى غروب الشمس . وفي نهاية الشهر يحتفل المسلمون بعيد الفطر .

ج) الزكاة : يُطلَب من المسلم ان يقدم كل سنة من ماله ومما يَملك للفُقَراء وللمُحْتاجين .

د) الحجّ : يطلب من المسلم زيارة مكة مرة واحدة على الاقل في حياته في شهر خاص من السنة يُدعى "ذو الحجّة". هذا إذا سمحت له اوضاعه بذلك .

ه) الشهادة : يُعْلِن المسلم باستمرار " أشْهَدُ أنْ لا الهَ الاّ اللهُ وانَّ مُحَمَّداً رَسُولُ اللهِ " .

القسم الثاني : القراءة والاستيعاب

أ.النص الأساسي

ظهور الاسلام وانتشاره

(الاسلام دين عالمي معروف يشمل العرب وغير العرب. وله في تاريخ العرب مكانة خاصة كما سيظهر في القطعة التالية)

كانت الدعوة الاسلامية من اهم الاحداث التي عرفها تاريخ العرب . فقد أعْلَنَ النبي محمد دعوته ورسالته في بدء القرن السابع الميلادي ، واستطاع بعد حروب وقعت بينه وبين اعدائه انتصر فيها المسلمون ان يَنشر الدين الجديد في الجزيرة العربية وان يضع الاساس لانتشاره خارجها في مناطق كانت تحت حكم الفُرْس والرّوم البيزَنْطيّين وغيرهم . وقد تأثرت حياة العرب بهذه الاحداث وتغيّرت اوضاعهم تغيّراً شاملاً. فلم يَقْتَصِرْ تأثير الاسلام على النواحي الدينية فقط بل شمل النواحي الاجتماعية والاخلاقية والسياسية واللغوية والادبية ايضا .

Persians; Byzantines

فمن الناحية الدينيّة قضى الاسلام على الوَثَنيّة التي كانت سائدة في الجزيرة العربية ، وعلّم العرب مبادئ دينية تقوم على العقائد ، وأهمها الايمان بالله ورُسُله وكُتُبه ، والفرائض كالصلاة والصوم والحج والزكاة . وكانت هذه المبادىء السبب في تقدم العرب وبناء حضارتهم .

انظر/انظري في القسم الأول – ج

ومن الناحية الاجتماعية والاخلاقية جعل الاسلام من العرب أمّة واحدة لا فَضْلَ فيها لاحد على الاخر إلا بالتّقْوى والعمل الصالح . وبعث فيهم شعورا جديداً يقوم على مبادىء انسانية عالية كالحق والحرية والمساواة و على عادات جديدة ساعدتهم على تنظيم حياتهم الاجتماعية مثل التعاون بين افراد الامة الاسلامية الواحدة واعطاء كل انسان حقه . كما انه اهْتم بالمرأة وبمكانتها الاجتماعية وأحوالها الاقتصادية واعطاها حقوقا وواجبات لم تكن تعرفها في الجاهلية . فقد شاركت النساء المسلمات في نشر الدعوة المحمدية وفي الحروب بين المسلمين واعدائهم كَخَوْلَة بِنْت الأزْوَر وأسْماء بِنْت ابي بَكْر . وكذلك حرّم الإسلام الخمر والأخْذ بالثّأر والسّرِقَة والرِّبا وغيرها من العادات السيئة التي كانت سائدة حينذاك .

superiority/ preference; piety

taking blood revenge; stealing; usury

	ومن الناحية السياسية اصبحت للعرب بفضل دينهم الجديد دولة موحّدة إمتدّت في
Atlantic; Gulf;	وقت قصير من المَحيطِ الأطْلَسيّ واسبانيا غربا حتى الخَليجِ العَرَبيّ والهِنْدِ شرقا ومن
Indian; Asia Minor	المُحيطِ الهِنْدِيّ جنوبا حتى آسيا الصُغْرى شمالا . وقد كان لهذا التوسع السياسيّ نتائج
Indians	ثقافية وحضارية هامة لان العرب اخذوا عن الشعوب التي اتصلوا بها كالفرس والهُنودِ
Greeks	واليونان علومها ونظمها الادارية واستطاعوا ان يدرسوها ويستفيدوا منها ويُضيفوا اليها
	جديداً . فقامت حضارة عربية اسلامية مُتطوِّرة مُتقدمة وقد اثّرت هذه الحضارة في اوروبا
	خاصةً تأثيراً عظيماً اذ انتقلت اليها هذه العلوم المُتطوّرة كالطبِّ والفلسفة عن طريق اسبانيا
	وايطاليا .

ومن الناحية الادبية كان للاسلام تأثير كبير في الادب العربي وفي اللغة العربية . فقد انتشرت اللغة العربية وصارت بعد وقت ليس بطويل اللغة الامْ لعدد كبير من غير العرب مسلمين ومسيحيين ويهوداً . كما انّ إنتشار الاسلام خارج الجزيرة العربية ساعد على دخول عدد من الكلمات الاجنبية الى اللغة العربية ، خاصةً تلك التي تدلّ على الاشياء التي لم يكن العرب على علم بها . ومن اهمّ نتائج هذا الامتداد ان الفصحى اصبحت لغة حضارة وعلم وفن وبحث وفلسفة ، يُستخدمها الادباء والكتاب والعلماء في إنتاجهم العلمي والادبي في البلاد الاسلامية كلها. وقد دخل كثير من المفردات العربية في لغاتٍ اُخرى كالاسبانيةِ ومنها الى الانكليزية والفرنسية واقتبست بعض الامم التي وقعت تحت حكم الاسلام عن العربية الخَطَّ العربي في كتابة لغاتها والاساليب الادبية العربية في انتاجها الادبي ، كما نرى في

Ottoman Turkish; Urdu	الفارسية والتركية العثمانية والاوردية . اما الادب العربي فقد تأثر في اسلوبه وموضوعاته

واشكاله بالاسلام وبالحياة الجديدة وبالقرآن الذي صار النموذَجَ الاعلى لاساليب الكتابة بالفصحى .

وهكذا اصبح الاسلام ديناً عالمياً مهماً يؤمِنُ به افراد من امم العالم المختلفة العربية وغير العربية . ويبلغ عددُ المسلمين اليوم حوالي بليون نسمة وهم مُنتشرون في مختلف القارّات خاصة في آسيا وافريقيا . ومن الدول الاسلامية غير العربية تُرْكيا و ايران أفْغانِسْتان وانْدونِسيا وباكِسْتان ونَيْجيريا ومالي .

(بتصرّف) جُبْران مَسْعود – المُحيطُ في ادب البكالوريا ،
الجزء الاول (بيروت ، ١٩٦٥) ص ٦٩–٧١

ب. القراءة الأولى السريعة

الأسئلة العامة

١. اعطِ/اعطي عنوانا اخر لهذا النص .

٢. نستطيع من خلال قراءة سريعة جدا معرفة اقسام هذا النص الرئيسية . اكتب / اكتبي عنوانا لكل مقطع في ما يلي :

المقطع الاول	المقدمة
المقطع الثاني	________
المقطع الثالث	________
المقطع الرابع	________
المقطع الخامس	________
المقطع السادس	الخُلاصة (conclusion)

ج. القراءة الثانية المركزة

١. الأسئلة التفصيلية

اذكر/اذكري مثلين لكل ناحية من نواحي الحياة المختلفة عند العرب قبل الاسلام التي يتحدث عنها النص . (يُقتَرَح أن تُستعمل صيغة المصدر ما امكن) (Use the masdar wherever possible)

أ) الناحية الاخلاقية

ب) الناحية الجغرافية السياسية

ج) الناحية اللغوية

د) الناحية الديني

هـ) الناحية الاجتماعية

٢. المفردات والتعبيرات المفيدة

أ) اجب/ اجيبي عن الاسئلة التالية .

١) اقتصر على

اذكر/اذكري مناسبة يقتصر عليها استعمال اللغة العربية الفصحى المحكية ؟ هل يقتصر على هذه المناسبة فقط ؟

٢) النموذج الاعلى

من هو الشخص الذي يعدّه المسلمون نموذجا اعلى لهم ؟ هل للمسلمات نموذجٌ اعلى من النساء ؟

٣) قضى على

اذكر بعض العادات السيئة التي قضى عليها الدين اليهودي .

٤) بفضل

بفضل من حصل السود في امريكا على معظم حقوقهم ؟

٥) صالح

اذكر بعض الاعمال الصالحة في نظرك .

ب) التعريف بالمفردات

١) عمل مطلوب من المسلمين القيام به مرة كل سنة . صوم شهر رمضان
٢) مبدأ دعا اليه الاسلام اساسه وضع جميع المسلمين في مكانة واحدة .
٣) من الامور التي حرّمها الاسلام. خمر ربا سرق
٤) قارة تقع جنوبي قارة اوروبا امتد اليها الاسلام . أفريقيا
٥) فعل يعني قول شيء في مكان عام.
٦) كلمة تستعمل عندما نشير الى عدد السكان . نسمة
٧) إنسان جاء برسالة دينية من الله لنشرها .
٨) شعور يبعثه لإسلام في المسلمين .
٩) عبارة تعني مثلا او اسلوبا حسنا يتبعه الناس .

١٠) بلاد غربية شملها التوسّع الإسلامي .
١١) من الامور التي اقتبسها العرب عن الأمم الأخرى .
١٢) من الامور التي اقتبسها الاوربيون من العرب .

٢. التراكيب المفيدة

أ) الجمل الوصفية
ابحث/ابحثي في النص عن ١٠ من الجمل الوصفية واكتبها/اكتبيها مع موصوفها (head or modified noun) ومكانها في النص .

	الموصوف	الجملة الوصفية	
مثال ١ :	دين معروف	يشمل العرب وغير العرب	(١.١)
مثال ٢ :	حروب	وقعت بينه وبين اعداءه	———

ب) المبتدأ المؤخّر

اجب/ اجيبي عن الاسئلة التالية مستخدماً/ مستخدمة جملة « من اهم نتائج ——— انّ ——— وانّ ——— » (لهذه الاسئلة أكثر من إجابة)

مثال : ما بعض نتائج انتصار المسلمين على اعدائهم ؟
من أهمّ نتائج انتصار المسلمين على اعدائهم ان الاسلام قضى على الوثنية في الجزيرة وانّ الإسلام انتشر في كل الجزيرة العربية .

١) ما بعض النتائج الاخرى لانتصار المسلمين ؟
٢) ما بعض النتائج السياسية للتوسع الاسلامي خارج الجزيرة ؟
٣) ما بعض نتائج التوسع الاسلامي الخاصة باللغة ؟

ج) وظيفة (function) الكلمة في جملتها
بيّن/بيّني وظيفة الكلمات التالية في النص كما في المثال (المقطع الذي جاءت فيه الكلمة بين قوسين) .

مثال : تاريخ العرب (١) فاعل عرفها

تغيّراً (٢) الايمان (٣)

فضل	(٤)	حقه	(٤)
نتائج	(٥)	علومها	(٥)
العلوم	(٥)	دولة	(٥)
غرباً	(٥)	يهوداً	(٦)
الاساليب	(٦)		

د) العَطْف (Coordination)

جاءت الكلمات والتراكيب التالية في النص بعد واو العطف . ما الكلمات والتراكيب التي عُطِفَت إليها (are conjoined to them) ؟ (الأعداد تشير إلى الى المقطع والسطر اللذين جاءت فيهما الكلمة) .

	الكلمة		معطوف إلى
مثال ١ :	رسالته	(٢ . ٢)	دعوته
مثال ٢ :	أن يضع	(٢ . ٣)	أن ينشر

تغيّرت	(٢ . ٥)	اعطاها	(٤ . ٦)
الفرائض	(٣ . ٢)	نظمها	(٥ . ٥)
بناء	(٣ . ٤)	واستطاعوا	(٥ . ٥)
المساواة	(٤ . ٣)	يضيفوا	(٥ . ٥)
على عادات	(٤ . ٣)	الأساليب	(٥ . ٩)
إعطاء	(٤ . ٥)	بالقرآن	(٥ . ١١)
احوالها	(٤ . ٥)	وهم منتشرون	(٦ . ٢)

القسم الثالث : المراجعة

أ. القراءة الجهرية

هنري : صباح الخير يا احمد . لقد طلب منّا استاذ التاريخ كتابة بحث عن ظهور الاسلام واريد منك ان تعطيني بعض المعلومات الاساسية حول هذا الموضوع .

احمد : حسنا ، ما هي الاشياء التي تودّ ان تعرفها ؟

هنري : الشيء الاول الذي اريد ان تخبرني عنه هو متى واين ظهر الدين الاسلامي .

احمد : بدأ النبي محمد الدعوة الى الاسلام في الربع الاول من القرن السابع الميلادي في الجزيرة العربية . وبعد انتشار الاسلام في الجزيرة امتدت الدعوة الى مناطق اخرى .

هنري : هل يعني هذا ان العرب كانوا اول من آمن بالدين الجديد ؟

احمد : نعم ، وفي الحقيقة كان للاسلام تأثير عظيم في حياة العرب فقد احدث هذا الدين تغيّراً واضحا في نواحي حياتهم كلها : دينيا واخلاقيا واجتماعيا وسياسيا .

هنري : هل من الممكن ان تُعطيني تفاصيل اكثر عن هذا التغيّر ؟

احمد : بكل سرور. كان العرب وثنيين فصاروا يعبدون الها واحدا وصاروا يؤمنون بمبادىء الحق والمساواة التي لم يكونوا يعرفونها من قبل . وكانوا قبائل كثيرة فوحدهم الاسلام واستطاعوا بسبب ذلك انشاء دولة كبيرة كانت لفترة من الزمن من اقوى الدول .

هنري : وكيف كانت علاقة العرب بغيرهم من الشعوب التي دخلت في الاسلام ؟

احمد : دعا الاسلام الى التعاون والمساواة بين المسلمين ، فكما ان العرب اثروا في غيرهم فقد تأثروا بالحضارات التي كانت قائمة وقتئذٍ كالحضارتين الفارسية والرومانية .

هنري : وكيف يمكن ان تنْظر الى الاسلام اليوم ؟

احمد : الاسلام اليوم هو واحد من الاديان العالمية المنتشرة في مختلف القارات . ويزيد عدد المسلمين في العالم عن بليون نسمة اكثرهم في قارتي آسيا وافريقيا .

هنري : شكرا على هذه المَعلومات يا احمد . والان سأذهب الى المكتبة للبحث عن الكتب والمصادر التي يمكن ان تُعطيني صورة اوضح عن التاريخ الاسلامي .

احمد : الى اللقاء يا هنري . أتمَنّى لك التوفيق في بَحْثِكَ .

ب. معانى المفردات والتعبيرات

١. التعريف بالمفرادات

انت وطلاب آخرون في مسابقة تليفزيونية حصلتم على الاسئلة التالية . فما هو ردّك عليها ؟

أ) حرب او ثورة بعثت في الشعب الروح الوطنية .

ب) أمور تعلن عنها الصحف .

ج) كلمة تعني عكس «حرّمت» .

د) بلد كان إلى وقت قريب يقوم على مباديء عدم المساواة بين البيض والسود .

ه) كلمتان تعنيان عكس كلمة "اعداء" .

و) عملية تقتصر على النساء دون الرجال .

ز) من العادات السيئة التي تنتشر في كل العالم .

ح) قارة تقع في الجنوب .

ط) عاصمة هذه الولاية الامريكية يبلغ عدد سكانها حوالي عشرة ملايين نسمة .

ي) يمتد من سنة ٢٠٠١ حتى ٢٠٩٩ .

ك) نموذج سيّء من الادب .

ل) إحدى الثورات التي قضت على النظام الملكي .

٢. ملء الفراغات

املأ / املأي الفراغ بالمفردات المناسبة

يتناول درسُنا هذا موضوع ظهور الإسلام و ـــــــ الدولة الاسلامية ـــــــ الدين الاسلامي الى ـــــــ مختلفة منها آسيا وإفريقيا وأوروبا . نقرأ في هذا النص اولاً ان النبي محمد أعلن ـــــــ هُ في القرن السابع وانه وقعت حروب بينه وبين ـــــــ الذين قاوموا الدعوة . وبعد ذلك يذكر النص ان تأثير الاسلام لم ـــــــ على النواحي الدينيّة ـــــــ بل شمل نواحي اخرى . فقد ـــــــ الاسلام على عادات سيئة و ـــــــ شرب ـــــــ ونَشَر ـــــــ جديدة منها الحقّ والحرّية و ـــــــ بين العرب وغير العرب من المسلمين كما اصبحت حياة النبي ـــــــ الاعلى لتصرّفات المسلمين . ويتحدّث النص عن ـــــــ الإسلام الجغرافي والسياسي . ومن أهم نتائجه أن أمماً كثيرة دخلت في الإسلام أصبح بعضها يتكلّم العربية و ـــــــ بعضها الآخر عن العرب الحروف والأساليب الأدبية العربية .

٣. ملء الفراغات

املأ / املأي الفرغات بحرف الجر (او الظرف) المناسب.

١. لا بُدَّ لكَ ـــ بذل الجهود والعمل المستمر ان كنت تريد النجاح والتقدم .
٢. يعيش كثير من الامريكيين مُتَنَقِّلينَ ـــ مكان ـــ مكان بحثا ـــ العمل او لتحسين اوضاعهم.
٣. ذهبت سلمى لمشاهدة مسرحية وإذا ـــ زوجها جالس في المسرح مع سكرتيرته .
٤. صار وضع المرأة في هذا العصر أفْضَلَ ـــ كثير ـــ مّا كان ـــ ه في القرن الماضي.
٥. أحب زوجته حباً عظيماً ولما ماتت حَزِنَ ـــ ها حزناً عميقاً وبكى عليها بكاءً شَديداً .
٦. أشارَ الاستاذ ـــ يده ـــ الكلمة الاولى في النص سائلاً : "ما هذه الكلمة ؟"

٧. دخلت هند الصف متأخرة وقالت : " لا مُؤاخَذَة ـــ التأخير."

٨. مريم : لم تتحدث ليلى ـــ والدها خَوْفاً ـــ ان يشتد الخلاف ـــ هما .

سمير : ماذا تقولين ؟ هل أَخْفَتْ ـــ اهلها امر زواجها ـــ الرجل الاجنبي الذي تحبه ؟

٩. ستَزداد اثمان الكتب اثناء السنة القادمة . فسوف يُضاف ـــ ثمن قاموس المنجد دولاران .

١٠. كان الشعب يُصغي ـــ اِنْتِباهٍ ـــ نشرة الاخبار لان فيها اخر تطورات الحرب ـــ المنطقة.

١١. طلاب السنة الاولى احياناً يَخْلِطونَ ـــ كلمتي « قادم » و« قديم » .

١٢. بِالنِّسْبَة ـــ العربي الرابطة العائلية و إكرام الضيف واحترام الجار اساس العلاقات الاجتماعية .

١٣. في المجتمعات الديمقراطية يستطيع الفرد التَّعْبير ـــ آرائه ـــ حرية وبدون خوف .

١٤. صديقتي ليلى سَعيدَةٌ جدًا ـــ خَبَر حصولها ـــ بعثة للدراسة في بريطانيا.

ج. تدريبات القواعد

١. استعمال «قَبْلَ أنْ ، بَعْدَ أنْ»

أ) تحويل :

مثال : تخلط البيض مع اللحم ثم تضيف البصل .

تخلط البيض مع اللحم قبل ان تضيف البصل .

تضيف البصل بعد ان تخلط البيض مع اللحم .

١) تُقَدَّم الاقتراحات مكتوبة ثم ينظر فيها .

٢) نشأ الدين الاسلامي في قارة اسيا ثم امتد الى قارة افريقيا .

٣) غطت المرأة الاكل ثم تركته قليلا .

٤) كان العرب قبائل متعددة ثم صاروا امة واحدة .

ب) إكمال

المطلوب استخدام «قبل انْ» او «بعد انْ» حسب السياق (context) وتصريف الفعل الذي بين قوسين

١) بدأت الثورة في الجزائر ____________ (خرج) منها الفرنسيون .

٢) من العادات القديمة ان الرجل لا يسمح له بأن يرى زوجته ____________ (تزوجها) .

٣) ________ (ظهر) الاسلام ، كان العرب يعيشون في عصر يعرف بعصر الجاهلية .

٤) ساعد الفرس على توسع الدولة الاسلامية ________ (آمن) بالدين الجديد.

جـ) والان حوّل / حولي من «قبل ان» الى «بعد ان» وعكسه في "ب" .

٢. الجمع

المطلوب جمع الكلمات التالية وتبيان معناها بالعربية

	المفرد	الجمع	المعنى
مثال :	مبدأ	المبادئ	الاسس التي نعتمد عليها

مشروع	دعوة	نبي	روح	عدو
جائزة	عملية	مهجر	نتيجة	خطبة
مناسبة	خط	بسيط	قطعة	

٣. أفعال التسبيب — Causative Verbs

تحويل

حوّل / حوّلي الى جمل لا تحتوي على معنى التسبيب بحذف (deletion) المسبّب (agent) وتغيير وزن الفعل .

Transform to non-causative sentences by deleting the agent and changing the form of the verb.

أخافها ان تُغضِب والدها فلم تخبره بالموضوع .

قلّلت الحرب من اهمية بعض الدول وعظّمت من شأن دول اخرى .

حَفَّظَنا والدنا القرآن ونحن صغار .

أحرقت الجماهير بعض السيارات والمؤسسات التجارية .

علّى ماله شأنَه بين الناس .

أخفت ليلى عن اهلها أمر زواجها .

أبكاهم فيلم « قصة حب » بسبب موت الزوجة في نهايته .

أحزنني ما سمعت من اخبار الحرب .

يسّر الله امره وحسّن حاله وعظّم شأنه .

د. الترجمة

The Age of Ignorance

In the pre-Islamic period, called in Arabic the Age of Ignorance, the Arabian peninsula was inhabited by a great number of Arabic-speaking tribes. The great majority of these tribes were pagan nomadic tribes, but there were also important sedentary tribes inhabiting the villages and towns, some of whom were Jewish and Christian. Tribal life in the desert necessitated the development of a code of honor and hospitality for which the Arabs were and continue to be famous -- who doesn't know the story of Hatim Tayy? The pre-Islamic Arabs were also very famous for their magnificent poetry, which was important to them in both warfare and in time of peace.

القسم الرابع : التطبيقات

أ. النشاطات الشفوية

١. ما هي الامور التي أضافها النص الى معلوماتك عن الاسلام ، وان لم يُضف شيئاً فمن اي مصادر حصلت على معلوماتك هذه ؟
٢. ما رأيك في المعلومات التي جاءت في النص؟ ما الأمور التي تود/تودّين معرفتها ولكن لم يغطّها النص ؟
٣. المطلوب المقارنة بين الاسلام ودين اخر من ثلاث نواح .
٤. ما هي الامور الجديدة التي جاء بها الاسلام وما هي الامور التي لم تتغير كثيرا في مجتمع الجزيرة ؟

ب. النشاطات الكتابية

١. أذا طُلب منك الاشارة الى افضل دين لديك فأيّاً تختار/تختارين ؟ اذكر/ اذكري اربعة اسباب ادّت الى قرارك هذا .

٢. نفهم من هذا النص ان التوسع الاسلامي أثر في ميادين متعددة في حياة العرب وغير العرب .
المطلوب المقارنة بين الحياة في مصر او ايران قبل الاسلام وبعده في هذه الامور :

أ) الدين
ب) النظام الاجتماعي والأخلاق،
جـ) اللغة والادب
د) أمور اخرى

ملحقات : دراسات معجميّة

١. قطعة للقراءة	reading piece or assignment
قطعة غِنائية	vocal piece
قطعة موسيقية	piece of music, musical composition
قطعة مالية	coin
قطعة من الأرض	patch of land, lot
قطعة من اللحم	piece of meat
٢. أعلن ه / أن ، إعلان	
أعلن عن أمر أو شيء	to give evidence of; advertise
أعلن الحرب على	to declare war
٣. رسالة – رسالات	
رسالة – رسائل	letter, note, message, written communication
٤. اقتصر على ، اقتصر	to be limited to
اقتصر ه على ، اقتصر	to confine, limit o.s. to s.th.
اقتصر الرئيس خطابة على المشاكل الاقتصادية	
٥. صَلَحَ ـُـَـ ، صَلاح	
صَلَح ـُـَـ لِ	to be good for s.th., be appropriate for s.th.
	to be valid, hold true

أ. مفردات من جذر واحد

ح د ث

١. حَدَثَ ـُـ ، حُدوثٌ	to happen, occur, take place, come to pass
حَدُثَ ـُـ ، حَداثَة	to be new, recent; to be young
٢. حَدَثٌ - أحْداثٌ	unprecedented thing; event, happening, phenomenon
٣. حَدَثٌ - أحْداثٌ	young man, youth, juveniles
٤. حَديثٌ - حِداثٌ / حُدَثاءُ	new, novel, recent, modern
حَديثُ البِناء	recently built
حَديثُ السِّنِّ	young in age
حَديثُ العَهْد	of recent date
حَديثُ العَهْد بِـ	having recently acquired or adopted s.t.
٥. حادِثٌ - حَوادِثُ / حادِثاتٌ	event, happening, accident, mishap
مكان الحادث	
٦. حادِثَةٌ - حَوادِثُ	occurrence, event, episode, accident
حادِثَة المُرور	traffic accident
٧. حَديثٌ - أحاديثُ	speech, chat, conversation, interview, narrative
٨. حَديثٌ - أحاديثُ	Prophetic tradition, Hadith
٩. مُحادَثَةٌ - مُحادَثاتٌ	discourse, talk, parley, negotiations

استمرّت المُحادَثَة التلفونية أكثر من ساعة .

١٠. مُتَحَدِّثٌ - مُتَحَدِّثونَ	spokesman, speaker

الدرس الخامس

بَغْداد

القسم الاول : التمهيد

أ. أسئلة قبل القراءة

١. من منكم زار مدينة بغداد؟ ماذا شاهدت هناك ؟
٢. اذا سمعتم اسم " بغداد"، فيم تفكرون ؟ (يسأل كل فرد عن رد فعله على ان لا يكرر ما سبق ان ذكره الاخرون)
٣. من اين حصلت عن معلوماتك هذه عن مدينة بغداد ؟
٤. هل تود السفر الى بغداد الان ولماذا ؟

ب. المفردات الجديدة

١. للعالم العربي اهمية كبيرة جداً لا لموقعه الجغرافي الهامّ **فَحَسبُ** بل لما فيه من آثار حضارية وموارد اقتصادية ايضاً .

فَحَسْبُ (فقط) — only, and that's all

٢. كانت مدينة « نيو يورك » تُعرف باسم « نيو أمْسْتِرْدام » لكن اسم « نيويورك » **غَلَبَ عَلَيْها** وأصبح شائعاً .

غَلَبَ ـِ على ، غَلَبَةٌ / غَلْبٌ — to prevail over, predominate

٣. من أسباب **اخْتِيارِ** مدينة واشنطن دي. سي. عاصمة للولايات المتّحدة أنها تقع في وَسَط الولايات المعروفة في ذلك الوقت .

اِخْتارَ ه ، اِخْتِيارٌ ؛ اِخْتِيارات — to choose, select, pick s.o./s.th. to be s.th.

خَيَّر ه بين ... و ... / في — to make or let s.o. choose between/from

٤. **دافَعَ** التكساسيون بشدة في « الألَمو » **عَن** حقهم في الحصول على الاستقلال من المكسيك وأظهروا فيها بطولة رائعة . وكان **دفاعُهم** حتى الموت .

دافَعَ عن ، دِفاعٌ / مُدافَعَةٌ — to defend, uphold

٥. تقع مدينة « شيكاغو » في مكان **مُتَوَسِّطٍ** من الولايات الامريكية ، بين المحيطين . ولهذا اصبحت بعد انشائها بوقت قصير مركزاً للتجارة والمواصلات والنشاط الاقتصادي والمالي .

مُتَوَسِّطٌ (في الوَسَط) — central, middle, medium, intermediate

تَوَسَّطَ ه ، تَوَسُّط — to be/stand/keep in the middle or center of a place/people

٦. **لَمْ يَمْضِ على** تأسيس الدولة الاسلامية وَقْتٌ طَويلٌ **حَتّى** امتدّت الى الصين شرقاً وافريقيا واسبانيا غرباً .

لمْ يَمْضِ على ... (وَقْتٌ طَويلٌ) حَتّى ... (بعد مدّة قصيرة فقط) — it wasn't long after ... until ...

مَضى ـِ على ... (شَهْرٌ) ، مُضِيٌّ (مَرَّ) — (a month) has passed since ...

أمضى (وقتا) ، إمضاء — to spend, pass (time)

٧. بالإضافة الى أهمية سوق عكاظ الاقتصادية كانت **مُلْتَقى** الشعراء حيث كانوا يلقون شعرهم في المدح والوصف والمواضيع الاخرى .

مُلْتَقى – مُلْتَقَياتٌ (مكان يجتمع فيه الناس) — meeting place, gathering point

الْتَقى ب ، الْتِقاءٌ — to get together with, meet with

٨. زادَ عدد سكّان « كاليفورنيا » هذا العامَ عَن عشرين مليون نسمة وأصبحت بذلك أكثر الولايات سكّاناً . وقد زادَها هذا العدد أهميةً من الناحيتين السياسية والاقتصادية .

زاد ـِ عن / على ، زيادة — to exceed

زادَ ـِ ه (أهمية) ، زيادَةً — to increase s.o./s.th. (in importance)

(جعله أكثر أهمية) — give s.o./s.th. more (importance), add to s.o.'s/s.th.'s (importance)

٩. ابن خلدون من أشهر المُؤَرِّخين العرب المسلمين الذين كتبوا تاريخا لم يقتصر على العرب والمسلمين فقط بل شمل أمماً وحضارات أخرى أيضا .

مُؤَرِّخ - مؤَرِّخونَ — historian

(المُخْتَصّ بدراسة التاريخ وكتابته /عالِم التاريخ)

أرَّخَ ه ، تَأْريخُ ؛ تواريخُ — to write the history of s.th.; to date (a letter)

١٠. لقد ذاعَت شهرة « جورْج واشِنْطُن » بفضل حبه لوطنه وأخلاقه العالية وشجاعته .

ذاعَ ـِ ، ذُيوعٌ — to be spread, become widespread

(انتشر ، أصبح معروفاً في كل مكان)

أذاعَ ه ، إذاعةٌ (نشر) — to spread, become widespread

١١. اِشتهرت مدينة « نيو أورلينز » بموسيقى « الجاز » . أمّا مدينة « فِيَنّا » فاشتهرت بموسيقى « الفالِس » .

موسيقى [مؤنّث] — music

١٢. من الامور التي يقوم بها السّائحُ عادة في مصر زيارة الأهرام و « الكَرْنَك » و« أبو سِنْبِل » وركوب الخيل في منطقة الأهرام .

سائِحٌ - سُوّاحٌ / سائِحونَ (من يزور بلداً بقصد مشاهدة آثار) tourist

سِياحَةٌ tourism

١٣. هناك فروق متعدّدة بين **مَظاهِرِ** القرية و**مَظاهِرِ** المدينة اهمها ان المدينة اكبر واكثر سكاناً من القرية وأن الحياة في القرية ليست ميسّرة كما هي في المدينة و أن طرق القرية أقصر وأصغر من طرق المدينة .

مَظْهَرٌ - مَظاهِرُ (شَكْلٌ) appearance, look, manifestation

١٤. درس الموسيقى « الكلاسيكية » في **مَعْهَدِ** « جولْيارْد » للموسيقى في نيويورك .

مَعْهَدٌ - مَعاهِدُ (مكان للعلم أو الفنّ أو التعليم) institute (scientific, artistic or educational)

١٥. تمتاز مدينة « سانْتا في » بأبنيتها الاسبانية و**بطابَعِها** المِكْسيكي الخاصّ . وتختلف عن « نيو أورلينز » التي يغلب عليها **الطابِعُ** الفرنسي .

طابِعٌ - طَوابِعُ (أسلوب أو مظهر خاص) mark, stamp, character, characteristic

١٦. يعتبر البعض منطقة شرق الولايات المتّحدة المركز العالمي **للحَرَكَةِ** المالية والاقتصادية والتجارية . وقد زادها أهمية أنها كانت ولا تزال مركزاً **لِلْحَرَكاتِ** الفكرية والطلابية والنسائية والعمّالية .

حَرَكَةٌ - حَرَكاتٌ movement, operation, enterprise

(نشاط تشترك فيه مجموعة من الناس)

١٧. إن **مَلْهى** ديزني في كاليفورنيا اقدم من **مَلْهى** ديزني في فلوريدا .

مَلْهى - ملاهٍ — amusement park/center

لَها ـُ (ب) ، لَهْوٌ — to have a good time (with), take pleasure (in), enjoy

١٨. تكثر **الحَدائقُ** في مدينة « أوسْتِن » في « تِكْساس » . فَبالإضافة الى ان لكل بيت **حَديقَةً** خاصة تحيط به من كل ناحية ، فإن هناك **حَدائِقَ** عامةً كثيرة منها **الحَدائِقُ** الجميلة التي تقع على نهر « الكولورادو » .

حَديقةٌ - حَدائِقُ — garden, park

١٩. اشتهرت ولاية « كاليفورنيا » **بأشْجارِ** « السيكُويَا » العالية جداً ويقال إن عمر بعض **الشَجَراتِ** فيها يزيد عن ألف عام .

شَجَرٌ - أشْجارٌ — trees (coll.)

شَجَرَةٌ - شَجَراتٌ [اسم مرة]

٢٠. في ولاية « مشيغان » **بَساتينُ** كثيرة ولعل اهمها اقتصادياً **بَساتينُ** الكَرَز (cherries) الذي يزرع في الولاية بكثرة .

بُسْتانٌ - بَساتينُ — garden, orchard

٢١. يزور **قَبْرَ** الرئيس « جون كِنَدي » في « أرْلينْغْتُن » بولاية « فِرْجينْيا » الاف السُوّاح كل عام .

قَبْرٌ - قُبورٌ (مكان في الارض يوضع فيه الانسان بعد الموت) — grave

٢٢. تصبح المدن الواقعة في الجبال وعلى البحار مَقصداً للناس اثناء فصل الصيف . فتَقْصِدُها الجَماهيرُ بأعداد كبيرة خاصّةً في شهري يوليو وأغسطس .

مَقصِدٌ - مَقاصِدُ	destination
(مكان يذهب إليه الناس لهدف للزيارة او الحج الخ)
قَصَدَ ـِ ه/إلى ، قَصْدٌ	to go to see, be headed for, repair to s.t. or s.o.
جُمهورٌ - جَماهيرُ (عدد كبير من الناس)	multitude, mass, crowd, general public

٢٣. تنقسم الأرْضُ الى سبع قارات . في بعض هذه القارّات (أسْتُرالْيا مثلاً) أراضٍ واسعة ولكنها قليلة السكّان .

الأرْض	the earth
أرْضٌ - أراضٍ	land

ب. التعبيرات الحضارية

١. الخليفة [مُذَكَّر] :

الخليفة من كلمة خَلَفَ وتعني شخص يتبع شخصاً آخر مثلا خلف الابن والده في اعماله التجارية . وظيفة الخليفة بدأت بعد موت النبي محمد سنة ٦٣٢ م . وكان الخليفة الأول ابا بكر الذي تابع عمل محمد كحاكم وقائد للمسلمين دينياً واخلاقياً . استمرّ نظام الخلافة حتى سنة ١٩٢٤ ، وكان الخليفة العثماني محمد الخامس آخر الخلفاء المسلمين .

٢. هارون الرَّشيد :

هو خامس الخلفاء العبّاسيّين (١٤٩ ــ ١٩٤ هـ / ٧٦٦ ــ ٨٠٩ م) وأشهرهم . ازدهرت الحضارة العربية الاسلامية في ايامه وذاع اسمه في الشرق والغرب .

٣. المأمون :

هو ابن هارون الرشيد والخليفة العبّاسي السابع
(١٧٠ ــ ٢١٨ هـ / ٧٨٧ ــ ٨٣٣ م) الذي أصبح خليفة بعد مَقتَل اخيه الامين سنة ١٩٨ هـ / ٨١٤ م . اسَّسَ «بيت الحكمة» وهو معهد اشتهر بمكتبته ودوره في حركة الترجمة .

٤. ابن حنبل :

الامام أحْمَد بن حَنبَلٍ (١٦٤ ــ ٢٤١ هـ / ٧٨٠ ــ ٨٥٥ م) هو احد أئِمَّة المسلمين الاربعة الكبار ومؤسس المذهب الحَنْبَلي في الفقه الاسلامي .

٥. عبد القادر الجيلاني (مات ٥٦١ هـ / ١١٦٦ م) :

هو مُؤَسِّس طريقة من الطُرُق الصّوفِيَّة (Sufi school) . ولد في جيلان (طَبَرِسْتان) ومات في بغداد .

٦. الإمامان الكاظِمان :

اثنان من ائمَّة (Imams) الشّيعة . أحدهما موسى بن جَعْفَر الصّادِق والمُلَقَّب ب « الكاظِم » (١٢٨ ــ ١٨٣ هـ / ٧٤٤ ــ ٧٩٩ م) . والآخر مُحَمَّد بن عليّ الرِّضا الملقَّب « بالتَّقي » (١٩٥ ــ ٢٢٠ هـ / ٨٠٩ ــ ٨٣٥ م) . ماتا في مدينة بغداد . قبراهما في منطقة قريبة من بغداد اسمها الكاظِمِيَّة . تزورهما جماهير كبيرة من النّاس كل عام وخاصَّةً من الشّيعة .

٧. قَبْرٌ ــ قُبورٌ

ان قبور الأئمَّة الاربعة المذكورين في النص الاساسي وآخرين لها أهمية اجتماعية ودينيَّة بالاضافة الى اهميتها التاريخيَّة . فانَّ كثيراً من المسلمين يؤمنون انه بزيارة هذه القبور والصلاة والدعاء وتقديم المال والهدايا تُحلُّ المشاكل التي يواجهونها. وهكذا يعتقدون بان الله يُجيب دعاءهم بفضل هؤلاء الأئمة في زواج سعيد أو نجاح في الدراسة أو ايجاد عمل او القضاء على امر سيِّئ مثلاً .

القسم الثاني : القراءة والاستيعاب

أ. النص الأساسي

بغداد

بغداد اليوم مدينة عربية مهمة لا لأنها عاصمة العراق فحسب ، بل لان لها مكانتها في التاريخ العربي الاسلامي ايضا اذ كانت مركز الحضارة الاسلامية خِلالَ مدّة طويلة من حكم العباسيين (٧٥٠ – ١٢٥٨ م) .

وقد اسسها « المَنْصور » الخَليفةُ العباسي الثاني بعد قيام الحُكم العباسي بسنوات وسمّاها «دار السلام» ، إِلا ان اسم بغداد غلب عليها . ويُقال ان اسم بغداد يعني « عَطيّةُ اللّهِ » في اللغة الفارسية القديمة . وهناك اسباب متعددة لاختياره بغداد عاصمة الدولة اهمها انها تقع على نهر دِجْلَة وعلى مسافة قصيرة من نهر الفُرات ، مما جعل الاتصال بالبلاد التي يمر بها هذان النهران سهلا ميسّراً وأنّ هذا الموقع الهامّ جعل وصول العدو اليها صعبا والدفاع عنها سهلا . وبالاضافة الى ذلك فانها كانت تقع في مكان متوّسط من العالم الاسلامي كما كان يعرف وقتئذٍ . ولم يمض على تأسيس بغداد وقت طويل حتى صارت مركزا حضاريا مشهورا يُقْبِل عليه المسلمون وغير المسلمين من مختلف مناطق العالم ، واصبحت مُلْتَقى الشعراء والعلماء والأطِبّاء ورجال الفلسفة والدين والمترجمين . وقد زاد عددُ سكانها ايام « هارون الرشيد » و « المأمون » عن مليون نسمة في رأي بعض المُؤَرِّخين ، وهذا عدد كبير بالنسبة الى ذلك العصر . وذاع اسمها في العالم لا بفضل مكتباتها ومدارسها ودور الترجمة فيها فقط ، بل ايضاً لمكانتها في قصص الف ليلة وليلة التي تركت اثرها في الآداب والموسيقى العالمية.

Tigris; Euphrates

وبغداد في الوقت الحاضر من المدن الكبرى في العالم العربي . يجد السائح فيها آثار الماضي ومظاهر المدينة الحديثة في شوارعها وأبنيتها ومعاهدها العلمية ومتاحفها ومساجدها . ويبلغ عدد سكانها اليوم اكثر من ثلاثة ملايين نسمة . وبغداد مشهورة كذلك باسواقها المَسْقوفَةِ التي تحمل الطّابع الشرقي والتي يجد الزائر فيها كثيرا من الصناعات اليدوية . ومن أهم شوارعها شارع « الرشيد » وهو مركز الحركة التجارية وشارع « ابو نُوّاس » المعروف بمقاهيه وملاهيه ومطاعمه الواقعة على نهر دجلة . ومما يزيد بغداد جمالا

roofed

حدائقُها العامة وبيوتها المحاطة بالحدائق والاشجار الى جانب بساتين النُخيل . كما ان فيها أماكن مقدسة كَقَبْرِ « الإمام ابن حَنْبَل » و « الشيخ عبد القادر الجيلاني » و « الإمامين الكاظِمَيْن » . ولا تزال هذه الاماكن مقصدا لجماهير المسلمين من مَشارِق الأرض ومَغارِبها.

palm trees

East and West

ب. القراءة الاولى السريعة

الاسئلة العامة

١. الى كم قسم رئيسي يمكن ان ينقسم هذا النص وعلامَ تبني/تبنين هذا التقسيم؟ اشر/اشيري الى بداية ونهاية كل قسم .

٢. أعط/أعطي عنوانا مناسبا لكل مقطع من النص .

جـ. القراءة الثانية المركّزة

١. الأسئلة التفصيلية

أ) الاختيار من متعدد

ضعوا دائرة (circle) حول كل الأجوبة الصحيحة .

١) ترجع اهمية بغداد الى

أ) ان الخليفة المنصور اسسها وبناها .

ب) انها عاصمة العراق ولها مكانة هامة في التاريخ العربي الاسلامي .

جـ) ان اسمها يعني هدية من الله .

د) انها عاصمة العراق وفيها أماكن اسلامية مقدّسة .

credited to.

٢) اختار المنصور بغداد عاصمة للدولة العباسية

أ) لانها في موقع متوسط هامّ من الدولة الاسلامية .
ب) لانها تمر بنهر دجلة والفرات .
جـ) لان موقعها يساعد على الاتصال بالبلاد الاخرى التي تقع على نهر الفرات .
د) لان المياه تحيط بها فيكون من الصعب سيطرة العدو عليها .
هـ) لان لها مكانة عالية في الأدب العربي .

٣) نفهم من هذا النص ان بغداد اصبحت مشهورة جدا عالميا بفضل

أ) مكانتها عند رجال العلم والفكر تحت الحكم العباسي .
ب) تقدّم التعليم ومراكز الثقافة والحضارة في ذلك الوقت .
جـ) اثرها وذكرها في الاداب العالمية .
د) مكانتها عند هارون الرشيد .
هـ) قربها من المغرب واسبانيا .

٤) بغداد مقصدٌ للسواح

أ) لان الزوار يشاهدون فيها الطابع القديم والحديث .
ب) لان عدد سكانها يزيد عن مليون نفس .
خـ) لان فيها كثيرا من الملاهي والمقاهي والمتاحف .
د) لان فيها اثاراً اسلامية هامة من مساجد وقبور .
هـ) لانها ملتقى الشعراء والكتاب .

ب) حدد/حدّدي مضمون المقطع الثاني والثالث على شكل رؤوس أقلام (main points) .

المقطع الثاني وعنوانه ____________ .

١)
٢)
٣)
٤)

المقطع الثالث وعنوانه ____________ .

١)
٢)
٣)
٤)

ج) تحدّث/تحدّثي في مقطع كامل عن أهمية بغداد الحضارية .

٢. المفردات والتعبيرات المفيدة

أجب/أجيبي عن الأسئلة التالية :

أ) لم يمض وقت ... حتى ...
ماهي بعض المدن في بلدك التي لم يمض وقت طويل على تأسسها حتى اشتهرت ؟ وما المدن التي اشتهرت بعد تأسيسها بمدة طويلة ؟

ب) بالنسبة الى
بالنسبة الى العراق ماهي اهم المشكلات التي يواجهها الآن ؟

جـ) مقصد الجماهير
ما هي بعض المدن التي تعتبر في بلدك مقصد جماهير السّواح من الخارج ؟

د) تحمل الطابع
ما بعض المدن الامريكية التي تحمل طابعاً خاصاً ؟

هـ) مظاهر
ما أجمل وأسوأ مظاهر الحياة في بلدك ؟

و) غلب على

ما الاسم الذي غلب على الرئيس ايزنهاور أو الرئيس كنيدي ؟

ز) ذاع اسمها

اي نساء ذاعت اسماؤهن في ميدان الأدب ؟

٣. التراكيب المفيدة

أ) عائد الضَمير (antecedent of pronouns)

من المهم جداً في عملية فهم النصوص معرفةُ عائد الضمائر . في ما يلي حدّد/حدّدي عائد الضمير في هذه الكلمات المأخوذة من النص

مثال : لأنها (١ ، ١) بغداد

اختياره	(٢ ، ٣)	يقبل عليه	(٢ ، ٨)
أهمها	(٢ ، ٤)	تركت أثرها	(٢ ، ١٢)
انها	(٢ ، ٤)	يجد فيها	(٣ ، ٤)
(يمرّ) بها	(٢ ، ٥)	مغاربها	(٣ ، ٩)
اليها	(٢ ، ٥)		

ب) اسم المكان (noun of place)

جاء في هذا النص عدد من أسماء المكان . انقل/انقلي اكبر عدد منها وحدّد/حدّدي معناها .

	اسم المكان	المقطع والسطر	المعنى
مثال :	مطعم	(٣ ، ٦)	مكان حيث يُقَدَّم الطعام

جـ) الخصائص النحوية للكلمات (Syntactic features of words)

١) « زاد »

جاء في النص فعل « زاد » مرتين ولكن هناك اختلافاً واضحاً في الاستعمال النحوي وفي المعنى . ما هذا الاختلاف ؟

٢) « مما »

جاء في النص كذلك كلمة « ممّا » مرتين لكل منهما معناه واستعماله النحوي . ما الفرق بينهما ؟

د) المبتدأ المؤخّر (postposed predicate)

المطلوب كتابة ٥ جمل مفيدة تبتدأ بعبارة « ممّا زاد بغداد + تمييز » .

مثال ١ : مما زاد بغداد جمالاً حدائقها وبيوتها .

مثال ٢ : مما زاد بغداد أهمية أنها كانت مركز الحضارة الإسلامية مدّة طويلة .

هـ) وظيفة الكلمة في جملتها

ما وظيفة الكلمات التي تحتها خط والمأخوذة من النص ؟

سمّاها دار السلام	(٢ ، ٢)	تركت أثرها	(٢ ، ١٢)
اختياره بغدا عاصمة	(٢ ، ٣)	شارع الرشيد	(٣ ، ٥)
جعل الاتصال ... سهلاً	(٢ ، ٤)	يزيدها جمالاً	(٣ ، ٧)
وقت طويل	(٢ ، ٧)	حدائقها	(٣ ، ٧)
غير المسلمين	(٢ ، ٨)	الدفاع عنها سهلاً	(٢ ، ٦)

progress حركة

القسم الثالث : المراجعة

أ. القراءة الجهرية

سمير : اعرف انك من العراق يا فارس . من اي منطقة انت ؟

فارس : انا من بغداد العاصمة وهي كما تعلم اكبر مدن العراق .

سمير : في اي منطقة تسكن في بغداد ؟

فارس : اسكن مع اهلي في منطقة تقع بين شارعي ابي نواس والرشيد ، أي اننا على مسافة قصيرة من وسط المدينة . هل تعرف احدا في بغداد ؟

سمير : لا ، ولكني زرتها منذ سنوات . واكثر ما اعجبني فيها متاحفها حيث مجموعة رائعة من آثار « السومريين » و« البابليين » وحدائقها الجميلة واسواقها المسقوفة التي تُظهر الطابع الشرقي للمدينة .

فارس : وهل ذهبت لزيارة بعض الاماكن المقدسة في المدينة ؟

سمير : نعم ، فقد زرت قبر الامام « ابن حَنْبَل » وهناك شاهدت جماهير الناس الذين جاءوا من مشارق الارض ومغاربها لزيارته . قد اخبرني أحد الذين قابلتهم في بغداد ان اسم المدينة كان « مدينة السلام » وان كلمة بغداد كلمة فارسية قديمة . فهل هذا صحيح ؟

فارس : نعم ، فان الخَليفَةَ المنصور الذي اسس بغداد وجعلها عاصمة لدولته سمّاها مدينة السلام في البداية ، إلاّ ان اسم «بغداد » غلب عليها وذاع بين الناس .

سمير : أفهم من كلامك ان بغداد كانت اهم المدن بالنسبة الى العباسيين .

فارس : هذا صحيح . وزِدْ على ذلك ان شُهرة بغداد وقتئذٍ لم تقتصر على تلك المنطقة فقط بل امتدت الى مختلف انحاء العالم الإسلامي وغير الاسلامي . فموقعها المتوسّط في الدولة الاسلامية جعلها مقصدا للعلماء والشعراء ورجال الدين والفلسفة بحيث صارت مركزا لحركه فكرية متطورة واسعة . يدلُّنا على ذلك ان عدد سكانها ايام الخليفة « المأمون » زاد عن المليون وانّه كان فيها عدد كبير من المكتبات والمدارس ودور الترجمة التي تركت اثرها في تاريخ الفكر العربي والعالمي .

سمير : إن كلامك عن تاريخ مدينة بغداد يجعلني أطير شوقاً لزيارتها مرة اخرى .

فارس : اهلا وسهلا بك . وسوف يُسعدني ان اكون في استقبالك هذه المرة لأعرّفك على نواحٍ اخرى من مدينتنا .

ب. معاني المفردات والتعبيرات

١. ملء الفراغات بالكلمات المناسبة من مفردات النص الجديدة

اسس الخليفة المنصور مدينة بغداد . وبالرغْم من انه سمّاهامدينة السلام إلاّ أن اسم بغداد ______. ان سهولة ______ عن المدينة بالاضافة الى موقعها ______ في الدولة الاسلامية ______ الى ذلك العصر جعل الخليفة يختار ذلك الموقع عاصمة لدولته . وبعد ______ وقت قصير صارت بغداد ______ رجال الفكر والدين والعلم . و ______ اسمها لا بفضل مكتباتها ودور الترجمة فيها فقط ، بل بفضل مدارسها و ______ العلمية ايضا .

ويرى ______ اليوم ان مدينة بغداد تجمع بين ______ القديم والحديث في كثير من ابنيتها ومتاحفها و مقاهيها و ______ . ومن ______ الحياة القديمة اسواقُها المسقوفة و ______ التي كانت إلى وقت قريب ______ ______ الناس من مشارق الارض ومغاربها . وقبل حرب يناير ١٩٩١ كانت بغداد تُعدّ من اكبر العواصم العربية في وقتنا الحاضر، اذ ______ عدد سكانها عن ثلاثة ملايين ______ وتوسعت فيها ______ التجارية والصناعية والثقافية. ومّما كان يزيدهاجمالا وجود ______ النخيل الكثيرة و ______ العامة والخاصة التي تكثر فيها ______ .

٢. اسئلة

صالح سائح عربي يزور الولايات المتحدة ويريد معرفة بعض المعلومات عنها منك . أجب/أجيبي عن اسئلته التالية :

صالح : ما بعض اسباب اختيار الاوروبيين الاوائل هذه المنطقة من الارض (امريكا) للعيش فيها .

أنت : ______________________

صالح : هل واجهوا اعداء وكيف دافعوا عن انفسهم ؟

أنت : ______________________

صالح : كم مضى من الوقت حتى حصلت امريكا على استقلالها ؟

أنت : ______________________

صالح : كيف زاد عدد سكان امريكا وهل من مناطق زاد فيها عدد السكان بعد مضي وقت قصير ؟

أنت : ______________________

صالح : ما أسماء بعض المؤرخين الامريكيين الذين كتبوا عن تطوّر امريكا منذ البداية وحتى استقلالها ؟

أنت : ______________________

صالح : سمعت ان « فرجينيا » والمناطق المحيطة بها اصبحت ملتقى رجال السياسة والفكر . ما اسماء بعضهم ؟

أنت : ______________________

صالح : في الوقت الحاضر ، ما هي اشهر المدن الامريكية التي لا تزال تمثّل مظاهر امريكا القديمة ؟

أنت : ______________________

صالح : سمعت ان بعضا من المدن الامريكية ما زال يمثّل الطابع الاوروبي وخاصة الاسباني . اين هي ؟

أنت : ______________________

صالح : سمعت ايضاً أنّ حركات سياسية واجتماعية قوية ظهرت في الستينات وتوسعت في مدة قصيرة . ما سبب ذلك ؟

أنت : ______________________

صالح : سأمضي وقتا كسائح في بلادك هذا الصيف ؟ ما بعض المناطق التي أجد فيها الملاهي وبساتين النخيل والحدائق العامة والاشجار والجبال ؟

أنت : ______________________

٣. ربط التناظر (Correlation)

« لا/ليس ______ فحسب ، بل ______ ايضاً » .

أ) تحويل

مثال : بغداد مدينة مهمة لأنها عاصمة العراق ولأنها مدينة تاريخية .

بغداد مدينة مهمة لا لأنها عاصمة العراق فحسب بل لأنها مدينة تاريخية ايضا .

١) بيروت كانت من اهم العواصم العربية لأنها عاصمة لبنان ولأنها مركز حركة تجارية واسعة .

٢) ظهر الشعر العربي الحديث مع بداية القرن العشرين في البلاد العربية وبلاد المهجر .

٣) رفض بعض رجال التربية العرب مشروع تيسير الخط العربي لأنهم ادركوا تأثير ذلك على الكتابة العربية بشكل عام ، ولأنهم يرغبون في المحافظة على تراثهم القديم .

٤) شعرت المرأة بالخيبة لأن أولادها لم يشكروها على تعبها في تحضير الطعام ولأن زوجها جاء متأخرا الى البيت .

ب) تكوين جمل

المطلوب وضع العبارات التالية في جمل تُستخدم فيها « لا ـــــ فحسب ، بل ـــــ أيضاً ».

١) الخط العربي	٤) طار الاصدقاء شوقا
٢) الجوائز	٥) شعر الرجل بالخيبة
٣) المرأة في الجاهلية	٧) الحدائق والأشجار

جـ. تدريبات القواعد

١. التصريف

على الطلاب استعمال الافعال التالية كما في المثال التالي :

ط١ يسأل ط٢ ان يقوم بالعملية الخاصة بالفعل في اطار : «يا فلان قل لفلان ان يفعل كذا.»

ط٢ يقوم بالعملية مستخدما الامر .

ط٣ يعطي اجابة مناسبة .

مثال : اختار

ط١ : يا (جون) قل لـ (ميري) ان تختار لنا مكاناً للاكل .

ط٢ : يا (ميري) ، اختاري لنا مكاناً للاكل .

ط٣ : اخترت مكاناً امس ولن اختار مكاناً بعد اليوم او سأختار مكانا لم نذهب اليه من قبل .

اختار ، قضى على ، حرّم ، يسّر ، نظّم ، ساوى ، تنقّل ، عبّر ، قام ب ، بعث ، دافع

٢. عمل المصدر

نرى من المثال التالي ان المصدر مثل الفعل الذي يُشْتَقّ (is derived) منه يأخذ فاعلاً (subject) (١) ومفعولاً به (direct object) (٢) ومفعولاً آخر (complement) (٣) .

مثال : هناك أسباب لاختيار المنصور بغداد عاصمة له .
(١) (٢) (٣)

الافعال التالية من الافعال التي تعرفها/تعرفينها وهي من فصيلة (category) « اختار » .
استعملها/استعمليها كمصادر في جمل مختلفة كما في المثال :

عيّن ، انتخب ، سمّى ، جعل

فيمَ يختلف الفعل « جعل » عن الأفعال الأخرى ؟

٣.   اسم المكان

أ)   رأينا في « ٣. ب) » من القسم الثاني من هذا الدرس أسماء المكان التي جاءت في النص .
هذه اسماء مكان اخرى قد تذكرها / تذكرينها :

مطار – مطبخ – مصنع – مهجر

ما معناها ؟ ما الافعال التي اشْتُقّت منها ؟ هل تذكر/تذكرين غيرها ؟

ب)   ما اسم المكان من : سكن ، عبد ، التقى ، لها ؟

جـ)   كثيرا ما يصبح لاسم المكان معنى خاص ليس من السهل التعرف على علاقته المعنوية بفعله .
حاول/حاولي تخمين معنى الكلمات التالية اذا امكن وهي مشتقة من افعال معروفة لديك .

مدخَل	مَرجِع
مَخرَج	معمَل
مجلِس	منظَر
مبعَث	مَجْمَع
موقِف	مبكى
مذهَب	مرأى
مبدَأ	مجرى
مصدَر	مرَدّ

د.   الترجمة

Arabic is considered a very difficult language, primarily because of the problem of diglossia (ازدواجية اللغوية). In order to be able to say that one "knows Arabic" one must know both the written language, Modern Standard Arabic (MSA), and a dialect. This is diglossia in Arabic: the colloquial dialect is used for ordinary day-to-day affairs, and is rarely ever written. MSA, on the other hand, is both written and spoken; written on all occasions and spoken on formal occasions, such as lectures.

القسم الرابع : التطبيقات

أ. النشاطات الشفهية

أسئلة

١. انت طالب/طالبة تعيش/تعيشين في القرن الثامن الميلادي وتحضر/تحضرين الى بغداد طلبا للعلم والمعرفة . صف/صفي لنا ما تشاهده/تشاهدينه من مظاهر الحضارة في تلك المدينة .

٢. انت سائح/سائحة تسير/تسيرين في شوارع بغداد اليوم (قبل الحرب) . تكلم/تكلمي عما وجدته في هذه المدينة .

٣. يعدّ كل طالب ثلاثة اسئلة عن بغداد على ورقة . يوجه ط١ سؤالاً الى ط٢ للاجابة عليه . يجيب ط٢ عن السؤال ثم ط٢ يوجّه سؤالاً الى ط٣ وهكذا . اذا دعا الامر يمكن التعليق على الاجابة بعد الاستئذان (asking permission) من المجيب .

مواقف

١. انت الخليفة المنصور . اثناء عملية التفكير في انشاء عاصمة جديدة للدولة الإسلامية تطلب من وزيرك اقتراحات بهذا الشأن . يمثّل الطلاب أزواجاً هذين الدورين معتمدين على ما جاء في النص وعلى معلومات من مصادر اخرى .

ب. النشاطات الكتابية

إنشاء

١. اختر/اختاري عشر كلمات من مفردات النص الجديدة واكتب/اكتبي انشاءً عليها

٢. اختر/اختاري مدينة تعرف/تعرفين عنها واذكر/اذكري :

أ) سبب اختيارك هذه المدينة
ب) اهم مظاهرها
ج) اهميّتها ثقافياً واقتصادياً و تاريخياً و سياسيا .

ملحقات : دراسات معجميّة

أ. مفردات من جذر واحد

و ق ع

١. وَقَعَ ـَـ ، وُقوعٌ — to fall; to break out; to be located

وَقَعَ الكتاب من يدي . — The book fell from my hand.

وَقَعَت الحرب بين النبي واعدائه . — The war broke out between

تَقَعُ مدينة بغداد على نهر دجلة . — Baghdad lies by the Tigris.

وقع صاحبي في حبّ فتاة امريكية . — My friend fell in love with an American woman.

وَقَعَ حديثه في نفسي مَوْقِعاً حَسَناً . — His speech impressed me/moved me.

٢. وَقَّعَ ه ، تَوْقيعٌ — to sign, to cause to fall, drop

وَقَّعَت الولايات المتّحدة والسعودية اتّفاقاً مشتركاً . — The U.S. and Saudi Arabia signed a mutual pact.

وَقَّعَ عليه عُقوبةً صارمة . — He inflicted severe punishment on him.

٣. أَوْقَعَ ، إيقاعٌ — to let fall, cause to fall

أوقعه في مشكلة . — He caused him a problem (lit.: he made him fall into a problem).

أوقع عليه عُقوبة . — He inflicted punishment on him.

٤. تَوَقَّعَ ، تَوَقُّعٌ — to expect, anticipate

أَتَوَقَّعُ ان اقوم بزيارة القاهرة في مناسبات قادمة . — I expect to visit Cairo on future occasions.

٥. وَقْعُ أَقْدامٍ — footfall, footsteps

سمعتُ وَقْعَ أَقْدامٍ خارجَ المكتب . — I heard footsteps outside the office.

٦. مَوْقِعٌ - مَواقِعُ — location, position

تحتلّ بيروت مَوْقِعاً هاماً في العالم العربي .

٧. في الواقِعِ — as a matter of fact

في الواقِعِ أن بلادنا كغيرها من بلاد العالم الثالث تواجه مشكلات كثيرة .

٨. واقِعِيٌّ — realistic, actual, real

يجب أن ننظر إلى الموضوع نظرة واقعية وليس نظرة مبنية على الشعور .

الواقِعِيَّةُ — realism

٩. مِنَ المُتَوَقَّعِ أن — it is expected/anticipated that

مِنَ المُتَوَقَّعِ أن أتعلم ركوب الخيل في وقت قصير .

غ ل ب

١. غَلَبَ ـِ ه ، غَلَبَةٌ / غَلْبٌ — to subdue, defeat, overcome, be victorious over

استطاعت روح التعاون التي جاء بها الاسلام ان تَغْلِبَ كثيرا من العادات السيئة التي كانت سائدة عند العرب .

٢. غَلَبَ ـِ على ، غَلَبَةٌ / غَلْبٌ — to prevail over

اختار المنصور لمدينته اسم « مدينة السلام» لكن اسم « بغداد » غَلَبَ عَلَيْها .

يغلب عليه الحُزْن — He is sad most of the time (lit. sadness prevails over him).

٣. تَغَلَّبَ على ، تَغَلُّبٌ — to overcome, surmount, triumph over

تَغلّب عليّ النومُ اثناء الاستماع الى نشرة الاخبار المسائية .

لم تستطع أن تَتَغلّب على مشاكلها .

٤. أغْلَب — mostly

في الأغلب — mostly, in most cases

أغلبَ الأمرِ — mostly, most likely

٥. غالِبٌ / مَغْلوبٌ

التاريخ يدلنا على انه من الطبيعي ان الأمم الغالِبَة تؤثر على الامم المَغْلوبَة وتتأثر بها في الوقت نفسه .

٦. غالِباً ، في الغالِبِ — mostly, for the most part

يزور السّواح الأجانب مدينة القدس غالِباً لمشاهدة كنيسة القيامة والمسجد الاقصى والسوق القديمة .

٧. غالبِيَّةٌ / أغْلَبِيَّةٌ — majority, greater portion

استطاع القرار الذي قدمته فرنسا ان يحصل على غالبِيَّةِ اصوات المندوبين في السوق الاوروبية المشتركة .

ب. التوسّع في المعاني

١. تَوَسَّطَ ، تَوَسُّطٌ

تَوَسَّطَ بين ... وبين ... ، تَوَسُّطٌ	to act as a mediator between ... and ...
تَوَسَّطَ لِـ ... بِـ ...	to mediate s.th. for s.o.
مُتَوَسِّطٌ	average

٢. زاد ـِ عن/على ، زِيادَةٌ

زاد ـِ ه ، زِيادَةٌ	
زاد ـِ عن ... بِـ ... ، زِيادَةٌ	to exceed an amount by
زِدْ إلى ذلك أنّ (أَضِفْ)	furthermore; what's more, there is ...; in addition to that there is ...

٣. طابِعٌ - طَوابِعُ

طابِع - طَوابِع (البريد)	postage stamp

٤. حَرَكَة - حَرَكاتٌ (مثلاً الحركة النسائية والحركة التجارية)	movement
حَرَكَةٌ - حَرَكاتٌ	vowel
حَرَكَةُ المُرور / السَّيْر	traffic

٥. قَصَدَ ـِ ه/إلى ، قَصْدٌ	to go to see
قَصَدَ ـِ ه ، قَصْدٌ	to consider, contemplate, intend, have in mind
قَصَدَ ـِ ه بِـ/من ...	to mean, try, to say by s.th. s.th.
قَصْداً / عن قَصْدٍ	intentionally, on purpose
عن غير قصدٍ	unintentionally
حُسْن/سوء قَصْد	good/bad intention

الدرس السادس

أَهْلُ الجَنَّةِ

القسم الأول : التمهيد

أ. أسئلة قبل القراءة

(قبل الإجابة يقدم المدرس كلمة جنة وروح ونار)

١. هل تؤمنون بالحياة بعد الموت ؟
٢. يقول المؤمنون بأن الروح بعد الموت تذهب إلى الجنة أو النار . فما رأيكم في هذا القول ؟
٣. إذا كنتم تؤمنون بوجود الجنة والنار ، فمن في رأيكم يدخل الجنة ومن يدخل النار ؟

ب. المفردات الجديدة

١. بيتر : ما **الجَنَّةُ** ؟

رجاء : مكان جميل تجري من تحته الأنهار اعدّه الله للصالحين بعد الموت .

جَنّةٌ - جَنّاتٌ / جِنانٌ — paradise, heaven

٢. يعتقد الكثيرون ان **روحَ** الانسان تتركه عند الموت وترجع الى الله .

روحٌ - أرْواحٌ [مؤنث أو مذكر] (نفس) — soul, spirit

روحِيٌّ — spiritual

الروحِيّاتُ (الأمور الروحيّة) — spiritual matters

٣. ومن الصعب عليه الآن ان **يَصْعَدَ** إلى رأس الجبل لأنه في السبعين من عمره .

صَعِدَ ـَ إلى ، صُعودٌ — to ascend

أصْعَدَ ه إلى ، إصْعادٌ = صَعَّدَ ه إلى ، تَصْعيدٌ (جعله يَصْعَد)

٤. يؤمن الكاتب بأن الرّوح تترك الارض وتَصْعَدُ الى **السّماءِ** بعد الموت حيث الله والناس الصالحون .

سَماءٌ [مؤنث] - سَماواتٌ (عكس الأرض) — sky, heavens

٥. يجب ان يقدم كل موظف من الموظفين الصغار والكبار **حِساباً** عن وقته وتصرفاته اثناء عمله وان **يُحاسِبَهُ** الشعب أن لم يُوَفِّ الجمهور حَقَّه .

حِسابٌ - حِساباتٌ — account, accounting

حاسَبَ ه (على) ، محاسَبَةٌ / حِسابٌ — to call to account, ask for an accounting, hold s.o. accountable for

ساعَة الحِساب — The Hour of Reckoning, Judgment Day

٦. يعتقد البعض انه من الممكن في هذا العالم ان يعرف الانسان مَصيرَهُ بعد الموت وذلك على اساس الثقة والايمان بالله.

مَصيرٌ - مَصايرُ (نهاية) — destination

٧. تُعلّم بعض الاديان ان بعد الموت واحداً من امرين : امّا السعادة في الجنة او الحزن والبكاء في **النّارِ** .

النّارُ (عكس الجنة)

نارٌ - نيرانٌ [مؤنث] — fire

٨. بعد ان تركته زوجته أصبح **حائِراً** لا يعرف كيف يتصرّف وماذا يفعل .

حائر (لا يعرف كيف يتصرّف) — confused, at a loss

حارَ ـَ ، حَيْرَةٌ — to become confused, be at a loss

حَيَّرَ ه ، تَحْيِيرٌ (جعله حائراً / في حيرة)

٩. انتظر الموظف في مكتب المدير **مُتَسائِلاً** : ماذا يقول للمدير عن سبب تأخّره ؟ وهل يحاسبه المدير على هذا التأخير .

مُتَسائِلاً (سائلاً نفسه)
تَساءَلَ ، تَساؤُلٌ ؛ تَساؤُلاتٌ

١٠. من الصعب ان نصادق انسانا يود ان يحاسبنا على كل **خَطَأٍ** صدر منا صغيراً كان ام كبيراً .

خَطَأٌ - أَخْطاءٌ (شيء غير جيّد او غير صالح) mistake
خَطِئَ ـَ ، خَطَأٌ : خاطِئٌ = أَخْطَأَ to be mistaken, make a mistake, be wrong
خَطَأً by mistake

١١. ط١ : هل من الممكن ان تبقى الامور كما هي دون ان تتغيّر ؟
ط٢ : هذا **مُسْتَحيلٌ** : فالتغيير قانون الحياة .

مُسْتَحيلٌ (غير الممكن) impossible
اسْتَحال ، اسْتِحالةٌ : مُسْتَحيلٌ to be impossible
مُسْتَحيلٌ ، مُسْتَحيلاتٌ impossibility; (pl.) impossibilities, absurdities

١٢. الانسان الصالح عادة لا يسيء الى الآخرين او **يُؤْذِيهِمْ** بقصد او بدون قصد .

يؤذيهم (يُسيء اليهم)
آذى ه ، ايذاءٌ

١٣. من العادات الامريكية ان يدعو **فَريقٌ** من الاصدقاء صديقهم المقبل على الزواج الى حفلة للرجال فقط يشربون فيها الخمور احتفالا ببدء حياته الزوجية .

فَريقٌ - أَفْرِقةٌ / أفرِقاءُ (مجموعة /عدد من الناس) band, group

١٤. قالت له والابْتِسامَةُ تعلو وجهها : " وانا احبك ايضاً"

والابتسامة تَعْلو وَجْهَها (وهي تبتسم)

ابْتِسامَةٌ - ابْتِسامات (ضَحِك بدون صوت) smile

ابْتَسَمَ ، ابْتِسامٌ

١٥. ما أسعدَ هذه الزوجة : فزوجها حُلْوُ الحديث والاخلاق وحُلْوُ الوجه والشكل والمظهر .

حُلْوٌ (جميل ، لذيذ) pleasant, charming, handsome

حَلا ـُ/ حَلُوَ ـُ/ حَلِيَ ـَ ، حَلاوَةٌ : حُلْوٌ to be pleasant, agreeable, handsome

حَلا لـ ه شيءٌ / أنْ s.th. pleased him, it pleased him that

١٦. من الظاهر أنّ مبدأ « الحقُّ للقويّ » أو كما يقال بالانجليزية « القُوَّةُ هي الحَقُّ » هو المبدأ السائد بين الأمم والأفراد .

قُوَّةٌ - قوىً might, force, strength

قَوِيَ ـَ ، قُوَّةٌ : قَوِيٌّ - أقْوِياءُ (أصبح قوياً)

قَوَّى ه ، تَقْوِيَةٌ (جعله قوياً)

١٧. ساد السكوت فاذا بصوت عالٍ يقول : الموت ! الموتَ ! فَارْتَجَفَ الحاضرون من شدة الخوف .

ارْتَجَفَ ، ارْتِجافٌ to shudder

رَجْفَةٌ

١٨. صاحَ الأب باعلى صوته طالباً من اولاده ان يتركوا البيت لانه اخذ يحترق .

صاحَ ـِ ، صِياحٌ (تكلّم بصوت عالٍ)

١٩. يعتقد المؤمن ان قوّة الأيمان تجعل الانسان **مُطْمَئِنًا** في كل الاحوال وتبعث في نفسه **الاطْمِئْنانَ** والسلام بصورة مستمرّة

مُطْمَئِنٌ - مُطْمَئِنّون (يشعر بالسلام والسعادة) confident, reassured, at peace

اطْمَأَنَّ ، اطْمِئْنانٌ to feel confident, assured, secure

اطْمَأَنَّ على to make sure of s.th., to reassure s.o. of

طَمْأَنَ ه (على) ، طَمْأَنَةٌ to calm s.o. (about), to set s.o.'s mind at rest (about)

طُمَأْنينَةٌ = اِطْمِئْنانٌ

٢٠. **هَمَسَ** صديقي أحمد في أذني في صوت ناعم قائلاً : انني بحاجة الى ٥٠ دولاراً .

هَمَسَ ـِ ، هَمْسٌ (تكلّم بصوت غير مسموع)

هَمْسَةٌ - هَمَسَاتٌ

٢١. طلبت السكرتيرة من الزائر ان ينتظر **لَحْظَةً** حتى تُخبر المدير بحضوره .

لَحْظَةٌ - لَحَظاتٌ (وقت قصير جداً)

٢٢. ط١ : ما عدد **الصَّفَحات** في كل دروس الكتاب ؟

ط٢ : لا اعرف بالتحديد ولكنها تزيد عن خمسمئة صفحة بلا شك .

صَفْحَةٌ - صَفَحاتٌ

٢٣. يقول كل كَنَديّ فرنسيّ لنفسه : انْ **نَسيتَ** شيئاً فاذكر دائماً ولا **تَنْسَ** مطلقاً انك فرنسي لغة وتاريخاً وخلقاً وحضارةً .

نَسِيَ ـَ ه / أنْ / أنّ ، نَسْيٌ / نِسْيانٌ (لم يتذكّر)

أَنْسى ه ه/أنْ/أنّ to make s.o. forget s.th./that

٢٤. في شهر **الصِّيامِ** لا يأكل المسلم ولا يشرب شيئاً من الصباح حتى المساء .

صِيامٌ (عدم الأكل والشرب)
صام ـُـ ، صَوْمٌ / صِيامٌ

٢٥. يُطلب من الطلاب عادةً ان **يَرْفَعوا** ايديَهم قبل ان يسألوا سؤالاً او يجيبوا عن الأسئلة في الصف .

رَفَعَ ـَـ ه ، رَفْعٌ (وَضَعَ الى الأعلى)

٢٦. يتساءل الكثيرون الان : هل من حق احد ان **يُصْدِرَ** حكماً على انسان بالموت ؟ ويضيفون قائلين : اصدار الحكم بالموت يجب ان يُترك لله وحدَه .

يصدر حكماً على — to pronounce a judgment on

أصدَرَ ه ، إصدار (أعطى) — to pronounce (a judgment); to issue (an order, a book)

ج. التعبيرات الحضاريّة

١. يوم الحساب

يؤمن المسلمون كغيرهم بالحياة بعد الموت . ومن المعروف عندهم أن الروح تصعد إلي السماء بعد موت صاحبها وهناك تُحاسب على أعمالها في الدنيا . فاذا كانت حَسَناتُها (اعمالها الحسنة) أكثر من أخطائها فانّها تدخل الجنّة ، أما إذا زادت أخطاؤها على حسناتها فانّها تدخل النار.

٢. الجنّة والنّار

لقد جاء وصف الجنة والنار في القرآن الكريم . فالجنة مكان جميل جداً فيه كل ما يريده الانسان من طعام وشراب وسعادة . أما النار فإنها مكان سيّء جداً والحياة فيها صعبة جداً لعدم توفّر ما يحتاجه الانسان في حياته من أشياء هناك . ومن المعروف أن الارواح التي يقوم اصحابها بالاعمال الصالحة في حياتهم الى جانب قيامهم بالمبادئ الدينيّة الأخرى كالصلاة والصيام تدخل الجنة، والأرواح التي لا يكون عملها في الحياة قائما على مبادئ الدين والتي أخطاؤها كثيرة تدخل النّار.

٣. احسان عبد القدوس

القسم الثاني : القراءة والاستيعاب

أ. النص الأساسي

أهل الجنة (لأحسان عَبْد القدّوس)

كانت الروح تصعد الى السماء ، خائفة .. انها مقبلة على ساعة الحساب .. ماذا يكون مصيرها : الجنة أم النار!؟ وأخذت الروح الحائرة تتساءَل ماذا تقول لقضاتها .. وماذا يقول لها قضاتها ؟ ! ان لها أخطاء .. ولكنها أخطاء بسيطة .. فهل يحاسبونها على هذه الاخطاء ؟ .. هل تدخل النار بسبب هذه الاخطاء ؟ .. لا مستحيل .. ان هذه الاخطاء لم تؤذِ احدا في الدنيا .. واْصْطَفَّ فريق من الملائكة يستقبلون الروح الصاعدة .. وابتسموا لها ابتسامة حلوة .. وتقدم منهم ملاك جميل .. وأخذ بيد الروح وقادها في أبْهاءِ السماء ، الى ان دخل بها بهوا واسعاً .. وسمعت الروح صوتا فيه قوة الرحمة :

judge

lined up

halls

hall

– يا عَبْدَ الله .. قدّم ما بين يديك ..

servant; what you have

وارتجفت الروح ، وخَرَتْ ساجِدَةً ... وصاح الصوت :

prostrated itself

– قم يا عبد الله .. وواجه قضاتِك بنفس مطمئنة !

وقامت الروح وهمست في صوت مرتجف :

– اني في حِمى أرْحَمِ الرّاحِمين ..

protection; The Most Compassionate

وصاح الصوت :

– ما ديانتك ؟

دين

وقالت الروح :

– مسلم !

وسكت الصوت لحظة ، ونظر في صفحات سجل كبير ، ثم عاد يتكلم :

– ما هي أخطاؤك ؟

وقالت الروح في خوف :

– ليس لي أخطاء .. لقد عشت لا أُوذي أحدا من أهل الأرض.

hurt

وسكت الصوت مرة أُخرى ، ودَقَّقَ في صفحة السجل الكبير ، ثم عاد يتكلم :

he checked

– لقد شربت الخمر !

وقالت الروح في رجفة :

– لقد عشت لا أوذي أحدا من أهل الأرض !

وتكلم الصوت :

– لقد عرفت النساء !

وقالت الروح :

– لقد عشت لا أوذي أحدا من أهل الارض !

– لقد نسيت أحيانا صلاتك وصيامك ..

وردّت الروح في خوف :

– لقد عشت لا أوذي أحدا من أهل الأرض !

وسكت الصوت مدة طويلة . وحاولت الروح أن ترفع عينيها لترى الصوت ، ولكنها لم تتمكن من ذلك . ثم عاد الصوت يتكلم .. ويُصدر حكمه :

– الجنة !!

وتقدم ملاك صغير ، وقاد الروح الى الجنة .. ونظرت الروح فوجدت حولها فريقا من أهل الجنة وسألتهم الروح :

– هل انتم مسلمون ؟

– لا ..

– مسيحيون ؟ ..

– لا ..

– يهود ؟ ..

– لا ..

– ما انتم ؟ ..

– اننا هنا منذ عصر الجاهلية .. قبل ظهور الأديان .. وقد دخلنا الجنة لأننا عشنا لا نؤذي أحدا من أهل الارض !

pre-Islamic times

(بتصرف) احسان عبد القدوس – عقلي وقلبي ،
(القاهرة ١٩٦٣) ص ١٦–١٨

ب. القراءة الأولى السريعة

الأسئلة العامّة

١. الاختيار من متعدد

أ) نوع النص في هذا الدرس

١) تمثيلية　　٣) قصّة
٢) مقال　　٤) قصيدة

ب) يتناول الكاتب في هذا النص

١) الأخلاق العالية في الحياة　　٣) بعض أركان الاسلام كالصلاة والصيام
٢) الأديان السماويّة　　٤) ______________

جـ) في رأي الكاتب احسان عبد القدّوس ، أهم شيء لدخول الروح الجنّة

١) القيام بالمبادئ الدينيّة كالصلاة والصيام　　٣) الأيمان بالله وبالحياة بعد الموت
٢) العمل الصالح والأخلاق العالية　　٤) ______________

٣. الأسئلة

اين جرت احداث هذه القصة ؟ في السماء

جـ. القراءة الثانية المركّزة

١. الأسئلة التفصيليّة

أ) الاختيار من متعدد

١) كانت الروح الصاعدة الى السماء حائرة

(أ) لأن لها أخطاء كثيرة
(ب) لأنها ستواجه ساعة الحساب
(جـ) لأنّها تركت أهلها في الارض
(د) لانها لم تؤذِ احداً

٢) كان اول ما سئلت عنه الروح بعد أن صعدت إلى السماء

(أ) أخطاءها
(ب) دينها
(جـ) صلاتها
(د) أعمالها

٣) عند ما سأل الصوت الروح عن الخمر

(أ) أجابت بأنها شربت قليلاً من الخمر
(ب) قالت بأنها لم تشرب الخمر
(جـ) أجابت بأنها لم تؤذِ أحداً
(د) لم تجب

٤) وجد « الصوت » في السجل الكبير انّ الروح

(أ) لم تعرف النساء في حياتها
(ب) آذت الكثير من الناس
(جـ) لم تصم ولم تصلّ أحياناً
(د) لم تفكر في مصيرها بعد الموت

٥) كان « الصوت » يسكت لحظة بعد كل جواب وينظر في

(أ) القرآن
(ب) سجّل كبير
(جـ) وجه الروح
(د) ___________

٦) دخل الناس الذين قابلتهم الروح الجنة لانهم

(أ) صعدوا الى السماء منذ زمن طويل (جـ) عاشوا ولم يؤنوا احداً من الناس
(ب) كانوا لا يؤمنون بالأديان (د) كانوا يؤمنون بالأديان السماوية

٧) نفهم من كلام الكاتب ان الطريق الى الجنّة هو

(أ) تربية النفس تربية جيّدة . (جـ) اتّباع التعاليم الدينية
(ب) العمل الصالح وعدم إيذاء الآخرين (د) الإيمان والأعمال الصالحة

ب) الاسئلة

حدّد الامكنة التي جرت فيها احداث هذه القصة والشعور الذي ملك الروح في كل مكان منها واهم ما حدث هناك .

المكان : ______________

الشعور : ______________

ما حدث : ______________

٢. المفردات والتعبيرات المفيدة

أسئلة

أ) في حيرة
أيّ نوع من الناس يعيشون في حَيرَة مستمرة ؟

ب) حاسبه على أخطائه
ما هي بعض الأخطاء التي يحاسبنا عليها القانون ؟

جـ) من المستحيل
هل تشعر/تشعرين أنه من المستحيل على الانسان ان يعيش بدون أخطاء ؟ لماذا ؟

د) ابتسامة حلوة

ما تأثير الابتسامة الحلوة على الآخرين وعلى المبتسم نفسه ؟

هـ) بنفس مطمئنّة

لماذا يدخل بعض الطلاب الامتحانات بنفس مطمئنة ؟

و) يصدر الحكم

مَن يصدر الحكم بعد انتهاء المحاكمة !

اذكر/اذكري أموراً يمكن أن نصدرها غير الاحكام . مثلاً نصدر القوانين و ... و ...

ز) منذ

منذ متى تسكن / تسكنين في هذه المدينة ؟

ح) رفع

اذكر/اذكري أشياء يمكن ان نرفعها ؟ مثلاً نرفع العينين والرأس و ...

٣. التراكيب المفيدة

أ) تراكيب تدل على الهيئة (manner adverbials)

المطلوب استعمال العبارات التالية في جمل مبنية على النص .

المثال : في خوف

عندما سئلت الروح عن اخطائها اجابت في خوف قائلةً : ليس لي اخطاء

في رجفة	في صوت مرتجف
في حيرة	بصوت عال
بنفس مطمئنة	في خوف

ب) الحال

تحليل

اكتب / اكتبي كل تراكيب الحال التي جاءت في النص وبيّن / بيني نوعها وصاحبها

مثال :

الحال	نوعها	صاحبها
خائفة	مفردة	الروح

جـ) المفعول به (The Object)

تحليل

الفعل « نَسِيَ » يعمل (governs) في اسم وفي مصدر مؤوّل ب « أنْ » وفي مصدر مؤوّل ب « أنّ » وفي جملة استفهامية (interrogative) . أعطِ/أعطي مثالاً لكل منها .
هل تعرف/تعرفين أفعالاً أخرى من هذه الفصيلة (category) ؟ ما هي ؟

القسم الثالث : المراجعة

أ. القراءة الجهرية

سامي : هل تؤمنين بالحياة بعد الموت يا هناء ؟

هناء : أؤمن بوجود الله وبأن هناك عالماً ينتظرنا بعد هذه الحياة .

سامي : وماذا تعتقدين أن مصيرك سيكون هناك ؟

هناء : (سكتت لحظة ثم همست) الجنّة .

سامي : (مبتسماً) وسيكون في استقبالك فريق من الملائكة أيضاً ؟

هناء : هذا ما أرجو ان تلقاه روحي وهي تصعد الى السماء للقاء ربّها .

سامي : من أين لك قوّة الإيمان هذه ؟

هناء : ديني؛ ما زلت أومن بما يقوله ديني وبأن لكّل انسان صفحة بأخطائه وحسناته في سجلّ عند الله .

سامي : وأنا أيضاً اعتقد بأن مصيري سيكون الجنة لا النار لأن اخطائي بسيطة جداً ولم أوذ أحداً من أهل الأرض .

هناء : ذلك ما سنعرفه عندما يحاسبنا الله ويصدر حكمه علينا .

سامي : أعيش أحياناً في حيرة وأتساءَل : هل العمل الصالح هو أساس دخول الجنّة .

.هناء : سؤال جيد . ولكن يجب ألاّ ننسى أنّ اتّباع تعاليم الدين مهمة جداً أيضا حتى تواجه الروح ربّها بنفس مطمئنة.

سامي : أفهم من كلامك أن الطريق إلى الجنة ليس بالصلاة والصوم أو الايمان بالله وكتبه ورسله فحسب، بل بالقيام بالعمل الصالح وعدم ايذاء الآخرين أيضاً.

هناء : هذا رأيي .

ب. معاني المفردات والتعبيرات

١. ملاءمة

ضع / ضعي الرقم المناسب (١ – ١٠) في الجمل (أ – ي)

أ) جبران خليل جبران من الادباء العرب الذين ــــــــ في المهجر الامريكي.

ب) قضى الاسلام على بعض العادات العربية السيئة كشرب الخمر وعبادة الهة متعددة و ــــــــ بعث في العرب شعورا جديدا يقوم على أسس اخلاقية .

ج) معرفة اللغة العربية الفصحى امر ــــــــ لدارسي التاريخ الاسلامي.

د) يصلّي الناس ويصومون ويقومون بالأعمال الصالحة لمواجهة ربّهم ــــــــ .

ه) يمثل النظام القبلي احد ــــــــ التي مر بها المجتمع الانساني في تاريخ تطوره .

و) بدأ محاضرته ــــــــ بعض المشكلات التي تواجه دارسي العلوم اللغوية .

ز) اسبانيا دولة اوروبية يقصدها كثير من السواح ــــــــ ما فيها من اثارعربية اسلامية قديمة.

ح) ــــــــ حرب بين القبائل الشمالية والجنوبية نتيجة انتشار بعض المبادئ الجديدة.

ط) « عَنْتَرَة بن شَدَّاد » معروف بالشجاعة والبطولة وخاصة ركوب الخيل ، كما انّه شاعر جاهلي له ــــــــ .

ي) يبلغ عدد سكان القاهرة الآن أكثر من ١٢ مليون ــــــــ .

١ – أشعار طويلة رائعة جداً

٢ – أشكال التنظيم الاجتماعي.

٣ – نفس / شخص / نسمة

٤ – حدثت / قامت

٥ – صارت لهم شهرة واسعة

٦ – بسبب

٧ – بدون خوف

٨ – يعتبر ضرورياً وأساسياً

٩ – لذلك / نتيجة لذلك

١٠ – بالحديث عن

جـ. تدريبات القواعد

١. الجمع

أ) أعط/اعطي الجموع من الاسماء التالية وأوزانها ثم استعملها/استعمليها في عبارة مفيدة قصيرة كما في المثال

	المفرد	الجمع	الوزن	عبارة مفيدة
مثال :	مَوْقِع	مَواقِع	مَفاعِل	مواقع جغرافية هامة

خُلُق	معهد	جمهور	حرف	مسافة
قبر	حديقة	صلاة	مقصد	أرض
قارّة	مَلْهى	صوت	خليفة	تركيب

ب) يُقَسَّم طلاب الصف إلى ٤ مجموعات ويُعْطى كل فريق ٤ من الجموع في التدريب السابق . يُعِدّ أفراد كل مجموعة فيما بينهم أسئلة تشمل هذه الجموع لتوجيهها إلى بقية الطلاب للإجابة عنها شفوياً.

٢. تراكيب تدلّ على الهيئة

تكويل جمل

المطلوب من الدارسين أزواجاً استعمال التراكيب التالية كما في المثال :

المثال : بنفس مطمئنة

ط١ : كيف ارادت الروح ان تواجه ربها ؟

ط٢ : ارادت ان تواجه ربها بنفس مطمئنة .

١) بصوت عالٍ	٥) ببساطة	٩) بسرور عظيم	١٣) في رجفة
٢) بشوقٍ	٦) برؤوس مرفوعة	١٠) بسعادة كبيرة	١٤) بدون رحمة
٣) بقلوب مطمئنة	٧) في حيرة	١١) بشجاعة	١٥) بقوة

٣. المبتدأ المؤخّر

أ) إكمال

المطلوب إكمال ما يلي بمصدرمؤوّل بـ « أن »

من الممكن أنْ ______ وأن ______ وأن ______ .

من المستحيل أنْ ______ وأن ______ وأن ______ .

من الواجب أنْ ______ وأن ______ وأن ______ .

من الجائز أنْ ______ وأن ______ وأن ______ .

من غير الممكن أنْ ______ وأن ______ وأن ______ .

ب) تحويل

حوّل/حوّلي المصدر المؤول في « أ) » إلى مصدر صريح

٤. الاستفهام

ملء الفراغ

املأ/املأي الفراغ باحدى أدوات الاستفهام التالية :

(لماذا - أيّ - متي - بماذا - مَنْ - أ - كيفَ - ماذا - كَمْ - أيْنَ)

أ) ______ تقع مدينة البَصْرة ؟

ب) ______ كان البدو يعيشون في الصحراء قبل الاسلام ؟

ج) ______ نظام سياسيّ سائد اليوم في سوريا ؟

ه) ______ يعرف الشعب المَكْسيكي ؟

و) ______ تسمّى اشهر القصائد العربية ؟

ز) لقد زرت المغرب يا هيفاء . ______ ليس كذلك ؟

ح) ______ كان باستقبالك في المطار عندما رجعت الى امريكا ؟

ط) ______ لم تحرّم المسيحية الخمر ؟

ي) ______ كتابا تملك من الكتب العربية ؟

ك) ______ امتدّت الدعوة الاسلامية في الجزيرة العربية بشكل واسع ؟

ل) ______ خلطت الزوجة مع اللحم ؟

٥. اسم المرّة (noun of unity)

تحليل واشتقاق

أ) جاء في هذا النص عدد من أسماء المرة . هاكها :

ابْتسامَة (من ابتسم ، ابتسام)
رَجْفَة (من رَجَف ـُـ ، رَجْفٌ / رَجَفان ، وارتجف ، ارتجاف)
هَمْسَة (من هَمَسَ ـِـ ، هَمْسٌ)

ومن اسماء المرة التي جاءت في النص ايضاً : لَحْظَة - صَفْحَة .

حاول/حاولي ان تبيّن/تبيّني من القاموس كيف اصبح معناها بمعنى اسم المرة .
وهذه اسماء مرة جاءت في الدروس السابقة . ما معناه ؟

أكلة - حَفْلَة - نَشْرَة

ب) والان ما اسماء المرة من التالي وما معناها ؟ ما جمعها ؟

صاح - طبخ - قال - دقّ - وقع - طبع - ضحك

د. الترجمة

The Prophet Muhammad was born in Mecca in 571 A.D. Known from his childhood for his high morals, when he became a prophet he was forty years old and began his call to Islam. At first only a small number of Arabs believed in his call, but then the number of Muslims began to increase day by day.

After the death of the Prophet, Islam spread outside the Arabian Peninsula and was embraced by other peoples, such as the Persians, Indians, Turks and others. Islam put an end to many of the bad customs of Arabs, worked for the construction of a strong unified Arab society, and founded a new civilization on the basis of human rights, freedom, and equality. Moreover, Islam exercised great influence on the Arabic language which became the language of literature and science, and the Qur'an itself became the highest model for literary styles.

القسم الرابع : التطبيقات

أ. النشاطات الشفوية

أسئلة

١. هل توافق/توافقين الكاتب على ان دخول الجنّة يعتمد على العمل الصالح فقط ؟ إن لم توافقه/توافقيه ، فما رأيك الخاص في الموضوع ؟
٢. كيف تنظر الديانات الأخرى كالمسيحية واليهودية إلى دخول الأرواح الجنة ؟
٣. تحدّث إلينا عن محاكمة حضرتها في إحدى المحاكم . ماذا كان الحكم ومن أصدره ؟
٤. لو طلب منك إجراء بعض التغييرات في هذه القصة ، ما الأمور التي تُغيرها/تغيرينها ؟

ب. النشاطات الكتابيّة

إنشاء

اختر/اختاري موضوعاً واحداً فقط (حوالي ٧٥ كلمة)

١. لخّص/لخّصي (summarize) الفكرة الأساسية التي تتناولها قصة « أهل الجنة » في فقرة واحدة ، ثمّ أعط/أعطي رأيك حول الموضوع في فقرة أخرى .
٢. قارن/قارني بين الأديان الثلاثة (اليهودية والمسيحية والاسلام) بالنسبة لدخول الأرواح الجنة والنار.

ملحقات : دراسات معجميّة

أ. مفردات من جذر واحد

ح س ب

١. حَسِبَ ـَ ه/أنّ ، حِسْبانٌ — to think, believe, assume, consider

حسب الشاعر أنه سيحصل على جائزة سنوية .

٢. حَسَبَ ـُ ه ، حَسْبٌ / حِسابٌ / حُسْبانٌ — to calculate, count, charge

٣. حاسَبَ ه على ، مُحاسَبَةٌ — to call s.o. to account

٤. فَحَسْبُ — only, and that's all

لا تقتصر المظاهر السياحية في بغداد على المتاحف والمساجد فحسب بل تشمل الاسواق والملاهي ايضاً .

٥. حَسْبَما — according to what... , as

امتدت حدود الدولة الاسلامية الى الهند والصين حسبما تذكر بعض المصادر التاريخية .

٦. حِسابٌ — arithmetic

من الموضوعات التي احب دراستها الحساب والتاريخ .

حِساب – حِساباتٌ — account, bill, invoice, (bank) account

٧. يَوْمُ الحِساب

في يوم الحساب لا يجد الإنسان من يدافع عنه غير أعماله الصالحة .

٨. على حِسابِ — at s.o.'s expense

ترسل الدول العربية كثيرا من الطلاب الى الخارج للدراسة على حسابها .

٩. بلا حِساب — to an unlimited extent

هي امرأة كريمة تعطي مما عندها ومن نفسها بلا حساب .

١٠. مُحاسَبَةٌ — accounting

ادرس المحاسبة الان لانني ارغب في العمل في احد البنوك الكبيرة .

ص د ر

١. صَدَرَ ـُـ ، صُدُورٌ — to appear, be published

الشهر الماضي صدرت في بيروت مجموعة من القصص القصيرة المترجمة من الانكليزية .

٢. صَدَّرَ ه ، تَصْدِيرٌ — to export

الاردن والمغرب اكثر الدول العربية تصديرا لمادة الفوسفات .

٣. أَصْدَرَ ه ، إِصْدارٌ — to issue (a judgment, a book), pass a legal opinion

اصدرت الحكومة قرارا بتخصيص جائزة سنوية لافضل عمل ادبي .

٤. تَصَدَّرَ ه ، تَصَدُّرٌ — to head, preside over

تتصدر القاهرة المدن العربية جميعها وذلك لكبرها وما لها من مكانة في التاريخ العربي الاسلامي .

٥. صَدْرٌ — chest

لم اذهب لزيارة الطبيب على الرغم من انني كنت احس بألم في الصدر .

٦. فلان رَحْبُ الصَّدْرِ ، واسِعُ الصَّدْرِ — generous, open-minded

كان النبي محمد رحب الصدر .

٧. صَدْرُ الإسلام/الكتاب (بدايته)

يعرف العصر الذي سبق قيام الدولة الاموية بـ « عصر صدر الاسلام » .

٨. مَصْدَرٌ - مَصادِرُ — source, origin

يَشتهر الشرق الاوسط بكونه مصدرا الأديان الرئيسية الثلاثة في العالم .

٩. الصّادِرات — exports

تحدث لنا عن صادرات الولايات المتحدة هذا العام .

ب. التوسُّع في المعاني

١. صَعِدَ ــَـ إلى ، صُعودٌ — to ascend

صَعِدَ ــَـ ه ، صُعودٌ — to climb (a mountain, stairs)

٢. نارٌ - نيرانٌ (عكس الجنّة) — Hell

نارٌ - نيرانٌ — fire

٣. خَطَأٌ - أخْطاءٌ (شيء غير جيد أو غير صالح) — mistake

خَطَأٌ - أخْطاءٌ (شيء غير صحيح) — error

أخْطَأَ / عَمِلَ خَطَأً — to be mistaken, to make a mistake

فكرة خاطئة

٤. فريق (جمهور من ... / مجموعة من ...)

فريق (كرة القدم « الكاوبويز ») — football team

فريق عمل — task force

٥. حلْوٌ — charming, pleasant

حلْوٌ (مثل السكّر) — sweet

٦. حَلّى ، تَحْلِيَةٌ — to sweeten

حَلْوى - حَلْويّات — sweets, sweet pastry

الدرس السابع

الصِّحافَةُ العَرَبِيَّةُ وَتَطَوُّرُها

القسم الأول : التمهيد

أ. أسئلة قبل القراءة

١. أذكر/أذكري اسماء بعض الصحف المعروفة عالمياً والبلدان التي تصدر فيها .

٢. أعط/أعطي أسماء بعض الصحف والمجلات العربية التي قرأتها أو سمعت عنها .

٣. ما اهمية الصحف والمجلاّت من النواحي الثقافية والاجتماعية والسياسية ؟

ب. المفردات الجديدة

١. **الصِّحافَةُ** هي مجموعة الجرائد والمجلاّت التي تصدر في بلدٍ من البلدان .

الصِحافَةُ
صِحافِيّ / صُحُفِيّ / صَحَفِيٌّ – ون
(من يجمع الأخبار وينشرها في جريدة أو مجلة)

٢. **شَهِدَ** العالم في القرن العشرين أحداثاً هامّة منها الحربان العالميتان وحركات الاستقلال في العالم الثالث والتقدم العلمي والتِقْنِيّ (التكنولوجي) الرائع .

شَهِدَ ـَـ ه ، شُهودٌ (رأى) — to witness, experience

٣. **أَسْهَمَ في** تأليف هذا الكتاب أساتذة من بعض الجامعات الأمريكية .

أَسْهَمَ في ، إسْهامٌ ؛ إسْهاماتٌ = ساهَمَ في ، مُساهَمَةٌ (شارك في) — to share, participate; to contribute

٤. فريد : ما العَوامِلُ التي في رأيك ساعدت على تقدّم الصحافة في امريكا ؟

جين : من أهمها حرية الصحافة وإقبال القراء عليها وإسهاماتها في نشر الأحداث الهامّة وتناولها ما يهم أبناء الشعب من أمور سياسية واجتماعية وثقافية .

عامِلٌ - عَوامِلُ (سبب) factor

٥. أسهم جوتنبرغ (Gutenberg) في تطوير الطِّباعَة في القرن الخامس عشر ، مما ساعد على قيام ثورة في صناعة الكتب والمجلات والصحف .

طِباعَةٌ printing

طَبَعَ ـَ ه ، طَبْعٌ to print

٦. وقد لَعِبَت الصحافة دَوْراً مهمّاً في نشر المعرفة وآخر التطورات العلمية بالإضافة إلى الأخبار .

لَعِبَتْ دَوْراً (قامت بعمل) to play a role or part

لَعِبَ ـَ ه ، لَعِبٌ / لُعْبٌ to play

دَوْرٌ - أَدْوارٌ (عمل) role, part; (one's) turn

٧. ازْدَهَرَت الصناعة اليابانية بعد الحرب العالمية الثانية وازدهر اقتصاد اليابان حتى أصبحت اليابان اليوم من كبرى الدول المتقدمة صناعياً .

ازْدَهَر ، ازْدِهارٌ (تطور وازداد تقدماً وإلخ) to prosper, flourish

٨. يسهم في **تَحْرِيرِ** الصحف العربية رئيس **التَّحْرِير** وعدد من **المُحَرِّرين** منهم الصحافيّون والكتاب والأدباء والمفكّرين .

حَرَّرَ ه ، تَحريرٌ — to edit, redact (a book periodical)

(اشرف على اعداد صحيفة أو مجلة وأسهم في كتابة موضوعاتها)

٩. وللصحافة دور كبير في **تَوجيهِ** الرأي العام في جميع **أَقْطار** العالم وذلك عن طريق إظهار الحقائق ونشر أوجه النظر المختلفة حول مواضيع الساعة الهامة .

وَجَّهَ ه ، تَوْجيهٌ – تَوْجيهاتٌ (أدار) — to guide, direct, steer

قُطْرٌ – أقْطارٌ (بلد)

١٠. نقتبس اليوم أكثر **مَعْلوماتِنا** عن العالم من الجرائد والإذاعات والكتب . أما في عصور ما قبل الكتابة فكان الإنسان يكتسب معلوماته **مُشافَهَةً** أي عن طريق السمع .

مَعْلوماتٌ — information, knowledge, data, facts

مَعْلومَةٌ — piece of information, datum

١١. تؤدّي **وَسائِلُ الإعْلام** من جرائد وإذاعات ونشرات خدمة هامة اليوم اذ انها **تُعْلِمُنا بالأَحداث** الهامة في كل مكان في بلادنا وفي العالم وقت وقوعها .

وَسائِلُ الإعلام

أعْلَمَ ه ه/ب (أنّ) ، إعْلامٌ — to inform, spread information

١٢. الصحف عادةً **تَحْتَوي على** أخبار عالمية أو محلية وإعلانات وبرامج الإذاعة والتلفزيون .

احْتَوى على ، احْتِواءٌ (شمل)

مُحْتَوىً – مُحْتَوَياتٌ — contents

١٣. يقول المثل العربي « تَعَدَّدت الأسباب والموت واحد » . وهذا يعني أن الموت واحد لا يتغيّر أينما حدث وإنْ كانت أسبابه مختلفة و**مُتَنَوِّعَة** .

مُتَنَوِّعٌ — diverse, various, manifold, complex

تَنَوَّعَ ، تَنَوُّعٌ — to be of various kinds, diverse

١٤. تحتوي الصفحة الأولى في الجريدة العربية على **افْتِتاحِيَّةٍ** يكتبها رئيس التحرير او بعض الكتاب المشهورين وتتناول عادة أهم أخبار اليوم وأحداثه .

افْتِتاحِيَّةٌ - افْتِتاحِيّاتٌ — editorial, leading article

(مقالة يوميّة تظهر عادة في الصفحة الأولى من الجريدة)

١٥. الصحافي : يُناقِشُ الكونجرس الآن مشروع الحكومة لتقديم المساعدات لبعض الدول . ما موقفكم منه ؟

عضو الكونجرس : من المعروف أن عدداً من الأعضاء يعارض المشروع معارضة شديدة . أما أنا فقد أعلنت تَأييدي لتقديم المساعدات للدول التي تعمل على السلام وتبذل جهوداً صادقة لتحقيقه .

ناقَشَ ه (الموضوع) ، نِقاشٌ / مُناقَشَةٌ (بَحَث / تناول)

ناقَشَ ه في (موضوع) ، نِقاشٌ / مُناقَشَةٌ

أيَّدَ ه ، تَأْيِيدٌ (وافق على ، عكس عارض) — to back, support

١٦. ونجد في الصحف أيضاً **التَّعْليقات** التي يتناول الكتّاب فيها الموضوعات السياسية والاجتماعية وآخر تطورات **الأنْبا**ء مبدين آراءهم فيها .

تَعْليقٌ - تَعْليقاتٌ (موضوع فيه إبداء رأي)

عَلَّقَ على ، تَعْليقٌ (أبدى رأياً)

نَبَأٌ - أنْباءٌ (خَبَر)

١٧. تخصّص بعض الصحف اقساماً منها لموضوعات **مُعَيَّنَةٍ** كالأدب والعلوم والاقتصاد والصناعة مثلاً .

مُعَيَّنٌ (مُخَصَّص) — specified, assigned, marked

عَيَّنَ ه ، تَعْيينٌ ؛ تَعْيِيناتٌ (خَصَّص) — to specify, mark; to appoint

١٨. وتُعَيِّن بعض الصحف والإذاعات **رُكْناً** او قسماً خاصّاً لشؤون المرأة او السينما أو لشخصية معروفة .

رُكْنٌ - أرْكانٌ (قسم أو مكان خاصّ) — corner; section

١٩. يعمل أخوها مشرفاً على **بَرامِجِ** الأذاعة والتلفزيون في «سِياتِل» ويعدّ **بَرْنامَجاً** خاصاً بعنوان «العالم اليوم» .

بَرْنامَجٌ - بَرامِجُ (مَنْهَج) — program

٢٠. يسكن **الفلاّحونَ** في القرى أما الحضر فيسكنون في المدن .

فَلاّحٌ - فَلاّحون (ساكن القرية ، من يعمل في الزراعة)

٢١. لا شك أن لوسائل الإعلام أثراً **فَعّالاً** وقوياً في الرأي العام وفي سير الأحداث .

فَعّالٌ (قَويّ ، مُهِمّ جداً) — effective

٢٢. **اِعْتادَ** الأمريكيون الاحتفال بيوم الشكر يوم الخميس الرابع من شهر نوفمبر.

اِعْتادَ ه/أنْ أو على - اِعْتِيادٌ = تَعَوَّدَ ه / على ، تَعَوُّدٌ — to make a habit of,

(قام بعمل اكثر من مرّة فأصبح عادة) — become accustomed to

عَوَّدَ ه ه / أنْ / على ، تَعْويدٌ — to make s.o. get used to, accustom s.o. to s.th.

القسم الثاني : القراءة والاستيعاب

أ. النص الأساسي

الصحافة العربية وتطوّرها

شهد العالم العربي منذ بدء القرن التاسع عشر نهضة فكرية أسهم في بنائها عدد من العوامل كالصحافة والطباعة والتأليف والترجمة والتعليم . وقد لعبت الصحافة دورا مهما في ازدهار هذه النهضة .

ظهرت أول صحيفة عربية في مصر عام ١٨٠٠ أثناء الحَمْلَةِ الفرنسية عندما أمر «نابليون» باصدار صحيفة سُميت بـ «التَّنْبيه» لنشر أخبار مصر واذاعة أوامر الحكومة بين ابناء الشعب . وفي أيام «محمد علي» والي مصر ظهرت سنة ١٨٣٨ صحيفة «الوَقَائِعْ المِصْرِيَّة» التي كانت الصحيفة الرسمية للدولة والتي كانت بعيدة الأثر في تطوير اساليب الكتابة العربية . وقد اسهم في تحريرها عدد من الكتاب ورجال الفكر المعروفين ولا تزال تصدر حتى اليوم كصحيفة رسمية للدولة . وكانت صحيفة «الجَوائِب» التي أصدرها في استانبول «أحْمَد فارِس الشِّدْياق» عام ١٨٦٠ من أكْثَرِ الصُحُف تَأْثيراً في الكتابَةِ العَرَبِيّة وأحْسَنِها تَوْجيهاً في ذلك الوقت . وقد انتشرت انتشارا عظيما في المشرق العربي والاسلامي فكان يقرأها حكام العرب وعلماؤهم وأدباؤهم في جميع أقطارهم ، واستمرت تصدر حتى ١٨٨٣ . وفي عام ١٨٧٥ ظهرت في مدينة الاسكندرية واحدة من أهم الصحف واوسعها انتشاراً وهي جريدة «الأهْرام» القاهرية التي أنشأها صحافيان لبنانيان هما الإخوان «تَقْلا» والتي لا تزال تصدر في القاهرة حتى الان . وامتدت النهضة الصحافية حتى شملت مختلف الاقطار العربية فظهرت الصحف في سوريا ولبنان والعراق والمغرب وغيرها من الدول العربية .

campaign

governor

ومن الصحف العربية الواسعة الانتشار التي تصدر اليوم «الأهْرامُ» و «الأخبار» في مصر و «الجمهورية» في بغداد و «النهار» و «الحياة» في بيروت و «البَعْث» و «الثورة» في سوريا و«العَلَم» في الرباط . كما صدرت في السنوات الأخيرة مجلاّت متعدّدة لها دور فكري هام في توجيه الرأي العام الى جانب دورها الثقافي، فهي تتناول الشؤون السياسية

والاجتماعية والاقتصادية والفكرية العربية العالمية . ومن أهم هذه المجلات «العربي» و «شؤون عربية» و «عالم الفكر» و «الفيصل» و «الوحدة» هذا بالاضافة الى المجلات التي تصدرها المنظمات الحكومية مثل «المجلة العربية للتربية» و «المجلّة العربية للثقافة» ومجلات الجامعات العربية مثل «مجلة العلوم الاجتماعية» التي تصدرها جامعة الكويت ، ومجلة الجامعة الأردنية المسمّاة «المجلة الثقافية» و«مجلة جامعة دمشق» . ومن المجلاّت المتخصّصة نذكر «الصحفي العربي» التي تتناول شؤون الصحافة والصحافيين و«عالم الكتب» التي تنشر اسماء الكتب الجديدة الصادرة في العالم العربي وبعض المعلومات البيليوغرافية الخاصة بها ، و«عالم المعلومات» التي تجمع معلومات واخباراً هامة من العالم العربي ، و «سيّدتي» التي تتناول شؤون المرأة .

الصحف اليوم من أهم وسائل الإعلام والصحيفة العربية - كغيرها من صحف العالم - تحتوي على موضوعات وأخبار متنوعة واعلانات مختلفة . ففيها الافتتاحيّاتُ التي تناقش سياسة الحكومة في الداخل والخارج وتتناولها بالتأييد أو المعارضة ، وفيها الأنباء العالمية والمحليّة ، وفيها ايضا التعليقات على الشؤون السياسية والاقتصادية والاجتماعية وغيرها . كما أن الصحف اليوم أخذت تخصص صفحة أو اكثر لموضوع معيّن كالأدب والمسرح والسينما وركنا معينا لبرامج الاذاعة والتلفزيون والمرأة والعمّال والفلاحين والطلبة ورسائل القراء والوَفيّات .

obituaries

ومما يجب ذكره اخيراً أن الصحافة تشارك مشاركة فعّالة في الحياة الحزبية في العالم العربي . فقد اعتادت بعض الاحزاب السياسية أن تصدر جريدة أو أكثر من جريدة تعبر عن سياستها وتؤيد برنامجها السياسي وتعمل على نشر مبادئها . هذا بالاضافة الى أن بعض الجرائد والمجلات رسمية الطابع اذ تقوم الحكومة بالاشراف عليها وتبدي رأيها ووجهة نظرها من خلالها .

ب.   القراءة الأولى السريعة

الأسئلة العامة

ما اقسام هذا النص الرئيسية هي ؟

جـ.   القراءة الثانية المركّزة

١.   الاسئلة التفصيلية

أ)   استخراج العناصر الأساسية (outline)

ب)   الأسئلة

أجب/أجيبي عن الأسئلة التالية :

١)   قارن/قارني بين صحيفة «التنبيه» وصحيفة «الوقائع المصرية» وصحيفة «الجوائب» (نشأتها، هدفها، أثرها، انتشارها، محرّروها، سياستها) .
٢)   ما أهم وظائف الصحف والمجلات ؟ أعط/أعطي أمثلة عليها .
٣)   ما محتويات الصحيفة اليومية ؟ المجلّة الأسبوعية ؟ المجلة المتخصّصة ؟
٤)   كيف تسهم الصحافة في تطور الحياة السياسية ؟ في التقدم نحو «الديموقراطية» ؟

٢.   المفردات والتعبيرات المفيدة
أسئلة

أجب/أجيبي عن الأسئلة التالية ؟

أ)   أسهم في
كيف تسهم المرأة في الحياة الاجتماعية المعاصرة ؟

ب) لعب دوراً في

أذكر/أذكري أسماء بعض المفكّرين والسياسيين الذين لعبوا دوراً هاماً في تطوير النظام السياسي الامريكي .

جـ) أبناء الشعب

حدثنا عن الدور الذي تلعبه الصحافة في توجيه ابناء الشعب الامريكي.

د) واسع الانتشار

عدّد/عدّدي بعض الصحف الامريكية الواسعة الانتشار .

ه) افتتاحية

ما هي المواضيع التي تشملها الافتتاحية عادة واين نجدها ؟

و) أنباء

ما هي الاوقات التي تذاع فيها الانباء المحلية في التلفزيون الامريكي؟

ز) تعليقات

اذكر / اذكري بعض المواضيع التي تتناولها التعليقات التي نقرأها في الصحف عادة.

ح) موضوع معيّن

اذكر لنا موضوعا معينا تحب/تحبين دائما ان تقرأ/تقرأي عنه وبرنامجاً معينا تحب/تحبّين ان تشاهده/تشاهديه على التلفزيون .

ط) رسائل القرّاء

ما هو الهدف من القسم الخاص برسائل القراء الذي نجده في معظم الصحف ؟

ي) و ممّا يجب ذكره

استعمل عبارة «ممّا يجب ذكره» في ٣ جمل مفيدة مبنية على ما قرأته في هذا الدرس .

٣. التراكيب المفيدة
وظائف

أ) المصدر
تحليل

اقرأ/اقرأي النص الأساسي واختر/اختاري منه ١٠ مصادر ثم اعط/اعطي وظائفها كما جاءت في النص .

مثال : « الاهرام » من اهم الصحف واوسعها انتشاراً .
المصدر : انتشاراً
الوظيفة : تمييز

ب) الإضافة
تحليل

الإضافة كما نعلم أنواع ولها معانٍ مختلفة . بين/بيني معنى كل من الإضافات التالية التي جاءت في النص (بالعربية أو بالانجليزية) . الرقم يشير إلى المقطع .

مثال :

الإضافة	معناها
عنوان النص	العنوان الذي للنص
رسمية الطابع (٥)	لها طابع رسمي / طابعها رسمي
مدينة الاسكندرية (٢)	الواسعة الانتشار (٣)
ازدهار النهضة (١)	إصدار صحيفة (٢)
جامعة دمشق (٣)	أكثر الصحف (٢)
مختلف الأقطار (٢)	أول صحيفة (٢)
وسائل الإعلام (٤)	رجال الفكر (٢)
إذاعة أو أمر الحكومة (٢)	نشر مبادئها (٥)

جـ) النعت (Modification)

تحليل

النعت كما نعلم أنواع وقد جاءت في النص تراكيب مختلفة تنعت أو تصف موصوفاً (head noun) . أذكر/أذكري أكبر عدد ممكن من هذه التراكيب مبيناً / مبينةً النعت وموصوفه ووظيفة هذا الموصوف .

مثال :

التراكيب	الموصوف	النعت	وظيفة الموصوف
(أسماء) الكتب الصادرة (٣)	كتب	الصادرة	مضاف إليه ل « أسماء » (second term of idafa)

ألقسم الثالث : المراجعة

أ. القراءة الجهرية

وليم : تعرف يا سعيد ان «نيويورك تايمز» هي اوسع الصحف الامريكية انتشارا . فهل هناك في العالم العربي صحف لها مثل هذه الشهرة الواسعة ؟

سعيد : في الحقيقة ان هناك صحفا كثيرة تصدر في الاقطار العربية . لكني استطيع القول ان «الاهرام» المصرية و «النهار» اللبنانية من الصحف العربية الواسعة الانتشار .

وليم : وهل تختلف الصحف العربية في موضوعاتها عن الصحف العالمية الاخرى ؟

سعيد : لا . فصحفنا كغيرها من الصحف تحتوي على اخبار وتعليقات متنوعة محلية وعالمية وادبية وسياسية واجتماعية . وهي فوق ذلك تناقش كثيرا من المشكلات التي تهم القراء في حياتهم اليومية ، ولها مراسلون في البلاد العربية والاجنبية الاخرى . وفيها ايضا اعلانات كثيرة .

وليم : وهل تعرف شيئا يا سعيد عن تاريخ الصحافة العربية ؟

سعيد : ما اعرفه هو ان تاريخ الصحافة في العالم العربي يرجع الى بداية القرن التاسع عشر حين جاء الفرنسيون الى مصر واصدروا جريدة سمّوها «التنبيه» وخصّصوها لاذاعة الاخبار الحكومية . وبعدها اخذت الصحف العربية تظهر الواحدة بعد الاخرى وخاصة في مصر التي تعتبر مهد الصحافة العربية .

وليم : وهل لعبت الصحافة دورا في النهضة العربية ؟

سعيد : نعم ، فقد اسهمت الصحافة في نهضتنا الحديثة في نواح متعدّدة . فقد عملت على توجيه الرأي العام سياسيا ، وكان لها اثر فعال في الحياة الحزبية في عدد من الاقطار العربية . وهي ما زالت الى يومنا هذا تلعب هذا الدور. ولا يقتصر دور الصحافة اليوم على هذه الجوانب فقط ، بل ان لها إسهامات كبيرة في الجوانب الاخرى الادبية والفكرية واللغوية .

ب. معاني المفردات والتعبيرات

١. ملاءمة

ضع/ضعي رقم العبارة التي تحتها خط في العمود الأول أمام الكلمة أو العبارة المناسبة في العمود الثاني .

أ) أسهم في تأليف هذا الكتاب مجموعة من الاساتذة — مقالات يوميّة تظهر في الصحف في الصفحة الأولى عادة

ب) يناقش أعضاء الكونغرس مشكلة الشرق الأوسط هذا الاسبوع — عدم أخذ الطعام والشراب من الصباح حتى المساء

جـ) تحتوي جريدة « الشرق الأوسط» على افتتاحيات وتعليقات ثقافية وسياسية — إنسان ، نفس

د) من المستحيل ان تزدهر الصحافة بدون تعاون الحكومات معها — تقدّمت ، اصبحت قويّة

هـ) يتساءل الشباب العرب في حيرة : ماذا سيكون مصير الأمة العربية ؟! — مجموعة ، عدد

و) لقد نسيت أمّي ان تضيف الملح والفلفل إلى الطعام — تشمل

ز) يبلغ عدد المسلمين في العالم اليوم حوالي بليون نسمة — شارك في

ح) للصلاة والصوم أهميةً كبيرة في حياة المسلمين الذين يؤمنون بالله وبيوم الحساب — نهاية ، مستقبل

ك) شاهدت في المطار فريقا من اللاعبين يستعدّون للسفر الى الخارج — لم تتذكّر

ل) توسّعت برامج اللغة العربية في السنوات الأخيرة في كثير من الجامعات — غير الممكن

م) مدير التحرير هو المسؤول عادة عن كتابة الافتتاحيات — يتناول بالتأييد أو المعارضة

٢. ملء الفراغات

املأ/املأي الفرغات بحرف الجر (او الظرف) المناسب.

١. تصبح المدن الواقعة ـــــ الجبال و ـــــ البحار مَقصِداً للناس اثناء فصل الصيف . فتَقْصِدها الجَماهيرُ ـــــ أعداد كبيرة خاصّةً ـــــ شهري يوليو وأغسطس .

٢. لقد قَضَت المسيحية ـــــ عادة الزواج ـــــ اكثر ـــــ إمرأة واحدة وعلى الوثنية في مناطق واسعة ـــــ الدولة الرومانية وعلى عادة عبادة رئيس الدولة او الإمبَراطور كإله .

٣. فريد: ما هي الأمور التي تَبْعَثُ ـــــ ك السرور يا مريم ؟

٤. هناك برنامج على « الكومبيوتر » لِتَيْسير تعلّم الحروف العربية ـــــ الطلاب وكتابتها وقراءتها ـــــ ساعات قليلة كما أن هناك برامج لِتَيْسير تعلّم المفردات .

٥. استطعت أن أدرس في هذه الجامعة ـــــ َفضْلِ مساعدة والديَّ .

٦. يجب أن يقدم كل موظف ـــــ الموظفين الصغار والكبار حِساباً ـــــ وقته وتصرفاته أثناء عمله وأن يُحاسبه الشعب أن لم يُوَفِّ الجمهور حقّه .

٧. سليم : أشار النص الأساسي في الدرس الأول ـــــ بعض المبادئ التي يَقومُ ـــــ ها الزواج السعيد.

٨. كانت مدينة « نيو يورك » تُعرف ـــــ اسم « نيو أمْسْتِرْدام » لكن اسم « نيويورك » غَلَبَ ـــــ ها وأصبح شائعاً .

٩. دافَعَ التكساسيون ـــــ شدة في « الألَمو » ـــــ حقهم في الحصول على الاستقلال ـــــ المكسيك وأظهروا فيها بطولة رائعة . وكان دِفاعُهم ـــــ الموت .

١٠. لَمْ يَمْضِ ـــــ تأسيس الدولة الاسلامية وَقْتٌ طَويلٌ ـــــ امتدّت ـــــ الصين شرقاً وافريقيا واسبانيا غرباً .

١١. وليم : لم أُصْغِ ـــــ خطبة الرئيس امس . هل اقْتَصَرَت ـــــ مواضيع اقتصادية فقط ؟

جـ. تدريبات القواعد

١. التصريف

أ) يقوم الدارسون أولاً بتصريف الأفعال التالية إلى الماضي والمضارع المجهول (الغائب المذكر المفرد 3 m.s.) ثم إلى الأمر والنهي (المذكر المفرد 2 m.s.) بشكل سريع .

مثال : ناقَشَ

ط١ : نوقِش

ط٢ : يُناقَش

ط٣ : ناقِش / لا تناقِشْ

ب) وبعد ذلك يُقَسَّم الصف إلى مجموعات مؤلفة من ٣ طلاب وطالبات ، ويقوم أفراد كل مجموعة باختيار ٤ أفعال ثم استخدام الماضي المجهول والمضارع المجهول والأمر أو النهى في جمل مفيدة .

مثال : ناقَشَ

ط١ : نوقِشت مشكلة الكتابة العربية في المحاضرة أمس .

ط٢ : هل يُناقَش النص الأساسي في كل درس ؟

ط٣ : لا تناقشيني في موضوع السياسة الخارجية !

ناقَشَ	أخبَرَ	دافَعَ عن	قصر
نَسِيَ	أعلن	حاسَبَ	رَفَع
أصْدَرَ	اختارَ	حرَّمَ	أذاع
آذى	أنسى	أقام على	اقتبس

٢. « ما ... مِنْ ... » .

أ) تحويل

يقوم الطلاب ازواجاً بتحويل الجمل التالية التي تشمل « ما ... مِن » إلى جمل فيها اسم الموصول + صلته كما في المثال :

ط١ : قرأت في المكتبة ما كنت ابحث عنه من جرائد محليّة .

ط٢ : هل قرأت في المكتبة كل الجرائد المحلية التي كنت ابحث عنها .

١) تنقل الصحف ما يجري في العالم من حوادث .
٢) اصبح معروفاً بسبب ما كتب في الصحف من تعليقات وافتتاحيات .
٣) قرأنا ما ذكرته هذه الصحيفة من أنباء عالمية .
٤) اطلعوا على ما تناولته المجلة من شؤون صحافية .
٥) أعجبنا ما قرأنا من قصص ومسرحيات .

ب) تكوين جمل

يقوم الطلاب ازواجاً بتوجيه أسئلة واعطاء أجوبة عليها تشمل تركيب «ما ... من ...» كما في المثال :

ط١ : ماذا شاهدت في القدس ؟
ط٢ : شاهدت فيها ما كنت ارغب في زيارته من أماكن مقدّسة .

٣.   **أفعال التسبيب**

أ)   تحويل

حوّل/حوّلي إلي جمل لا تحتوي على معنى التسبيب بحذف (deletion) المسـبّب (agent) وتغيير وزن الفعل .

مثال :   تُخضِع الدول الكبرى الدول الصغرى لسيطرتها ونفوذها
تَخضَع الدول الصغرى لسيطرة الدول الكبرى ونفوذها

أقام الخليفة حكمة على أساس من العدل والمساواة

سَيَقصُر الزائر محاضرته على موضوع واحد فقط

أمضى الأم وقتاً طويلاً وهي تنتظر رجوع ابنها

أذاع الراديو الخبرين فانتشرا بسرعة

حيّرها تصرّفه لكن إيمانه طمأنها

أركبه القائد سيارته وأصعده إلى جبل عال

أنستْها الأحداث مشكلاتنا ولكنها لم تُطمئننا

عوّدتني الاعتماد على نفسي

ب) تحويل

ضع/ضعي الفعل المناسب الذي لا يحتوي على معنى التسبيب بجانب فعل التسبيب وترجم/ترجمي الجملة إلى الانجليزية كما في المثالين التاليين .

مثال ١ : طَمْأَنَهم

طمأنهم فاطمأنّوا — He put their mind at ease and so they were reassured

مثال ٢ : أضحكني

أضحكني فضحكت — He made me laugh and so I laughed

أجلسها	أحرقه	أحزنكم	أدخلكن
أسكتنا	أسمعك	أبكاهم	حفّظنا
خيرك	قواهما	خوّفك	أخضعها
أظهره	حيّركِ	طَمْأنني	

جـ) تكوين جمل

أعِد/أعيدي التمرين السابق « ب) » كما في المثالين التاليين :

مثال ١ : طمأنهم

حاول أن يطمئنهم فلم يطمئنوا

مثال ٢ : أضحكني

حاول أن يضحكني فلم أضحك

د. الترجمة

The Call of Islam

The missionary call of Islam not only transformed pagan tribal Arab society into a vast empire but also has helped determine the structure of Islamic societies around the world. The Arab world is proponderantly muslim, of course, but it is also the home of many other religions too, such as Christiantity, Judaism, and the Druze, Bahai, Yezidi and other faiths. This is an important point: not all Arabs are Muslim, and not all Muslims are Arab. Non-Arab Muslim nations are found in Africa and many parts of Asia--South Asia, e.g., Pakistan; Central Asia, e.g. in several Soviet republics such as Turkmenistan and Uzbekistan; and Southeast Asia, such as Malaysia and Indonesia. There are also important Muslim minorities in China, the Philippines, and the United States.

It is noteworthy that Islam is a comprehensive religion, affecting all aspects of people's life -- religious, social, cultural, political, economic, and artistic.

القسم الرابع : التطبيقات

أ. النشاطات الشفوية

أسئلة

١. تصفح/تصفحي (thumb through) جريدة عربية في مكتبة الجامعة واكتب/اكتبي تقريراً عن أوجه الشبه والفروق بين الصحف العربية والصحف الأمريكية بالنسبة الى محتوياتها ؟

٢. ما الأشياء التي كنت ترغب/ترغبين في تعلّمها عن الصحافة العربية ولم تجدها/تجديها في هذا المقال ؟

٣. أنت صحفي/صحفية عربي/عربية تزور/تزورين صف اللغة العربية في احدى الجامعات الأمريكية . أجب/أجيبي عن أسئلة الطلاب حول الصحافة العربية بشكل عام . (يقوم احد الدارسين بدور الصحفي/الصحفية ويبدأ الطلاب بتوجيه الأسئلة إليه/إليها في الصف) .

٤. قارن/قارني بين دور وسائل الإعلام في النظام «الديموقراطي» ودورها في النظام «الدكتاتوري» .

ب. النشاطات الكتابيّة

إنشاء

اختر/اختاري موضوعاً واحداً فقط (٧٥ كلمة تقريباً)

١. اكتب/اكتبي عن الصحافة في بلدك والدور الذي تلعبه في توجيه الرأي العام .
٢. تصفّح/تصفّحي عدداً من أعداد مجلة «العربي» الأخيرة وصفها/صفيها وصفاً شاملاً (نوعها ، عدد صفحاتها ، مصدرها ، محررها ، ناشرها ، محتوياتها ، اتّجاهها السياسي ... إلخ) .
٣. يقوم كل طالب/طالبة ببحث عن واحدة من المجلات التالية وبكتابة تقرير عنها (بالنسبة إلى تاريخها ، أهدافها ... إلخ) . يقرأ بعض التقارير في الصف على أن لا يزيد كل تقرير عن دقيقتين .

أ) « الهلال »
ب) « الضياء »
جـ) « الاستاذ »

ملحقات : دراسات معجميّة

أ. مفردات من جذر واحد

ع ل م

١. عَلِمَ ـَ ه/ب ، عِلْمٌ	to know, have knowledge (of s.th.) to be familiar with to learn, come to know (perfect sense)
٢. عَلَّمَ ه ، تَعْلِيمٌ عَلَّمَ على	to instruct, brief, train, educate, teach s.o. s.th. to put a mark on, provide with a distinctive mark
٣. أَعْلَمَ ه/ب ، إِعْلامٌ	to let s.o. know (about) s.th. to notify, apprise s.o. of s.th.
٤. تَعَلَّمَ ه ، تَعَلُّمٌ	to learn, study s.th., to be educated
٥. اِسْتَعْلَمَ ه عن ، استعلام	s.th. to ask s.o. about s.th. to inform oneself about
٦. عِلْم	knowledge; information
عِلْمٌ - عُلومٌ	science(s)
علم الاجتماع	sociology
علم الحيوان	zoology
علم التربية	pedagogy
علم اللغة	linguistics
علم النفس	psychology
علم وظائف الأعضاء	physiology
٧. عَلَمٌ - أَعْلامٌ	flag, banner; an authority, star

٨. عالَمٌ - عَوالِمُ	world, universe, cosmos
عالَم الحيوان	the animal kingdom
٩. عَلمانيّ	international, world-famous
١٠. عَلْماني	secular, lay
١١. علاّمَة	very learned man
١٢. عَلامَة - عَلامات	sign, token, mark
علامة الاستفهام	question mark
١٣. مَعْلَم - مَعالِمُ	distinguishing mark, characteristic, landmark
١٤. تَعْليم	instruction, training, schooling
تَعْليم - تَعْليماتٌ	instructions, directives
١٥. إِعْلامٌ - إِعْلاماتٌ	notification, advice, information
١٦. اسْتِعلامٌ - اسْتِعْلاماتٌ	inquiry about; (pl.) information
١٧. عالِم - عُلَماءُ	learned; scholar
١٨. مَعْلومٌ	known; given; of course!
المَعْلوم	the active voice (grammar)
مَعْلوم - مَعْلومات	known facts, data, news, perceptions
١٩. مُعَلِّم - مُعَلِّمون	teacher, instructor
٢٠. مُعَلَّم عليه	marked, designated
٢١. مُتَعَلِّمٌ - مُتَعَلِّمون	educated person

ب. التوسُّع في المعاني

١. شَهِدَ ـَ ه ، شُهُودٌ	to witness, experience
شَهِدَ ـَ ب/أنَّ ، شَهادَة	to bear witness, certify
٢. حَرَّرَ ه ، تَحْرير	to edit
حَرَّرَ ه ، تَحْريرٌ (أعطاه الحرية)	to set free, liberate, emancipate
حَرَّرَ رسالة ، تَحْريرٌ	to compose
امتحان تَحْريريٌّ	a written exam
٣. عَيَّنَ ه ، تَعْيينٌ	to specify, mark
عَيَّنَ ه ، تَعْيين ؛ تَعْييناتٌ	to appoint, give s.o. an assignment

الدرس الثامن

التَّعْليمُ في البُلْدانِ العَرَبِيَّة

القسم الأول : التمهيد

أ. أسئلة قبل القراءة

١. ما هي مراحل التعليم في بلدك ؟

٢. في أي مرحلة دراسية انت الآن ؟

٣. مَن يشرف على التعليم في بلدك ؟

٤. ما هي بعض المشكلات التي يواجهها التعليم في بلدك ؟

٥. ماذا تعرف /تعرفين عن التعليم في البلدان العربية ؟

ب. المفردات الجديدة

١. كان عدد المدارس في أوائل هذا القرن **مَحْدوداً** في العالم العربي ، لا يزيد عن بضع مئات.

مَحْدودٌ (قليل / له حدود)

حَدَّ ـُـ ه ، حَدٌّ ؛ حُدودٌ — to delimit, limit, set bounds to s.th.

٢. لا يتّفق جميع المفكرين على **مَفْهوم** الحضارة لأنه **مَفْهوم** متعدد النواحي من الصعب تحديد معناه .

مَفْهومٌ - مَفاهيمُ (فكرة عامّة وما يشمل معناها) — concept

٣. الخنساء شاعرة عربية **ذات** شهرة واسعة، وشِعْرها **ذو** طابع خاص يدل على امرأة عرفت الحزن العميق وعرفت كيف تعبّر عنه باسلوب رائع .

ذات (لها / تملك)

ذو [مؤنث : ذات] – ذوو [مؤنث ذوات] — possessor, owner of; endowed, provided with

٤. كان **نَصيب** المرأة من العلم والتعليم في الماضي محدوداً جداً ولذا فقد كان عدد النساء المتعلمات قليلاً جداً .

نَصيبٌ من – نُصُبٌ / أنْصِبَةٌ (جزء مُخَصَّص) — share of

٥. معروف عن البدو انهم يكرمون الزائر . **فما إنْ** يَرَوْنَه مقبلاً عليهم **حَتّى** يسرعون الى الترحيب به وتقديم الطعام له .

ما إنْ ... حَتّى (حالَما / أوَّلَ ما / حينَ) — no sooner than ... when ...

٦. لا تختلف **مَراحِلُ** التعليم في البلاد العربية اليوم عن مراحل التعليم في امريكا ، فهناك المرحلة الابتدائية والاعدادية والثانوية والجامعية .

مَرحَلَةٌ – مَراحِلُ (قِسْم) — stage, phase

٧. قد **سَبَقَت** بريطانيا غيرها من الدول **إلى** انشاء المصانع الحديثة وهكذا اصبحت اولى الدول الصناعية في العالم في القرن التاسع عشر.

سَبَقَ ـُ ه إلى ، سَبْقٌ (جاء قبل) — to precede, outstrip s.o. at, in

٨. إذا نظرنا إلى التاريخ الحديث فإننا **نُلاحِظُ** أنه ما أن انتهت الحرب العالمية الثانية حتى اخذت حركات الاستقلال تنتشر في معظم الاقطار الاسيوية مثل الهند والباكستان وغيرها .

لاحَظَ ه/أنّ ، (شاهَدَ ، رأى) ؛ مُلاحَظاتٌ — to note, observe

٩. ونلاحظ ايضاً حركات **مُماثِلَة** في البلاد الافريقية وان جاءت متأخرة عن غيرها .

مُماثِلٌ (له كثير من أوجه الشبه) — similar, analogous

ماثَل ه ، مُمَاثَلَة / مِثالٌ ؛ أمْثِلَةٌ

١٠. تحاول معظم الدول العربية اليوم نشر التعليم في كل المناطق **لا سِيَّما** في المناطق القروية بين الفلاّحين .

لا سِيّما (خاصّةً)

١١. كما ان هذه الحكومات تحاول ايضاً ان **تُوَفِّرَ** المياه الصالحة للشرب والمؤسسات الطبية الحديثة في كل قرية .

وَفّر ه لِ ، تَوْفيرٌ (جَعَلَ شَيْئاً متوفّراً أو موجوداً) — to provide s.th. (to s.o.)

١٢. لا تقبل الجامعات الممتازة الا الطلاب **المُتَفَوِّقِينَ** الممتازين في دراستهم الذين تخرّجوا من الطلاب الاوائل في المدرسة الثانوية .

مُتَفَوِّقٌ – مُتَفَوِّقون (امتاز عن غيره / سبق غيره) — top-ranking, outstanding

تَفَوّقَ على ، تَفَوُّقٌ

١٣. حصلت ليلى على منحة للدراسة في لندن **على حِسابِ** الحُكومَة الاردنية لأنها من الطالبات المتفوّقات . أمّا سعاد فبالرغم من تفوقها في دراستها الا انها لم تحصل على منحة وهي تدرس على حسابها الخاص .

على حِسابِ (الحكومة) — at (the government's) expense

(الحكومة هي التي تدفع ما يحتاج اليه من مال)

١٤. هذه المرأة ذات علم ومعرفة واخلاق وشهادات عالية . فهي **جَديرَة بالاحترام** والتقدير . ولكن من **الجَدير بِالذكْر** ان نصيبها من الترقية الى الوظائف العالية لم يكن كبيراً .

جَديرَةٌ بـ (لها الحق في) — worthy of, deserving

مِنَ الجَديرِ بالذِكْرِ أنّ — to be worth mentioning that ...

(مما يجب ذِكْرُه / من المهمّ ان يُقال)

جَدُرَ ـُ ب ، جَدارَةٌ : جَديرٌ - جُدَراءُ / جَديرون

١٥. يشتد الخلاف في كل عصر بين **الأجْيال** . **فالجيل** القديم يعتقد ان **الجيلَ** الصاعد لا يهتم بالمبادئ والاخلاق التي سار عليها وآمن بها . والجيلُ الجديد بدوره يؤكد ان **الجيلَ** السابق لا يقدّر تطور الاحداث .

جيلٌ - أجْيالٌ — generation

١٦. التعليم **مَجّانيٌّ** او على حساب الحكومة في جميع المدارس الحكومية في البلاد العربية . امّا في المدارس الخاصة فهو على حساب الطالب .

(تعليم) مَجّانِيٌّ (على حساب الدولة) — free (education), gratis

١٧. اصبح التعليم **إلْزامياً** في المرحلة الثانويّة في معظم الدول الأوروبيّة . فالقانون **يُلْزِم** جميع الأولاد والبنات **على** الذهاب الى المدارس حتى هذه المرحلة الدراسية .

أَلْزَمَ ه على ، إلزامٌ : إلزامي — to compel, oblige, force

(جعله يفعل شيئاً سواء أراد أم لم يُرد)

إلْزامِيٌّ (واجب على الجميع ، لا بد منه) — compulsory

١٨. تحاول معظم الدول الشرقيّة القضاء على مشكلة **الأُمّيَّة** بزيادة عدد المدارس للكبار والصغار لتعليم كل المواطنين القراءة والكتابة .

الأُمِّيَّةُ (عدم معرفة القراءة والكتابة)

١٩. تحاول بعض الدول العربية نشر التعليم **المِهَنِيّ** الذي يُؤَدّي إلى الوظائف في المصانع والتعليم **الفَنِّيّ** الذي يؤدي إلى الأعمال التي لها علاقة بالفنون مثل الرسم والتصوير والفنون الجميلة الاخرى .

التَّعْليمُ المِهَنِيُّ (يُعِدّ الطلاب لوظيفة في الصناعة أو الزراعة) vocational/ technical education

مِهْنَةٌ - مِهَنٌ (مثل الطب والهندسة والتعليم) profession, trade, business

مِهَنِيٌّ - مِهَنِيّونَ (اصحاب المهن)

التَّعْليمُ الفَنِّيُّ (يعد الطالب للاعمال الفنّية) artistic education

فَنٌّ - فُنونٌ the fine arts

(مثل الرسم والموسيقى إلخ التي تسمّى الفنون الجميلة)

فَنِّيٌّ - فَنِّيّون (أصحاب الفنون) specialist; professional; technician

فَنّانٌ - فَنّانون artist

(صاحب موهبة فنية كالموسيقى والمصوّر والشاعر)

٢٠. تقبل اعداد كبيرة من الطلاب عادة على التعليم **النَّظَرِيّ** الذي يؤدي الى وظائف ادارية في المكاتب سواء في الحكومة ام في الشركات .

نَظَرِيٌّ (عكس مهني أو فنّي) theoretical (i.e. not vocational or applied)

٢١. الطالب : ما **الوَسائِل** الناجحة في تَعَلُّم اللغات الاجنبية ؟

الاستاذ : أهمها الحفظ والترديد والمراجعة والاستعمال المستمر لما نتعلّمه .

وَسيلَةٌ - وَسائِلُ means, instrument

٢٢. هناك **أنْواعٌ** كثيرة من الحيوانات ، منها الصغير ومنها الكبير ومنها ما يعيش مع الإنسان أو منه ومنها ما يعيش بعيداً عنه .

نَوعٌ - أنْواعٌ (قسم) — type, kind, sort, variety

نَوَّع ه ، تَنْويعٌ (جعله أنواعاً)

٢٣. أصبح من الضروري جداً **تَشْجيعُ** الطلبة في جميع المدارس والجامعات **على** دراسة اللغات الاجنبيّة لأهميتها في انشاء العلاقات الثقافية القوية بين دول العالم وفي زيادة الترابط في المجتمع الدولي .

شَجَّعَ ه على ، تشجيعٌ (جعله يرغب في القيام بعمل ما) — to encourage s.o. to do s.th.

٢٤. تواجه بعض دول العالم الثالث مشكلة اقتصادية واجتماعية كبرى وهي عدم توفّر عمل **لخِرّيجي** الكلّيّات النظرية . ويُقال إن الذين يحصلون على الشهادات الجامعية ولا يجدون عملاً في مصر مثلاً يُعدّون بمئات الآلاف .

خِرّيجٌ - خِرّيجون (من يكمل مرحلة دراسية معيّنة) — graduate

٢٥. يعتقد كثير من اعضاء المهن التعليمية ان **الرَّواتِبَ** التي تُعطى لهم ليست مماثِلة لرواتب المهنيين الاخرين وليست مطلقاً على مستوى الخدمات التي يقدمونها للمجتمع .

راتِبٌ - رَواتِبُ — salary

ج. التعبيرات الحضارية

١. مدارس «الكتاتيب»

ظهرت في معظم البلدان العربية أثناء الحكم التركي مدارس خاصّة لتعليم مبادىء الدين الاسلامي واللغة العربية والحساب ، وكانت هذه المدارس تسمّى « الكتاتيب » . (مفردها « الكتّاب »)

٢. جامع الأزهر / جامعة الأزهر

كان التعليم في «جامع الأزهر » حتى منتصف هذا القرن مقتصراً على العلوم العربية والاسلامية بجميع أنواعها ، أما الآن فقد أصبح جامع الأزهر جامعة تدرس فيها جميع الموضوعات التي تدرّس في الجامعات الحديثة وتغيّر اسمه الى «جامعة الأزهر» .

٣. التعليم المجّاني

تشرف وزارات التربية والتعليم في معظم الاقطار العربية على التعليم في جميع مراحله ، فتقوم بتعيين المعلمين والمعلمات وتحدّد مناهج التعليم وتوفّر التعليم النظري والمهني لجميع الطلاب مجّاناً .

٤. مشكلة الأميّة

تحاول الدول العربية في الوقت الحاضر القضاء على « الأميّة» بزيادة عدد المدارس وفتح صفوف مسائية يتعلّم فيها الكبار من الرجال والنساء . ونتيجة للجهود العظيمة التي تبذلها الوزارات المختصّة فقد أصبحت نسبة الأمية أقلّ بكثير ممّا كانت عليه في الخمسينات والستّينات من هذا القرن.

٥. (توضيح لنظام التعليم النظري والمهني (العملي) في الجامعات والمدارس العربية) .

القسم الثاني : القراءة والاستيعاب

أ. النص الأساسي

التعليم في البلدان العربية

كان التعليم في جميع البلدان العربية قبل القرن التاسع عشر محدودا ، ولم تكن هناك مدارس بالمفهوم الحديث بل كانت هناك مدارس ذات طابع ديني تسمّى « الكتاتيب » (جمع «كُتّاب») يعلّم فيها القرآن والكتابة والقراءة والدين واللغة والحساب . وبعد ذلك كان الطالب المتفوق الراغب في التخصّص في الفِقْه ينتقل الى « المدرسة » حيث تُدرس العلوم الدينية والعلوم المصاحبة لها كالعلوم اللغوية والأدب. وكانت المساجد تلعب دورا مهما كمعاهد للتعليم كما نجد في جامِع الازهر في القاهرة (جامعة الازهر الآن) وجامع القَرَوِيّين في فاس في المغرب وجامع الزيْتونَة (جامعة الزيتونة الآن) في مدينة تونس وبعض الجوامع الأخرى في النَّجَف وكَرْبَلاء في العراق. ومن المعروف ان التعليم في هذه المعاهد كان مقتصرا على الرجل ولم يكن للمرأة منه نصيب كبير .

Islamic law and Jurisprudence

mosque

Fez

Najaf; Karbala

وما إن بدأ القرن التاسعَ عشرَ حتى شهدت البلاد العربية نهضة شملت التعليم في مختلف مراحله . وقد سبقت مصر غيرها من الاقطار العربية إلى انشاء المدارس الحديثة لتعليم اللغات والعلوم المختلفة و تنظيم المدارس الابتدائية والثانوية و اقامة مدارس خاصة للبنات. وقد تأخر ظهور الجامعات في مصر حتى سنة ١٩٠٨ حين أنشئت « الجامعة المصرية » التي تُعرف اليوم باسم جامعة القاهرة . ثم أُسِّسَت جامعات اخرى كجامعة الاسْكَنْدَرِيَّة (١٩٣٨) وعَيْن شَمْس في القاهرة (١٩٥٠) وجامعة أسْيوط في جنوب مصر (١٩٥٧) . واذا انتقلنا الى الاقطار العربية الاخرى فاننا نلاحظ نهضة مُماثِلَة وإنْ جاء ت متأخرة بالنسبة الى مصر . فقد حاولت الدول العربية نشر التعليم لا سيّما التعليم الابتدائي والثانوي وتيسيره لأكبر عدد ممكن من المواطنين ، كما حاولت ان توفّر لهم التعليم الجامعي بتأسيس معاهد عالية وارسال الطلبة المتفوقين للدراسة على حسابها في اقطار اخرى عربية وأجنبية . ونذكر من هذه الجامعات الكبرى جامعة دمشق وجامعة بغداد والجامعة الاردنية وجامعة الرباط وجامعة الرياض وجامعة الكويت .

ومن الجدير بالذكر ان التعليم في معظم المدارس حكومي تشرف عليه وزارات التربية والتعليم . غير ان هناك بعض المدارس والمعاهد الخاصة الأهْليّة والتي تملكها مؤسسات وطنية وأجنبية والتي انشئ عدد كبير منها في القرن التاسع عشر وأوائل القرن العشرين . ولقد ساهمت هذه المعاهدالاجنبية مساهمة فعالة في النهضة التعليمية وربّت اجيالاً من المثقفين والمثقفات العرب سواء كان في المرحلة الجامعية كالجامعة الامريكية والجامعة اليسوعية في بيروت والجامعة الامريكية في القاهرة ام في مرحلة ما قبل الجامعة كمدارس الفرندز (Friends) والرّاهبات والإرْساليّات المختلفة الدينية وغير الدينية . والتعليم الحكومي الآن مجاني في جميع مراحله . وقد اصبح الزاميًا في المرحلة الابتدائية في جميع البلدان .

national, native

nuns
missions

وبالرغم من التقدم الكبير الذي حققته البلاد العربية في التعليم فانها لا تزال تواجه مشكلتين كُبْرَيَيْن. أولاهما هي مشكلة الاميّة ، ونسبتها عالية في بعض الاقطار. وثانيتهما مشكلة التعليم المهني او الفني . ومن اسبابها الرئيسية ان جمهور الطلاب لا يقبلون على التعليم المهني اقبالَهم على التعليم النظري الذي يرونه وسيلة للوصول الى مراكز مهمة في الادارات الحكومية وان الحكومات العربية لم تهتم بهذا النوع من التعليم اهتماما كبيرا إلا في السنوات الاخيرة . وتحاول معظمُ هذه الحكومات اليوم تشجيع وتيسير التعليم المهني او الفني بانواعه المختلفة كالتعليم الزراعي والصناعي والتجاري وذلك بزيادة عدد المدارس الفنية وتوفير العمل لخرّيجيها برواتب مشجّعة وتوجيه الطلبة توجيها يرفع من اهمية التعليم المهني .

ب. القراءة الأولى السريعة

الأسئلة العامة

اعط/ي عنوانا ثانويا (subtitle) لهذا النص يلخّص (summarize) محتوياته .

التعليم في العالم العربي : ______________________

جـ. القراءة الثانية المركّزة

١. الاسئلة التفصيلية

أ) استخراج الأفكار الرئيسية (main points)

ما اهم الامور التي يناولها الكاتب في كل مقطع من هذا النص ؟

ب) ملاءمة

لائم بين العبارات في العمودين الأول والثاني وذلك بوضع الرقم المناسب أمام العبارات في العمود الثاني التي تكمل العبارات في العمود الأول .

١) أصبح التعليم بمفهومه الحديث معروفا في العالم العربي	ـــ عام ألف وتسعمئة وثمانية
٢) كان يغلب على المدارس القديمة	ـــ التعليم المهني
٣) انشئت أول جامعة عربية	ـــ ربّت اجيالاً عدّة من المثقّفين العرب
٤) كان التعليم قبل عصر النهضة	ـــ ركن هام من اركان النهضة الصناعية
٥) التعليم في الاقطار العربية مجاني	ـــ مع بداية القرن التاسع عشر
٦) هناك معاهد أجنبية دينية كثيرة	ـــ مقتصراً على الأولاد
٧) التعليم الصناعي هو أحد أنواع	ـــ لتدريس العلوم الدينية والشريعة
٨) تقوم الحكومات العربية اليوم بتشجيع التعليم المهني لأنّه	ـــ في معظم مراحل الدراسة
٩) كانت « المدرسة » مؤسسة دينية	ـــ الطابع الديني

جـ) أسئلة

١) ماذا تعني عبارة « لم تكن هناك مدارس بالمفهوم الحديث » ؟
٢) كيف يتم « توجيه الطلبة توجيها يرفع من اهمية التعليم المهني » ؟
٣) ما أهم خصائص (characteristics) التعليم في العالم العربي ؟

٢. المفردات والتعبيرات المفيدة

أ) أسئلة

١) ذات طابع
اذكر/اذكري (١) بعض المدارس أو الكليّات الأمريكية ذات الطابع المهني. (٢) بعض الجامعات الامريكية ذات الطابع الديني.

٢) على حساب
ما هي المراحل الدراسية التي يتمّ فيها التعليم على حساب الحكومة في الولايات المتحدة ؟

٣) رَفَعَ ـَ ه ، رفع
ما بعض الامور التي يمكن رفعها ؟ (مثلاً الرأس ، الصوت ، المستوى الخ)

ب) تعريف (identification)

١) عرّف/عرّفي كُلاً من التعبيرات التالية

التعليم المهني
مجاني
الطلبة المتفوقين
مدارس نموذجية
الأمية

٢) رواتب مشجعة

لماذا تعطي الحكومات العربية العمال والخبراء الاجانب رَواتبَ مشجّعة ؟

جـ) إكمال

١) من الجدير بالذكر

من الجدير بالذكر أن الصحافة ــــــــــــــــ وان المعاهد الاجنبية ــــــــــــــــ وان المساجد ــــــــــــــــ .

٢) لا سيما

تتفوّق مصر على غيرها من البلدان العربية ولا سيّما في ــــــــــــــــ .

٣. التراكيب المفيدة

أ) المصدر

١) تحليل الوظائف

حاول / حاولي تحديد وظيفة المصدر ومعناه في الامثلة التالية التي جاءت في القطع الأخير من النص .

اقبالَهم على ... ، اهتماماً كبيراً ... ، توجيهاً يرفع من اهميّة ...

٢) تحليل الأعمال والوظيفة

في الامثلة التالية حدّد/حدّدي العلاقة في الاضافة بين المصدر (المضاف) والكلمات التي بعده (المضاف اليه) ثم بيّن/بيّني وظيفة المصدر في جملته .

الإضافة	العلاقة المعنوية	وظيفة المصدر في جملته
مثال : انشاء المدارس (١) (٢)	المدارس مفعول به لانشاء	مجرور بـ «في»
ظهور الجامعات (٢ ، ٤)	ارسال الطلبة (٢ ، ١٠)	تيسيره (٢ ، ٩)
اقبالَهم (٤ ، ٤)	زيادة عدد المدارس (٤ ، ٧)	توفير العمل (٤ ، ٨)

٣) تحويل

قد راينا من امثلة كثيرة سابقة انه من الممكن في العربية في معظم الاحيان تحويل المصدر المؤوّل (syndetic noun clause) الى مصدر صريح (true masdar construction) وبالعكس . قم /قومي بهذه العملية : مؤول ——> صريح في الجملتين التاليتين :

« فقد حاولت ... اجنبية » (٢ ، ٨ - ١١)

« وتحاول معظم ... المهني » (٤ ، ٦ - ٩)

ب) الجملة الشرطية بـ « اذا »

١) إكمال

راينا فيما سبق جملاً شرطية «باذا» جوابها فعل ماضي . في هذا النص جملة شرطية «باذا» جوابها يبدأ بكلمة «فانّ» هي :

اذا انتقلنا الى الاقطار العربية الاخرى فاننا نلاحظ ... (٢ ، ٦-٧)

المطلوب اكمال الجمل التالية على هذا النحو باستخدام اكبر عدد ممكن من الافكار والمفردات الجديدة من النص :

إذا درسنا التعليم في العالم العربي قبل القرن التاسع عشر فإننا ــــــــــــــ .

واذا اردنا وصف التعليم الان في العالم العربي فإننا ــــــــــــــ .

واذا القينا نظرة عميقة على ما تم من تقدم في النواحي التعليمية في العالم العربي فإننا ــــــــــــــ .

اذا حاولنا تحديد ــــــــــــــ فإننا ــــــــــــــ .

٢) تكوين جمل

المطلوب كتابة ٥ جمل شرطية أخرى بـ « إذا » مبنية على أفكار النص ومفرداته .

القسم الثالث : المراجعة

أ. القراءة الجهرية

عبدالله : كم نسبة الاميّة عندكم في لبنان يا فؤاد ؟

فؤاد : نسبة الاميّة عندنا لا تزيد عن ١٠ ٪ (10%) من مجموع عدد السكان ، لان تاريخ التعليم في لبنان قديم يرجع الى اواخر القرن الثامن عشر حين انشئ كثير من المدارس الاهلية والاجنبية ولأن الحكومة بعد الاستقلال اخذت تهتم بتشجيع التعليم وتوفيره للمواطنين جميعا . وماذا عن تطوّر التعليم في اليمن ؟

عبدالله : لم يكن عندنا مدارس بالمفهوم الحديث في أوائل هذا القرن لان التعليم كان يقتصر على مبادىء الدين واللغة والحساب . ولكن مع بداية السِّتّينات من هذا القرن بدأت المدارس الحديثة بالظهور وصار التعليم مجانياً في مراحل التعليم كلها كما انشئت مدارس خاصة للبنات . والتعليم عندنا اليوم الزامي خاصةً في المرحلة الابتدائية .

فؤاد : نحن نواجه مشكلة من نوع آخر هي كثرة عدد الخريجين في ميدان التعليم النظري وقلة عددهم في ميدان التعليم المهني على الرغم من ان الدولة تحاول توجيه الطلاب نحو الاختصاصات المهنية ولا سيما الزراعية منها وتحاول ان تعطي المدارس المهنية النصيب الاكبر من الاهتمام .

عبدالله : لم نواجه هذه المشكلة بعدُ لان عدد المعاهد العالية عندنا محدود . فهناك جامعة واحدة فقط في العاصمة صنعاء . ولذلك فان الحكومة ترسل كثيرا من الطلاب الى الخارج للدراسة على حسابها . وانا واحد من الذين ارسلتهم الى الولايات المتحدة .

فؤاد : عندنا عدة معاهد للتعليم العالي في لبنان اهمها الجامعة الامريكية التي تأسست في اواسط القرن التاسع عشر القدِّيس يُوسُف (Universite St. Joseph) وجامعة « اليسوعية » (Jesuit) . وهناك ايضا الجامعة اللبنانية وهي الجامعة الحكومية الوحيدة . لكن هناك طلاب لبنانيون كثيرون يسافرون للدراسة في الخارج ، ولكن على حسابهم .

ب . معاني المفردات والتعبيرات المفيدة

١. ملائمة

ضع رقم العبارة التي تحتها خط في العامود الاول بجانب العبارة التي تؤدي معناها في العامود الثاني :

أ) لاحمد شوقي شهرة ادبية واسعة ولا سيما في ميدان الشعر المسرحي.

ب) كتب رئيس تحرير صحيفة «الجمهورية» افتتاحية خصصها للتعليق على السياسة الاقتصادية الجديدة.

جـ) الفقر والامية هما من المشكلات الواسعة الانتشار في بلدان العالم الثالث

د) لم يكن دور المساجد في العالم العربي مقتصرا على الجانب الديني فقط بل انها لعبت دورا فعالا في تاريخ التربية والتعليم.

هـ) طارت قلوب الطلاب فرحاً عندما علموا بان الحكومة قررت ارسالهم للدراسة على حسابها

و) اخيراً ادرك الزوج بأنه من المستحيل ان يعيش مع امرأة لم تستطع ان تملك قلبه

ز) طابع الوصف والمدح يغلب على القصائد في العصر الجاهلي

ح) من الجدير بالذكر ان وزير التجارة اصدر الشهر الماضي قراراً بالبدء بالمشروع الجديد بحيث ينتهي العمل فيه مع نهاية العام الحالي

ط) اعتاد أخي على تحرير ركن معيّن من الجريدة

— الموجودة في كل مكان

— شعروا بالسرور والسعادة

— غير الممكن

— وبصورة خاصة

— من المهم ان نقول

— يتناول موضوعات خاصة

— مقالة يومية تظهر عادة في الصفحة الاولى من الجريدة .

— يظهر بشكل واضح في

— تركت اثرا قوياً

ج. تدريبات القواعد

١. الجمل ـــــ ـــــ ـــــــــ

اعط/اعطي جموع الأسماء التالية ثم استعمل/استعملي الجموع في جمل مفيدة كما في المثال .

المفرد	الجمع	جمل مفيدة
مُواطِنٌ	مواطنون	ماذا يجب على المواطنين ان يقدّموا لبلادهم ؟

مهنة	راتب	برنامج	نوع	مفهوم
قبر	خطأ	مرة	نبأ	شأن
فلاح	إعلان	عامل	فريق	قطر

٢. الاستثناء (exceptives)

يقوم الدارسون أزواجاً بتوجيه الأسئلة التالية والاجابة عنها مستعملين « إلاّ » بعد جملة منفية (negative) والتعبيرات التي بين القوسين .

ط١ : ما الموضوعات التي درستها في الجامعة على حساب الحكومة ؟ (العلوم النظرية)

ط٢ : لم ادرس الا العلوم النظرية .

أ) ماذا قرأت في الجريدة هذا الصباح ؟ (الافتتاحية و الاخبار المحلية فقط)

ب) هل التعليم الزامي في جميع المراحل ؟ (في المرحلة الابتدائية فقط)

ج) ماذا اعدّت الزوجة لزوجها ؟ (البيض المقلي فقط)

د) كم مسرحاً في هذه المدينة ؟ (مسرح واحد فقط)

ه) من يدخل الجنة من اهل الارض ؟ (الذين عملوا صالحاً)

و) كم شهراً يصوم المسلمون كل عام ؟ (شهر رمضان فقط)

٣. الاستدراك والاستثناء

تحويل

يقوم الدارسون أزواجاً بتحويل الجمل التالية المشتملة على «الاّ» الى جمل مشتملة على «لكنّ » و«الاّ انّ » و«غير انّ» كما في المثال :

ط١ : طبخت جميع الاكلات الا الكبة.

ط٢ : طبخت جميع الاكلات ألا أنها لم تطبخ الكبة.

ط٣ : طبخت جميع الاكلات ولكنها لم تطبخ الكبة .

ط٤ : بالرغم من أنها طبخت جميع الاكلات غير انها لم تطبخ الكبة .

أ) قبلوا جميع الاقتراحات الا اقتراح صاحبي .

ب) شهدت الاقطار العربية تطورات سريعة في جميع الميادين الا الميدان الصناعي .

جـ) اضافت والدتي كل شيء الى الطعام الا البصل .

د) يعلّق على جميع أقسام الصحيفة الا ركن المرأة .

هـ) سيناقش الشيخ المبادئ الاسلامية وفوائدها الاّ الصوم .

و) هؤلاء النساء متفوقات في كل ميدان الا في الاعمال اليدوية .

٤. معاني « ما »

يقوم الدارسون أزواجاً بقراءة الجمل التالية وتبيين أنواع ومعاني «ما» فيها كما في المثال :

ط١ : ما اجمل هذه المناسبة!

ط٢ : ما التعجبيّة

أ) ما هي العوامل التي لعبت دورا فعالا في ازدهار الصحافة وتوجيهها ؟

ب) يرفض افراد القبيلة الخضوع لرئيسهم اذا ما شعروا انه يريد الاساءة اليهم .

جـ) اصبح العرب امة واحدة بعد ما كانوا قبائل متعددة قبل الاسلام .

د) ما استطاعوا حل مشكلة حركات الاعراب حتى الان .

هـ) ما اجمل اسواق مدينة القدس ومقاهيها !

و) وما هي الا لحظات حتى بدأ بقراءة قصيدته الرائعة .

ز) سأصبح غنياً يوماً ما ، ان شاء الله .

ح) ومما يجب ذكره ان للصوم والصلاة فوائد عديدة .

ط) لن يكون مصيره النار ما دام يقوم باعمال صالحة .

ي)	الام الخلاف بينكم وعلام يدل؟

ك)	ط١ : هل تعرف مفردات هذا الدرس

ط٢ : الى حدّ ما

ل)	سيبقون في أمريكا ما الحرب قائمة في بلادهم .

م)	ما تقدموا من خير تجدون عند الله

ن)	هذه أسئلة ما قبل القراءة

س)	لديه ما يسعده ويُغنيه

ع)	أعطاه أحسن ما عنده

ف)	قلما يسيء الصالح إلى أحد

ص)	لطالما حدثته ولم يسمع

ق)	طالما أنت هنا احترم عاداتنا

ر)	كثيراً ما أزورك ولا تزورني

ش)	سأرى ما إذا كنت تعني ما تقول أم لا

ض)	ما إنْ بدأ يتكلم حتى خرج المستمعون

ظ)	سيحضر عما قريب

خ)	سأله عما إذا كان في الإمكان أن يزوره

٥.	« نو » بأشكالها

أسئلة

يقوم الدارسون أزواجاً بتوجيه الاسئلة التالية والاجابة عنها مستعملين صيغة من صيغ «نو» كما في المثال :

ط١ : في اي معهد درست وأنت صغير ؟

ط٢ : درست في معهد ذي طابع ديني .

أ)	ما رأيك في الأُميّة في الشرق الاوسط ؟

ب)	ما اثر التعليم المهني في النهضة الصناعية ؟

جـ)	أيّ نساء يحب الرجال ؟

د)	أيّ نوع من الناس يعجبك ؟

هـ)	ما رأيك في الحضارة الاسلامية ؟

و)	اي انسان تحب ؟

ز)	اي انسان لا تثق به ؟

ح)	اي الاساتذه تُعيّن الجامعة ؟

٦. النسبة

أ) تحليل

أ) تُشْتَقّ (is derived) النسبة من الأسماء بمعنى « خاصّ بـ » أو بمعنى « يرجع أو ينتسب إلى » كما في كلمات كثيرة تعرفونها . ابحثوا عن ١٠ منها في النص الأساسي .

مثلا : حكومي ، سياسي ، ...

ب) استخراج المعنى
ويمكن أن تشتق أيضاً من المصادر بمعنى « له صفة كذا »

مثال : إلزامي	له صفة الإلزام
تشجيعي	له صفة التشجيع

حاول/حاولي تخمين معنى النسبة من الكلمات التالية

تقدّم	اضافة	بطولة	تنظيم	دفاع
رَجْع	تعدّد	تعبير	توسّع	تحريري
تمثيل	اختيار	توجيه	اعتاد	إعلام

جـ) استخراج المعنى

واخيراً قد تجيء النسبة بمعنى بعيد نوعا ما عن الاسم الذي أشْتُقّت منه .
كما في : أهلي – نظري – أمّي – عملي . ما معنى هذه الكلمات ؟

د. الترجمة

Damascus

The city of Damascus is considered one of the oldest cities in the world. From the most ancient of times it had been a trade center in the East. The ancient Arabs would bring to it their agricultural and handicraft products to sell in its bazaars.

Damascus is situated on the Barada river which is surrounded by parks, coffeehouses and trees on every side. Damascus is known for its historical and religious monuments such as the Omayyad Mosque, which was built by the Omayyad Caliph al-Walid bin Abdul-Malik and which is considered one of the most splendid Islamic monuments in the world; the tomb of the famous hero Salah al-Din al-Ayyubi which is near the Omayyad Mosque; and the al-Hamidiyya Bazaar, an ancient market bearing an eastern stamp and in which there is constant commercial activity because of the presence of some indigenous handicrafts of world-wide fame. Damascus is likewise famous for its wide streets, its beautiful gardens, its scientific academies, and its places of entertainment in which the most famous Arab and foreign singers and musicians perform.

القسم الرابع : التطبيقات

أ. النشاطات الشفوية

أسئلة

١. اذكر/اذكري أسماء بعض الجامعات الخاصّة في أمريكا . ما الفروق بينها وبين الجامعات الحكومية ؟

٢. أيّهما يعجبك أكثر التعليم النظري أم التعليم المهني ، ولماذا ؟

٣. كيف يختلف نظام التعليم في الأقطار العربية عنه (= عن نظام التعليم) في الولايات المتحدة الأمريكية ؟

٤. ماذا يمكنك أن تقترح/ي لتقليل نسبة الأميّة في بعض أقطار العالم ؟

ب. النشاطات الكتابيّة

إنشاء

اختر/اختاري موضوعاً واحداً فقط (٨٠ كلمة تقريباً)

١. تاريخ وتطوّر نظام التعليم في بلدك .

٢. أهمية التعليم المهني أو الفنّي في النهضة الزراعية والصناعية والتجارية .

ملحقات : دراسات معجميّة

أ. مفردات من جذر واحد

أ خ ر

١. أخَّرَ ه (عن) - تَأْخيرٌ — to delay, make s.o. late (for), set back (e.g., a watch)

جاء وتحدث معي لوقت طويل فأخّرني عن العمل الذي كنت أقوم به .
في شهر أكتوبر من كل عام نأخّر ساعاتنا ونعمل بتوقيت الشتاء .

٢. تَأَخَّرَ (عن) ، تَأَخُّرٌ — to be late, be delayed

بالرغم من إنشاء المدارس الحديثة في مصر في القرن التاسع عشر فإن ظهور الجامعات قد تأخّر حتى سنة ١٩٠٨ .
كان موعد وصول الطائرة هو الساعة الحادية عشرة صباحاً ، ولكنها تأخرت عن موعدها ووصلت متأخرة في الساعة الواحدة بعد الظهر .

٣. آخِر - آخِرون (آخِراتٌ) وأواخِرُ — the last, latter, back

أنت تطلب مكانا للوقوف في آخِر الصف .

إلى آخِرِه	et cetera
آخِر الأمر	in the end, eventually
عن آخِره	to the last, completely
في أواخر الشهر	towards the end of the month

٤. آخَرُ (أُخْرى) - آخَرون (أُخْرَياتٌ) وأُخَرُ (للمذكر والمؤنث) — another, other

ثم سكت الصوت مرة أخرى ونظر في صفحة الكتاب الكبير .
لم أقرأ القصة في هذا الكتاب ، بل قرأتها في كتاب آخر .

٥. العالَم الآخَر / الدار الآخِرَة / الآخِرَة — the afterlife, hereafter

كان سامي وهيفاء يدرسان عملا أدبيا عن رحلة خيالية قام بها شاعر عربي قديم إلى العالم الآخر .

٦. أخير — last, final, latest, the latter (second of two)

الأول ... الأخير ... — the former..., the latter ...

٧. أخيراً — finally; recently

انتظرناه طويلاً ، وأخيراً جاء دون أن يحضر معه ما أردنا .

٨. تَأَخُّر — backwardness (of a country), underdevelopment

٩. مُؤَخَّراً — recently, lately

١٠. مُؤَخَّرَة — rear (of s.th.), stern (ship)

وقف في مؤخرة جمهور كبير من الناس .

خ ص ص

١. خَصَّ ـُ ه بِ — to dedicate/devote to s.o./s.t.

to single out for, bestow (special honors) on

لقد ارسل اليّ رسالة يسأل فيها عنكم جميعا وقد خصّ «سمير» بسلامه .

٢. خصّص ه ، تَخْصيص — to specify, designate

t
o
d
e
v
o

te(tos.o./s.th.)inparticular,toappropriate(

f
u
n
d
s
)

يخصّص صديقي الطبيب ٥ ساعات كل أسبوع لمساعدة الفقراء والمحتاجين .

٣. تَخَصَّص بِـ ، تَخَصُّص — to specialize in

٤. اِخْتَصَّ بِـ ، اِخْتِصاصٌ — to specialize in, posses alone, in distinction to others

درس الطب عامة واختص بالعيون ، اي انه اختصاصي يالعيون .

٥. خَصيصاً/ خاصَّةً/ خُصوصاً/ على الخُصوصِ/ على وجهِ الخُصوصِ — especially

ساعد المواطنون وخاصة المتعلمون منهم على تنظيم الحياة الاجتماعية .

٦. خَصيصَةٌ / خاصِّيَّةٌ – خَصائِصُ — special characteristic or quality

ما هي خصائص الشعر الجاهليّ ؟

٧. خُصوصِيّ — private, personal

ليست هذه السيارة حكومية بل خصوصيّة .

٨. اِخْتِصاصٌ — jurisdiction, special domain
اِخْتِصاصاتٌ — prerogatives, privileges

٩. خاصٌّ بِـ — designated, set aside, characteristic of

١٠. مُخَصَّصاتٌ — allotments, special allowances

he (himself)	هو بذاتِه
the same man	ذاتُ الرجل = الرجل ذاتُه = الرجُل بذاتِه
the same year	السنة ذاتها
in itself	في (حدّ) ذاته
self-contained	قائم بذاته
self-confidence	الثقَة بالذات
self-love, egoism	حُبّ / مَحَبَّة الذات
self-reliance	الاعتِماد على الذاتِ
self-contradictory	مُناقِضٌ ذاتَه
of a good family	ابْنُ ذَواتٍ
own; personal; self-acting	ذاتيٌّ
autonomy	الحكْم الذاتي
personally, in person	ذاتِياً

الدرس التاسع

أَرْكانُ القَوْمِيَّةِ العَرَبِيَّة

القسم الأول : التمهيد

أ. أسئلة قبل القراءة

١. كم لغة وقومية يمثل طلاب هذا الصف ؟

٢. ما رأيك في توحيد بريطانيا والولايات المتحدة معاً تحت قوميّة واحدة بسبب اشتراكهما في اللغة ؟ هل هذا سهل أم صعب ؟ ولماذا ؟

٣. اذكر/اذكري بعض البلدان التي تتعدّد فيها الأديان ولكنها تكوّن قوميّة واحدةً وبلدان أخرى تتعدّد فيها اللغات ولكن في كل منها قومية واحدة ؟

٤. ما هي الأسس التي تقوم عليها القومية بشكل عام ؟

ب. المفردات الجديدة

١. حرية الرأي وحرية الصحافة وحقوق الإنسان من **الأرْكان** الهامّة التي تقوم عليها الديموقراطية والتي لا يمكن أن تقوم بدونها .

رُكْنٌ - أرْكانٌ (أساس) — pillar, support; basis

٢. من المعتقد ان قيام دول مختلفة في حدود معيّنة على اساس **القَوْمِيَّة** وقيام **قَوْمِيّات** متعددّة مثل القومية الالمانية والقومية الايطالية الخ من اهم التطورات السياسية التي شهدها العالم منذ بدء التاريخ .

قَوْمِيَّةٌ — nationalism

قَوْمِيَّةٌ - قَوْمِيّاتٌ — national or ethnic entities

٣. يحاول المؤلف في هذا الدرس تحديد أركان القومية العربية **بِدِقَّةٍ** حتى يستطيع الدارس والباحث فهمها بوضوح .

بِدِقّةٍ	accurately, precisely
دِقّةٌ : دَقيقٌ – دِقاقٌ / أدِقّةٌ	precise, exact, meticulous

٤. يقول بعض المفكّرين ان طرق التفكير القديمة لم تعد **تَصْلُحُ** للحياة في القرن الحادي والعشرين كما ان وسائل النقل القديمة لم تعد **صالِحَةً** اليوم .

صَلُحَ ـُـ لِـ ، صَلاحٌ / صَلاحِيَّةٌ : صالِحٌ (لاءَم)	to be appropriate for, suit, lend itself to
صَلَحَ ـُـَـ لِـ ، صَلاحٌ / صُلوحٌ : صالِحٌ (لاءَم)	

٥. **تُشَكِّلُ** بعض الدول كالهند مثلاً قومية واحدة بالرغم من اختلاف الأديان فيها كما ان سويسرا تشكل قومية واحدة ايضا بالرغم من اختلاف اللغات فيها .

شَكَّلَ ، تَشْكيلٌ	to form, constitute
تَشْكيلٌ – تَشْكيلاتٌ	formation, organization
تَشَكَّلَ ، تَشَكُّلٌ	to be formed, organized; to take shape

٦. معظم العرب **يَنْتَمونَ الى** الدين الاسلامي . لكن عدداً منهم **يَنْتَمي إلى** الدين المسيحي .

إنْتَمى لِـ / الى ، إنْتِماءٌ	to belong to
(تَبِعَ ، سار على منهج ، كان عضواً في)	

٧. **تُكَوِّنُ** دول اوروبا الان وحدة اقتصادية قوية تماثل امريكا واليابان .

تُكَوِّنُ	forms, constitutes
كوَّنَ ، تَكْوينٌ (ألَّفَ ، أسَّسَ ، شَكَّلَ)	to bring into being, create

٨. تختلف طرق المعيشة باختلاف **البيئات** أو المناطق **الجُغرافيّة** التي يعيش فيها الناس . فالبيئات الصحراوية تختلف عن البيئات الجبلية من ناحية العادات والتشكيلات الاجتماعية والطعام والشراب الخ.

بيئَةٌ - بيئاتٌ (منطقة) — environment

جُغْرافِيّ (له علاقة بمواقع البلدان)

جُغْرافيا / جُغْرافية

٩. **تَسْتَنِدُ** الديموقراطية **إلى** أسس حضاريّة واقتصادية منها حرية الفرد وحقوقه ودور السوق المفتوحة الحرة .

اِسْتَنَدَ الى ، اِسْتِنادٌ (اعتمد على ، قام على)

١٠. **اكْتَسَبَ** عمر الشريف شهرة عالمية بعد ان ظهر في افلام رائعة مثل « لورنس العرب » و « جيفاكو » .

اكْتَسَبَ ه ، اكْتِسابٌ (حَصَلَ على) — to gain, acquire, secure

أَكْسَبَ ه ه ، إِكْسابٌ (جعله يكتب) — to make s.o. acquire/secure s.t.

١١. بين الاقطار العربية **مَصالِحُ** ثقافية وزراعية وتجارية مشتركة لعلها باعث هام لتوحيدهم .

مَصْلَحَةٌ - مَصالِحُ (عمل أو أمر للمنفعة العامّة) — interest, benefit, welfare

١٢. من **الحَقائِق** التاريخية التي لا يجب ان تنسى ان الحضارة العربية الاسلامية أثّرت تأثيراً فعّالاً في الحضارات الاخرى التي جاءت بعدها .

حَقيقَةٌ - حَقائِقُ (الشيء او الامر الذي لا يتغيّر) — fact, truth

حَقيقيٌّ — real, true, actual

حَقَّ ـِ ، حَقٌّ / حَقَّةٌ (صَحَّ وصَدَقَ) — to be true, confirmed, right, correct

١٣. بدأت الحضارة الانسانية تنمو وتزدهر ما إن شكلت **مَجْموعَةٌ** من الناس وحدة اخذ افرادها يتعاونون على تنظيم حياتهم وطرق معيشتهم .

مَجْموعَةٌ – مَجْموعاتٌ

١٤. يعتقد البعض ان القومية العربية ليست **مُجَرَّدَ** كَلامٍ او نظرية بل انها حقيقة يؤمن بها كثير من المواطنين العرب في كل مكان .

مُجَرَّدُ كلام (كلام فقط ، لا شئ غير الكلام) mere, sheer talk, nothing but talk

جَرَّدَ ه من ، تَجْريدٌ (أخذ منه كل شيء) to denude, strip, deprive s.o./s.t. of

١٥. الحبّ الحقيقي ليس مجرّد **عَواطِفَ** تمرّ بسرعة بل هو شعور صحيح وقوي مكانه في القلب والعقل معاً.

عاطِفَةٌ – عَواطِفُ (شعور خاصّ مثل الحزن والسعادة والخوف)

١٦. فهمه لهذا الموضوع فهم **سَطْحِيٌّ** لا عُمْق فيه . وهذا يدل على أن معلوماته غير دقيقة وانه لم يعطِ الموضوع كثيراً من التفكير والدراسة .

سَطْحِيّ – سَطْحِيّون (عكس عميق)

١٧. كان لبنان **يَشغَلُ** مَركزاً هامّاً في منطقة الشرق الاوسط لموقعه الجغرافي وجماله واهميته التاريخية والاقتصادية والثقافية . ولا شك انه سيشغل هذا المركز من جديد ما إن يسود السلام فيه .

شَغَلَ ـَ ه ، شُغْلٌ / شَغْلٌ

شُغْلٌ – أشْغالٌ occupation, activity, work, job

١٨. كان يجد لذة في التعبير عن معنى **ما** بكلمة قديمة غير معروفة ويقول إننا يجب أن نستخدم كلّ قديم .

a certain meaning	معنى ما (معنى من المعاني)
(following an indefinite noun) some, a certain, some (thing) or other	(شيء) ما

١٩. بعض الناس لا يستطيعون ان **يُمَيِّزوا** لوناً معيّناً عن لون آخر ، مثلاً الأسود عن البُنّي .

distinguish, discriminate s.o./s.th. from another	مَيَّزَ ه عن ، تَمييزٌ
	(عرف اوجه الشبه والاختلاف بين شيئين أو أمرين أو شخصين)

٢٠. من **التَّقاليد** الامريكية المعروفة ان يجتمع افراد الاسرة في مناسبات خاصة مثل يوم الشكر تُقدم فيها أنواع تقليدية من الطعام .

tradition, custom	تَقْليدٌ - تَقاليدُ (عادة)
traditional, conventional	تَقْليدِيّ - تَقْليدِيّون
to copy, imitate s.o./s.th.	قَلَّدَ ه ، تَقْليدٌ

٢١. تشكّل الولايات الامريكية الغربية الوسطى بيئة جغرافية واحدة لا **يَفْصِلُ** بعضها **عن** بعض **فاصِل** كبير مثل الجبال العالية .

to divide, separate	فَصَلَ ـِ ه عن ، فَصْلٌ (وقف بين شيئين)
	فاصِلٌ
partition, division, interval	فاصِلَةٌ - فَواصِلُ

٢٢. تحاول كل منطقة من مناطق العالم الاستفادة من مواردها **الطَّبيعيَّة** مثل الماء والبترول والاشجار وذلك دون ايذاء البيئة و**الطَّبيعَة** .

natural	طَبيعِيٌّ
	طَبيعَةٌ (البيئة وما فيها من ماء واشجار وبحار)

٢٣. دول الخليج العربي **مَليئَةٌ** بالموظفين والعمّال الذين حضروا من بلدان مختلفة للعمل هناك .

مَليءٌ (فيه عدد كبير من)

مَلأَ ـَـ ه بِـ ، مَلْءٌ : مَليءٌ – مَليئونَ — to fill s.th. with

٢٤. أهمّ **ظاهِرَةٍ** لاحظناها وتتبعناها بانتباه في اواخر الثمانينات ظهور حركات التحرير والديمقراطية في دول شعوب مختلفة لا سيما في اوروبا الشرقية .

ظاهِرَةٌ – ظَواهِرُ (شيء غير عادي يدعو إلى الانتباه) — phenomenon

٢٥. لا بُدّ من ايجاد نوع من **التَّفاهُمِ** الثقافي والفكري بين بلدان وشعوب العالم حتى نقضي على الحروب ونتائجها السيئة .

تَفاهَمَ ، تَفاهُمٌ — to reach an understanding, come to an agreement with each other

(تبادل الأفكار والآراء وقبول وجهات النظر)

٢٦. يشعر البعض أن بين الايمان **والعَقْلِ** فاصلاً عميقاً يفصلهما ، بينما يعتقد الاخرون ان الجمع بين المفاهيم العقلية والروحية غير مستحيل .

عَقْلٌ – عُقولٌ — intellect, mind, reason

(ما يعطي الانسان القدرة على التفكير والتقرير)

عَقْليّ — rational, intellectual

عَقَلَ ـِـ ، عَقْلٌ : عاقِلٌ – عاقِلونَ / عُقَلاءُ / عُقّالٌ — to be endowed with reason,

(فهم / أدرك) — have intelligence, be in one's senses, have understanding

٢٧. ان هذا العالم **يَضُمُّ** أو يحتوي على قوميّات مختلفة تتميّز عن بعضها البعض في التفكير والتقاليد والعادات .

ضَمَّ ـُـ ه ، ضَمٌّ (احتوى على ، شمل) — to include, bring together, draw together

٢٨. يقولون ان الدول الكبري قد بلغت **دَرَجَةً** عالية من التفاهم بينها حتى اصبح قيام حرب عالمية ثالثة شِبْهَ مستحيل .

دَرَجَةٌ - دَرَجاتٌ (مرحلة) degree

٢٩. ط١ : هل تسير الدول العربية في **اِتّجاه** الوحدة القومية ؟

ط٢ : لقد حقّقت الدول العربية اولى درجات التقدّم في هذا **الاتّجاه** وذلك عن طريق التعاون في النواحي الثقافية والاقتصادية والتعليمية .

اِتّجاهٌ - اِتّجاهاتٌ (ناحية معيّنة ، طريق مُعَيّن)	direction, course
اِتّجَهَ إلى ، اِتّجاهٌ	to head for, turn/be turned toward
وَجَّهَ ه إلى/لِ ، تَوْجيهٌ	to turn s.th. toward, direct s.th. toward

جـ التعبيرات الحضارية

القوميّة العربية

يؤمن معظم العرب بأن الأقطار العربية تشكّل قوميّة واحدة لاشتراكها في اللغة والتاريخ والبيئة الجغرافية والمصالح. فالكاتب في هذا المقال يحاول ان يحدّد مفهوم القومية العربية بوضوح حتى تُعرفَ حقيقةُ الأمر.

القسم الثاني : القراءة والاستيعاب

أ. النص الأساسي

أركان القومية العربية

من أصعب الأمور ان نحدد أركان أي قومية بدقة . فاللغة وحدها لا تصلح ان تكون الركن الاساسي الوحيد للقومية . ونحن نعلم ان بريطانيا والولايات المتحدة تشتركان في لغة واحدة ولا تشتركان في قومية واحدة ، بينما تتعدد اللغات في سويسرا وبلجيكا والهند ويشكل مع ذلك كل منها قوميّة واحدة.

والدين لا يصلح أن يكون الركن الوحيد للقومية . فمع أن بُلغاريا واليونان تنتميان لمذهب ديني واحد ، فأنهما لم تشكلا حتى الآن قومية واحدة . وعلى عكس ذلك ، ففي الهند مذاهب دينية متعددة و لم يمنع تعددها من أن تكوّن أمة واحدة وقومية واحدة.

والبيئة الجغرافية الواحدة لا تصلح أن تكون وحدها الركن الذي تستند اليه القومية . وقد رأينا في شبْهِ جَزيرَةِ ايبيريا قوميتين مختلفتين ، الإسْبانيّة والبُرْتُغاليّة ، بينما رأينا ان كلا من الولايات المتحدة وروسيا والصين ، على امتداد اراضيها واختلاف بيئاتها الجغرافية ، قومية واحدة .

والتاريخ كذلك لا يصلح وحده أن يكون الأساس الوحيد للقومية . فمع أن الأتراك والعرب قد عاشوا تاريخا واحدا مدة تزيد عن خمسة قرون الا انهم لم يكوّنوا قومية واحدة . بينما لا يزيد عمر الولايات المتحدة عن ثلاثة قرون ومع ذلك فقد اكتسبت هذه الصفة . وهناك امثلة أخرى .

والمصالح المشتركة لا يمكن أيضا أن تشكّل قومية واحدة . فمع ان الدول الواقعة على نهر « الدّانوب » تشترك في المصالح فأن هذه المصالح المشتركة لم توحّد بينها.

فاذا كان التاريخ والجغرافيا والمصالح المشتركة واللغة والدين لا يصلح أي منها وحده لكي يكوّن قومية فممّ تتكوّن القومية ؟ في الحقيقة إنّ القومية لا تُحَدَّد بأي عامل من هذه العوامل ، وانما أولا وآخرا بشعور مجموعة من الناس بأنهم ابناء قومية واحدة . و هذا

الشعور ليس مجرّد عواطف سَطْحيّةٍ ولكنه شعور بوحدة المصير ووحدة المصالح ووحدة المركز الحيوي الذي تشغله الأمة . فالفرنسيون كأبناء قومية واحدة يشعرون بأن شيئاً ما يجمعهم ويوحدهم ويميّزهم عن غيرالفرنسيين ، شيئاً في ماضيهم وفي بيئتهم ولغتهم وفي تقاليدهم وثقافتهم ومشاكلهم وحياتهم اليوميّة. وهذا الشعور لا بدّ أن يستند الى أساس والى أسباب.

فما هي هذه الأسس التي تقوم عليها القومية العربية ؟ ان أول هذه الأسس هو وحدة الأرض ، هذه الأرض التي تمتدّ من أقصى الشرق الى أقصى الغرب ومن الشمال الى الجنوب قطعة واحدة لا يفصل بعضها عن بعض فاصل طبيعي كبير. وكذلك اللغة فهي واحدة منذ أربعة عشر قرنا . واللغة ليست ركنا بسيطا من أركان القومية . فعلى رغم أن العالم مليء بالأمم المختلفة التي تشترك مع غيرها من الآمم في اللغة والدين دون أن تشترك معها في القومية، الاّ أن الظاهرة الواضحة العامة هي أن انقسام القوميات قائم على أساس لغوي . وليس هذا بالغريب . فاللغة هي وسيلة التفاهم العقلي بين الناس كما انها تَصْبُغُ المتكلمين بها بِصِبْغَةٍ خاصّة . أما الركن الثالث فهو التاريخ الواحد ، هذا التاريخ الذي حمل صورة واحدة ومرّ على أدوار واحدة وصبغ هذا الوطن بِصِبْغَة واحدة منذ ظهور الاسلام حتى اليوم. والركن الرابع من أركان القومية العربية هو الدين الاسلامي . فمع أن الدين لا يمكن أن يحدد القوميات وأن الاسلام يضمّ قوميات مختلفة منها الباكستانية والايرانية والتركية فأن الذي لا شكّ فيه ان الاسلام قد صَبَغَ حياة العرب العقلية وصَنَعَ تفكيرهم وتقاليدهم وعاداتهم وحياتهم اليومية أكثر من أربعة عشر قرنا ، مما أدّى الى توحيد العرب جميعا مسلمين ومسيحيين في إطارٍ فكري واحد. ويضاف الى ذلك كله ما بين الدول العربية من مصالح اقتصادية وسياسية وثقافية مشتركة تزيد هذه العوامل قوة .

farthest, extreme

to stamp/put an imprint on

صحيح ان بعض البلاد العربية ما زال في أوّل درجات التَفاعُل مع فكرة القومية ، بينما قد حقّق بعضها تقدّما في هذا الاتجاه . ولكن الطريق واحدة ، والنتيجة واحدة ، والمصير واحد .

interaction

(بتصرف) : منيف الرزّاز – معالم الحياة العربية الجديدة ، الطبعة الخامسة ، (بيروت ١٩٦٦) ص ٢٧٥ – ٢٨٠

ب. القراءة الاولى السريعة

الاسئلة العامة

استخراج الأفكار الرئيسية

ما أقسام هذا النص الأساسية ؟ في كل قسم جملة رئيسية (topical sentence) : ما هي ؟

جـ. القراءة الثانية المركّزة

١. الاسئلة التفصيلية

أ) أسئلة

١) تتبّع/تتبعي (trace) اركان القومية الأساسية التي يذكرها الكاتب . وسجّل/سجّلي هذه الأركان واحداً بعد الآخر للتحدّث عنها في الصف .

أ) اللغة   جـ)   هـ)

ب)   د)

٢) ضـَع/ضـَعي خطّاً في النص تحت الكلمات التي عرّف بها الدكتور منيف الرزّاز القومية .

٣) ما الأسس التي تقوم عليها القومية العربية في رأي الكاتب ؟

أ) وحدة الأرض   جـ)   هـ)

ب)   د)

٤) كيف يحدّد كلّ من هذه الأركان القوميةَ العربية ؟

٥) ما الحُجَج (arguments) التي يستند إليها الكاتب عند الحديث عن :

(أ) سويسرا وبلجيكا
(ب) بلغاريا واليونان
(جـ) اسبانيا والبرتغال
(د) الصين
(هـ) تركيا
(و) الفرنسيس

ب) الاختيار من متعدّد

١) ان اشتراك بريطانيا والولايات المتحدة في لغة واحدة يدل على انّ

(أ) اللغة هي وحدها ركن القومية
(ب) الولايات المتحدة وبريطانيا تشكلان قومية واحدة
(جـ) اللغة ليست الركن الاساسي الوحيد في مفهوم القومية
(د) اللغة من الاركان الهامة للقومية

٢) ان تعدّد المذاهب واللغات في الهند

(أ) نتج عنه قيام عدد من القوميات المختلفة
(ب) لم يمنع من وجود قومية واحدة
(جـ) كان سبباً في قيام القومية الهندية
(د) ________________

٣) العامل الاهم في تحديد القومية هو

(أ) المصالح المشتركة
(ب) وجود عواطف لدى الناس جميعا
(جـ) شعور بالانتماء الى نفس الوطن والاهداف والمصالح
(د) التاريخ المشترك بين المجموعات الانسانية

٤) يرى الكاتب ان اللغة ركن مهم من اركان القومية لانها

(أ) تجمع المتكلمين بها وتميزهم عن غيرهم
(ب) تختلف باختلاف الامم
(جـ) وسيلة التفاهم بين الناس من القوميات المختلفة
(د) تجمع كل المتكلمين بها في قومية واحدة

٥) الدين الأسلامي هو احد الاركان الأساسيّة للقومية العربية

(أ) لانه يصلح وحده لتحديد معنى القومية
(ب) لأن معظم العرب مسلمون
(جـ) لان العربية هي لغة القرآن
(د) ____________

٢. المفردات والتعبيرات المفيدة

أ) أسئلة

١) بدقّة
لِمَ يعتبر الكاتب انه من الصعب تحديد اركان القومية بدقة ؟

٢) تستند إلى
حدّد/حدّدي العوامل التي استندت اليها النهضة الصحافيّة في العالم العربي .

٣) مصالح مشتركة
لماذا تَعتقد/تعتقدين ان المصالح المشتركة القائمة بين دول السوق الاوروبية لا تصلح وحدها لتكوين وحدة قومية بينها ؟

٤) الانتماء إلى
ما الذي يجعلك تشعر/تشعرين بالانتماء الى الوطن الذي تعيش فيه ؟

٥) وسيلة تفاهم

ما رأيك في القول بان العربية الفصحى هي وسيلة التفاهم بين العرب ؟

٦) يُضاف إلى ذلك

كيف نقول «يضاف الى ذلك » بعبارة عربية آخرى ؟

٧) على العكسِ

أعطني/ اعطيني كلمة على عكس كلمة «صعب» ، وعبارة على عكس عبارة «اوجه شبه»

٨) على امتداد

اذكر/ي أسماء البلدان التي تقع على امتداد البحر الأبيض المتوسط ؟

٩) على أساس

على أيّة أسس تقوم الديموقراطية ؟

١٠) مرّ على

كم سنة مرّت على دخولك الجامعة ؟

ب) أكمال

١) الذي لا شك فيه انّ ــــــــ

اذكر/اذكري اموراً اربعة عن الدول العربية تصلُح ان تستخدم بعد « انّ » في هذا التعبير .

٢) لم يمنع ــــــ من انْ ــــــــ

اكمل/ اكملي الفراغ باربعة امثلة مأخوذة من النص .

٣. التراكيب المفيدة

العائد (Antecedent)

حدد/حددي عائد (antecedent) الضمير (pronoun) واسم الإشارة (demonstrative) واسم الموصول (relative pronoun) في العبارات التالية المأخوذة من النص .

العبارة	عائد / الضمير / اسم الإشارة / اسم الموصول
مثال : يشكل كل منها قومية واحدة (١ ، ٤)	سويسرا وبلجيكا والهند

ولم يمنع تعددها (٢ ، ٣)

لا يصلح اي منها (٦ ، ١)

ولكنه شعور بوحدة المصير (٦ ، ٤)

ومع ذلك فقد اكتسبت هذه الصفة (٤ ، ٣)

المركز الحيوي الذي تشغله الامة (٦ ، ٤)

حياتهم اليومية (٦ ، ٧)

لا يفصل بعضها عن بعض (٧ ، ٣)

دون ان تشترك معها في القومية (٧ ، ٥)

وليس هذا بالغريب (٧ ، ٧)

إن الذي لا شك فيه (٧ ، ١٢)

يضاف الى ذلك كله (٧ ، ١٤)

ب) معاني « الباء »

ما معنى «الباء» في الجمل او التعبيرات التالية التي جاءت في النص ؟

بدقة (١ ، ١)

وليس هذا بالغريب (٧ ، ٧)

العالم مليء بالامم (٧ ، ٥)

القومية لا تحدّد باي عامل (٦ ، ٢)

تصبغ المتكلمين بها بصبغة خاصّة (٧ ، ٨)

وانّما بشعور مجموعة من الناس بأنهم (٦ ، ٢)

جـ) معاني « ما »

حدد/حددي معاني «ما» في الجمل او التعبيرات التالية التي جاءت في النص .

بينما تتعدد اللغات في سويسرا	ما هي هذه الاسس ؟
ممَّ تتكون القومية	مما ادّى الى توحيد العرب
وانما أولا وآخرا بشعور	ما بين الدول العربية من مصالح
يشعرون بان شيئاً ما يجمعهم	ان بعض البلاد العربية ما زال

هل هناك معانٍ أخرى لـِ « ما ؟

د) وسائل المقارنة : استعمال « بينما »

١) جاءت كلمة «بينما» اكثر من مرة في النص . أعط/أعطي معناها في كل مرّة بدقة .

٢) كوّن/كوّني جملاً مستخدماً/مستخدمة الرابط « بينما » في أمثلة أخرى للدلالة على ان كلا من اللغة والدين والبيئة الجغرافية والتاريخ والمصالح المشتركة وحدها لا تحدّد مفهوم « القومية » .

هـ) المصدر المؤول ب « انّ » كمبتدأ أو خبر

١) إكمال

استخدم/استخدمي عبارة في ٥ جملٍ مفيدة مبينة على حقائق وافكار من النص .

مثال : الذي لا شك فيه أن التاريخ والدين واللغة لا يصلح اي منها وحده ان يكوّن قومية

القسم الثالث : المراجعة

أ. القراءة الجهرية

سالي : هل تعتقد يا بيتر ان بحث فكرة القومية ومناقشتها كما ظهر لنا من النص الذي قرأناه هو أمر مقتصر على الفكر العربي دون غيره ؟

بيتر : لا ، ان القومية تمثل احد المواضيع التي نالت نصيبا كبيرا من اهتمام المفكرين في امم عديدة وفي عصور مختلفة . وقد ظهرت فكرة القومية بمفهومها الحديث للمرة الاولى في القرن التاسع عشر في اوروبا حيث قامت دعوات لتوحيد عدد من الممالك والدول تحت قومية واحدة على اساس ما بينها من صلات دينية وتاريخية ولغوية مشتركة. وهل نسيت ما درسناه في التاريخ عن «بِسْمارك» الذي عمل على توحيد المانيا و «غاريبالْدي» الذي كان له اسهام كبير في توحيد ايطاليا ؟

سالي : آه ! نعم ! لقد تذكرت ما تقول . وهل افهم من كلامك ان نشأة القومية العربية كانت في القرن التاسع عشر ايضا ؟

بيتر : يجب ان نفصل هنا بين الشعور القومي وبين القومية كمفهوم سياسي . فالواقع ان العرب عرفوا الشعور القومي منذ زمن طويل جدا ، وكان هذا الشعور يستند الى عناصر عدة منها اللغة والانتماء الى اصل واحد ، لكن لم يكن له مظهر سياسي واضح . وفي بداية هذا القرن اكتسب ذلك الشعور شكلا جديدا ، لا سيما حين بدأ العرب يطالبون بالاستقلال عن الاتراك وانشاء دولة عربية موحّدة . وقد شهدت فكرة القومية ازدهاراً كبيراً في الخمسينات والستينات وخاصة في مصر والاردن وسوريا والعراق والجزائر ، وصار شعارها «وحدة التاريخ والارض والمصير». motto

سالي : وهل توافق على ما تحدث عنه الدكتور «الرزّاز » من صعوبة تحديد اركان ايّ قومية تحديدا دقيقا ؟

بيتر : نعم ، اتّفق معه في الرأي كل الاتفاق . فالقومية لا يمكن ان تقوم على بعض الاركان التي ذكرناها دون الاخرى ، وانما تتحدّد بشعور كل واحد منا انه ينتمي الى احدى المجموعات الحضارية . وهذا الشعور ينشأ نتيجة احساس الفرد بأن هناك علاقات تربطه بتلك المجموعة سواء كانت تلك العلاقات ذات طابع ديني أو لغوي أو تاريخي أو كانت متصلة بالمصالح المشتركة بينه وبين افراد المجموعة .

ب. معاني المفردات والتعبيرات

المترادف (Synonyms)

استبدل/استبدلي الكلمات والتعبيرات التي تحتها خط في الجمل التالية بكلمات وتعبيرات أخرى لها نفس المعنى .

١. تناول الكاتب في الافتتاحيّة التي ظهرت في صحيفة « الشرق الأوسط» موقفه من حرب الخليج بكل دقّة .

٢. يشغَل الوطن العربي مركزا هاماً بفضل موقعه الجغرافي .

٣. التعليم مجّاني في معظم الأقطار العربيّة لا سيّما في المدارس الحكومية .

٤. يشارك الفلاّحون مشاركة فعّالة في التقدم الزراعي والاقتصادي في معظم أقطار العالم .

٥. يُقال إن بعض المجلات المتخصّصة تلعب دوراً كبيراً في توجيه الرأي العام عن طريق مناقشة بعض القضايا الفكرية والثقافية .

جـ. تدريبات القواعد

١. **التصريف والاشتقاق** (Conjugation and derivation)

المطلوب تصريف الفعل في لماضي والمضارع مع ضمائر معيّنة واشتقاق المصدر واستعماله في سياق (context) مناسب .

الضمير + الفعل	الماضي	المضارع	المصدر	المصدر في سياق
مثال : انا + لاحَظَ	لاحَظْتُ	أُلاحِظُ	مُلاحَظَةٌ	ملاحظة دقيقة جداً

انا + ضَمَّ	انتَ + شَجَّع	هو + وَفَّر
انتم + اِكْتَسَبَ	انتن + اِعْتاد	هم + تَفَوَّق
هي + شَكَّل	هي + اِطْمَأَنَّ	انتما + حَرَّر
هما + اِنْتَمى	نحن + حَدَّدَ	انتِ + سَبَقَ
هن + أَنْشَأَ		

٢. الاستدراك والاستثناء : « مع انّ ... فإنّ / إلاّ انّ »

يقسم الأستاذ الدارسين الى ثلاثة أقسام .

أ) تحويل

يستعمل القسم الأول أزواجاً هذا التركيب عن طريق تحويل الجمل التالية التي تشمل «لكن» الى جمل تشمل «مع انّ ... فانّ » كما في المثال التالي :

ط١ : كانت خطبته قصيرة ولكنّها كانت رائعة .

ط٢ : مع ان خطبته كانت قصيرة فانّها كانت رائعة .

١) تسهم اللغة في تكوين الشعور القومي ولكنها لا تصلح وحدها ان تكون اساسا للقومية .

٢) شهدت الامة العربية نهضة تعليمية واسعة ولكن التعليم المهني فيها يحتاج الى اهتمام أكبر .

٣) طار قلبه شوقا عندما وافقت على الزواج منه ولكنه لم يشعر بالسعادة بعد الزواج .

٤) ينتمي معظم سكان بريطانيا والولايات المتحدة الى دين واحد ولكنهما لا تكونان قومية واحدة .

٥) لم يسىء الى المصلحة العامة في التعليق الذي نشرته صحيفته ولكن الصحيفة توقّفت عن الصدور .

ب) إكمال

بعد ذلك يستعمل القسم الثاني أزواجا التراكيب «مع أن ... فأنّ » عن طريق اكمال العبارات التالية التي تبدأ ب «مع انّ » كما في المثال التالي :

ط١ : مع أن ليلى وفاطمة تتكلمان نفس اللغة . . .

ط٢ : فأنّهما ليستا من نفس البلد .

١) مع ان العراق وايران تنتميان لمذهب ديني واحد . . .

٢) مع أن للأمية اهمية كبيرة . . .

٣) مع ان بعض الدول حقّقت تفوقا كبيرا ووفّرت مالا كثيرا . . .

٤) مع انهم كانوا يدرسون على حساب الدولة . . .

٥) مع ان بعض الاقطار العربية تقدّم اليوم رواتب مشجعة للخريجين الجدد . . .

جـ) تكوين جمل

واخيراً يكوّن كل دارس في القسم الثالث جملةً جملاً تحتوي على التراكيب « مع أن ... فإن » كما في المثال التالي :

ط١ : مع ان صديقي سليم يؤمن بالله فانه لا يصلّي ولا يصوم

ط٢ :

ط٣ :

٣. المفرد والجمع : التركيب الذي يشمل « الاسم المفرد + من + جمع الاسم » مثل « رُكنٌ من أركان » يقسم الاستاذ الدارسين الى ثلاثة اقسام :

أ) تحويل

يحوّل القسم الأول ازواجاً الجمل التالية التي تشمل الاسم الجمع فقط الى جمل تشمل الاسم المفرد والجمع معاً كما في المثال التالي:

ط١ : يعتبر الصوم من أركان الأسلام .

ط٢ : يعتبر الصوم ركناً من أركان الأسلام .

١) «الاهرام» من الصحف الواسعة الانتشار في الوطن العربي .

٢) اليهودية من الاديان العاليمة المعروفة .

٣) دولة الامارات العربية المتحدة من الاقطار العربية التي تقدّم التعليم فيها .

٤) بغداد من المدن العربية التي كانت ولا تزال مقصداً لجماهير السوّاح .

٥) يصلح التاريخ أن يكون من اركان القومية .

ب) ترجمة

بعد ذلك يترجم القسم الثاني من الطلاب الجمل الى العربية :

1. H. Gibbs was one of the greatest orientalists who dealt with Arabic literature and culture.

2. The appearance of printing was one of the most important factors which helped the press to flourish.

3. Mecca is considered one of the most sacred areas in the Arabian peninsula.

4. Large numbers of tourists visit Beirut because it is one of the largest scientific and commercial centers in the Middle East.

جـ) تكوين جمل

ثم يعطي القسم الثالث أزواجاً جملاً تشمل الاسم المفرد والجمع معاً فيبدأ أحد الدارسين/احدى الدارسات الجملة ويكملها شريكه/شريكته كما في المثال مستخدماً/مستخدمة الكلمات التالية :

ط١ : تعتبر اللغة وسيلة التفاهم بين الشعوب .

ط٢ : تعتبر اللغة وسيلة من وسائل التفاهم بين الشعوب .

مفهوم – مرحلة – جيل – مهنة – نوع – عامل – برنامج

٤. معاني « اي »

حدّد معنى « أي » ووظيفتها في الجمل التالية :

أ) لا يصلح اي منها وحده لكي يكون قومية .

ب) ان القومية لا تحدد بايّ عامل من هذه العوامل .

جـ) أيهما افضل التعليم المهني ام التعليم النظري ؟

د) لا يمكن ان نخضع لدولة اخرى ، اياً كانت .

هـ) لا اعرف ايها اختار

و) اياً تَخْتَرْ اخْتَرْ .

٥. المبتدأ المؤخر

إكمال

مثال : من اصعب الامور ان نحدد مفهوم القومية

من ابسط الامور انْ . . .

من ادقّ المواقف انْ . . .

من اعظم الاعمال انْ . . .

من اروع ما يمكن القيام به ان . . .

من افضل وسائل النجاح انْ . . .

من اكثر ما يدعو الى الحيرة ان . . .

من اكثر ما يؤدّي الى الخيبة انْ . . .

من اكثر ما يدعو الى التساؤل انْ . . .

من اكثر ما يبعث في النفس الاطمئنان انْ . . .

من اكثر الامور ايذاءً انْ . . .

من اكثر الامور الجديرة بالاهتمام انْ . . .

د. الترجمة

القسم الرابع : التطبيقات

أ. النشاطات الشفوية

أسئلة

١. ما رأيكم في تحديد الكاتب لمفهوم القومية بشكل عام بعد قراءة هذا المقال ؟
٢. ما هي الاسس والأركان التي تستند اليها القومية الأمريكية ؟
٣. ماذا يعني الكاتب بالجملة الاخيرة من النص « صحيح ان بعض البلاد العربية ... والمصير واحد » .
ماذا نستنتج (infer) منها عن موقف الكاتب من القومية العربية ؟
٤. في العالم العربي حركات تعارض فكرة القومية العربية . ما هي وإلامَ تدعو وعلى أي أساس ؟

مناظرة (debate)

يقسم الأستاذ الدارسين الى قسمين : قسم منهم يتّفق مع الكاتب في آرائه حول مفهوم القومية العربية ، والقسم الآخر يختلف في آرائه مع الكاتب . ويقوم الطلاب بمناقشة الموضوع تحت اشراف الأستاذ .

ب. النشاطات الكتابيّة

إنشاء

اختر/اختاري موضوعا واحداً فقط (٩٠ كلمة تقريباً)

١. لخّص/لخّصي رأي الدكتور منيف الرزّاز حول مفهوم القومية العربية في فقرة ، وعلّق/علّقي على رأيه في فقرة أخرى .
٢. اكتب/اكتبي عن الدور الذي تلعبه المصالح المشتركة والشعور المشترك بين الناس في تكوين القومية الواحدة .

ملحقات : دراسات معجمية

أ. مفردات من جذر واحد

ش ر ك

١. شارَكَ ه ، مُشارَكَةٌ — to form a partnership with s.o.

شارَكَ ه في ، مُشارَكَةٌ — to share s.th. with s.o.; to participate with s.o. in s.th.; to be or become a partner of s.o. in

شاركْته حُزْنَه / في حزنه

شاركه رأيه — to share s.o.'s opinion

٢. أشْرَكَ ه في ، إشْراكٌ — to make s.o. a partner in; give s.o. a share in; have s.o. share in

أشركته في كل مشاريعي

أشرك بالله — to set up or attribute associates with God

٣. اشْتَرَكَ مع ... في ... ، اشْتِراكٌ — to enter into partnership with s.o.; participate together with s.o. in s.t., collaborate in; cooperate with s.o. in s.th.

اشْتَرَكَ في ، اشْتِراكٌ — to participate in; contribute to

لم نشترك تركيا في الحرب العالمية الثانية .

ما ثمن الاشتراك في جريدة الأهرام — to subscribe to (a newspaper or magazine)

٤. شَرِكَةٌ - شَرِكاتٌ — company, corporation

شَرِكَةٌ تِجارِيَّةٌ — trading company, firm

توجد قواعد خاصة لتنظيم الشركات التجارية .

٥. شَرِيكٌ - شُرَكاءُ — partner, associate, ally

أسس هذه الشركة التجارية اربعة شركاء .

٦. اِشْتِراكٌ – اِشْتِراكاتٌ — subscription

بالاِشْتِراكِ مع ... — in association with ...

٧. اِشْتِراكِيٌّ — socialist

الاِشْتِراكِيَّةُ — Socialism

كانت بلغاريا ورومانيا من الدول الاشتراكية .

يجب ان نحدد مفهوم الاشتراكية بوضوح قبل بدء الحديث .

٨. مُشْتَرَكٌ — , commonshared, joint

ان المصالح المشتركة لا تصلح وحدها ان تكون ركنا من اركان القومية .

سوقٌ مُشْتَرَكَةٌ — common market

بعد مناقشات طويلة دخلت بريطانيا في السوق الاوروبية المشتركة .

ف هـ م

١. فَهِمَ ـَ ه ، فَهْمٌ — to understand, comprehend, realize s.th.

to take note, cognizance of s.th.

يُفْهَمُ أنّ ... — it is reported, said that...

٢. فَهْمٌ – أَفْهامٌ — understanding

سوءُ فَهْمٍ — misunderstanding

واجه صعوبة في فهم المشكلة .

لقد كان هناك سوء فهم من جانبه اول الامر ولكنه ادرك القضية بعد ذلك .

٣. فَهَّمَ ه (أنّ) ، تَفْهيمٌ = أَفْهَمَ ه (أنّ) ، إفْهامٌ — to make s.o. understand (that)

لقد أفهمني أبي أهمية بذل الجهود في صغري .

٤. تَفَهَّمَ ه ، تَفَهُّمٌ — to come to understand s.th.;

to comprehend s.th.

٥. تَفاهَمَ (مع) على ، تَفاهُمٌ — to reach an understanding with s.o. (on)

سوءُ تَفاهُمٍ — misunderstanding (between two parties)

اجتمع المندوبون امس وبعد مناقشة طويلة تفاهموا على وضع مشروع مشترك .

لقد كان هناك سوء تفاهم بيننا ولكننا اجتمعنا واتفقنا على حل .

٦. اِسْتَفْهَمَ (ه) عن ، اِسْتِفْهامٌ — to inquire about (from s.o.)

جاء ليستفهم عن المكان الذي يعيش فيه اخوه الغائب .

٧. عَلامَةُ اِسْتِفهامٍ — question mark

يجب ان توضع علامة استفهام في آخر كل سؤال .

٨. مَفْهومٌ — understood; intelligible

هذا امر مفهوم بالنسبة للجميع .

مِنَ المَفْهومِ أنّ — it is reported that / it is said that

كان من المفهوم انّ الرئيس سيبدأ زيارته للمملكة في الخامس من هذا الشهر ولكنه غيّر رأيه لاسباب غير مفهومة .

٩. مَفْهومٌ – مَفاهيمُ — concept, notion

حدد الكاتب في مقاله مفهوم القومية بدقة .

ب. التوسع في المعاني

١. رُكْنٌ – أَرْكانٌ	basis; corner
رُكْنٌ – أَرْكانٌ	
٢. دَقيقٌ – دِقاقٌ	precise, exact
	fine, thin
	subtle, minute, tiny
٣. صالِحٌ	good, devout, godly
صالِح لِـ	good for (some use), appropriate
صالِح للشُرْب	good to drink, potable
صالحٌ – صَوالِحُ	advantage, interest, welfare
٤. شَكَّلَ ، تَشْكيلٌ	to constitute, form
شكّل (حكومة)	to form (a government)
تشكّلت الحكومة الجديدة	the new government was formed
٥. مَصْلَحَةٌ – مَصالِحُ	interest; advantage, benefit
المَصْلَحَةُ العامَّةُ	public good, welfare
مَصْلَحَة حُكوميَّة	government agency
٦. حَقَّ ـُ	to be true, right, correct
حَقَّ ـِ لِـ ... أنْ ...	...is entitled to, ... has the right to ...
٧. عامِلٌ – عَوامِلُ	factor
عامِلٌ – عُمّالٌ	worker
٨. مُجَرَّدٌ	mere, sheer
اِسْمٌ مُجَرَّدٌ	abstract noun
مُجَرَّدٌ من (الشعور)	devoid of (feelings)

٩. شَغَلَ ـَـ ه ، شُغْلٌ / شَغْلٌ	to occupy, fill (office, position, seat)
شَغَلَ ـَـ ه عن	to preoccupy s.o., keep s.o. busy
	to engage, engross
	to distract, divert s.o. from
شُغِلَ ـَـ بِـ	to be taken up with, be engaged in
	to be distracted by
١٠. جَمَعَ	to unite, collect, add (as in 1 + 2 = 3)
١١. مَيَّزَ ه عن	to distinguish, discriminate;
	to prefer s.o./s.t. to another, favor s.t./s.o. over another
مَيَّزَ ه	to separate, segregate, single out, select
١٢. قِطْعَةٌ - قِطَعٌ	piece (of land, meat); piece (of a discourse)
١٤. فَصَلَ ـِـ ه عن	to divide, separate;
	to dismiss, fire, expel s.o. from (work, an office)
١٥. طَبيعَةٌ	nature; temperament
١٦. ضَمَّ ـُـ ه ، ضَمٌّ	to bring together, include
ضَمَّ ـُـ ه إلى	to embrace, hug;
	to join, annex, attach s.t./s.o. to
١٧. صَحيحٌ	true; sound (of body, mind); whole
١٨. دَرَجَةٌ - دَرَجاتٌ	degree; step; grade

الدرس العاشر

مِنْ رُوّادِ النَّهْضَةِ العَرَبِيَّة

القسم الأول : التمهيد

أ. أسئلة قبل القراءة

١. ما معنى كلمة نهضة ؟ سمِّ / سمّي بعض النهضات المشهورة .
٢. ماذا تعرفون عن النهضة الحديثة في العالم العربي ؟ ومتى بدأت ؟
٣. من تعرفون من قوّادها أو من أسهم فيها ؟
٤. ما هي الامور التي تهمنا معرفتها عادة بشأن قوّاد النهضات ؟

ب. المفردات الجديدة

١. كان إمرسون (Emerson) وثورو (Thoreau) وهوثورن (Hawthorne) من **رُوّاد** الحركة الادبية الامريكية في القرن التاسع عشر .

رائِدٌ - رُوّادٌ (قائد /اوّل من يقوم بعمل) pioneer

٢. كانت **غايَتُها** في الحياة أن تحصل على شهادة الماجستير ثم على وظيفة عالية وقد حققت الاثنتين .

غايَةٌ (من) - غاياتٌ (هدف)

٣. من خلال قراءة كتبٍ ومصادر عديدة **اطَّلَعَ على** كل نواحي مفهوم القومية واكتب معلومات واسعة عن نشأتها وأركانها وأسسها النظرية .

إطّلَعَ على ، إطّلاعٌ (قرأ وتعرّف على أمر واصبح على علم بـ)
أطْلَعَ ه على ، إطْلاعٌ (أعلمه بالأمر / أظهره له)

٤. لم يمضِ على دراسته للغة العربية سنتان حتى أصبح **قادراً على** التحدّث بها بشكل جيد .

قادرٌ على (يستطيع او يتمكّن من)
قَدَرَ ـِ على ، قُدْرَةٌ / مَقْدِرَةٌ / مَقْدَرَةٌ / مَقْدُرَةٌ ؛ قُدْرَاتٌ
قَدِرَ ـَ على / أنْ ، قَدَرٌ

٥. إن استعمال السيّارات أصبح **ضَرورَةً** في هذا العصر وليس من الممكن ان نعيش بدونها .

ضَرورَةٌ – ضَروراتٌ (شيء لا بد منه)
ضَروريٌّ
ضَروريّاتٌ — necessities

٦. لعب مارتن لوثر كنغ دوراً هاماً في **إصْلاح** المجتمع الامريكي ويعدّ من اهم **المُصْلحين** بالنسبة الى وضع الشعب الاسود . ويجد البعض اوجه شبه بينه وبين **المُصْلِح** الديني مارتن لوثر .

أصْلَحَ ه ، إصْلاحٌ (جعل شيء أفضل ممّا كان عليه) — to reform
إصْلاحٌ – إصْلاحاتٌ

٧. **واصَلَ** وزير الخارجية جهوده لحل مشاكل الشرق الاوسط فقام بزيارات متعدّدة للمنطقة واجتمع برؤساء دولها عدة مرات .

واصَلَ ه ، مُواصَلَةٌ (استمرّ في ، تابع)
مُواصَلَةٌ – مُواصَلاتٌ (وسيلة تَنَقُّل أو اتصال) — communications

٨. سأعمل هنا **ما**كنت قادراً على العمل ولن أترك عملي **ما** لم أرَ ضرورة لذلك .

ما (كنت قادراً) — (foll. by perfect) for as long as (I am able)

ما (لم أرَ) — as long as ... not, unless

٩. اشتهرت كلية ميدلبري بتدريس **الألْسُنِ** الاجنبية منذ سنوات طويلة . فقد أسّست أول مدرسة فيها لتدريس اللغة الالمانية عام ١٩١٥ .

لِسانٌ - أَلْسُنٌ / أَلْسِنَةٌ (لغة) — tongue, language

١٠. قبل ان يصبح « ريغن » رئيساً للولايات المتحدة **اشْتَغَلَ** في مَنْصِب حاكم ولاية « كاليفونيا » .

اشْتَغَل ، إشْتِغالٌ (عَمِلَ) — to work

مَنْصِبٌ - مَناصِبُ (وظيفة /عمل)

١١. لبعض الجامعات الأمريكية المشهورة مثل « هارفارد » جذور دينية عميقة ولكنها الآن تعمل خارج **الإطار** الديني .

إطارٌ - إطاراتٌ / أُطْرٌ — frame, framework

١٢. من أسباب الحرب التي امتدّت مدة طويلة في لبنان عدم **التَّسامُح** بين الاديان والمذاهب والاحزاب والفرق السياسية .

التَّسامُح (مبدأ احترام دين أو فكر أو بلد أو لون الآخرين) — toleration

تَسامَحَ ، تَسامُحٌ

١٣. من أهم المجّلات الاسبوعيّة الامريكية **البارِزَة** مجلتا « تايْم » و« نيوزْويك » .

بارِزَةٌ (مشهورة أو ظاهرة أو ذائعة) — prominent

بَرَزَ ـُ ، بُروزٌ : بارِزٌ - بارزون (اشتهر) — to be prominent, come to prominence

أَبْرَزَ ه ، إبْرازٌ (جعله بارزاً / أعطاه مكانة هامة)

١٤. نُشر كتاب « الأغاني » لأبي الفرج الاصبهاني في عشرين جُزْءاً . وقد ألّفه صاحبه في خمسين عاماً .

جُزْءٌ - أجْزاءٌ

جُزْئيّ (مكوّن من اجزاء ، غير كامل) — partial

جَزّأ ه ، تَجْزِئَةٌ (جعله أجزاء) — to divide, partition

تَجَزّأ ، تَجَزُّؤٌ (أصبح أجزاء) — to break up, be partitioned off

١٥. كانت وَفاة الرئيس السابق كنيدي في عام ١٩٦٣ في مدينة « دالاس » بولاية « تكساس » .

وَفاةٌ - وَفَياتٌ (موت)

١٦. من العادات والتقاليد السائدة في المجتمع العربي ان يخضع جميع أفراد الأُسْرَة للوالد الذي يعتبر رأسها والمسؤول الأول عنها .

أُسْرَةٌ - أُسَرٌ (عائلة)

١٧. نلاحظ انه حتى بداية القرن التاسع عشر كانت المرأة قد نالَت نصيباً محدودا جدا من التعليم والمعرفة والحرية .

نال ـَ ه ، نَيْلٌ (حصل على أو اكتسب)

١٨. عَهِد الاستاذ إلى طلاّبه بكتابة انشاء يناقشون فيه مصالح أمريكا في العالم العربي فقام الطلاب بما عُهِد اليهم به .

عُهِدَ اليه بشيء (أُعطي مسئولية ذلك الشيء) — he was entrusted with ...

عَهِدَ ـَ إلى ... بِـ ، عَهْدٌ (أعطاه مسؤولية ذلك الشيء) — to charge s.o. with s.th., entrust s.o. with the task of

عَهْدٌ - عُهودٌ — responsibility

١٩. ارْتَفَعَ مستوى المعيشة عامّة في السنوات الأخيرة فقد ازداد دخل الفرد وازداد ثروته زيادة كبيرة ولم تَرْتَفِع الأثمان .

ارْتَفَعَ ، إرْتفاع (ازداد / زاد / اصبح اكثر/علا)
رَفَعَ ه ، رَفْعٌ (أعلى / جعله يرتفع)

٢٠. من المعروف ان « ابراهام لنكولن » كان من اقوى الداعين الى تَحْرير الشعب الاسود وهو الذي اعلن قانون تحرير السود عام ١٨٦٣ .

حَرَّرَ ه ، تَحْريرٌ (جعله يحصل على الحُرِّيَّة ، جعله حرّاً) to liberate, free, emancipate
حُرٌّ - أحْرارٌ free, living in freedom

٢١. من مَقاييسِ تقدّم قطر ما ارتفاع مستوى التعليم بين افراده وانتشار ظاهرة التسامح الفكري والديني بين المواطنين والمساواة بينهم .

مِقْياسٌ - مَقاييسُ (أمور ومفاهيم نستخدمها لنصدر أحكاماً) measure, standard

٢٢. ان العقل البَشَرِيّ هو العامل الاوّل والرئيسي وراء كل ما انتجه الانسان من حضارة وفكر وعلم وصناعات وغيره .

بَشَرِيٌّ (كلّ ما له علاقة بالانسان) human
البَشَرُ (المجموعة البشرية / الإنسان / الناس)

٢٣. يقولون ان العَدالَة عمياء لا ترى ، اي انها لا تميّز بين الغني والفقير وصاحب النفوذ ومن لا نفوذ له . ويضيفون انّ السلام لن يسود ما لم تَسُدْ العدالة أكان ذلك بين الافراد ام بين الامم .

عَدَلَ ـِ ، عَدْلٌ / عَدالَةٌ : عادِلٌ - عادِلون to act justly, with fairness
عَدَلَ ـِ بينهم to treat everyone with indiscriminate justice

٢٤. هناك **مَذاهِبُ** مختلفة في ميادين العلم والدين . ففي الادب مثلا يختلف مذهب « همنغواي » في اسلوب الكتابة اختلافا كبيراً عن مذهب « فرجنيا وولف » . كما ان في كل دين **مَذاهِبَ** مثل « الكاثوليكية » و« البروتستانية » في المسيحية والشيعة والسُنّة في الاسلام .

مَذْهَبٌ - مَذاهِبُ — sect, denomination, school of thought

٢٥. من **أغْراضِ** هذا الكتاب تعليم الطلاب اللغة العربية الفصحى سواء كانت مكتوبة أم محكية وتعريفهم بالحضارة العربية .

غَرَضٌ (من) - أغْراضٌ (هدف أو غاية)

٢٦. كافحت الشعوب الصغيرة كفاحاً طويلاً **في سَبيل** الحصول على الاستقلال الكامل وفي سبيل الحرية والازدهار.

في سَبيلِ (بغرض / بهدف / في الطريق الى) — in the cause of, for the sake of, in the interest of

سَبيلٌ - سُبُلٌ (طريق / وسيلة)

٢٧. إن **إنْجازات** الانسان في القرن العشرين رائعة حقاً سواء كان ذلك في ميادين العلم او الطب او التكنولوجيا . ويبدو كأن شيئاً لم يَعُد مستحيلاً .

إنْجازٌ - إنْجازاتٌ (أمور تَحَقَّقَت بفضل جهود فرد او اسهام مثلاً) — accomplishment, achievement

أنْجَزَ ه ، إنجازٌ (اتمّ) — to accomplish, complete

جـ التعبيرات الحضارية

١. دار العلوم

٢. مفتي

المفتي عالم من العلماء تُعَيِّنه الحكومة ليجيب عن اسئلة خاصة بشؤون الفقه والشريعة (Islamic Law and Jurisprudence) . والحكم الذي يُصدره مفتٍ يُسمّى فتوى (جمعها فتاوٍ / فتاوى ؛ formal legal opinion) . ويسمّى أكبر المُفتين في مصر « مفتي الديار المصرية » (the Grand Mufti of Egypt) .

٣. الثورة العُرابية

ثورة قادها القائد الوطني المصري أحمَد عُرابي باشا (١٢٥٧ - ١٣٢٩ هـ / ١٨٤١ - ١٩١١ م) ضدَّ حاكم مصر « الخديوي تَوفيق » وضد الانجليز . لم تنجح الثورة فنُفِيَ (was exiled) عرابي الى سيلان (Ceylon) ثم عاد الى مصر ومات فيها .

٤. سوريا

جمهورية عربية في آسيا على البحر الابيض المتوسط ، عاصمتها دمشق . من اهم مدنها حَلَب وحِمْص واهم انهارها الفُرات والعاصي . وكانت سوريا قبل الحرب العالمية الاولى تشمل لبنان والاردن واجزاء من فلسطين .

٥. الفارابي

الفارابي (٢٥٧ ـ ٣٢٩ ه / ٨٧٠ ـ ٩٥٠ م) فيلسوف كبير من سكان فاراب وهي مدينة قديمة في جمهورية كازاخستان في آسيا الوسطى (central) . درس في بغداد وأقام مدة في حَلَب ومات في دمشق . من كتبه « آراء اهل المدينة الفاضلة » (The views of the Utopians) .

٦. العُرْوَةُ الوُثْقى

جمعية أنشأها في باريس محمد عبده واستاذه جمال الدين الافغاني .
أصدرت جريدة تحمل اسم « العروة الوثقى » دعت الى اصلاح المجتمع المصري والمجتمعات الاسلامية عامة .

القسم الثاني : القراءة والاستيعاب

أ. النص الأساسي

من رُوّاد النهضة العربية

اذا اردنا تسمية اهمّ رواد النهضة الحديثة في العالم العربي فلا بد أن نذكر في مقدمتهم رِفاعَة رافِع الطَّهْطاوي (مصر ، ١٨١٠ – ١٨٧٣) وبُطْرُس البُسْتاني (لبنان ، ١٨١٩ – ١٨٨٣) والإمام مُحَمَّد عَبْدُه (مصر، ١٨٤٩ – ١٩٠٥) .

تقع حياة الطهطاوي في ثلاث مراحل رئيسية : مرحلة الدراسة في الازهر ، ومرحلة الاقامة في باريس ، ومرحلة العمل والانتاج بعد العودة الى مصر . وقد ذهب الطهطاوي الى فرنسا سنة ١٨٢٦ مع البعثة العلمية التي ارسلها والي مصر « مُحَمَّد عَلي » وكانت الغاية من سفره ان يكون اماما دينيا لطلاب البعثة . ولكنه رأى باب العلم مفتوحا أمامه فأقبل على الدراسة اقبالا كبيرا واطّلع على جانب كبير من العلوم والفنون الاوربية الحديثة واصبح قادرا على الترجمة من الفرنسية الى العربية . وهناك الف كتابا عن باريس وصف فيه الحياة في فرنسا وصفا دقيقا . وعاد الى مصر وهو يؤمن بضرورة اصلاح المجتمع المصري و بمستقبل الوطن وتقدمه عن طريق العلوم الحديثة. فواصل عمله في الترجمة والتأليف ما استطاع ، واشرف على مدرسة المترجمين او ما يُعرف بـ « مَدْرَسَة الألْسُنِ » التي لعبت دورا مهما في نقل كثير من الكتب العلمية الى العربية ، واشتغل في مناصب تعليمية وصحافية اخرى . ولقد كان للطهطاوي تأثير عظيم في النهضة الفكرية لا بفضل دوره في حركة الترجمة فقط ، بل بفضل دوره في نشر الافكار الجديدة ايضا كالديّمُقْراطيّةِ وانتخاب ممثلين للشعب وتعليم المرأة واشتراكها في الحياة العامة والحرية الفكرية والدينية والمساواة بين افراد الشعب .

governor

أما بطرس البستاني فقد ولد في لبنان وعرف بلقب « المعلم »، ولقّبه بعضهم بالمعلم الثالث وهو لقب يدل على اهمية البستاني ومكانته اذا تذكرنا ان « أرِسْطو » كان يعرف في

Aristotle

التاريخ العربي بأسم المعلم الأول و« الفارابي » بالمعلم الثاني . ولقد اسهم البستاني في ميادين متعددة كالتعليم والصحافة واللغة والسياسة واستخدم قلمه في خدمة الوطن . وكان اول من دعا الى تعليم المرأة ورفع مستواها لأنه كان يؤمن أن المجتمع لن يتقدم ما لم تتقدم المرأة . ولعل اعظم عمل وطني قام به تأسيسه « المدرسة الوطنية » في بيروت سنة ١٨٦٣ ، وهو أول معهد علمي في سوريا انشئ خارج الإطار الديني . وقد حاول البستاني ان ينشر عن طريقها مبادئ عالية في التّسامُحِ الديني وحب الوطن . ومن اعماله الصحفية البارزة مجلة « الخَبّاز » التي اصدرها من سنة ١٨٧٠ الى ١٨٨٤ والتي تعتبر رائدة المجلاّت الثقافية والادبية في العالم العربي . واذا نظرنا الى انتاجه اللغوي والفكري برز لنا منه عملان رئيسيّان هما قاموسه « مُحيط المُحيط » ومَوْسوعَتُه « دائِرَة المَعارِف » التي تُمثل محاولة اولى لاعداد موسوعة عربية حديثة . وقد استطاع ان يكمل ستة أجزاء منها قبل وفاته ، واستمرت اسرته في اصدارها حتى عام ١٩٠٠ عندما صدر الجزء الحادي عشر منها .

encyclopedia

ويُعَدّ الامام محمد عبده اكبر مصلح عربي ديني في القرن التاسع عشر . وقد نال شهادة الازهر ثمّ عين مدرسا للأدب والتاريخ في معاهد مشهورة كـ « دار العلوم » و« مدرسة الألسن » . وعُهِدَ اليه بتحرير صحيفة « الوقائع المصرية » ، الصحيفة الرسمية للدولة ، واشترك في الحركات السياسية التي كانت تهدف الى اصلاح المجتمع المصري خاصة وشؤون المسلمين عامة ، وعُيّن مُفْتِيَ مصر الاكبر. وقد عبّر عن وجهته في الاصلاح في قوله : « ارتفع صوتي بالدعوة الى امرين عظيمين : الاول تحرير الفكر من قَيْدِ التقليد ، وفهم الدين على طريقة السّلَفِ واعتباره من مقاييس العقل البشري . واما الامر الثاني فهو إصلاح اسلوب اللغة العربية في التحرير . وهناك امر اخر كنت داعيا من دعاته ، والناس جميعا في عَمىً عنه : ذلك هو التمييز بين ما للحكومة من حق الطّاعَةِ على الشعب وما للشعب من حق العَدالَةِ على الحكومة » . بهذه الكلمات جمع الشيخ محمد عبده مذهبه في ثلاثة اغراض أولها الإصلاح الديني ، والثاني الاصلاح السياسي وتنظيم شؤون الحكم ، والثالث اصلاح اللغة العربية . وقد اتّبع وسائل متعددة في سبيل تحقيق هذه الاغراض ، سواء كان ذلك عن طريق المناصب التي عُهدت اليه ، ام في اشتراكه في الثورة العُرابيّةِ

انظر/انظري
التعبيرات الحضارية

shackle

predecessors

are blind to; govt's right to obedience by the people, the people's right to justice from the govt.

society

(١٨٨٢) ، او انشائه جَمْعيَّة « العُرْوَةِ الوُثْقى » في باريس ، او الرحلات التي قام بها الى البلاد العربية الاخرى كسوريا والجزائر .

ومن الجدير بالذكر أنّ إنجازات هؤلاء الرواد الثلاثة وغيرهم قد لعبت دوراً هاماً في بعث روح التجديد بين العرب وفي بروز الحركات الاجتماعية والفكرية والأدبية في العالم العربي كله وتطورها .

(بتصرف) : أنيس المَقدِسي – الفنون الأدبية واعلامها في النهضة العربية الحديثة ، (بيروت ١٩٦٣) ص ١٠٨ – ١٣٨ و١٨٣ – ٢٢٢ .
ومَهْدي علاّم وآخرون – المطالعة الوافية للمدارس الثانوية (القاهرة ١٩٥٧) ص ١٩٩ – ٢٠٣ .

ب. القراءة الاولى السريعة

الأسئلة العامة

١. هناك ثلاثة انواع رئيسية من المعلومات التي يبرزها النص عن كل من هؤلاء الرواد . ما هي؟

٢. في أي ناحية من إصلاح المجتمع (مثلا إصلاح سياسي، إقتصادي، تربوي وهكذا) اسهم كل من الطهطاوي والبستاني ومحمد عبده .

جـ. القراءة الثانية المركزة

١. الأسئلة التفصيلية

سرد Narration

أ) استعدادا للامتحان القادم تنظمون حلقة دراسية (study group) لتعزيز معلوماتكم عن هؤلاء الرواد الثلاثة . في المرة الأولى يُعطي كل فرد جملة عن الرائد الأول دون أن يُعيد ما قاله من سبقه . في النهاية يجمع كل فرد كل المعلومات في جمل مركّبة (complex) . ثم تكرّر العملية بالنسبة إلى الرائد الثاني والثالث .

ب) يعمل الطلاب أزواجاً . يختار كل زوج رائداً ويقوم ط١ بسرد (narrating) معلومات عنه وبعدها يعلّق ط٢ على أداء ط١ من ناحية تغطية المعلومات والطلاقة (fluency) ومن ثُم يضيف ما لم يُذكر الى ما قيل .

٢. المفردات والتعبيرات المفيدة

أ) التعريف بالمفردات

بعد الإعداد لهذه الكلمات يقسم الصف إلى قسمين وتُجرى مسابقة بينهما [أثناء المسابقة ترسم خطوط (فراغات) على اللوح تمثل عدد حروف الكلمات مثلاً ـــ ـــ ـــ ـــ] .

١) كلمة تحتوي على ثلاثة حروف تنتهي بحرف «ض» . يجب استخدام وسائل لتحقيقه .
٢) كلمة تحتوي على أربعة حروف تبدأ بحرف «ق» وتعني يستطيع .
٣) كلمة من ستة أحرف تنتهي بحرف «ت» وتقال عن نساء جئن بشيء جديد .
٤) كلمة من أربعة حروف تنتهي بحرف «ل» و تُقال عن إنسان لم ينقطع عن عمله .
٥) كلمة تحتوي على خمسة حروف وتعني وظائف في مستوى عال .
٦) كلمة من خمسة حروف وتعني إعادة بناء شيء بغاية تحسينه .
٧) كلمة من أربعة حروف تبدأ بحرف «أ» تستعمل كوسيلة للكلام .
٨) حرف «ز» متوسط حروف الكلمة الخمسة والموسوعات عادة تضم منها أكثر من إثنين .
٩) كلمة تحتوي على أربعة حروف وتعني نهاية الحياة .
١٠) كلمة من خمسة حروف وتعني احترام وتقدير ما يؤمن به الاخرون حتى لو كان على خلاف مع مبادئنا والامور التي نؤمن بها .
١١) كلمة من خمسة حروف تبدأ بحرف « ع » وتعني المساواة وإعطاء كل انسان في المجتمع حقه .
١٢) كلمة تحتوي على أربعة حروف تعني وحدة إجتماعية مكونة من زوج وزوجة وأولادهما .
١٣) عبارة تحتوي على كلمتين وتعني طُلب منها ان تقوم بعمل ما .
١٤) كلمة من أربعة حروف فيها حرف «ط» وتعني ما يحيط بشيء مثل صورة أو مفهوم .
١٥) كلمة تحتوي على خمسة حروف اخرها حرف «ى» وتستخدم عند الإشارة الى ماهو أفضل أو أكثر أو أقل في الدرجة أو النوع .

ب)　الأسئلة

أجب/أجيبي عن الاسئلة التالية :

١)　اِطَّلَعَ عَلى

اذكر خمسة من الموضوعات التي اطّلعنا عليها في دراستنا للحضارة العربية حتى الآن .

٢)　في سَبيلِ

بالنسبة للاسلام ، ما هي الاعمال التي يجب على الانسان ان يقوم بها في سبيل ان يواجه ربه بنفس مطمئنة يوم الحساب ؟

٣)　قادِر عَلى

لماذا لا تزال بعض الحكومات العربية غير قادرة على زيادة عدد الخريجيين في ميدان التعليم المهني ؟

٤)　نالَ مَنْصِباً

مَنْ مِنَ الرواد الثلاثة نال منصبا دينياً عظيم الاهمية ؟

٥)　في مُقَدِّمة

ما هي الكليّات أو الجامعات التي تعتبر في المقدمة في تدريس الألسن في أمريكا ؟

٦)　مقاييس

ما المقاييس التي تستخدم في أمريكا للحكم على نجاح الانسان أو عدم نجاحه ؟

٧)　ارتفع مستوى

كيف يمكن ان يرتفع مستوى تدريس اللغة العربية في الولايات المتحدّة ؟

٨)　من الضروري / الضرورة أنْ

اذكر بعض الامور التي من الضروري/الضرورة القيام بها في الحياة اليومية ؟

٣. التراكيب المفيدة

أ) الجمل الوصفية (relative clause without relative pronoun)

تحليل

في هذا الدرس جملة وصفية واحدة على الاقلّ في كل من المقطع الثاني والثالث والرابع .
اشر/اشيري اليها وأعط/أعطي معناها (بالانجليزية إذا شئت)

ب) المصدر كخبر : التركيب « الغاية من ________ ان ________ . »

إكمال

كانت الغاية من هذا الدرس ان تطّلعوا على انجازات هؤلاء الرواد الثلاثة . بناء على محتويات الدرس، المطلوب تكوين ١٠ باستخدام تركيب « الغاية من ... ان ... »

مثال : كانت الغاية من ذهاب الطهطاوي الى فرنسا ان يكون اماماً للطلاب .

جـ) الجمل الشرطية

١) تحليل

يبدأ هذا النص بجملة شرطية ب «اذا» . المطلوب منك الاشارة الى الجمل الشرطية الأخرى كلها في النص (بوضع خط تحتها أو بكتابتها) .

٢) مواقف situations

لا شك ان هؤلاء الرواد انجزوا الكثير بسبب بعض الاوضاع الخاصة التي عاشوا منها . لكن ماذا كانت النتيجة لو لم يعيشوا هذه الاوضاع ؟ المطلوب كتابة اكبر عدد ممكن من الجمل للتعبير عنها باستعمال « لو (لم) ... لَـ (ما) ... »

مثال : لو بقي الطهطاوي في مصر لا صبح مدرساً للغة العربية فقط
لو لم يسافر الطهطاوي الى فرنسا لما اطّلع على الاداب الفرنسية

د) تركيب «عن طريق ـــــ »

إكمال

أكمل/أكملي الجمل التالية باستخدام معلومات من النص

١) اتبع الطهطاوي وسائل متعددة في سبيل تحقيق اغراضه سواء كان ذلك عن طريق ـــــ أم ـــــ أم ـــــ أم ـــــ

اتبع البستاني وسائل ـــــ عن طريق ـــــ أم ـــــ أم ـــــ أم ـــــ .

٢) حاول الطهطاوي ان ـــــ عن طريق ـــــ

حاول البستاني ان ـــــ عن طريق ـــــ

حاول محمد عبده ان ـــــ عن طريق ـــــ

هـ) معاني « ما »

أعط/أعطي معاني « ما » في التعبيرات التالية التي جاءت في النص :

ما استطاع (٢ ، ٩) ما لم تتقدم المرأة (٣ ، ٥)

ما يعرف (٢ ، ٩) عندما صدر (٣ ، ١٤)

ما للحكومة من حق الطاعة (٤ ، ٩)

لقسم الثالث : المراجعة

أ. القراءة الجهرية

يستند نص هذا الدرس إلى فكرة رئيسية هي الاثر البارز الذي تركه ثلاثة من رواد عصرالنهضة في تاريخ الفكر العربي الحديث . وقد تميز هؤلاء الرواد بانهم كانوا من المفكرين الاوائل الذين اسهموا في ميادين متعددة واتبعوا وسائل مجتلفة في سبيل رفع مستوى اوطانهم ومجتمعاتهم .

فرفاعة الطهطاوي ، مثلا ، يبرز في مقدمة اولئك الذين كانوا على اتصال بحضارة الغرب وعلومه والذين افادوا أمتهم من إطّلاعهم على ما كانت الدول الاوروبية قد حققته من تقدم . وقد كان غرضه الاساسي ان يُظهر بان المجتمع المصري قادر على الانجاز الحضاري اذا توفر له الاصلاح الاجتماعي والعوامل التي تقوم عليها الحضارة الغربية . ولتحقيق هذه الغاية اشتغل الطهطاوي في التأليف والترجمة ليُدخل الى مجتمعه المفاهيم الحديثة التي اعتبرها من ضرورات التقدم .

وشغل المعلم بطرس البستاني نفسه بالعمل في ميدان التربية لانه رأى فيه الوسيلة الافضل لبلوغ الاصلاح ؛ لذلك ، فقد اسس «المدرسة الوطنية » التي شكلت ظاهرة ذات اهمية في ذلك العصر لانها كانت اول مدرسة لم يكن يغلب عليها الطابع الديني . ومن الجدير بالذكر ايضا ان البستاني لعب دورا في تحسين وضع اللغة العربية وذلك بفضل ما الفه من قواميس وموسوعات .

أما الإمام محمد عبده الذي بدأ حياته بالعمل في ميداني التعليم والصحافة فقد كان للدين نصيب كبير في دعوته الاصلاحية . وقد اعتبر ان الطريقة الفعالة التي يمكن ان تؤدي الى مجتمع افضل هي تحرير الفكر الاسلامي من التقاليد وفهم التعاليم الدينية كما فهمها السلف الصالح . وكان للامام عبده اهتمام خاص باللغة العربية ولا سيما فيما يختص باساليب الكتابة وطرق تحسينها . ومما ساعده على تحقيق اهدافه تلك انه نال منصبا عظيم الاهمية هو منصب مفتي مصر الاكبر فاستطاع عن طريق عمله هذا ان يقوم بالكثير من الاصلاحات الدينية .

ب. معاني المفردات والتعبيرات

١. ملء الفراغات

المطلوب ملء الفراغات بالمفردات الجديدة من النص

أ) كانت ________ من سفر الطهطاوي الى باريس ان يكون اماما دينيا لطلاب لبعثة .

ب) ________ الطهطاوي على الجوانب العلمية والفنية الاوروبية لَمّا كان في باريس ، ممّا جعله قادراً ان ________ في مناصب تعليمية وصحافية متعددة .

ج) كان الطهطاوي مؤمنا بضرورة ________ المجتمع المصري بعد عودته .

د) لعبت مدرسة ________ دورا كبيرا في الترجمة والتأليف .

ه) من الافكار الجديدة التي دعا الطهطاوي الى نشرها ________ وتعليم المرأة و ________ بين افراد الشعب .

و) ________ البستاني في ميادين متعددة منها التعليم و ________ واللغة .
وكان أول الداعين الى رفع ________ المرأة العلمي ________ .

ز) تعتبر مجلة « الخيّاز » التي اصدرها البستاني ________ المجلات الادبية في عصره ، ومن اعماله الاخرى ________ البارزة موسوعته التي تحتوي على احد عشرة جزءاً .

ح) يُعدُّ الكاتب الامام محمد عبده اكبر ________ عربي ________ في القرن التاسع عشر. وقد جمع الامامُ مذهبه في ثلاثة ________ : ________ الديني و ________ و ________ .

ط) ________ الى الامام محمد عبده ________ عالية في الدولة ، ممّا ساعده على تحديد علاقة الشعب والدولة في مفهوم ________ .

٢. ملء الفراغات

املأ/املأي الفرغات بحرف الجر (او الظرف) المناسب.

١. الصحف عادة تَحْتَوي ــــ أخبار عالمية أو محلية وإعلانات وبرامج الإذاعة والتلفزيون .

٢. تؤدّي وَسائِلُ الإعلامِ ــــ جرائد وإذاعات ونشرات خدمة هامة اليوم اذ انها تُعلمنا ــــ الأحداث الهامة في كل مكان في بلادنا وفي العالم وقت وقوعها .

٣. أسْهَم ــــ تأليف هذا الكتاب أساتذة من بعض الجامعات الأمريكية .

٤. تشكّل الولايات الامريكية الغربية الوسطى بيئة جغرافية واحدة لا يَفصِلُ بعضها ــــ بعض فاصل كبير مثل الجبال العالية .

٥. حصلت ليلى على منحة للدراسة في لندن ــــ حِسابِ الحُكومَة الاردنية لأنها ــــ الطالبات المتفوّقات. امّا سعاد فبالرغم ــــ تفوقها ــــ دراستها الا انها لم تحصل على منحة وهي تدرس ــــ حسابها الخاص .

٦. هذه المرأة ذات علم ومعرفة واخلاق وشهادات عالية . فهي جَديرَة ــــ الاحترام والتقدير . ولكن ــــ الجَدير بالذكر ان نصيبها ــــ الترقية ــــ الوظائف العالية لم يكن كبيراً .

٧. الديموقراطية تَسْتَنِدُ ــــ أسس حضاريّة واقتصادية ــــ ها حرية الفرد وحقوقه ودور السوق المفتوحة الحرة .

٨. يقول بعض المفكّرين ان طرق التفكير القديمة لم تعد تَصْلُحُ ــــ الحياة في القرن الحادي والعشرين كما ان وسائل النقل القديمة لم تعد صالِحَة اليوم .

٩. بعض الناس لا يستطيعون ان يُمَيِّزوا لوناً معيّناً ــــ لون آخر.

١٠. اصبح التعليم إلْزامياً في المرحلة الثانويّة في معظم الدول الأوروبيّة . فالقانون يُلْزِمُ جميع الأولاد والبنات ــــ الذهاب الى المدارس ــــ هذه المرحلة الدراسية .

١١. يعتقد البعض ان القومية العربية ليست مُجَرَّدَ كَلامٍ او نظر ية بل انها حقيقة يؤمن ـــــ ها كثير من المواطنين العرب في كل مكان .

١٢. معظم العرب يَنْتَمون ـــــ الدين الاسلامي .

١٣. قد سَبَقَت بريطانيا غيرها ـــــ الدول ـــــ انشاء المصانع الحديثة وهكذا اصبحت اولى الدول الصناعية في العالم ـــــ القرن التاسع عشر.

٢. الأدلاء ببيان — Making a statement

أشر/ أشيري الى الامور التالية بذكر حقيقة عنها أو بإبداء رأي فيها

(أ) نيل الجوائز
(ب) الشعر قبل الإسلام
(جـ) العدالة الاجتماعية
(د) مستوى المدارس الخاصّة في ولايتك
(هـ) التسامح الديني والمذاهب
(و) مقاييس الصحافة الجيدة
(ز) مناهج تدريس الألسن في أمريكا
(ح) الأسرة الممتدّة
(ك) العقل البشري والاسهام والفكري
(ل) الاطّلاع على الحقيقة
(ص) إصلاح التعليم المهني في الأقطار العربية
(ع) غايات الفلاّح في بلدك
(ف) إطار المفاهيم السياسية في قطرك أو في بلدك
(س) مواصلة العمل لحلّ مشكلة الأمية
(ث) الاشتغال في الزراعة
(ت) الاتّجاهات البارزة في أحزاب بلدك

جـ. تدريبات القواعد

١. **النفي** (Negation)

مواقف

أغضب الزوج زوجته وقرّرت أن تنفي كلّ ما يقوله في ذلك المساء (تعطي الزوجة جملة أو أكثر تنفي فيه ما يقوله زوجها)

(For every statement, the wife counters with its negative counterpart in as many ways as possible).

مثلا : الزوج : شعرتُ بالاطمئنان عند سماعي هذا النبأ .
الزوجة : أمّا أنا فلم أشعرْ بالاطمئنان عند سماعي هذا النبأ .
او ما شعرتُ بالاطمئنان عند سماعي هذا النبأ .
او شعرتُ بعدم الاطمئنان عند سماعي هذا النبأ .

أ) الزوج : ستؤدي العلاقات الجديدة الى تفاهم تام بين الدولتين .
الزوجة : لا . ________________________________

ب) الزوج : كانت الاصلاحات التي دعا الشيخ محمد عبده اليها قائمة على اساس الدين .
الزوجة : لا أظن ذلك ________________________________

جـ) الزوج : تقليد الاساليب الاجنبية ظاهرة واضحة في الاداب العالمية .
الزوجة : ________________________________

د) الزوج : أعجبني اسلوب المعلّقات التي ظهرت في العصر الجاهلي .
الزوجة : ________________________________

هـ) الزوج : شعور الاغلبية بالوحدة مجرد عواطف
الزوجة : ________________________________

و) الزوج : الاهتمام الكافي بالتعليم المهني امر لا بد من دراسته دراسة عميقة .
الزوجة : ________________________________

ز) الزوج : يبدو انك مقبلة على نهاية المشروع بنفس مطمئنة .
الزوجة : ________________________________

ح) الزوج : أصدقاؤنا على حق في قولهم ان دراسة الشعر العربي القديم تتطلب معرفة لغوية واسعة .
الزوجة : ________________________________

ط) الزوج : كانت أمي تعدّ لنا الطعام كل يوم .
الزوجة : ________________________________

ي) الزوج : كنت قد طلبت منك أن لا تعودي في ساعة متأخرة .
الزوجة : ________________________________

ك) الزوج لابنه : اِذهب الى السينما واتركنا وَحْدَنا .
الزوجة : ________________________________

ل) الزوج : مستحيل التحدث معك .
الزوجة : ________________________________

٢. المصدر المؤول ب « أنْ » كخبر
أكمال

أكمل/أكملي الجمل التالية كما في المثال .

مثال : الغاية من سفره أن يكون إماماً لطلاب البعثة .

الهدف من ____________ أنْ ____________
الوسيلة لـ ____________ أنْ ____________
الطريق لـ/الى ____________ أنْ ____________
السبيل الى ____________ أنْ ____________
الغرض من ____________ أنْ ____________
الغاية من ____________ أنْ ____________

٣. الأمر والنّهي (Command and Prohibition)

أ) يتم تقسيم الطلاب إلى مجموعات تضم كل منها ثلاثة طلاب . تتبع كل مجموعة المثال التالي .

مثال : بدأ العمل الآن

ط١ إلى ط٢ : يا (ط٢) . قل/قولي لـِ ط٢ أن يبدأ العمل الآن .
ط٢ إلى ط٣ : يا (ط٣) . ابدأ/ابدأي العمل الآن (الأمر)
ط٣ إلى ط١ : لن أبدأ العمل الآن .

١) تأييد هذا الموقف
٢) العودة الى الموضوع
٣) الاعتياد على الاسلوب الجديد
٤) ابداء رأي
٥) القضاء على عاداته السيئة
٦) الوعد بزيارة قريبة
٧) الاسهام في إعداد الطعام .
٨) مواجهة كل المشكلات .
٩) بَدأ العمل الآن .
١٠) ركوب الخيلَ كلَ صباحٍ .
١١) تحديد مَفهومَ القوميةِ بِدقّةٍ .

ب) مثال : بدأ العمل الآن .

ط١ إلى ط٢ : يا (ط٢) . قل/قولي لـِ ط٢ ألاّ يبدأ العمل الآن .
ط٢ إلى ط٣ : يا (ط٣) . لا تبدأ/تبدأي العمل الآن (النهي)
ط٣ : بل سأبدأ العمل الآن .

٤. قراءات مختلفة الكلمات

يمكن ان تُقرأ الكلمة التالية بطرق وصور مختلفة جاء البعض منها في النص . حدد/حدّدي اكبر عدد من هذه الصور وأعط/أعطي معنى كل منها

يعد

د.   ترجمة

القسم الرابع : التطبيقات

أ.   النشاطات الشفوية

١.   أسئلة

اختر/اختاري اثنين من هولاء الرواد وأشر/ أشيري الى أوجه الشبه وأوجه الخلاف بينهما من ناحية :

أ)   المعلومات الخلفية (مثلاً : المولد والدراسة والاسرة) عنها
ب)   اسهام كل منها وأثره على المجتمع

٢.   مواقف   Situations

أ)   في نشاط جماعي تُحدَّد قائمة بالامور التي دعا هؤلاء الرواد الى إصلاحها في مصر ولبنان وبعد الاعداد في البيت يشترك الطلاب في تقييم (evaluating) وضعها في عصرنا هذا وتقرير ما اذا كانت الضرورة ما زالت قائمة لمواصلة الاصلاح في ذاك المجال الان . ومن ثَم يقدّمون اقتراحات أو مشاريع للعمل بها اذا كانت الضرورة ما زالت قائمة .

ب) في برنامج تليفزيوني عنوانه «ركن إصلاح المجتمع الامريكي» دُعي (ت) واحد(ة) من الذين يدعون الى إصلاح المجتمع في نواح مختلفة لمقابلة مراسل(ة) مهتمّ(ة) بهذا الموضوع. يقسم الصف الى ازواج يتخصص كل زوج في ميدان مُعيَّن (مثلا ميدان التعليم او الاقتصاد أو تدريس اللغة العربية أو وضع المرأة أو وضع الفلاحين أو الشعب الاسود أو الاقليات الاخرى الخ) . يلعب احدهما دور المراسل الذي يوجه اسئلة والاخر دور الداعي إلى ضرورة الإصلاح .

٣. مناظرة Debate

في مناقشة او مُناظَرَة (debate) ينقسم طلاب الصف الى قسمين : مُحافِظين (conservatives) وتَقَدُّمِيِّين (liberals) . يُصِرُّ (insist) المحافظون على ان الإصلاحات التي تمت بالنسبة الى وضع المرأة منذ الستينات تُسَبِّب مشاكل إجتماعية كبيرة بينما يُبدي التقدميون عَكس هذا الرأي ويطالبون بتطور اكثر في وضع المرأة.

ب. النشاطات الكتابية

إنشاء

١. اكتب/اكتبي عن رجل أو إمرأة لعب/ لعبت دورا في إصلاح المجتمع ذاكراً / ذاكرة الامور التالية (١٢٠ كلمة) :

أ) حياته/ها ونشأته / ها
ب) العوامل التي ادّت الى الدعوة الى الاصلاح والاسهامات (الانجازات التي قُدمت
جـ) وأثر هذا الاصلاح

٢. برأيك ما هي الميادين التي يجب مواصلة الإصلاح فيها في المجتمع او القطر الذي تعيش/ تعيشين فيه . اختر/إختاري ثلاثة على الاقل وأشر/أشيري الى التطورات التي جرت حتى الان و الامور حيث الضرورة الاستمرار في الجهود المبذولة ضروري وامر لا بد منه (١٢٠ - ١٥٠ كلمة) .

ملحقات : دراسات معجميّة

أ. مفردات من جذر واحد

و ص ل

١. وَصَلَ ـِ مكاناً / إلى مكان ، وصول — to arrive at a place

وصلت الطائرة مطارَ القاهرة متأخرةً قليلاً .

٢. وَصَلَ ـِ ه / إليه ، وصول — to reach s.th. or s.o., to come into s.o.'s hands

وَصَلَتْني رسالة من صديقي .

٣. وَصَلَ ـِ ه ب ، صِلَة — to attach, link, connect s.t. to

٤. وَصَلَ ـِ بين ... و ... ، صِلَة — to establish a connection between ... and ...

٥. وَصَّلَ ه إلى ، توصيل — to get, take, bring, accompany s.th./s.o. to a place, to s.o. to see that s.o./s.th. gets to a place, to convey, transmit s.th. to s.o.

لقد قام بتوصيل الخبر السيّء إلى زوجة الرجل الذي مات في الحرب .

وَصَّلَ ه إلى / ب ، تَوْصيلٌ — to connect s.th. to/with s.th. (e.g. a device with main line, an appliance with another)

٧. واصَلَ ه / في ، مواصلة — to continue, persevere in

بعد أن انتهى من الدراسة الثانوية واصل دراسته العالية في الخارج .

لقد واصل العمل ليلَ نهارَ .

واصل جهده / سَعْيَه .

٨. أَوْصَلَ ه إلى ، إيصالٌ = وصّل — to put through; take to its destination

تعمل الحكومة على ايصال الماء الى جميع المناطق .

٩. تَوَصَّلَ الى ، تَوَصُّلٌ — to attain, gain access, reach s.th. (after effort)

توصّل مجمع اللغة العربية الى طريقة جديدة لتيسير القراءة العربية .

١٠. اتَّصَلَ بـِ ، اتِّصالٌ — to contact, connect, get in touch with

بعد سفره الى اروبا للدراسة بقي على اتصال بنا عن طريق المراسلة .

١١. صِلَةٌ – صِلاتٌ — relationship, connection

توجد صلات قوية بين أمريكا ودول أوروبيا الغربية .

صِلَةٌ — syndetic relative clause (grammar)

١٢. وُصولٌ – وُصولاتٌ — receipt

١٣. وُصولِيٌّ — upstart

١٤. مُواصَلَةٌ — connection, continuity

مُواصَلَةٌ – مُواصَلاتٌ — communications, lines of communication

وَسائِلُ المُواصَلات — means of communications

طُرُقُ المُواصَلات — traffic routes

وِزارَةُ المُواصَلات — Ministry of Communications

تعمل وزارة المواصلات على تيسير وسائل المواصلات في البلاد .

و ج ه

١. وجَّهَ ه لِـ / إلى ، توجيه — to guide, direct, s.o./s.th. to

وجَّهَ النَّظَرَ إلى — to draw s.o.'s attention to

كانت الجوائب من أحسن الصحف توجيها وتأثيراً في الرأي العام في ذلك الوقت .

وجّه الاستاذ نظر الطالب الى المشكلة .

تَوْجيهٌ – تَوْجيهاتٌ — guidance; (pl.) guidelines

٢. واجَهَ ه ، مُواجَهَةٌ — to face a direction/s.o. or s.th.; to encounter

يواجه التعليم المهني في العالم العربي صعوبات كثيرة .

٣. تَوَجَّهَ نَحْوَ / إلى ، تَوَجُّهٌ — to head for

توجّه الى مكتبة الجامعة للبحث عن بعض المصادر الخاصة بالادب العربي .

٤. تَواجَهَ ، تَواجُهٌ — to face each other

تواجه الرجلان أمام القاضي .

٥. اتَّجَهَ نحو / إلى ، اتِّجاه — to head for, turn towards

وما إن تكلم حتى اتّجهت جميع الانظار اليه .

اتجهت جميع السيارات جنوبا .

٦. جِهَةٌ - جِهاتٌ — side, direction

وصلت الطائرات من جميع الجهات .

٧. من جهة ... ومن جهة أخرى — on the one hand ... on the other hand

يواجه دارسو اللغة العربية مشكلتين اساسيتين : فمن جهة ، يعتبر الخط العربي مصدر صعوبة في القراءة لعدم وجود حروف تمثل الحركات ، ومن جهة اخرى توجد لغتان احداهما فصحى والاخرى عاميّة .

٨. وَجْهٌ - وُجوهٌ — face

وَجْه - وُجوهٌ / أوْجُهٌ — aspect, viewpoint

انّ وجهها أجمل وجه رأيته في حياتي .

لهذه المشكلة عدّة وجوه/أوجه .

٩. بوجه خاصّ — in particular

بوجه عامّ — in general

احب الاكلات اللذيذة بوجه عام ، والعربية منها بوجه خاص .

على وجه الأجمال — on the whole

على وجه التقريب — approximately

١٠. لوَجْهِ اللّه — for the sake of God; gratis

اعتاد على مساعدة المساكين لوجه الله .

١١. أَوْجُهُ الشبْهِ	points of resemblance
١٢. وُجْهَةٌ - وُجْهاتٌ	direction, course
لقد سافر الى اوربا وكانت وجهته باريس .	
وُجْهةُ نَظَرٍ	point of view, standpoint
هذه وجهة نظر مهمة يجب ان ندرسها ونعلق عليها اذا اردنا حلّ المشكلة .	
١٣. وجيهٌ - وُجَهاءُ	eminent man, notable
يعتبر هذا الرجل من وُجهاء المدينة .	

ب. التوسع في المعاني

١. ذَكَرَ ـُ ه ، ذِكْرٌ / ذِكْرى / تَذْكار	to mention; call to remembrance
تَذَكَّرَ ه ، تَذَكُّرٌ	to remember
ذَكَّرَ ه ، تَذْكيرٌ	to remind s.o. of
٢. إقامة في مكان	residence
إقامة (تأسيس / إنشاء)	setting up
٣. غايَةٌ / غاياتٌ	objective
لِغايةِ ...	up to, to the extent of, until
لِلْغايةِ	very much, extremely
غايَةٌ في (الجمال)	of extreme (beauty)
٤. جانِب - جَوانِب (ناحية)	side, aspect
جانِبَ (إلى جانبِ)	next to, beside, in addition to
٥. مُمَثِّل - مُمَثِّلون	representative; actor (theater)
٦. مَيْدانٌ - مَيادينُ	field (of knowledge)
ميدان الحرب	battlefield

٧. إطار – إطارات / أُطُر	framework; frame (of a picture, eyeglasses); tire
٨. جُزْءٌ – أَجْزاءٌ	section, part, component, fraction
جُزْئيٌّ	partial; unimportant, minor
جُزْئياً	partly
جُزْئيّاتٌ	details, trivialities, subordinate parts
جَزَّأَ ه ، تَجْزيءٌ	to partition
٩. عَهْدٌ – عُهودٌ	responsibility; promise, covenant
عَهْد « نابليون » مثلاً	era, regime
حديث العهد / قريب العهد	recent, late, new, young
١٠. حَرَّرَ	to liberate
حَرَّرَ (رسالة)	to compose (a letter)
حرّر (جريدة)	to edit, redact
١١. دعا ـُ إلى ، دُعاءٌ	to call for, proclaim
دعا ـُ ه إلى ، دَعْوَةٌ	to invite (to a party, meal, etc.)
دعا ـُ لِـ ، دُعاءٌ	to invoke a blessing on s.o.

الدرس الحادي عشر

رِحْلَة

القسم الأول : التمهيد

أ. أسئلة قبل القراءة

١. ما هي الديانات السماويّة الثلاث ولماذا دُعيت بهذا الاسم ؟ وما هي الكتب السماوية ؟
٢. في أي مناسبات تردّد/تردّدين شيئاً من كتابك المقدّس .
٣. ما رأيكم في الزواج بين الأديان المختلفة ؟

ب. المفردات الجديدة

١. **أعادَت** الصحف نشر خطبة الرئيس اكثر من مرة لأهميّتها .

أعادَت نشرها (نشرتها مرة ثانية)

أعادَ ه (مصدر صريح) ، إعادَة ؛ إعاداتٌ (ردّد)

٢. **يُفيقُ** أحمد من النوم الساعة السادسة صباح كل يوم .

أفَاقَ من ، إفاقَةٌ (عكس نام)

٣. **انْتَهَزَ فُرْصَةَ** وجودهما معا ليقول لها انه يحبّها

انْتَهَزَ فُرْصَةَ ... لِـ (استفاد من وضع أو وقت مناسب) he took the opportunity to...

انْتَهَزَ ه ، انْتِهازٌ

فُرصَةٌ - فُرَصٌ (وقت مناسب)

٤. المَشاعِرُ الإنسانية مثل الحب والغضب والخوف والخيبة واحدة في كل المجتمعات البشرية .

مَشاعِرُ (جمع لا مفرد له)

٥. يتكلّم الناس الانكليزية في معظم أنْحاءِ العالم إما كلغة أمّ او كلغة اجنبية .

نَحْوٌ - أنحاءٌ (منطقة / جزء / ناحية)

٦. العدالة لا تميّز بين الناس مَهْما اختلفت لغاتهم ودياناتهم وألوانهم وأوضاعهم .

مَهْما (على الرغم من) no matter how much

٧. يشعر بعض الناس بالغُرْبَةِ عندما يعيشون في بلاد ومناطق غريبة عليهم .

الغُرْبَةُ (العيش بعيداً عمّن نحب او عمّا اعتدنا عليه)

٨. البُعْدُ عن الاهل والوطن يجعل الانسان عادةً يشعر يالغربة وبعدم الطمأنينة الى ان يعتاد على المكان الجديد .

البُعْد (الوجود في مكان بعيد / عكس القُرْب)
بَعُدَ ـُ عن ، بُعْدٌ : بَعيدٌ - بَعيدونَ / بُعَداءُ / بِعادٌ (بعيد عكس قريب)
أبْعَدَ ه ، إبْعادٌ (جعله بعيداً)

٩. يشعر الانسان بالسرور والسعادة عندما يَقْضي وقتاً ولو قصيراً مع من يحب .

قَضَى ـِ (وَقْتاً أو مُدَّةً) ، قَضاءٌ to spend (time)

١٠. انقطعت الإذاعة فَجْأةً عن برنامجها اليومي لأعلان نبأ وفاة الرئيس .

فَجْأةً (في وقت غير مُنْتَظَر) suddenly, unexpectedly
فَجَأَ ـَ ه ، فَجْأةٌ / فُجاءَةٌ = فاجَأَ ه ، مُفاجَأةٌ (جاء في وقت غير مُنْتَظَر)

١١. شعرت البنت بالخوف **فَأَمْسَكَتْ** بيد أمها وهي تسير في الحديقة .

أَمْسَكَ (بِـ) ، إِمْسَاكٌ (وضع يده فيه) to hold (onto), take hold of

١٢. شهدت منطقة الشرق الاوسط **أَزَمَات** إقتصادية وسياسيّة عديدة في السنوات الأخيرة .

أَزْمَةٌ – أَزَمَاتٌ (مشكلة صعبة جداً) crisis

١٣. عندما يقرأ القرآن او الانجيل في اماكن العبادة يصغي الناس بانتباه ويسود **الصَّمْتُ** .

صَمَتَ ـُ ، صَمْتٌ (سَكَتَ / لم يتكلّم) (الصَمْتُ = السُكوتُ)

١٤. عندما **اقْتَرَبَت** الطائرة **مِن** المطار سمعنا صوتاً مُطَمَئِناً يقول : « سنصل المطار بعد دَقائق » .

اقْتَرَبَ من ، اِقتِرابٌ (أصبح قريباً من)

١٥. يقضي الأستاذ سالم معظم **أَوْقاتِ فَراغِه** في المقهى الجديد يقرأ الصحف وحين **يَفْرَغُ مِن** القراءة يتحدّث الى الاصدقاء .

أوْقات الفَراغ (حين لا نقوم بعمل) spare time, leisure

فَرِغَ ـَ من (العمل) ، فَراغٌ (انتهى منه)

١٦. **أَحَسَّتِ** الروح بالخوف وهي مقبلة على ساعة الحساب ، إلاّ أنها **أَحَسَّتْ** بالسعادة والاطمئنان بعد أن صدر الحكم بأن تدخل الجنة .

أَحَسَّ بـ ، إحْساس (شَعَر) ؛ إحْساساتٌ / أحاسيسُ (شُعور)

١٧. أشعر دائما بالسعادة والسرور **في صُحْبَةِ** من أحب من الاهل والاصدقاء .

في صُحْبَةِ	in the company of
صَحِبَ ـَ ه ، صُحْبَةٌ (البقاء مع)	

١٨. من أصعب المشاكل التي يواجهها سكان المدن الكبرى عدم توفّر **الأَمْنِ** والنظام فيها . فيشعر المواطنون بعدم الطمأنينة عندما يسيرون في الشوارع ليلاً ولا **تَأْمَنون من** الشرحتى في بيوتهم .

الأَمْنُ (السلام / الطمأنينة)	security
أَمِنَ ـَ (من) ، أَمْنٌ : آمِنٌ - آمنون	to be safe, feel safe from

١٩. **تَغَلَّبَت** بعض الدول على الاميّة عن طريق توفير المدارس والمعلمين للكبار والصغار فصار عدد الاميين فيها قَليلاً جدّاً .

تَغَلَّبَ على ، تَغَلُّبٌ (قضى على ، سيطر على)

٢٠. شَعَرَت مريم **بِأَلَمٍ** في رأسها فذهبت الى الطبيب مُسرعةً .

أَلَمٌ - آلامٌ	pain
آلَمَ ه الأمرُ / أنْ ، إيلامٌ	to cause pain

٢١. مَرَضُ «الايدز» من **الأَمْراضِ القاتِلَة** التي لم يتمكن الطب من التَغلُّب عليها حتى الان . ويقال ان هذا المرض يقتل اعداداً كبيرة من الناس في كل انحاء العالم .

مَرَضٌ - أمْراضٌ	
مَرِضَ ـَ ، مَرَضٌ : مَريضٌ - مَرضىً / مُرَضاءُ	
قاتِلٌ (يسبب الموت)	killing, fatal
قَتَلَ ـُ ه ، قَتْلٌ	to kill
قاتِلٌ - قَتَلَةٌ (الجمع للاشخاص فقط)	killer, murderer

٢٢. ط١ : انتظرتك امس ولم تحضري . وكان الانتظار طويلاً .

ط٢ : آسِفَة على ذلك . تأخّرنا في الصف ولم اجد وسيلة لاخبارك . الرجاء عدم المؤاخذة .

آسِفَة	sorry, regretful
أَسِفَ ـَ لـِ / على ، أَسَفٌ : آسِفٌ – آسِفون	to regret, feel sorry for/about
آسَفَ ه الأمر / أن ، إيسافٌ (أحزنه وآلمه) مُؤْسِفٌ	s.th. caused s.o. grief, regret

٢٣. يَتَمَنّى كل انسان ان يَسْعَد في حياته وان ينجح في كل اعماله وان يعيش طويلاً بدون مرض . ولكن كما تقول الحكمة العربية : ما كلُّ ما يَتَمَنّى المَرْءُ يُدرِكُهُ » أي ان الانسان لا يحصل على كل ما يرغب .

تَمَنّى ه / أنْ ، تَمَنٍّ ؛ تَمَنِّياتٌ (أراده / رَجا أن يحصل على / طَلَب حصولَه)

٢٤. يَتَحَمَّلُ الوالدان كثيراً من الالم والصعوبات في سبيل تربية اولادهما تربية صالحة تُعِدُّهم للمستقبل . ويبدو احياناً ان صبرهما وتَحَمُّلُهما لا حدّ لهما .

تَحَمَّلَ ه ، تَحَمُّلٌ (صَبَر على / حمل)	to bear, undergo

٢٥. تَبَيَّنَتْ بعد ملاحظة طويلة ودراسة عميقة أنّ التاريخ يعيد نفسه لكل من لا يتعلم من اخطائه وان فرص التجديد والتحسّن متوفّرة لمن يصغي ويرى ويحسّ ويتعلّم .

تَبَيَّنَتْ ه / أنّ ، تَبَيُّنٌ (وجد)	to perceive that, find out s.th.; it became clear, obvious him

٢٦. بعد مَرَضه الطويل أصبح **ضَعيفاً** جداً ولم يستطع الوقوف على رجليه .

ضَعيفٌ (عكس قوي)
ضَعُفَ ــُـ ، ضَعْفٌ : ضَعيفٌ - ضُعَفاءُ
أضْعَفَ ه ، إضْعافٌ (جعله ضعيفاً)

٢٧. بعد أن سمع بوفاة صديقه فجأةً أخذ يبكي بُكاءً **حارّاً** حزناً عليه وألَماً .

(بكى بكاء) حارّاً (شديداً / بحرارة / بشدّة) (he cried) passionately,

(he shed) hot (tears)

حَرارَةٌ : حارٌّ (الجَوُّ أو الماءُ) heat; temperature

جـ التعبيرات الثقافية والحضارية

١. يحتوي القرآن على ١١٤ سورة اولها سورة « الفاتحة »

٢. « التوراة » في القرآن كتاب اليهود المقدّس ويسمّى عند المسيحيين « العهد القديم » (The Old Testament) . أمّا « الإنجيل » في القرآن فهو كتاب المسيحيين المقدّس الذي يُعْرَف عندهم باسم « العهد الجديد » (The New Testament) . والتوراة والإنجيل يكونان الكتاب المقدّس (The Bible) عند المسيحيين . ومن الجدير بالذكر أن المسيحيين الشرقيين يدعون الكتاب المقدّس التوراة والإنجيل أيضاً .

٣. قراءة القرآن / الانجيل / التوراة

يشعر بعض العرب بالرّاحة والطمأنينة عندما يقرأون كتبهم السماويّة . ومن المناسبات التي يقرأ الناس فيها شيئاً من القرآن أو الانجيل أو التوراة موت أحد الأقارب أو المرض أو الخوف أو حدوث الأزمات . فقراءة شيء من هذه الكتب السماويّة تجعل الانسان يَتَذَكّر الله وتدخل في نفسه الشعور بالطمأنينة .

٤. زواج المسلم أو المسلمة من غير المسلم

يعطي الاسلام الحق للرجل المسلم ان يتزوج من مسيحيّة أو يهوديّة دون أن تغيّر الزوجة دينها بعد الزواج ، لأن الاسلام يؤمن بالديانات السماوية الثلاث (اليهودية والمسيحيّة والاسلام) . أما المرأة المسلمة فلا يسمح لها ان تتزوج من غير المسلم لأن غير المسلمين لا يؤمنون بالديانة الاسلامية . وبالرغم من ذلك فأننا نجد بعض الفتيات المسلمات خاصّة اللواتي يعشنَ خارج البلاد العربية والاسلامية متزوجات من مسيحيين أو يهود ، وقد أدّى ذلك في بعض الحالات إلى مشاكل عائليّة .

القسم الثاني : القراءة والاستيعاب

أ.   النص الاساسي

رِحلَة

بقلم ثروت أباظة

كان مكانها في الطائرة بجانبه ولم تُعِرْه ُالْتِفاتاً . فقد كانت المرة الاولى التي تركب فيها الطائرة . وحاولت ان تتذكر سورة من سُوَر القرآن تدخلِ في نفسها الطمأنينة ، فلم تتذكر الا سورة «قُلْ هُوَ اللّه أحَد» وظلت تعيدها وتعيدها لأنها لم تستطع ان تتذكر غيرها . وتفيق إلى نفسها من خوفها وتنظر حولها وتراه وترى الابتسامة على وجهه ٠٠٠٠ وينتهز فرصة نظرها اليه فيقول بالانكليزية :

She paid no attention to him

sura(s), chapter(s)

– أخائفة أنت الى هذا الحد ؟

– نعم اني خائفة… الحقيقة اني كنت خائفة. ولكني الآن أشعر بالطمأنينة .

– انت مصرية ؟

– نعم .

– ما هذا الذي كنت تقولينه ؟

– كلام من كتابنا .

– امسلمة انت ؟

– نعم .

– أهذا هو القرآن ؟

– كلمات قليلة منه .

– انا ايضا اقول كلاما حين اكون خائفا .

– من الإنْجيل ؟

– لست مسيحيا .

– اذن ؟

– انا بوذيّ .

The Gospels / New Testament

- من الهند أنت ؟
- نعم .
- وهل كنت خائفا ؟
- في هذه المرة لا . انها ليست المرة الاولى التي اركب فيها الطائرة .
- هل خفت في المرة الاولى ؟
- المشاعر الانسانية واحدة في جميع انحاء العالم مهما اختلفت الاديان .
- انت مسافر الى لندن ؟
- نعم . وأنت ؟
- الى لندن ايضا .
- للدراسة ؟
- نعم وأنت ؟
- للدراسة .
- ألا تشعر بالغربة في لندن ؟
- انني اشعر بالغربة بمجرد بعدي عن بيتي .
- انا اخاف من الغربة ايضا .
- هل هذه هي المرة الأولى التي تتركين فيها اهلك ؟
- لم أقضِ ليلة خارج بيتنا .

وجرى الحديث بينهما عن ابيها وامها واختها واخيها . وحدثها عن عائلته . ونسيت الخوف ونسيت أباها وأختها واخاها . نسيتهم بالحديث عنهم . وفجأة اهْتَزَّت الطائرة هزة قوية ، وعاد اليها الخوف ولم تشعر بنفسها وهي تمسك بيده في خوف. ومرّت هذه الازمة في سلام .

shook

ونظرت الى جارها «هَريش» الذي اصبح صديقها وتكلمت عيناها وتكلمت عيناه . وساد الصمت دقائق طويلة .... طويلة .... ثم ارتفع صوت قائد الطائرة يقول : اقتربنا من لندن .

وعادت الى « قل هو الله أحد » تقولها بقلبها . ونظرت الى جارها هريش ووجدته يقول

touched; lap

كلاما لا تفهم منه شيئا . وحين لامَسَت الطائرة ارض المطار وجدت نفسها في حُضْن هريش وهي ما تزال تُعيد « قل هو الله أحد » .

وفي لندن استمرت الصلة بينها وبين هريش حتى اصبحت تقضي معظم اوقات فَراغِها معه . وأحسّت في صحبته أمنا واستطاعت ان تتغلّب على الغُربة.

beaming

وفي يوم سألها ونظرة الحب تَشِعُّ من عينيه :

- سلوى ..... اريد ان اتزوجك .
- كيف ؟
- هكذا .
- ولكن ديننا يحرّم الزواج بك .
- اعلم .

وصمتت بعض الحين ثم وافقت على الزواج . وتمّ الزواج على غير علم من أحد إلاّ الموظفين المختصين .

ومرت الايام وسلوى تكتب لأهلها ولا تخبرهم بما تمّ في امرها حتى كان يوم شعرت فيه سلوى بألم لم تهتم به في أول الأمر . ولكن الألم ازداد ولم تستطع ان تُخفي امره عن هريش . واخبرهما الطبيب بالحقيقة القاتلة: المرض قاتل لا سبيل الى التغلّب عليه.

ونظرت سلوى الى زوجها ولم تجد شيئاً تقوله الاّ ....

- أنا آسفة . لم استطع ان احقق لك السعادة التي كنت اتمنى ان احققها لك .

ولم يستطع هريش ان يتحمل كل هذا وحده ، فارسل رسالة الى اسرة سلوى يخبرهم بمرض ابنتهم . فحضر والدها الى لندن مسرعا، ووجدها على فِراشِ المَوْتِ ووجد معها هريش . وما هي الا لحظات حتى تبيّن ما فعلته ابنته. وكاد ان يتركها ليعود الى القاهرة ولكنها قالت له في صوت ضعيف:

on her deathbed

- أبي .

فأجابها :

- لم أعد اباك .
- اني هنا وحيدة . ولي رجاء لا يستطيع ان يحققه لي هريش .
- لا اريد ان اسمع اسمه.
- فهو رجاءٌ لن يحقّقه لي الاّ أنت .
- لا أريد أن اسمع .
- اريد ان اموت كمسلمة .

وبكى الأب بكاء حارا .... انها ما زالت مسلمة .

- هل أشْرَكْت بالله يا سلوى ؟ هل اشركت بالله ؟

lit.: have you become a polytheist (i.e., forsaken your religion)?

- اريد ان أُدْفَنَ كما يُدْفَن المسلمون.

to be buried

(بتصرف) : ثَرْوَتْ أباظَة – هذه اللُّعْبَة (القاهرة ١٩٦٧)
ص ٣١ – ٣٧

ب. القراءة الأولى السريعة

الاسئلة العامة

١. أين تبدأ احداث القصة ؟ صف / صفي نهايتها .

٢. من ابطال القصة ؟

٣. ما اهم احداث القصة وأين تجري ؟

جـ. القراءة الثانية المركزة

١. الاسئلة التفصيلية

أ) الأسئلة

١) صف/صفي المشاعر والاحاسيس في كل مشهد من مشاهد القصة ؟

٢) ضع/ضعي خطًا في النص تحت الكلمات التي تظهر بداية علاقة الحب بين البطلين تحت الكلمات التي تبيّن/تبيّنين منها كيف تطوّرت العلاقة بينهما .

٣) ماذا تفهم/تفهمين من كلمات « اريد ان ادفن كما يدفن المسلمون » ؟

ب) ترتيب الجمل

رتّب/ي الجمل التالية حسب ترتيبها في النص بوضع ارقام امامها .

ــ ادرك هريش ان سلوى خائفة فبدأ الحديث معها .

ــ كانت الغاية الرئيسية من سفرهما الى لندن الدراسة هناك .

ــ قالت سلوى لهريش بحزن وألم انها لا تستطيع تحقيق سعادته .

ــ أمسكت «سلوى» بيد «هريش» من شدة الخوف .

ــ ذهبا إلى الطبيب وعلما بأن مرض سلوى قاتل .

ــ كانت سلوى تحاول ادخال الطمأنينة الى نفسها في بداية الرحلة عن طريق قراءة سورة « قل هو الله احد » .

ــ غضب والد سلوى غضباً شديداً عندما عرف الحقيقة .

ــ عرف كلاهما دين الاخر والبلد الذي ولد فيها .

ــ حضر والد سلوى الى لندن .

ـــ قال قائد الطائرة بصوت مرتفع انهم قريبون من لندن .

ـــ جرى حديث بين «هريش» و «سلوى» حول موضوع الزواج .

ـــ اخبرت سلوى والدها برغبتها في ان تدفن كمسلمة .

ـــ تبادلا الحديث عن عائلتيهما .

٢. المفردات والتعبيرات المفيدة

أسئلة

أ) يفيق من النوم

متى تُفيقينَ من النوم كل يوم ؟

ب) ينتهز فرصة

كيف ينتهز الطلاب فرصة دراستهم في الخارج ؟

جـ) أزمة سياسية

أذكر بعض الأزمات السياسية التي شهدها العالم في السنوات الأخيرة .

د) يسود الصمت

في أي مناسبات يسود الصمت ؟

هـ) أوقات الفراغ

ماذا تعمل/ تعملين عادة في أوقات فراغك ؟

و) مرض قاتل

سمِّ/سمّي بعض الأمراض القاتلة المنتشرة الآن في العالم .

ز) المشاعر والاحاسيس

سمِّ/سمّي الاحاسيس والمشاعر التي درستها حتى الآن أو اطّلعت عليها في قراءاتك واذكر/اذكري المناسبات التي تظهر فيها كل من هذه الاحاسيس .

مثلاً : نشعر بـــــــــ عندما ــــــــــ .

ح) أحس بـ

عُدتَ الى البيت مساءً بعد يوم طويل مليء بالمشاكل . صف/ صفي لنا احساسك مستخدماً/مستخدمةً : أُحِسُّ بـ ——— وبـ ——— إلخ .

ط) أتمنّى

بعد التحدّث عن أحاسيسك هذه ، تحدث/تحدثي عمّا تتمنّاه/تتمنّينه في اليوم التالي مستخدماً/مستخدمةً : أتمنّى أن لا ——— وأن ——— ، إلخ .

٣ . التراكيب المفيدة

أ) الجمل الوصفية

تحليل

بيّن/بيّني الجمل الوصفية (asyndetic relative clauses) التي جاءت في النص وموصوفَها (the nouns they modify) .

ب) الحال

تحليل

أشر/أشيري الى الحال التي جاءت في النص وبيّن/بيّني نوعها وصاحبها .

جـ) معنى زمن المضارع المرفوع (imperfect indicative)

تحليل

جاء في هذا النص عدد من الامثلة للمضارع المرفوع . المطلوب الإشارة إلى معنى زمن الفعل في الآتي (aspect/tense) :

كانت المرة الاولى التي تركب فيها الطائرة	ارتفع صوت قائد الطائرة يقول
تفيق الى نفسها ... وتنظر حولها وتراه وترى الابتسامة	عادت الى «قل هو الله احد» تقولها بقلبها
ينتهز فرصة نظرها اليه فيقول	ووجدته يقول كلاماً لا تفهم منه شيئاً
لكني الان اشعر بالطمأنينة	اصبحت تقضي معظم اوقات فراغها معه
ألا تشعر بالغربة في لندن	اريد ان اتزوجك

أشعر بالغربة بمجرّد بعدي عن بيتي	ديننا يحرّم الزواج بك
انا ايضاً اقول كلاماً حين اكون خائفاً	ومرت الايام وسلوى تكتب لاهلها ولا تخبرهم
هل هذه هي المرة الاولى التي تتركين فيها اهلك	ارسل رسالة الى اسرة سلوى يخبرهم
لم تشعر بنفسها وهي تمسك بيده	

د) الإضافة : تركيب « فرصة » أو ما يعادلها + مصدر
تحليل

١) بيّن/بيّني العلاقة المعنوية بين المضاف (١) والمضاف اليه (٢) في العبارة التالية :

فُرْصَةَ نَظَرِها اليه
(١) (٢)

٢) أعط/أعطي ٥ كلمات اخرى يمكن ان تأخذ مكان (أيْ تَحُلُّ مَحَلَّ) « فُرْصَةَ » ولها معها العلاقة نفسها ؟

مثال : بمناسبة نظرها اليه

٣) المطلوب استخدام هذا التركيب وهذه الكلمات في ٥ جمل مفيدة

هـ) الإضافة : تركيب « بمجرد » + مصدر
مواقف

استعمل/استعملي تركيب « مجرد » + مصدر في جمل مَبْنِيَّةٍ على احداث القصة . يمكن استخدام المصدر الصريح او المؤول بـ « انْ »

مثال : اخذت تقضي وقتها معه بمجرد وصولها (= بمجرّد أن وصلت) إلى لندن .
تشعر بالغربة بمجرد بُعْدها (بمجرّد أن تبعُد) عن أهلها .

و) افعال التسبيب

جاءت في النص ثلاثة من أفعال التسبيب التي نعرفها وهي

تُدخِلُ - يُحَرِّم - تُخْفي

ضعها/ضعيها في جمل مفيدة تبيّن معناها .

القسم الثالث : المراجعة

أ. القراءة الجهرية

تقوم هذه القصة على فكرة اساسية ، هي ان الانسان احيانا قد يخالف تعاليم دينية ويقوم باعمال يعرف انها مُحرّمة عليه . لكنه ، حين تقترب نهايته ، يعود فيشعر بضرورة الانتماء الديني ويحاو ل ان يعبر بقوة عن هذا الشعور .

وقد عبّر الكاتب عن فكرته هذه عن طريق قصة جرت احداثها بين سلوى الفتاة المصرية المسلمة وهريش الشاب الهندي البوذي . فقد التقيا في الطائرة التي كانت تنقلهما الى لندن حيث سافرا للدراسة . وفي الطائرة جرى بينهما حديث طويل كان بداية قصة حب بينهما .

وفي لندن ، استطاعت سلوى ان تتغلّب على شعورها بالغربة لانها كانت تقضي معظم أوقات فراغها مع هريش . فقَوِيَ حبّهما واشتد وانتهى الى الزواج على الرغم من ان سلوى كانت تعرف ان الاسلام يحرّم عليها الزواج من بوذي . لكن حبّها لهريش كان اقوى من كل شيء . ولهذا لم تخبر أهلها بأمر زواجها .

وبعد الزواج مرضت سلوى واحسّت بان نهايتها قد اقتربت . ووجد هريش انه غير قادر على تحمّل الالم وحده فأخبر اهل سلوى بالأمر وحضر الاب مسرعا ليجد ابنته تعيش لحظاتها الاخيرة وهريش بجانبها . وبعد ان علم بما فعلته غضب كثيرا وحاول ان يتركها ويعود إلى القاهرة ، ولكنْ رجاؤها اياه بأن تُدفن كمسلمة جعله يدرك بانها ما زالت مسلمة وما زالت متعلّقة بدينها .

نتبيّن إذاً ان حب سلوى لهريش وزواجها منه لم يكن يعني انها نسيت دينها . والدليل على ذلك هو ما طلبته من والدها لانها كانت تريد ان تواجه ربها يوم الحساب كمسلمة .

ب. معاني المفردات والتعبيرات

المترادف

١. أعط/أعطي معاني المفردات والتعبيرات التي تحتها خط باللغة العربية كما في المثال .

مثال : من الجدير بالذكر ان الحبّ أحياناً لا يفرّق بين الأديان = من المهّم ان نقول

أ. فهمنا الغرض من كتابة هذه القصة إلى حَدٍّ ما .

ب. المشاعرَ الأنْسانيَّةُ لا تختلف باختلاف البلدان والاديان .

جـ. من المتوقّع ايجاد حلول للأزْمَةِ الاقِتِصاديَّةِ في المستقبل القريب .

د. واصل اعماله في سبيل اصلاح المجتمع الانساني بالرغم من مَرَضِهِ القاتِلِ .

هـ. هذه عادات سيئة لا سَبيلَ الى التغلب عليها.

و. يَسودُ الصَّمْتُ عادة عند قراءة سورة من سور القرآن .

ز. الشُّعُور بالغُرْبَةِ يجعل الانسان حزينا في غالب الاحيان .

ح. من أقوال النبي محمد : أسرعوا بدفن موتاكم .

ط. لم تعُد تستمع الى الأغاني العربية بعد عودتها الي القرية .

ك. أعادت النظر في الطلب قبل كتابة الردّ .

٢. ملء الفراغات بالحروف أو الادوات أو الكلمات المناسبة

أ) شعرت سلوى ———— الغربة ، و———— «هريش» لم يشعر بها .

ب) انقطعت الاذاعة فجأة ———— الاخبار ———— تذيع نبأ الوفاة.

جـ) شعر جميع المسافرين ———— الطمأنينة ———— صديقتي فاطمة .

د) ———— المعتاد ان يسود الصمت ———— الوقوف للصلاة ———— المسجد .

هـ) ———— يترك الاسلام تأثيره ———— الحياة الدينية ———— ، بل امتد ———— الحياة الاجتماعية والسياسية ايضاً .

و) ———— ان بدأ دخل بعض الدول العربية يزداد ———— ازداد انتاج الزيت ———— .

ز) شهدت تلك البلاد نهضة شملت الحياة ———— مختلف نواحيها.

ح) توفر بعض الحكومات ———— طلابها فرص الدراسة ———— حسابها .

ط) قضى الأسلام ———— العادات السيئة ———— مجرّد ظهوره .

ي) ستبقى فكرة القومية في عقول الشباب العربي ———— واجهوا من أزمات سياسية .

ك) يستند الاسلام ———— القرآن وأقوال النبي محمد . ———— المسيحية فتعتمد ———— الأنجيل وأقوال المسيح .

ل) يسهم بعض الادباء ———— كتابة افتتاحيات الصحف وبينهم ———— يقوم بكتابة التعليقات ———— الاوضاع الاجتماعية .

م) همس ———— اذنها قائلا : ———— المستحيل ———— يكون مصيرك الجنة ———— كثرة اخطائك واساءتك ———— الاخرين .

س) يعجبنا نظام الحكم القائم ———— الديموقراطية والمساواة ———— كان ذلك في الشرق ———— الغرب .

جـ. تدريبات القواعد

١. « مهما »

أ) ربط جُمل

يقوم الدارسون أزواجاً بربط الجمل التالية مستعملين «مهما » :

مثال : ط١ : اللغة العربية الفصحى واحدة . تتعدّد الأقطار العربية .

ط٢ : اللغة العربية الفصحى واحدة مهما تعددّت الأقطار العربية.

١) الوضع سيّء جدا . يحاولون اصلاح الوضع باستمرار .

٢) الموت في كل مكان واحد . تتعدّد اسباب الموت .

٣) ستبقى الازمة الاقتصادية فترة من الزمن . يحاول خبراء الاقتصاد ايجاد حلول للأزمة الاقتصادية .

٤) العرب يشعرون بالانتماء الى وطن واحد وامة واحدة . ينقسم العرب الى دول ومذاهب مختلفة.

٥) سيعرف الناس الحقيقة . تحاول الحكومة اخفاء الحقيقة .

ب) إكمال

يكمل الدارسون أزواجاً الجمل التالية كما في المثال :

مثال : ط١ : سيبقى القرآن المصدر الرئيسي للتعاليم الدينية والخلقية

ط٢ : سيبقى القرآن المصدر الرئيسي للتعاليم الدينيّة والخلقيّة مهما تعدّدت المذاهب الاسلاميّة .

١) تستعمل الصحف والمجلات العربية اللغة الفصحى .

٢) آراؤنا وغاياتنا واحدة .

٣) لن يستطيع الأطباء التغلب على مرضه .

٤) يظهر ان الأسرة غير قادرة على رفع مستواها .

٥) مهما بذلوا من جهود .

٦) مهما كانت أوجه الشبه بين أساليب الخط العربي .

٧) مهما حاولتَ ان تُسعدها .

جـ) تكوين جمل

يعطي الدارسون هذه المرة أمثلة بـ « مهما » معتمدين على أنفسهم .

٢. الإضافة : « بمجرّد » + مصدر

أ) أسئلة

يقوم الدارسون أزواجاً باستعمال «بمجرّد » عن طريق السؤال والجواب :

مثال : ط١ : متى تشعرين بالغربة؟

ط٢ : أشعر بالغربة بمجرّد سفري خارج البلاد .

١) متى ترحّب بالزائرين الى بيتك ؟
٢) متى تطلبين من زوجك احضار هديّة لك ؟
٣) متى تشعر بالسعادة ؟
٤) متى يطير الأنسان شوقاً ؟
٥) متى يسود الصمت عادةً ؟
٦) متى تشغلين منصباً عالياً في الدولة ؟
٧) متى أحب المستمع المذيعة في الدرس الأول ؟

ب) تكوين جمل

يقوم الدارسون فيما بينهم باعداد اسئلة واعطاء أجوبة عنها تحتوي على عبارة « بمجرّد »
كما في التدريب السابق .

٣. أفعال التسبيب

أ) تحويل

غير/غيري الفعل في الجمل التالية إلى فعل تسبيب وأضف/أضيفي له فاعلاً (subject) مناسباً

مثال ١ :

خضع أفراد القبيلة لإدارة الشيخ

أخضع الشيخ أفراد القبيلة لإدارته

مثال ٢ :

تعوّدت الاعتماد على نفسي

عودتني أمي الاعتماد على نفسي

١) تشكّلت حكومةٌ جديدة في بريطانيا
٢) اكتسبت معرفة واسعة
٣) أطلعنا على كل جوانب الحياة في فرنسا
٤) توجّهن نحو الدراسات الأدبية
٥) برز خبر وصول الرئيس على الصفحة الأولى
٦) ارتفع صوته بالدعوة إلى الحرية
٧) تحرّر السود في أمريكا بإعلان قانون ١٨٦٣ .
٨) اكتسب عمر الشريف شهرة واسعة .
٩) بعُد شوقي عن مصر بعد أن نادى بالاستقلال
١٠) ضعُفت البلاد فسيطر الأعداء عليها .
١١) خفّ ألم المريض

ب) تحويل

ضع/ضعي الفعل المناسب الذي لا يحتوي على معنى التسبيب بجانب فعل التسبيب وترجم/ترجمي الجمل إلى الانجليزية كما في المثالين التاليين .

مثال : عوّدوها على شيء — They got her used to s.th.

عوّدها على شيء فتعوّدت عليه — He got her used to s.th., so she got used to it

أشركهم في المشروع	أبرزوه	طَمْأنونا
جَزَّوه	نوّعوها	أضحكوهما
أكسبوكم صفةً	أسكتوني	ذكّرونا
طوّروه	حفّظوك	أذاعوه

جـ) أسئلة

سمّ/سمّي ٣ أموراً :

تخيفك	تحيّرك	تحزنك
تُضحكك	تطمئنك	تذكّرك بأمّك
تبكيك	تُشعرك بالسعادة	تُسكتُك

د. الترجمة

القسم الرابع : التطبيقات

أ. النشاطات الشفوية

أسئلة

١. في أي قسم من القصّة ظهرت لنا مشكلة الزواج بين الأديان المختلفة ؟
٢. ما رأيك الخاص في هذا النوع من الحبّ والزواج ؟
٣. كيف يمكنك تغيير النهاية المؤلمة لهذه القصة بنهاية أخرى سعيدة ؟
٤. ما هدف الكاتب من كتابة هذه القصة والى اي حدّ استطاع ان يبلغ هدفه ؟

ب. النشاطات الكتابيّة

إنشاء

اختر/اختاري موضوعاً واحداً فقط (٩٠ كلمة تقريباً)

١. شخصيّة سلوى أو هريش كما جاءت في القصة .
٢. الزواج بين الأديان المختلفة .

ملحقات : دراسات معجمية

أ. التوسّع في المعاني

١. أعادَ ه ، إعادَةً :

(عاد ، اعتاد ، عودة ، عادةٌ ، عادةً)	to return, to be accustomed to, a return; custom, habit; usually
اعاد النَّظَرَ	to reexamine
عادَ يقولُ	he continued/resumed saying
لَم يَعُدْ يَستَمِعُ	he no longer listens
لم تَعُد حُرَّةً	she is no longer free

٢. (حَدٌّ – حُدودٌ) :

(حَدٌّ – حُدودٌ) :	extent
(حَدٌّ – حُدودٌ)	boundaries, frontiers

٣. حينَما :

(حينٌ ، حينئذٍ ، أحْيانا)	time, at that time, sometimes
حينَ + جملةٌ	at the time of, when
في بَعْض الأحْيان	sometimes/occasionally

٤. مَشاعِرُ :

(شَعَر بـ ، شُعور ، شاعِر ، شِعْر)	to feel; feeling; poet; poetry
شُعورٌ كَريمٌ	noble feeling

٥. نَحْوٌ – أنحاءٌ

على هذا النَّحْوِ	in this respect
نَحْوَ / في نحوِ (ساعتين)	in about two hoursin
نَحْوَ	in the direction of, towards

٦. مَهْما :

مَهْما يَكُنِ الأمْرُ	whatever the case may be

٧. غُرْبَةٌ :

(غريب)	strange
غَريبٌ – غُرَباءُ	stranger, alien

٨. بَعُدَ ـُ عن ، بُعْد : بَعيدٌ – بَعيدونَ / بُعَداءُ / بِعاد

على بُعْدٍ / عن بُعدٍ	from a distance, from afar
على بُعْدِ (ميل)	at the distance of a mile
بُعْدُ النَّظَرِ	far-sightedness, foresight
بَعيد النَّظَر	far-sighted, perceptive
بُعْدٌ – أبْعادٌ	distance, interval, dimension
بَعْدئذٍ = بعد ذلك	then, after that, afterwards
بَعيدُ الأثَرِ	of far-reaching consequence

٩. أزْمَةٌ – أزْماتٌ : crisis

أزْمَة وِزارية	governmental crisis
أزْمَة قَلْبِيَّة	heart attack

١٠. اِقْتَرَبَ من ، إقْتِرابٌ :

(قُرْب ، قَريب – أَقْرِباءُ ، قريباً)	closeness; relative(s); soon
قَرُبَ ـُ من ، قُرْبٌ	to become close, near to
بالقُربِ مِنْ / قُرْبَ	in the vicinity of, near
عمّا قريب ، قريباً	soon

بَعُدَ : بُعْدٌ : بَعيدٌ :: قَرُبَ : قُرْبٌ : قريبٌ

قَرُبَ : اقْتَرَبَ :: بَعُدَ : ابْتَعَدَ

١١. فَرِغَ ـَ من (العمل) ، فَراغٌ :

فَرُغَ ـُ ، فَراغٌ : فارِغٌ (عكس ملآن)	to be empty, void; to be free
فَرُغَ ـُ لِـ	to be available for
فَراغ – فَراغات	blank (s)

١٢. صُحْبَةٌ :

(صاحب – أصحاب)	associate, companion, friend; owner, possessor of
صاحب العمل	employer
صاحب الجلالة	His Majesty
صاحب الفكرة	the originator of the idea
صاحب الامر	ruler, master, overlord

١٣. أمْنٌ :

الأَمْنُ العامُّ	Public Safety
رِجالُ الأَمْنِ = البوليس	the police
مَجْلِسُ الأَمْنِ	the Security Council

١٤. تَغَلَّبَ على ، تَغَلُّبٌ :

(في غالب / أغلب الأحيان)	most of the time
أغلبهم (أكثرهم)	
أَغْلَبُ الأمرِ	in most cases
في الأغلب / على الأغلب / في أغلب الظن	most likely, most probably
غالباً / في الغالب	in most cases
أَغْلَبِيَّةٌ	majority

١٥. أَلَمٌ – آلامٌ :

آلَمَ ه ، إيلامٌ	to cause pain
مُؤْلِمٌ	painful

١٦. مَرِضَ ـَـ ، مَرَضٌ : مَرِيضٌ – مَرْضى / مُرَضاءُ : to become ill

مُمَرِّضٌ (ة)	nurse

١٧. قاتِل :

قاتل – قُتّالٌ / قَتَلَةٌ	killer, murderer
قَتَلَ ـُ ه ، قَتْلٌ	to kill
قِتال	fighting
مَيْدان القتال	battleground

١٨. حَقَّقَ لها السعادة :

حَقَّقَ أغْراضَه	to realize one's goals
حَقَّقَ (معه) = أجرى تحقيقاً معه	to conduct an inquiry, to interrogate (s.o.)

١٩. تَحَمَّلَ ه ، تَحَمُّلٌ :

(حَمَلَ ، حَمْل ، حَمْلَة)	to carry; load/cargo; campaign
تَحَمُّلُ المصاعِبِ	bearing hardships

٢٠. تَبَيَّنَ (لِـ) ، تَبَيُّنٌ :

تَبَيَّنَ(لِـ) الأمْرُ / أنّ (أصبح واضِحاً ، ظهر واتّضح)	the matter became clear (to ...)
بَيَّن ، تَبْيين / تِبْيان	to show, illustrate, indicate

٢١. ضَعُفَ ـُ ، ضَعْفٌ : ضَعيفٌ – ضُعَفاءُ :

ضَعيفُ القَلْبِ	weak-hearted
ضَعيف الإرادَة	weak-willed

ضَعُفَ : ضَعْفٌ : ضَعيفٌ :: قَوِيَ : قُوَّةٌ : قَوِيٌّ

٢٢. وَحيدٌ

أحَد + اسم (في إضافة)	one of
اسم + واحد	one, uniform
لا أحَدَ	no one, nobody
وَحَّدَ بَيْنَ ... و ...	to unite ... and ...
تَوْحيدِيٌّ	monotheistic
وَحيدَةُ أبَوَيْها	her parents' only daughter

٢٣. (رَجا ـُ ه / أنْ ، رَجاءٌ)

لي رَجاء (طَلَب)	I have a favor to ask

٢٤. حارّ :

حارّ	hot (weather, water); fervent, ardent
استقبلوه استقبالاً حارّاً	they welcomed him warmly

الدرس الثاني عشر

الوَطَنُ العَرَبِيُّ : مَوارِدُهُ الطَّبيعِيَّة

القسم الأول : التمهيد

أ. أسئلة قبل القراءة

١. أنظر/أنظري الى خريطة العالم العربي وتكلم/تكلمي عن حدوده .
٢. بماذا يمتاز العالم العربي من ناحية الطبيعة ؟ الآثار ؟ الموارد ؟ التاريخ ؟
٣. علامَ تعتمد الزراعة في معظم بلدان العالم ؟
٤. بماذا تمتاز دول الخليج العربي عن غيرها من الأقطار العربية ؟

ب. المفردات الجديدة

١. يقع لبنان على **ساحِلِ** البحر الأبيض المتوسط .

ساحِلٌ - سَواحِلُ (الأرض الواقعة بجانب البحر)

٢. يمتد العالم العربي من **المحُيطِ** الأطلسي (او الاطلنطي) غرباً إلى **المحُيطِ** الهندي شرقاً .

مُحيطٌ - مُحيطاتٌ (بحر كبير وواسع جداً)

٣. **يَسْقي** نهر المسيسبي اراضي زراعية واسعة في طريقه من الشمال الى الجنوب . ولقد لعب النهر دوراً هاماً في تاريخ هذه المنطقة من امريكا وتطورها وفولكلورها .

سَقى ـِ ه (ماءً) ، سَقْيٌ — to irrigate, water

٤. يتساءل الكثيرون عن **قيمة** العلوم الانسانية ودورها في التربية الجامعية . والحقيقة ان لها قيمة لا تقدّر بثمن لانها تُعِدّ الطالب عقلياً وعاطفياً لفهم نفسه وعالمه .

قيمةٌ - قِيَمٌ (أهميّة) — value, worth; (pl.) values

٥. **تَتَمَتَّعُ** مدينة القدس بمركز سياحي ممتاز لما فيها من آثار تاريخية و دينية ذات قيمة عظيمة . وفي زيارتي الأخيرة لها **تَمَتَّعْتُ بِكلّ** ما شاهدت فيها وخاصّة بكرم أهلها .

تَمَتَّعَ بـ ، تَمَتُّعٌ (امتازَ بـِ / وَجَدَ لَذَّةً بـ) — to enjoy

مَتَّعَ ه بـ ، تَمْتيعٌ (جعله يتمتّع بـ) — to make s.o. enjoy s.th.

٦. **اِشْتَهَرَتْ** مدينة بغداد **بقصص** « السِنْدِباد » و « علي بابا » وغيرها من قصص « الف ليلة وليلة » التي تُعدّ من روائع الادب العالمي .

اِشْتَهَرَ بـِ ، اشْتِهارٌ (أصبح معروفاً ، تَمَيَّزَ)

شَهَرَ ه ـُ ، شُهْرَةٌ (جعله معروفاً / مشهوراً) — to make well-known

٧. لكل شجرة **جُذورٌ** في الارض كما ان لكل حضارة **جُذوراً** في حضارات اخرى . ومن المتفق عليه ان للحضارة الاوروبية **جُذوراً** عميقة تمتد الى منطقة الشرق الاوسط .

جِذْرٌ - جُذورٌ (مَصْدَر ، أساس)

٦. تعتمد الزراعة في الولايات المتحدة الامريكية الوسطى الغربية مثل « كانزاس » و « نبراسكا » على **الأمْطار** اعتماداً يكاد يكون **كُلِّيّاً** .

مَطَرٌ - أمْطارٌ (ماء من السماء) — rain

كُلِّيٌّ (كامل ، من كلمة « كل »)

٩. تَسْتَغِلُّ مصر مياه النيل أحسن اسْتِغْلالٍ عن طريق حفر القنوات وبناء السدود .

اِسْتَغَلَّ ه ، اِسْتِغْلالٌ (استخدمه واستفاد منه)

١٠. بعد ان تعلم الإنسان كيف يجمع طعامه أخذ يفكر في الحفاظ على ما يزيد عن حاجته وخَزْنِه لاستخدامه في وقت لاحق .

خَزَنَ ـِ ه ، خَزْنٌ — to store

(وضع شيئاً في مكان لاستخدامه عند الحاجة)

١١. عُرف « روبين هود » بانه كان يأخذ أموال الاغنياء ويُوَزِّعها على الفلاحين والفقراء من الاهالي .

وَزَّعَ ه على ، تَوْزِيعٌ (قسّم وأعطى على أجزاء)

١٢. كان « الماهاتما غاندي » يؤمن ايماناً عميقا بان الافراد والجماعات يستطيعون الحصول على حقوقهم دون ان يَلْجَأوا إلى القوة ولكن باللّجوءِ الى الكفاح والمقاومة السِلْمِيَّين .

لَجَأَ ـَ إلى ، لُجوءٌ (استند إلى ، اعتمد على) — to resort to

١٣. تنتج مصر أنواعاً ممتازة من القُطْن لان اراضيها صالحة لزراعته .

قُطْنٌ - أقْطانٌ

١٤. تنتج الكويت وقطر كَمِّيّاتٍ وَفيرَةً من البترول يُقَدَّر ثمنها ببلايين من الدولارات .

كَمِّيَّة - كَمِّيّات (عدد) — quantity

وَفير (كثير)

وَفُرَ يوفُرُ / وَفَرَ يَفِرُ ، وَفْرٌ : وَفيرٌ — to exist in abundance, be plentiful

١٥. ما إن انتهت حرب ١٩٩١ حتى بدأت الكويت **تُصَدِّرُ** زيتها الى الخارج ولو بكميات محدودة . وستصبح من جديد من اكبر الدول **المُصَدِّرَة** له .

صَدَّر شيئاً ، تَصْدير
(ارسله (الزيت او المنتوجات الخ) للبيع في الخارج)

١٦. مع ان الولايات المتحدة غنية بالزيت إلا انها تفضّل ان **تَسْتَوْرِدَهُ** من الخارج في الوقت الحاضر وذلك لان الزيت **المُسْتَوْرَدَ** اقلّ ثمنا .

استورد شيئاً ، استيراد
(اشتراه (الزيت أوالمنتوجات الخ) من الخارج / عكس صدّر)

١٧. ارتفع **دَخْلُ** الفرد السنوي في الدول العربية المنتجة للبترول بنسبة كبيرة وتعتبر نسبة دخل الفرد فيها اعلى نسبة في العالم .

دَخْلٌ (ما يحصل عليه الشخص من مال من عمله أو من راتبه)

١٨. كان حِمْل الولايات المتحدة **ثَقيلاً** بعد الحرب العالمية الثانية اذ وقعت عليها مسؤولية الدفاع عن اوروبا ومحاولة بعثها اقتصادياً .

ثَقيلٌ — heavy
ثَقُلَ ـُـ ، ثِقْلٌ : ثَقيلٌ – ثِقالٌ / ثُقلاءُ
ثِقْلٌ – أثْقالٌ — burden, (lifting) weights; importance
ثَقَّلَ ه ، تَثْقيلٌ (جعله ثَقيلاً)

١٩. كانت الامطار هذا العام **خَفيفَةً** جداً . يشعر الفلاحون بالخيبة لانهم كانوا يتمنّون أمطاراً وفيرة تسقي اراضيهم .

خَفيفَة (عكس ثقيلة)
خَفَّ ـِـ ، خِفّة : خَفيفٌ – خِفاف / إخِفّاءُ
خَفَّفَ ه ، تَخْفيفٌ (جعله خفيفاً)

٢٠. الجامعات مُؤَسَّسات علميـة لتشجيع التـعليم والبحث العلمي ونقل الحكمـة والمعرفة الى الاجيال القادمة .

مُؤَسَّسَةٌ – مُؤَسَّسَاتٌ (منظّمة / معهد) establishment

٢١. لجأت دول اوروبا الشرقيـة إلى البنـوك والمؤسَّسات الماليـة الغربيـة لإيجاد المال لِتَمْوِيلِ المشاريع الزراعية والتجارية والصناعية ولتحسين اقتصادها .

مَوَّلَ ه ، تمويلٌ (قدّمَ له المال) to provide funding

٢٢. زادَ اسْتِهْلاكُ الدول الصناعيـة للزيت زيادة كبيـرة في السنوات الاخيـرة ، فمع ان عدد سكانها لا يزيد عن ١٥٪ من سكان العالم الا انها تَسْتَهْلِك اكثر من ٧٠٪ من الانتاج العالمي منه .

اِسْتَهْلَكَ شيئاً ، إسْتِهلاكٌ (استعمله (المنتوجات إلخ) ، استخدمه)
مُسْتَهْلِك – مُسْتَهْلِكون consumer

٢٣. من اسباب الحرب العالمية الثانية الرئيسية ان المانيا أرادت تَوْسيعَ اراضيها وذلك بضم اجزاء من « تشيكسلوفاكيا » و« بولندا » فيها عدد من السكان الذين يتكلمون الالمانية .

وَسَّعَ شيئاً ، تَوْسيعٌ (جعله (مثلاً الأرض أوالبيت) أوسع وأكبر)
وَسِعَ يَسَعُ ، سَعَةٌ : واسِعٌ (أصبح واسعاً)

٢٤. مما يشغل عقول المفكّرين بعد حرب ١٩٩١ مشكلة توزيع **الثَّرْوَةِ** البترولية وطرق استخدامها . والسبيل الذي سيتّبعه المسؤولون في تناول موضوع هذا **الثّراء** سيقرّر مصير المنطقة لاجيال طويلة .

ثَرْوَةٌ - ثَرْواتٌ (مال وأموال) — wealth

ثَرِيَ ـَ ، ثَراءٌ (كَثُرَ ماله) : ثَرِيٌّ - أَثْرِياءُ — to become wealthy

(غِنىً : غَنيٌّ - أَغْنِياءُ)

أَثْرى ه ، إِثْراءٌ (جعله غنياً)

٢٥. يُظهر البعض مخاوف كثيرة بشأن المشاكل **النّاتِجَةِ** عن الاستهلاك المرتفع للموارد البترولية وتأثيره السيّء على الحياة وعلى الطبيعة .

نَتَجَ ـِ عن ، نَتيجَةٌ ؛ نَتائِجُ (كان نَتيجَةً لعامل أو سبب / تسبّب عنه)

٢٦. وضعت الحكومتان الأردنية والمصرية بعض **الخُطَط** منها **خُطَّة** السنوات الخمس لِتبادل المختصّين في الشؤون الزراعية والاقتصادية وتيسير المعاملات المالية وتمويل المشاريع الجديدة .

خُطّةٌ - خُطَطٌ / خِطَّةٌ - خِطَطٌ (منهج أو طريقة للعمل)

٢٧. عقدت دول العالم الثالث مؤتمراً بحثت فيه مشكلة **النُّمُوِّ** السكّاني فيها والامور الناتجة عنه .

نَما ـُ ، نُمُوٌّ (زاد / كَثُرَ / كَبُرَ)

نَمّى ه ، تَنْمِيَةٌ = أَنْمى ه ، إِنْماءٌ (كَثَّرَه / زاده / جعله نامياً)

القسم الثاني : القراءة والاستيعاب

أ. النص الأساسي

الوطن العربي : موارده الطبيعية

تقع الأقطار العربية عند ملتقى ثلاث قارّات : أوروبا وآسيا وافريقيا. وتمتد سَواحِلُها على البحر الأحمر والبحر الأبيض المتوسط وبحر العرب وعلى المحيطين الأطلسي (الاطلنطي) والهندي وعلى العَقَبَة والخَليج العربي الذي يعرف عالميا باسم الخليج الفارسي . كما انّ مياه انهار عظيمة الشأن اقتصاديا وحضاريا تسقي اراضيها ، منها نهر النيل والفرات ودجلة والاردن في الاردن وفلسطين والليطاني في لبنان . وهذا الموقع يجعلها مركزا ذا قيمة تجارية واستراتيجية عظيمة .

ᶜAqaba; the Gulf

وهي فوق ذلك تتمتع بمركز سياحي ممتاز لا بفضل جمال طبيعتها فحسب ، بل لما اشتهرت به من آثار حضارية تمتد جذورها بعيدا في التاريخ ايضا ، كما نرى في آثار الفَراعِنَة في مصر والبابِليّينَ والسومريّين في العراق والفينيقيّين في لبنان والرّومان في سورية والأردن وشمالي أفريقيا . وأضِف الى ذلك كله ما لهذه المنطقة من أهمية دينية لكَونها مهدَ الأديان الثلاثة ، اليهودية والمسيحية والاسلام .

Pharaohs; Babylonians; Sumerians; Phoenicians; Romans

وتشكّل الزراعة موردا رئيسيا في العالم العربي . وتقوم على أساس ثلاثة مصادر مائية ، الأمطار والأنهار والآبار . وأهمية هذه المصادر تختلف من بلد الى آخر: فمصر تعتمد اعتمادا كليا على الرَّيِّ في الزراعة وتستغلّ مياه النيل أحسن استغلال ، والعراق يعتمد على الأنهار والأمطار ، بينما نجد أن الزراعة في سورية والجزائر والمغرب أكثر اعتماداً على الأمطار منه على مياه الأنهار . وكان من الطبيعي أن تهتم هذه الأقطار منذ بدء تاريخها بخزن المياه وتنظيم توزيعها ، فتلجأ الى بناء السدود وحفر القنوات والآبار . فمعظم البلاد العربية غنية بالمنتوجات الزراعية : منها القُطن في مصر والسودان ، والأرُزُّ في مصر والعراق ، والقَمْح في سوريا . ويُنتَج التَّبْغُ في الجزائر والتُّمورُ في العراق ، والبُنّ في اليمن، والخُضار والفاكهَة في لبنان وفلسطين .

wells

irrigation

rice;

wheat; tobacco; dates; coffee;

vegetables; fruits

أما الموارد الطبيعية الأخرى فتشمل الزيت (البترول) الذي تنتج منه البلاد العربية كميات وفيرة تستوردها جميع الدول . والأقطار العربية المصدِّرة للبترول هي الكويت والمملكة العربية السعودية وليبيا والجزائر والعراق وقطر والأمارات العربية المتحدة والبحرين . ويوجد الفوسفات بكثرة في المغرب والأردن وتونس ، والحَديد الخامُ في الجزائر ومصر والمغرب .

phosphates: iron ore

ولقد كان لاستغلال هذه الموارد تأثير كبير على حياة العرب في مختلف نواحيها ، اقتصادية كانت أم تِقْنِيَّة أم اجتماعية . فقد ارتفع مستوى المعيشة ودخل الفرد في بعض الأقطار العربية ، وازدهرت بعض الصناعات الثقيلة وكثير من الصناعات الخفيفة ، وأنشئت المؤسّسات لتمويل المشاريع الزراعية والصناعية والتجارية والجَمْعِيّات التَعاوُنِيَّة الاستهلاكية . كما ساعد ذلك على تحسين وسائل النقل والمواصلات ، وانشاء الطرق والمطارات والمَوانِئ وتوسيعها ، ونشر التعليم بصورة عامة وتطوّر التعليم الفني والمهني بصورة خاصة .

technical

consumer cooperatives

ports

وقد ادّى الثراء والازدهار الناتجان عن استغلال الموارد الطبيعية الى نزوح أعداد كبيرة من السكان من بدو وقرويين وحضر من أماكن إقامتهم التقليدية وانتقال الأيدي العاملة إلى منطقة الخليج للعمل في الصناعات البترولية وملء الوظائف الادارية والتعليمية والمالية ، ممّا سبّب تغيّرا جذريا في المنطقة كلها في الاوضاع الاجتماعية والسياسية وخاصة في التوزيع الجغرافي للسكان وللثروة وفي الثقل الجغرافي السياسي .

migration

migration; the labor force

ومن الجدير بالذكر أن الدول العربية أدركت الأهمية العظمى للتعاون الاقتصادي بينها والعمل على تَنْسيقِ مشاريعها الزراعية والصناعية والتجارية ، فعقدت المؤتمرات ووضعت الخطط المشتركة وشجّعت تبادل الخُبَراء لغرض تحقيق النمو الاقتصادي المُتَكامِل .

coordinate

experts; integrated

(بتصرف) : د. فيليب رَفْلَة وأحْمَد سامي مُصْطَفى – جغرافية الوطن العربي ، الطبعة الثانية ، (القاهرة ١٩٦٥) ص ٧٣ – ٨٠

ومحمد صُبْحي عبد الكريم وآخرون – الموارد الاقتصادية في الوطن العربي ، الطبعة الثانية ، (بيروت ١٩٦٦) ص١٥٢ – ١٥٣

ب. القراءة الأولى السريعة

الاسئلة العامة

يتناول النص الأقطار العربية من النواحي التالية :

أ) موقعها الجغرافي

ب) ______________

جـ) ______________

د) ______________

هـ) ______________

جـ. القراءة الثانية المركّزة

١. الاسئلة التفصيليّة

أ) حدّد/حدّدي الموقع الجغرافي للوطن العربي .

ب) تكلّم/تكلّمي عن العوامل التي تجعل العالم العربي مركزاً سياحياً معروفاً .

جـ) تحدّث/تحدّثي عن المصادر المائيّة التي تعتمد عليها الزراعة من حيث أنواعها وأهميتها والوسائل المتّبعة للمحافظة عليها .

د) ما أهم الموارد الطبيعيّة والبلدان التي تشتهر بها ؟

هـ) ما أثر استغلال الموارد الاقتصادية في العالم العربي ؟

و) ما بعض الأعمال التي قامت وتقوم بها الدول العربية في سبيل تحقيق التعاون الاقتصادي بينها ؟

٢. المفردات والتعبيرات المفيدة

أسئلة

أ) الموارد الطبيعية

عرّف/عرّفي عبارة « الموارد الطّبيعيّة » . ما موارد ولايتك (او بلادك) الطبيعية ؟

ب) مستوى المعيشة

استعمل/استعملي عبارة « مستوى المعيشة » في سؤال .

جـ) دخل الفرد

ما بعض الأشياء التي تساعد على زيادة دخل الفرد في بعض الدول دون غيرها ؟

د) الصناعات الخفيفة

ما هي بعض الصناعات الخفيفة في امريكا ؟

هـ) الجذور

ما اسباب المقولة (saying) بأن جذور الحضارة الغربية تمتد الى الشرق الاوسط ؟

و) وسائل النقل والمواصلات

ما بعض وسائل النقل والمواصلات المعروفة في بلدك ؟

ز) توزيع الثروة

كيف يتمّ توزيعُ الثروة في الانظمة السياسية المختلفة ؟

ح) الأيدي العاملة

ما بعض نتائج دخول الايدي العاملة الى الولايات المتحدة من المكسيك باعداد كبيرة ؟

ط) لجوء

ما رأيك في اللجوء الى القوة لحلّ المشاكل بين الافراد والامم ؟

٣. التراكيب المفيدة

أ) معاني «اللام»

حدّد/حدّدي معنى اللام في الجمل/العبارات التالية التي جاءت في النص وذلك باعطاء عبارة اخرى لها .

بل لما اشتهرت به من آثار (١ ، ٢)

ما لهذه المنطقة من اهمية (٤ ، ٢)

لِكونها مهد الديانات الثلاثة (٥ ، ٢)

الأقطار المصدّرة لِلبترول (٢ ، ٤)

كان لاِستغلال هذه الموارد تأثير (١ ، ٥)

انشئت المؤسسات لِتمويل المشاريع (٣ ، ٥)

في التوزيع الجغرافي للسكان (٥ ، ٦)

الأهَمّيَّة العظمى لِلتعاون الاقتصادي (١ ، ٧)

لِغرض تحقيق النمو (٣ ، ٧)

ب) النصب

تحليل

حدّد/حدّدي وظائف الكلمات المنصوبة التي تحتها خط ومعناها في جملها .

يعرف عالمياً باسم الخليج الفارسي	تستغلّ مياه النيل احسن استغلال
انهار عظيمة الشأن اقتصادياً وحضارياً	تمتد جذورها بعيداً في التاريخ
يعتمد اعتماداً كلياً على الرّي	هي اكثر اعتماداً على الامطار
تنتج منه كمّيّات وفيرة	تسقي اراضيها مياه الانهار

جـ) المبتدأ المؤخّر

تحليل جمل

المطلوب تكوين ثماني جمل مبنية على المعلومات المعطاة في النص واستخدام تركيب « من الطبيعي انْ ... » فيها .

مثال : من الطبيعي ان تتعاون الاقطار العربية لحل مشكلاتها السياسية .

د) العَطْف

تحليل

ادرس/ادرسي حروف العطف في الفقرة الخامسة من النص الأساسي « ولقد كان لاستغلال ..... والمهني بصورة خاصّة » وبيّن/بيّني المعطوف (conjoined element) من الكلمات والتراكيب والجمل والفقرات كما في المثالين التاليين :

مثال ١ : ولقد كان لاستغلال

الفقرة الخامسة معطوفة على الفقرة الرابعة

مثال ٢ : علميّة كانت أم اقتصادية

اقتصادية معطوفة على علميّة

هـ) معاني « كما »

جاءت كلمة « كما » ثلاث مرات في النص بمعنيين مختلفين . حدّد/حدّدي مكان كل منها ومعناه .

القسم الثالث : المراجعة

أ. القراءة الجهرية

سارة : يظهر لي ان العالم العربي اليوم يتمتع بشهرة واسعة في العالم . فإلى أي عوامل تستند هذه الشهرة ؟

سلوى : هناك عوامل عدة يبرز في مقدمتها الموقع الجغرافي الهام . فالاقطار العربية تقع عند ملتقى القارات الثلاث آسيا ، واوربا ، وافريقيا . وهي محاطة بعدد من البحار والمحيطات كالبحر الاحمر والبحر الابيض المتوسط والمحيطين الاطلسي والهندي . وتسقي اراضيها انهار عظيمة الشأن كالنيل والفرات .

سارة : اعرف كثيرا من الاصدقاء الامريكيين وغيرهم الذين يقومون باعمال مختلفة في البلاد العربية . فلماذا لا يقوم المواطنون هناك بهذه الاعمال .

سلوى : يشتغل معظم المواطنين العرب في الزراعة التي تشكل المورد الاساسي في معظم البلدان العربية ، ممّا يؤدي الى انتاج كميات كبيرة من القَمح والأرُزّ والبُنّ وغيرها من المنتجات الزراعية التي يتم تصديرها الى الخارج . لكن العالم العربي غني ايضا بالموارد الطبيعية الاخرى كالزيت والفوسفات والحديد . ولذلك تستخدم الحكومات العربية عددا كبيرا من الخبراء الاجانب للاسهام في استغلال هذه الثروات الطبيعية أحسن استغلال .

سارة : هل افهم من ذلك ان شركات الزيت والحَديد والفوسْفات يديرها ويشرف عليها موظفون اجانب غير عرب ؟

سلوى : كان ذلك في الماضي . اما في السنوات الاخيرة فقد ازداد الاهتمام بالتعليم المهني والفني في معظم الاقطار العربية ، كما ان الحكومات العربية ترسل اعدادا كبيرة من طلابها على حسابها للتخصّص في الميادين العلمية والفنية والصناعية في اوربا وامريكا . ولذلك تجدين المئات من هؤلاء المبعوثين يعودون الى بلادهم بعد تخرّجهم للعمل فيما يُعْهَداليهم من مسئوليات واعمال ادارة . إلاّ أنّ بعض الحكومات العربية ما زالت تستخدم خبراء اجانب للاسهام في كثير من المشاريع الصناعية والتجارية الى جانب المشاريع المتعلقة بتحسين وسائل النقل والمواصلات وانشاء المطارات والطرق وتوسيعها .

سارة : يسعدني ان اسمع ان الدول العربية تشجّع مواطنيها على دراسة الموضوعات العلمية في الخارج على حسابها .كما تسرني ايضا عملية استخدام الخبراء الاجانب في سبيل تحقيق النمو الاقتصادي في الوطن العربي . فهذا سيكون له اثر فعّال ليس في رفع مستوى المعيشة ودخل الفرد في الوطن العربي فحسب ، بل في تطوّر الاقتصاد العالمي بشكل عام .

سلوى : هل عندك بعض الاسئلة الاخرى يا سارة ؟

سارة : بقي عندي سؤال واحد حول اهمية الوطن العربي السياحية .

سلوى : تتمتع الاقطار العربية بمركز سياحي هام لعدة اسباب . اولها الجمال الطبيعي لبعض البلدان كسوريا ولبنان وتونس والاردن والمغرب . وثانيها كونها مركز الاديان السماوية الثلاثة اليهودية والمسيحية والاسلام ووجود كثير من الاماكن الدينية التي يزورها السواح كالاماكن المقدسة الموجودة في القدس ودمشق وبغداد وتونس . وثالث هذه الاسباب آثارها التاريخية القديمة كالآثار الموجودة في الاردن ولبنان والعراق ومصر وليبيا .

سارة : شكراً لك على هذه المعلومات المفيدة .

سلوى : اهلا وسهلا .

ب. معاني المفردات والتعبيرات

المترادف

اشرح/اشرحي معاني المفردات والتعبيرات التي تحتها خط بالعربية

١. تلجأ بعض الاقطار العربية الى استغلال مياه الانهار والبحار لريّ الأراضي الزراعية.

٢. قررت الوزارة وضع خطة لتحسين وسائل النقل والمواصلات في البلاد .

٣. تنتج دول الخليج البترول بكميّات وفيرة .

٤. كان الغرض من انشاء مؤسسّات التمويل في السعودية توفير المال للمواطنين للقيام ببعض المشاريع الزراعية والتجارية .

٥. لا تقتصر موارد الثروة الطبيعيّة في العالم العربي على الزراعة فحسب بل ان هناك ايضا الموقع الجغرافي والجمال الطبيعي .

٦. والدها يشغل منصباً كبيراً في وزارة الدفاع السوريّة .

٧. تقوم وزارات التربية في معظم الاقطار العربية بفتح صفوف مسائية للمواطنين الأميّن .

٨. ارتجفت الأم وبكت بكاءً حارًا عندما أخبرها الطبيب بمرض ابنتها القاتل .

٩. جلسنا نستمع إلى الموسيقى العربية في بستان على ساحل البحر .

١٠. لاحظت أثناء زيارتي للأردن ان التعليم فيها مجّانيّ والزاميّ في المرحلة الابتدائية.

جـ. تدريبات القواعد

١. استعمال « ذو »

أ) مراجعة

راجع/راجعي التمرين الخاص بـ «ذو» في الدرس الثامن .

ب) تكوين جمل

استعمل/استعملي « ذو + كلمة أو أكثر (من عندك) كصفة للكلمات التالية وضع/ضعي التركيب من صفة وموصوف في جملة مفيدة .

مثال : مركز

مركز ذو قيمة حضارية كبيرة

تحتلّ مصر مركزاً ذا قيمة حضارية كبيرة

دَخْل	المشاعر	أطر	الامهات
مؤسسة	القومية	النتائج	النمو
صمت	المجموعة	ازمة	رائدات
الخطة	المرضى	الظاهرة	المهنيون

جـ) تكوين جمل

استعمل/استعملي « ذو + كلمة من الكلمات التالية + صفة لها » كصفة لكلمة مناسبة من عندك وضع/ضعي التركيب من صفة وموصوف في جملة مفيدة .

مثال : الوجه

السيدة ذات الوجه الحزين

هل رأيت السيدة ذات الوجه الحزين ؟

ثقل	قدرة	إطّلاع
الثروة	اجزاء	الغايات
الأبعاد	ارتفاع	رسالة

د) تكوين جمل

استعمل/استعملي « ذو + كلمة من الكلمات التالية + صفة لها » بدون موصوف (head noun) في جملة مفيدة .

مثال : الاخلاق

ذوو الاخلاق العالية .

يحترم الجميع ذوي الاخلاق العالية

المصالح	العقول	المبادئ
عواطف	اتجاهات	نموذج
التقاليد	وجوه	النتائج

٢. معاني « كما »

أ) المطلوب تحديد معنى كلمة « كما » في النصين الأساسيين من الدرسين السابع والثامن .

ب) حدد/حددي معنى « كما » في الجمل التالية :

مثال : البلاد العربية غنيّة بالزيت كما أنّها تتمتّع بمركز سياحيّ . (بالأضافة إلى ذلك)

١) حقّقت الولايات المتحدة نهضة صناعية رائعة كما نلاحظ في الصناعات الثقيلة والخفيفة الموجودة في كثير من الولايات .
٢) ازدهرت بعض الصناعات الخفيفة في تونس كما أنّنا نجد بعض الصناعات الخفيفة الأخرى في السعودية .
٣) اللغة ركن اساسي من اركان القومية العربية كما أنّ التاريخ ركن مهم ايضاً .
٤) لم تنتشر المسيحية في آسيا كما انتشرت في أمريكا وأوروبا .
٥) تركّز بعض الحكومات العربية اليوم على التعليم المهني الى جانب التعليم النظري كما قرأنا في المقال الذي يتناول نظام التعليم في البلدان العربية .

جـ) إكمال

يقوم الدارسون بإكمال التعبيرات التالية مستعملين «كما» :

مثال : يتميّز العراق بثروته البترولية ____________________
كما انّه ينتج التمور بكميّات كثيرة

١) تُستغَل مياه الامطار في الزراعة ____________________
٢) اعتادت على طبخ الطعام العربي ____________________
٣) بذل المستشرقون جهودا كبيرة في تنظيم الدراسات الشرقية ____________________
٤) الحب الحقيقي لا يميّز بين المذاهب الدينية والاجناس البشرية ____________________
٥) تعبّر الصحافة عن آراء الناس وشؤونهم ____________________
٦) استطاعت سلوى بصحبة هريش التغلب على مشاعر الغربة ____________________
٧) توسع تدريس العربية في الجامعات الأمريكية ____________________

د) تكوين جمل

يستعمل الدارسون « كما » بمعنييها في جمل متصلة بحياتهم وخبراتهم كما في المثال .

مثال : ليلى طالبة تدرس اللغة العربية ، كما انها تدرس تاريخ الشرق الاوسط .

٣. المفعول المطلق

أ) **أفعل التفضيل (elative) كمفعول مطلق (cognate object)**

١) تحويل

يقوم الدارسون في مجموعات مؤلفة من ٢ (أزواجاً) بعمل هذا التدريب كما يلي :

مثال : ط١ : وَجّه المصلح شعبه توجيهاً حسنا .

ط٢ : بل وجّهه أحسن توجيه .

(أ) صوّر الشاعر الحياة العربية قبل الاسلام تصويرا رائعا .

(ب) وزّعت الدولة الاراضي على الفلاحين توزيعا حسنا .

(جـ) حدّد الكاتب مفهوم القومية تحديدا دقيقا .

(د) انتشرت المسيحية في قارتيّ اسيا واوربا انتشارا واسعا .

(هـ) تستغل دولة الامارات العربية دخلها من الزيت استغلالا حسنا .

(و) استقبلوا رؤساء الجمعيات التعاونية استقبالا عظيما .

٢) إكمال

يقوم الدارسون باكمال التعبيرات التالية مستخدمين أفعل التفضيل مع المفعول المطلق كما في المثال :

مثال : قدروا الشاعر أجمل تقدير .

١) تختلف البيئات الجغرافية في العالم ________ .
٢) تسهم الصحافة في توجيه الرأي العام ________ .
٣) اعاد الطالب النص الاساسي ________ .
٤) وصف لنا حياة البدو في الصحراء ________ .
٥) تدل اعماله ________ على ايمانه القوي بالله .
٦) اثّر القرآن ________ في اللغة العربية وادابها .
٧) نتج عن ________ .
٨) انجزن عملهن ________ .

ب) المفعول المطلق الموصوف بجملة
تكوين جمل

يقوم الدارسون بوضع هذه الافعال في جمل مستخدمين مفعولاً مطلقاً موصوفاً بجملة.

مثال : وجّه : وجهت الحكومة الطلاب توجيهاً يرفع من شأن التعليم المهني

اعتمد	موّلت	وسّع
اهتّم	تطوّر	نما
نظّم	استغلّ	استهلك
ازدهرت	وزّع	

٤. الجمع

المطلوب تحويل المفرد إلى الجمع ثم استعمال المفرد + من + جمعه في جملة مفيدة .

مثال : قارّةٌ – قارّات : آسيا قارة من القارات الكبيرة

مؤسسة	جزء	ركن	حقيقة
عقل	فاصل	رائد	نحو
ألم	مقياس	حد	ملهى
ظاهرة	خطة	ضعيف	افتتاحية

٥. تركيب « ما ... من ... »

أ) اشرح/اشرحي معنى « ما ... من ... » في الجمل التالية بعبارة أخرى

مثال : ط١ : حَدَّثَني بما سمع من حقائق

ط٢ : حدّثني بالحقائق التي سمعها

١) دعا الى ما للشعب من حق العدالة على الحكومة .
٢) تتمتع بمركز سياحي لما اشتهرت به من آثار .
٣) ويضاف الى ذلك ما لهذه المنطقة من اهميّة دينية .
٤) ذاع صيتها لما فيها من مدارس ومكتبات .
٥) ساءني ما بلغتني من أخبار الحرب .
٦) أضف إلى ذلك ما بين الدول العربية من مصالح مشتركة .

ب) ضع/ضعي ٦ جمل مفيدة تحتوي على تركيب « ما ... من » .

٦. حروف الجر

املأ/املأي الفراغ بحرف الجر (أو الظرف) المناسب .

أ) اسس المنصور بغداد بعد قيام الدولة العباسية ــــــــــ سنوات .

ب) تقع بغداد ــــــــــ نهر دجلة .

جـ) سألتقي بصديقي ــــــــــ الساعة الخامسة والسادسة مساء .

د) يحاسب القضاة كل روح ــــــــــ اخطائها .

هـ) قال فريق من اهل الجنة نحن هنا ــــــــــ زمن طويل ، ــــــــــ ظهور الاديان .

و) ــــــــــ الجدير بالذكر ان التعليم في المساجد كان مقتصرا ــــــــــ علوم اللغة والدين وبعض مبادئ الحساب .

ز) كانت جامعة القاهرة تُعرف ــــــــــ اسم الجامعة المصرية .

ح) جاءت النهضة التعليمية في الاقطار العربية متأخرة بالنسبة ــــــــــ مصر .

ط) تحاول وزارات التربية تيسير التعليم ــــــــــ اكبر عدد ــــــــــ المواطنين .

ي) تشرف وزارات التربية ــــــــــ معظم المدارس في البلاد العربية .

ك) كان الطهطاوي مطّلعا ــــــــــ الثقافة والفنون الاوروبية .

ل) دعا البستاني ــــــــــ تعليم المرأة .

م) كان الطهطاوي قادرا ــــــــــ الترجمة من الفرنسية ــــــــــ العربية .

ن) حاول الكاتب ان يحدد مفهوم القومية ــــــــــ دقة .

س) زادت الحكومات العربية عدد الطلاب الذين يدرسون في الجامعات الاجنبية ووفرت لهم كل ما يساعدهم ــــــــــ الاستفادة ــــــــــ اقامتهم ــــــــــ الخارج .

ع) تلعب الصحافة دوراً فعّالاً ــــــــــ توجيه الرأي العام .

ف) خلطت الزوجة اللحم ــــــــــ البيض .

د. الترجمة

القسم الرابع : التطبيقات

أ. النشاطات الشفوية

أسئلة

١. ما الاشياء التي تعلّمتها عن الوطن العربي بعد قراءتك هذا النص ولم تكن تعرفها من قبل ؟
٢. لو توفّرت لك الفرصة للقيام برحلة سياحية في الوطن العربي ، فأي الأماكن تختار؟ ولماذا؟
٣. ما أوجه الشبه والاختلاف بين الأساليب الزراعية في البلدان العربية وفي الولايات المتحدة الأمريكية ؟
٤. انت خبير في وزارة المواصلات الأردنية . طلب منك وزير المواصلات ان تعطي رأيك في استغلال المساعدة التي قدّمتها دولة أجنبية للوزارة وهي ٣ ملايين دينار أردني . فما الاقتراحات التي تقدّمها له لتحسين الأمور التي تقع تحت مسؤولية الوزارة ؟
٥. انتِ موظفة في شركة تجارية في القاهرة . اشرحي لبعض الأجانب ما تتمتع به المنتوجات المصرية من شهرة عالمية .
٦. ما المشكلة في تجمّع ثروة كبيرة في منطقة دون (but not) الأخرى في العالم العربي ؟

ب. النشاطات الكتابيّة

إنشاء

اختر/اختاري موضوعاً واحداً فقط (٩٠ كلمة تقريباً)

١. الموقع الجغرافي للبلد الذي تعيش فيه واهميّته من الناحية السياحيّة .
٢. رسالة الى صديق/صديقة تقدّم/تقدّمين فيها معلومات هامّة عن العالم العربي .

ملحقات : دراسات معجمية

أ. مفردات من جذر واحد

ص ل ح

١. صَلَحَ ـُ لِ ، صَلاحٌ / مَصْلَحَةٌ / صَلاحِيَّةٌ — to be good, right, proper for

٢. صَلَّحَ ه ، تَصْليحٌ — to put in order, repair, restore

ان هذا التلفزيون بحاجة الى تصليح لان الصورة غير واضحة .

٣. صالَحَ ه ، مُصالَحَةٌ — to make peace, make up, become reconciled with

بالرغم من انه أساء اليّ فانني ذهبت وصالحته بنفسي .

صالح بين — to foster peace between, reconcile (people)

قامت الامم المتحدة بالمصالحة بين البلدين اللذين وقعت بينهما الحرب .

٤. أصْلَحَ ه ، إصْلاحٌ — to improve, make amends, reform

مُصْلِحٌ - مُصْلِحونَ — reformist, reformer

يعتبر محمد عبده من رواد المصلحين العرب ، وقد دعى الى إصلاح الاوضاع الاجتماعية والدينية والسياسية .

٥. تصالَحَ ، تَصالُحٌ — to become reconciled with one another

بعد الحرب تصالح البلدان .

٦. اصْطَلَحَ على ، اصْطِلاحٌ — to agree on, accept, adopt (as a convention)

لقد اصطلح الجميع على تسمية المرضات بـ «ملائكة الرحمة».

اصْطِلاحٌ - اصطلاحاتٌ — technical term; convention

تقوم المجامع اللغوية في القاهرة ودمشق وبغداد بتعريب المصطلحات العلمية .

٧. اسْتَصْلَحَ ه ، اسْتِصْلاحٌ — to make s.th. good, useful, suitable; to reclaim (land)

تقوم وزارة الزراعة باستصلاح الاراضي الصحراويّة في هذه المنطقة .

٨. صُلْحٌ — reconciliation, peace settlement

حاكِمُ الصُلْحِ — justice of the peace

٩. صَلاح — goodness, righteousness, piety

١٠. صلاحِيَّةٌ – صلاحِيّاتٌ — competence to; powers to; power of attorney

للوزير صلاحية تامة في تعيين الموظفين الجدد .

١١. مَصْلَحَةٌ – مَصالِحُ — interest, benefit, good, interests

مَصْلَحَةٌ حُكومية — government agency

ان مصلحة الاثار ومصلحة الحدود هي من المصالح الحكومية التي تحصل على اموال كثيرة .

المصلحة العامة — public welfare

ترى الحكومة انه يجب علينا ان نفعل ذلك في سبيل المصلحة العامة .

١٢. صالِحٌ (لِـ) — appropriate for, suitable for, valid for

الصالح العام — public interest

يتظاهر بعض الناس انهم يعملون في سبيل الصالح العام ، والحقيقة انهم يعملون من اجل صالحهم الشخصية .

لِصالح / في صالح — to the advantage of, in the interest of

تقوم الامم المتحدة بأعمال كثيرة في صالح السلام العالمي .

خ ل ف

١. خَلَفَ ـُـ ه — to be the successor of s.o., come after

خلف ابو بكر النبي محمد بعد وفاته .

٢. خَلَّفَ ه ، تَخْليفٌ — to appoint s.o. as successor; to have descendants

خلّف الخليفة ابو بكر عمرا بعده على المسلمين .

٣. خالَفَ ه ، مُخالَفَةٌ / خِلافٌ — to be opposed to, conflict with

يحب مدرسنا ان يخالفه طلابه في الرأي ليناقشهم ويقنعهم او يقنعوه .

٤. تَخَلَّفَ عن (العودة) ، تَخَلُّفٌ — to stay behind

قام فريق من الوزراء بزيارة لمصر في الاسبوع الماضي وقد عادوا هذا لاصباح الاّ وزير المالية الذي تخلّف في القاهرة .

تَخَلَّفَ — to be less developed

مُتَخَلِّفٌ — less-developed (country)

يسمي رجال الاقتصاد الاقطار المتخلفة باسم «الاقطار المتطورة او النامية » .

٥. اخْتَلَفَ ، اخْتِلافٌ — to differ, disagree, vary

يقتصر الاختلاف (الخلاف) بين الهند والباكستان على مشكلة الحدود .

٦. خَلْفٌ — back, rear

خَلْفَ ، إلى الخلف — behind

اذهب انت الى الامام وسأذهب انا الى الخلف .

يقف المصلون خلف الإمام في المسجد .

٧. خَلَفٌ — descendent, progeny

٨. خَلْفِيَّةٌ — background

٩. خِلافَةٌ — caliphate, office or rule of a caliph

خَليفَةٌ – خُلَفاءُ — caliph

بنى الخليفة المنصور مدينة بغداد في مكان متوسط من الدولة الاسلامية لتكون عاصمة الخلافة العباسية .

١٠. خِلافٌ — difference, contradiction

بِخِلاف — aside from

خِلافاً لـِ — in contradiction with

على خِلاف ذلك — contrary to that; on the contrary

١١. مُخالَفَةٌ — violation, misdemeanor

اذا لم تقف سيارتك عند الاشارة الحمراء ، فان ذلك يعتبر مخالفة .

١٢. اختلاف — difference, dissimilarity

على اختلاف — irrespective of

يؤمن المسلمون على اختلاف مذاهبهم بالله ونبيّه ورُسله .

١٣. مُخَلَّفٌ — left, left behind, leftover

مُخَلَّفاتٌ — legacy

تقول الحكومة الجديدة ان المشاكل الاقتصادية التي تواجهها البلاد الان هي من مخلّفات الحكومة السابقة .

١٤. مُخالِفٌ (لـِ) — incompatible, inconsistent (with)

ان اعماله مخالِفَةٌ لاقواله .

١٥. مُخْتَلَفٌ عليه / فيه — controversial, disputed

وبالرغم من ان البلدين توصلا الى اتفاق تام على معظم الاشياء ، فان مشكلة الحدود مختلف عليها حتى الان .

ب. التوسّع في المعاني

١. مُحيطٌ - مُحيطاتٌ (بحر كبير جداً)	
(أحاطَ بِـ ، إحاطَةٌ)	to surround
٢. قيمَةٌ (أهميَّةٌ)	value
قيمَةٌ - قِيَمٌ	values
قَيِّمٌ	precious, valuable
القِيَمُ الأخْلاقِيَّةُ	moral values
ذو قيمة	valuable
لا قيمة له	worthless
٣. تَمَتَّعَ بِـ ، تَمَتُّعٌ	
مُتْعَةٌ - مُتَعٌ	enjoyment, delight, pleasure
مُمْتِعٌ	pleasant, gratifying
٤. الطَّبيعَة	Nature
(طبيعي ، طابع)	natural/normal, character
طَبيعَة - طَبائِعُ	natural disposition
بطبيعة الحال	naturally, by the very nature of the case
(علم) الطبيعة	Physics, Natural Science
فوق الطبيعة	supernatural
طابِع - طَوابِعُ	(postage) stamp
٥. اِشْتَهَرَ بِـ ، اِشْتِهارٌ (عُرِفَ بِـ ، أصبح مشهوراً)	
(شُهْرَةٌ ، مَشْهورٌ - مَشاهيرُ)	fame, famous
شَهيرٌ بِـ = مَشْهورٌ بِـ	famous for
شُهْرَةٌ عالَمِيَّةٌ	world-renowned fame

٦. مَصادِر مائية	water resources
مَصدَر - مَصادِر (= مرجع)	source/reference
مَصدَر - مَصادِر	verbal noun (of grammar)
مَصدَر - مَصادِر العيش	means of livelihood
مَورِد - مَوارِد	resource
٧. مَطَرٌ - أمْطارٌ	
أمطَرَ	it rained
أمطَرَت السَّماءُ	it rained
يَوْمٌ مُمْطِرٌ	rainy day
٨. كُلٌّ	all, each, every
الكُلّ	everyone; everything
كُلَّما ... كُلَّما ...	the more ... the more ...
كلّما طال حديثه كلما تمنيت أن أنصرف	the longer he talked/talks, the more I wanted/want to leave
كُلّيٌّ	total, complete, entire
كُلِّيَّةٌ	totality, entirety; college, academy
٩. اِستَغَلَّ ه ، اِستِغْلالٌ (استفاد من)	to utilize
استغَلَّ	to exploit, abuse
١٠. خَزَنَ ـُـ ه ، خَزْنٌ	
مَخْزَنٌ - مَخازِنُ	storage room, shop
١١. وَزَّعَ ه على ، تَوْزيعٌ	
توزيع العمل	division of labor
توزيع الجوائز	awarding of prizes
توزيع الأرباح	distribution of dividends

١٢. لجأ ـَ إلى ، لُجوء	to resort to
	to seek refuge
مَلْجَأ	refuge, shelter
لاجِيءٌ – لاجِئونَ	refugee
١٣. وَفيرٌ (كثير جداً)	
(وَفَّر ، تَوَفَّرَ)	to make available, furnish; be available
وَفَّر ه ، توفير	to save, lay aside (money)
حِسابُ تَوْفيرٍ	savings account
وفَّر عليه جهوداً	save him effort
١٤. صَدَّرَ ه ، تَصْديرٌ (عكس استورد ه ، استيراد)	
(صَدَرَ ، أَصْدَرَ ، مَصْدَرٌ)	to be published; to publish; source
صادِراتٌ	exports
الاسْتيرادُ والتَّصْديرُ	import and export
١٥. مَعيشَةٌ (حياة)	
(عاشَ ـِ ، عَيْشٌ / معيشة)	to live, live through, experience
مُسْتَوى المَعيشَةَ	the standard of living
١٦. دَخْلٌ (راتب ، ما يحصل عليه الشخص من مال من وظيفة)	
(دَخَلَ ، دُخولٌ ، أَدْخَلَ ، في الداخل)	to enter; entering; to make enter, bring in; inside/interior
الدَّخْلُ السَّنَوِيُّ .	annual income
ضَريبَةُ الدَّخْلِ	income tax
لا دَخْلَ له بـ	he has nothing to do with
تَدَخَّلَ في	to interfere in, meddle with
١٧. مؤَسَّسَةٌ – مُؤَسَّساتٌ (شركة كبيرة مثل البنك)	
(أَسَّسَ ، أَساسٌ ، أَساسِيٌّ)	to establish; foundation; fundamental, basic

١٨. مَوَّلَ ، تَمْويلٌ (قدّم المال)

سَنَةٌ ماليَّةٌ	fiscal year
وِزارَةُ الماليَّةِ	The Ministry of Finance
رَأْسُ مالٍ – رؤوسُ أَمْوالٍ	capitalist
الرَأْسْماليَّةُ	capitalism
رَأْسْماليٌ – رأسْماليّون	capitalist

١٩. اِسْتَهْلَكَ ه ، اِسْتِهْلاكٌ (استخدم ، استعمل)

اِسْتِهْلاكيٌّ	consumer (as adjective or in compounds)
الجمعية التَّعاوُنيَّةُ الاسْتِهْلاكيَّةُ	The Consumers' Union

٢٠. خُطَّةٌ – خُطَطٌ (فكرة لمشروع أو عمل) plan

(خطّ – خُطوط)	script
خطّ – خُطوط	handwriting
خَطّ تليفوني	telephone line
خُطوط جوية	airlines
خَطّ سكة الحديد	railroad line
تَخطيط	planning; design

٢١. خَبيرٌ – خُبَراءُ (مختص)

(أَخْبَرَ ، خَبَرَ ، خِبْرَةٌ)	to inform; news item; expertise

٢٢. نَما ــُ ، نُمُوٌّ (تَطَوَّر) أيضاً : نمى ــِ ، نِماء / نَمِيَّة — to grow, increase, multiply

(انتمى إلى)	to trace one's origin; to be affiliated with, be a member of
الدُّوَلُ النّاميةُ	developing countries
التَّنْمِيَةُ الاقْتِصاديَّةُ	economic development

٢٣. حَوالَى (تقريباً)

حَوْلَ	around, about

الدرس الثالث عشر

تَكْوينُ المُجْتَمَعِ العَرَبي

القسم الأول : التمهيد

أ. أسئلة قبل القراءة

١. أيّهما اكبر مساحةً وأكثر سكاناً ، الولايات المتحدة أم العالم العربي ؟
٢. تتميّز الولايات المتحدة باحتوائها على سكان ينتمون الى قوميات وأديان مختلفة . سمّوا بعض هذه القوميات والأديان .
٣. ما نوع العلاقة التي تربط بين السكان في الولايات المتحدة ؟
٤. اذكر/اذكري بعض المجموعات غير العربية التي يعيش أفرادها في العالم العربي .

ب. المفردات الجديدة

١. يسكن معظم المصريين في القرى و**الأرْياف** . إلاّ أن عدداً كبيراً منهم أخذ ينتقل من **الريف** إلى المدن سعياًوراء العيش الميسّر .

ريفٌ - أرْيافٌ

٢. الناس **جِنْسٌ** واحد وهو **الجِنْس** البشري مهما اختلفت ألوانهم وأشكالهم .

جِنْسٌ - أجْناسٌ

٣. **اتَّخَذَت** بعضُ دول أوروبا الشرقية الديومقراطيةَ نظاماً سياسياً لها ، إلا أن أفراداً وجماعات ما زالوا **يَتَّخِذون** موقفاً معارضاً لهذا الاتّجاه .

اِتَّخَذَ ه + (مفعول ثانٍ) ، اِتِّخاذٌ (أخذه لنفسه / جعله)
اِتَّخَذَ مَوْقِفاً قراراً ، اِتِّخاذٌ (أخذه / عمل به)

٤. علم والد « سلوى » أنها ظلّت **مُحْتَفِظَةً** بدينها حتى بعد زواجها من « هريش » غير المسلم لأنها طلبت منه أن تُدفن كمسلمة .

اِحْتَفَظَ بـ ، اِحْتِفاظٌ (لم يغيّره / لم يتركه)

٥. وجد « كولومبوس » وغيره من الفاتحين الذين جاءوا بعده أن سكان الأمريكتين **الأَصْلِيِّين** الذين عاشوا في القارتين منذ الاف السنين كانوا قد أنشأوا حضارات متقدّمة ومزدهرة قبل مجيء « الأوروبيين » .

أصْلِيٌّ - أصْلِيّون

أصْلٌ - أصولٌ (أساس / مَنْشَأ) origin, source

أصلاً = في الأصل originally

٦. ظلّ **أَتْباعُ** النبي محمّد الذين أعلنوا إسلامهم بعد بدء الدعوة الاسلامية مُحْتَفِظينَ بدينهم بالرغم من الصعوبات التي واجهوها من أعدائهم في مكّة .

تَبَعٌ / تابِعٌ - أتْباعٌ (من يتبع إنساناً أو مبدأً أو فكرةً يؤمن بها)

تَبِعَ ـَ ه ، تَبَعٌ / تَباعَةٌ (سار وراء / جاء بعد / تلا)

٧. تَتمتّع **الأَقَلِّيّاتُ** من المسلمين واليهود في أمريكا وإن كانت قليلة العدد نسبياً بحرّياتها الدينية والسياسة وبحقوق مساوية لحقوق الأكثرية .

أقَلِّيَّةٌ - أقَلِّيّاتٌ (عكس أكثريّة)

٨. **ثَبَتَ** من الدراسات التي قام بها بعض علماء الاجتماع أن الإنسان الذي لا تربطه علاقة قوية بآخَر وليس له جذور يُحسّ بفراغ وألم داخلي من الصعب تحمُّلها والتغلُّب عليهما .

ثَبَتَ ـُ (الأمر) ، ثُبوتٌ / ثَباتٌ (صَحَّ وتَحَقَّق)

ثابِتٌ - ثوابِتُ (شيء غير قابل للتغيّر)

أثْبَتَ ه (الأمر) ، إثْباتٌ to establish, assert as valid; demonstrate

٩. وقف السائح أمام الحديقة **يَتَأمَّلُ** جمالها وجمال أشجارها .

تَأمَّلَ ه / في ، تَأمُّلٌ (أمضى وقتاً في النظر والتفكير)

١٠. يزيد سكان الوطن العربي اليوم عن ١٨٠ مليون نسمة **تَقْريباً** .

تَقْريباً (حَوالَي) = بالتَّقريب / على وَجْه التَّقْريب

١١. للمواطنين الجدد والحديثي الإقامة **كامِلُ** الحقوق التي للمواطنين الذين وُلدوا ونشأوا هنا .

كامل الحقوق = الحقوق الكاملة — full, all, whole

كامِلٌ (ما تَمَّت أجزاؤه وصفاته) — complete, perfect

بِكامِلِه — in its entirety

كَمُلَ / كَمَلَ ـُ ، كَمالٌ (تَمَّ) : كامِلٌ – كَمَلَةٌ — to be complete, whole, perfect; to be finished, done

أكْمَلَ ه ، إكْمالٌ = كَمَّلَ ه ، تَكْميلٌ (أتَمَّ)

١٢. وقفت النساء **جَنْباً إلى جَنْبٍ** مع الرجال يقاومن الأعداء ويطالبن بالاستقلال الكامل .

جَنْباً إلى جَنْبٍ (بِجانِب)

جَنْبٌ – جُنوبٌ / أجْنابٌ (الجانِب) — side

١٣. عدد العرب **ضَئيلٌ** جداً بالنسبة الى مجموع عدد السكان في الولايات المتحدة لا يزيد عن ١ ٪ .

ضَؤُلَ ـُ ، ضَآلةٌ : ضَئيلٌ – ضُؤَلاءُ / ضِئالٌ (صغير ، قليل)

١٤. عُنْصُرٌ – عَناصِرُ = جِنْسٌ – أجْناسٌ (انظر/انظري في الجملة ٢ أعلاه)

١٥. على المراسلين أن لا **يُبالِغوا** فيما يقولونه في تقاريرهم الصحفية أو الإذاعية بل يذيعوا أو يكتبوا الحقائق كما هي دون إضافة أو ملء فراغ .

بالَغَ (في عمل شيء) ، مُبالَغَةٌ (جعل الشيء أكبر من الحقيقة)

١٦. يعيش المسيحيون وغيرهم من الأقلّيّات الدينية في الأقطار العربية **جِوارَ** إخوانهم المسلمين في بيئة واحدة يسودها التعاون والتفاهم والتسامح .

جِوارَ = بِجِوارِ = إلى جِوارِ (بجانب / بالقُرب من / قُرْبَ)
جاوَرَ ه ، جِوارٌ / مُجاوَرَةٌ (سكن بالقرب منه / كان جاراً له)

١٧. لكي يُنتج العالم فإنه من الضروري أن يعمل في **جَوٍّ** فكريّ علمي آمن مُطْمَئِن بعيد عن الخوف وعن الأزمات وعن السياسة .

جَوٌّ - أجْواء (بيئة) environment; atmosphere

١٨. يجب المحافظة على الوحدة الوطنيّة مهما اختلفت **العَقائدُ** السياسية أو الدينية أو العَناصرُ السكّانية التي يتألف منها كل بلد .

عَقيدَةٌ - عَقائِدُ = مَعْتَقَدٌ - مُعْتَقَداتٌ
(الأيمان بفكرة أو دين / رأيٌ لا يقبل الشك عند صاحبه)

١٩. إن **آمال** الشعوب واحدة بالرُّغم من اختلاف الأجناس والأديان والعقائد وهي : تحقيق العدالة الاجتماعية والازدهار الاقتصادي والحرية والمساواة .

أمَلٌ - آمالٌ (رغبة / رجاء / ما نريده في المستقبل)
أمَلَ ـُ الأمر/بالأمر/أنْ ، أمَلٌ (انتظر الحصول عليه / رجاه)
أمَّلَ ه الأمر/بالأمر/أن (أعطاه أملاً بالحصول عليه)

٢٠. الشعب الفلسطيني - **شأنه** في ذلك **شَأْنُ** كل الشعوب - يرغب في الحصول على استقلاله وحريته في أرضه ووطنه .

شأنه في ذلك شأن كذا — in this respect, he is just like such-and-such
(تُقال عند تشابه الأمرين)

٢١. من **قَضايا** الساعة في العالم **القَضِيَّةُ** الفلسطينية **وقَضِيَّةُ** التمييز العنصري في جنوب افريقيا **وقَضِيَّةُ** التطور الاقتصادي في البلاد الفقيرة النامية .

قَضِيَّةٌ - قَضايا (موضوع / مشكلة)

٢٢. **تَعَهَّدَتْ** كل الدول الأعضاء في منظمة الأمم المتحدة **بحلّ** مشاكلها دون اللجوء إلى الحرب وبالسير في طرق السلام ولكن بعضها لم يُنْجِز ما **تعهّد به** .

تَعَهَّدَ بـ أن ، تَعَهُّدٌ ؛ تَعَهُّداتٌ — to obligate o.s., commit o.s. to do s.th.

٢٣. معظم المدارس في العالم العربي حكوميّة ، ولكّن هناك عدداً من المدارس التي تشرف عليها **هَيْئاتٌ** دينيّة **وهَيْئاتٌ** دولية .

هَيْئَةٌ - هَيْئاتٌ
(منظّمة / مجموعة من الناس يُعهد إليها القيام بعمل خاص)

٢٤. بعد أن تخرّج من الجامعة **الْتَحَقَ بكلية** الحقوق وأصبح قاضياً في المحكمة العُليا .

الْتَحَقَ بـ ، الْتَحاقٌ (انضمَّ إلى)
أَلْحَقَ ه بـ ، إلْحاقٌ (ضَمَّ إلى)

٢٥. لقد علّمنا التاريخ أن الأمم تحترم اتّفاقاتِها الدولية التجارية منها أو الثقافية أو الاقتصادية أو السياسية ما لم تُعارِضْ مصالحَها الحيوية .

اِتّفاقٌ - اِتّفاقاتٌ = اِتّفاقِيَّةٌ - اِتّفاقِيّاتٌ agreement, treaty, understanding

جـ. ملاحظات حضارية

نذكر من هؤلاء :

بُطرُس البُسْتاني (١٨١٩- ١٨٨٣) : من روّاد القرن التاسع عشر وقد تحدثنا عنه في الدرس العاشر .

جورجي زَيْدان (١٨٦١ - ١٩١٤) : مؤسّس مجلة الهلال (١٨٩٢) التي تصدر حتى اليوم في القاهرة ومؤلف عدد كبير من الأعمال الأدبيَة المهمة التي تتناول العرب والاسلام في مختلف العصور .

جُبْران خَليل جُبْران (١٨٨٣ - ١٩٣١) : أحد اعلام الادب المهجري وأوائل المجددين في الادب الحديث وهو لبناني الأصل .

مَي زِيادَة (١٨٩٥ - ١٩٤١) : كاتبة فلسطينية ساهمت في النهضة الادبية وحركة تحرير المرأة .

خَليل مُطران (١٨٧١ - ١٩٤٩) : الشاعر الملقب « شاعر القُطْرَيْن » إشارةً الى اصله اللبناني واقامته في مصر والذي يعتبر احد رواد التجديد في الشعر العربي المعاصر .

ميخائيل نُعيمَة (١٨٨٩ - ١٩٩٠) : أديب مَهْجَرِيٌّ من أصل لبناني معروف بِنَزْعَتِهِ (tendency, leaning) الانسانية في أعماله الادبية الكثيرة .

سَلامة موسى (١٨٨٧ - ١٩٥٨) : كاتب مصري مشهور بآرائه الاشتراكية ودعوته الى الثقافة الشعبية .

ميشيل عَفْلَق (١٩١٠ - ١٩٩٠) : مُفَكِّر سوري يعدّ المسؤول عن نشوء حزب البعث العربي الاشتراكي .

القسم الثاني : القراءة والاستيعاب

أ. النص الأساسي

تكوين المجتمع العربي

يزيد عدد سكان العالم العربي في الوقت الحالي عن مئة وثمانين مليون نسمة . وهم موزّعون في بيئات اجتماعية او جغرافية مختلفة . فهناك البيئات الحضرية التي ينتشر فيها رجال الاعمال والعمال والموظفون والمهنيون ، والقرى والمناطق الرّيفيّة التي يسكنها الفلاحون والمناطق الصحراوية حيث البدو الرحّل . ولكل من هذه البيئات طبقاتها الاجتماعية واوضاعها الاقتصادية والثقافية الخاصة .

ومنطقة العالم العربي في حدوده الحالية لكونها مهد اديان مختلفة وملتقى شعوب عديدة متعددة الجنس والحضارة واللغة قد تميزت منذ اقدم العصور باحتوائها على سكان ينتمون الى اديان وقوميات مختلفة . وبعد الفتح العربي الاسلامي اتخذ السكان الاسلام دينا والعربية لغة لهم باعداد ازدادت على مرّ العصور حتى اصبحوا اكثرية . غير ان عددا منهم دخل في الاسلام لكنه احتفظ بلغته الاصلية مثل « البَرْبَر » في شمال إفريقيا و« الأكْراد » في سوريا والعراق بينما اتخذ اخرون العربية لغة اماً رغم انهم ظلوا على دينهم مثل المسيحيين واليهود ، كما ان اقواما بقوا على دينهم واحتفظوا بلغاتهم كما نرى في جنوب السودان . ومما ساعد على استمرار وجود هذه القوميات والاديان ان الاسلام عالمي الطابع لا يميز بين العرب وغير العرب من اتباعه من جهة ، ويعترف بما سبقه من الاديان السماوية من جهة أُخرى . ولهذا فليس من الغريب ان نجد ان عددا غير قليل من ابناء هذه المجموعات قد أسهم في القرون الوسطى في خدمة الحضارة العربية الإسلامية وازدهارها وساعد على تقوية اركان الدولة العربية الاسلامية . فمن الثابت ان « الفُرْس » و« الأكْراد » والمسيحيين وغيرهم لعبوا دورا فعّالا في التاريخ الاسلامي سياسيا وحضاريا فشغلوا الوظائف الادارية بعد الفتح الاسلامي ونقلوا كتب الفلسفة والعلوم الى العربية وكان منهم الشعراء والادباء والاطباء والوزراء ورجال الدولة والقادة البارزون . ومما يجدر ملاحظته ان اليهود اقاموا تحت الحكم العربي الاسلامي في « الأنْدَلُس » نهضة فكرية وادبية ودينية رائعة سمّاها البعض

cradle

Berbers; Kurds

Persians

Andalusia

بالعصر الذهبي . كما برز منهم علماء مثل « ابن مَيْمون » الذائع الشهرةِ والمعروف في الغرب باسم Maimonedes والذي عاش في مصر في القرن الثاني عشر الميلادي .

golden

وإذا تأملنا في التكوين الديني للعالم العربي اليوم رأينا ان ٩٣ بالمئة من سكانه تقريبا مسلمون . ومُعظم المسلمين إمّا سُنِّيون وهم الاكثرية الغالبة في كل البلاد العربية تقريبا او شيعيّون وهم يسكنون لبنان وسوريا ودول الخليج والعراق حيث يعيش اكبر عدد منهم وحيث يكوّنون الاكثرية على رأي البعض . وتمثل المسيحية دين اكبر الاقليات الدينية عددا واهمها في الوَطن العربي ، ولها اتباعها في عدد من الاقطار العربية ولا سيمّا لبنان حيث تُقدَّر نسبة المسيحيين بحوالي ٤٠ إلى ٤٥ بالمئة من مجموع السكان ، ومُعْظَمُهم من « المَوارِنَة » ، ومصر حيث يزيد عدد المواطنين المسيحيين الان عن ١٥ بالمئة ومعظمهم من « الأَقْبـاط » ، والعـراق حـيث يكونون حـوالي ٥ بالمئـة من السكان وفي سـوريا والاردن وفلسطين . وتبلغ نسبتهم من مجموع السكان في العالم العربي ٨ بالمئة تقريبا . والمسيحيون طَوائِفُ عديدة جذورها قديمة وعميقة في المنطقة . ويتكلم ابناؤها اللغة العربية إلا عددا قليلا جدا منهم كاد يقتصر الان على بعض كبار السن في بعض قرى سوريا والعراق الذين يتكلمون الأراميّة . لكن المسيحيين ما زالوا يستخدمون اللغات القديمة مثل اليونانيّة او السوريانيّة أو القِبْطيّة بالاضافة الى العربية في طُقوسِهم الدينية . ولقد شهد التاريخ للاقلية المسيحية كما قلنا دورا مهما في اغناء التراث العربي في الماضي . واستمر العطاء في العصر الحديث اذ اسهموا بصورة فعالة في النهضة الحديثة عن طريق عدد غير قليل من المفكرين والكتاب والشعراء ، وشاركوا مشاركة كاملة في الحياة العامة وفي الحركات القومية ، كما انهم كافحوا جنبا الى جنب مع اخوانهم المسلمين للحصول على الاستقلال والقضاء على السيطرة الاجنبية ولانشاء دولة عصرية قويّة الاركان موحّدة الاهداف . ويضمّ المجتمع العربي الى جانب المسيحيين اقليات دينية صغيرة اخرى كـ « الدروز » ، ونجدهم بصورة خاصة في لبنان وسوريا ، و « الصّابِئين » الذين لم يبق منهم إلاّ عدد قليل ، و « اليَزيديّين » ، الذين يسكنون العراق ، والاقلية اليَهوديّة التي كانت اعداد كبيرة منها تعيش إلى وقت قريب في العراق والمغرب واليمن ولا زال بعض ابنائها يعيشون في مناطق مختلفة من البلاد العربية .

Sunnis, Sunnites
Shiites
Maronites
Copts
denominations
Aramaic; Greek;
Syriac; Coptic; rites
Druze
Sabaeans
Yazidis

وإذا درسنا المجتمع العربي على اساس الاجناس المكونة له اليوم لوجدنا ان العرب

من مسلمين ومسيحيين يكوّنون الاكثرية الغالبة فيه إذ انهم يشكّلون اكثر من ٩٤ بالمئة من مجموع السكان . إلا ان هناك — بالاضافة إلى « الأكْراد » و« البَرْبَر » والقبائل والمجموعات الوثنية والمسيحية في جنوب السودان السابقي الذكر — أقليات اخرى ضئيلة العدد مثل « التُرْكُمان » في العراق و « الشَرْكَس » في الاردن ، وهم مسلمون ، و « الأرْمَن » في لبنان والعراق ومصر وسوريا الذين لجأوا إلى العالم العربي من « تُركيا » و« ارْمينْيا » قبل الحرب العالمية الاولى وبعدها ، وهم مسيحيون . ومما يجب الاشارة اليه ان عملية انْدِماج اقوام كثيرين من اجناس مختلفة بالعنصر العربي أي « الاستعراب » قائمة ومستمرة على مرّ العصور . وقد اصبح الاندماج كاملا لغويا واجتماعيا في حالة الاتراك والشركس في مصر والبربر في تونس مثلا ولا زالت جارية في حالة البربر في المغرب وغيرهم .

paganism

Turkomen; Circassians;

Armenians; Turkey

Armenia

fusion, merging; Arabization

ولسنا نبالغ إذا قلنا ان ابناء هذه الاقليات قد عاشوا قرونا طويلة جوار اخوانهم المسلمين في جو ساده بصفة عامة التعاون والتسامح وحسن الجوار على المستوى الفردي والجماعي . واتّبعت الدول التي عاشت تحتها هذه الاقليات سياسة منحها حرية العقيدة وحرية التصرف في شؤونها الدينية وشؤون معيشتها بصورة عامة ، اذا اسْتَثْنَيْنا حكم بعض الحكّام المُتَعَصِّبين وازمنة الثورات الداخلية والحروب وبعض الاحداث الناتجة عن الاوضاع السياسية الدولية . ومن الواضح ان هذه الاقليات لم تحافظ على عُزْلَتِها الاجتماعية والثقافية والعنصرية . فقد عاش ابناؤها محاطين بالعرب المسلمين فتأثروا بهم وبالثقافة العربية وبالاسلام وأثّروا بدورهم فيهم وفيها فقامت حضارة عربية مبنية على عادات وتقاليد مشتركة وجمعتهم جميعا روابطُ من الامال والمشاعر والتاريخ الواحد والمصالح المشتركة والشعور بالمصير الواحد. هذا وقد برز إلى وُجْدان العرب في الاونة الاخيرة ان المجتمع العربي – شأنُه في ذلك شأن المجتمعات البشرية الاخرى المتعددة الاجناس والطوائف واللغات – يواجه قضايا خطيرةً خاصةً بالاقليات . ومنها قضية « الأكراد » في شمالي العراق والمجموعات الدينية المختلفة في لبنان والسكان غير العرب وغير المسلمين في جنوب السودان والفرق الشيعية والاسلامية الاخرى وعلاقتها بالسُنّيين . ولعل السبيل إلى مواجهة هذه القضايا وإيجاد حلول لها مَنْحُ هذه الاقليات حقوقها السياسية والدينية والمدنية الكاملة المساوية لحقوق الاكثرية ومشاركتُها الفعالة في الحكم وتوفير الفرص الاقتصادية المتكافئة للجميع – وهي

we exclude

fanatics

isolation

consciousness

civil

equal

أمور تعهدت بها دساتير البلاد العربية المتعددة كلها – وبالاضافة إلى ذلك منحُ الاقليات القومية ذات الاتجاه الاستقلالي حقَّ الإشراف على هيئاتها ومؤسساتها الثقافية والتعليمية واستخدام لغاتها القومية والالتحاق بالمدارس الخاصة بها حيث تُدَرَّس تلك اللغات ومقدارا من الحكم الذاتي كما جاء مثلا في الاتفاقيات المختلفة بين الحكومة العراقية والأكراد .

constitutions

autonomy

ب. القراءة الأولى السريعة

الأسئلة العامة

استخراج الأفكار الرئيسية والتلخيص (Summarizing)

١. عدّد/عدّدي المواضيع الرئيسية التي يتناولها النص الخاصة بتكوين العالم العربي حسب ترتيبها فيه .

٢. اكتب/اكتبي فَقْرة (paragraph) قصيرة (٢٥ كلمة) تلخّص/تلخّصين فيها النص .

جـ. القراءة الثانية المركزة

١. الأسئلة التفصيلية

أ) تحدث/تحدثي عن :

١) أسباب وجود مجموعات متعددة القومية والدين واللغة في العالم العربي قبل الفتح العربي وبعده .

٢) توزيع المسيحيين في العالم العربي اليوم .

٣) اسهام المسيحيين في خدمة الحضارة العربية في الماضي والحاضر .

٤) الأقلية اليهودية في العالم العربي قديماً وحديثاً .

٥) علاقة الأقليات بالمسلمين على المستوى الفردي والسياسي .

ب) ما علاقة اللغة بالقومية في العالم العربي اليوم ؟

جـ) ما المشاكل التي تواجهها البلدان العربية الخاصة بالتَعَدُّدِيَّة (pluralism) وما الحلول المقترحة لها ؟

٢. المفردات والتعبيرات المفيدة

أسئلة

أجب/أجيبي عن الأسئلة التالية :

أ) اتّخذ

ما الخطوات التي يجب أن تُتَّخذ للالتحاق بالجامعة أو بكلية الطب أو بوزارة الخارجية ؟

ما اللغات التي اتخذت الحروف العربية نموذجاً لها في الكتابة ؟

ب) احتفظ بـ

ما الذي يجعل بعض الناس يحتفظون بدينهم والآخرين يدخلون في دين غير دينهم الأصلي ؟

ما بعض الأمور التي نود الاحتفاظ بها ؟

جـ) أقلية دينية

اذكر/اذكري بعض الأقليات الدينية في أمريكا أو في بلدك وعدد أتباعها وإحدى عقائدها الرئيسية .

د) تأمّل في

إذا تأمّلنا في الأوضاع الدولية الآن ، ماذا نجد ؟

هـ) جنباً إلى جنب

هل يتسطيع البيض والسود أن يعيشوا جنباً إلى جنب في جنوب افريقيا ولماذا ؟

و) ضئيل

بعض الأمور التي تقال إنها ضئيلة في العربية : الأمل ، العَدَد ، الصوت ، الأقلية/الأكثرية ، كميّة ، الاستهلاك ، النتيجة ، النمو ، الفُرص ، إلخ . ضع/ضعي ٥ من هذه الكلمات في جمل .

ز) حُسن الجوار

ماذا تعني هذه العبارة في إطار العلاقات الدولية ؟

ح) شأنُه في ذلك شأنُ كذا

اذكر/اذكري بعض الأحوال من النص التي يمكن أن يقال فيها إن شأن البلدان العربية شأن بلدان أخرى .

٣. التراكيب المفيدة

أ) إضافة مضافُها (first term) مصدر

تحليل

حدد/حددي ٨ منها في النص وبيّن/بيّني :

١) وظيفة الإضافة في الجملة
٢) علاقة المصدر المعنوية بالكلمات التي تعمل فيها

مثال : مرّ العصور (٢ ، ٤)

وظيفة الإضافة : مجرورة بـ « على »

المصدر : العصور مجرورة بالإضافة وهي فاعل المضاف المعنوي

ب) إضافة مضافها صفة (= اسم فاعل / اسم مفعول / صفة مُشَبَّهة / أفعل التفضيل)

تحليل

عدد/عددي ٦ منها في النص وبيّن/بيّني :

١) وظيفة الإضافة (نعت أو خبر أو حال)
٢) نوعها
٣) تركيب آخر يؤدّي معناها

مثال : قوية الأركان (٣ ، ١٨)

وظيفتها : نعت لـ « دولة »

نوعها : المضاف فيها صفة بدون « الـ »

تركيب آخر : (دولة) ذات/لها أركان قوية أو دولة أركانُها قوية

جـ) استعمال « غير »

تحليل

جاءت كلمة « غير » عدة مرات في النص . بيّن/بيّني معناها ووظيفتها في جملتها .

د) استعمال « إلاّ »

تحليل

حدد/حددي استعمال ووظيفة « إلاّ » في النص .

هـ) النصب

تحليل

حدد/حددي استعمال ~~النصب~~ في الأمثلة التالية من النص وعلامته :

كونها مهد أديان

اتخذ السكان الإسلام ديناً

أكبر الأقليات الدينية عدداً

يتكلم أبناؤها العربية إلاّ عدداً قليلاً منهم

شاركوا مشاركة فعّالة

عاش أبناؤها محاطين بالعرب

وجمعتهم جميعاً روابط من الآمال

لعبت دوراً فعالاً سياسياً وحضارياً

و) « واو » العطف

تحليل

بيّن/بيّني التراكيب والكلمات التي تربطها « واو » العطف في الجملة الأخيرة من النص الأساسي : « ولعل السبيل ... كلها » .

القسم الثالث : المراجعة

أ. القراءة الجهرية

سامي : كم عدد سكان العالم العربي يا خليل ؟

خليل : يبلغ عدد السكان في الوطن العربي اليوم حوالي ١٨٠ مليون نسمة وهم موزعون في ثلاث بيئات جغرافية ويشكلون طبقات اجتماعية مختلفة .

سامي : وما هي هذه البيئات والطبقات ؟

خليل : هناك البيئة الحضرية التي يعيش فيها رجال الأعمال والموظفون والمهنيون والطبقات المثقفة بصورة عامة . وهناك البيئة الريفية التي يسكنها الفلاحون وهم الاغلبية . وثالث هذه البيئات هي البيئة الصحراوية التي ينتشر فيها البدو الرُحَل . ومن الجدير بالذكر أنّ عددهم - على العكس مما يعتقد البعض - ضئيل جداً بالنسبة إلى مجموع السكان .

سامي : هل كل سكان العالم العربي عرب ؟

خليل : لا يا سامي ، ان العرب يمثلون الاكثرية الغالبة من السكان ، غير ان هناك اجناسا اخرى ذات قوميات مختلفة . فهناك مثلا « البَرْبَر » في شمال افريقيا ، و« الأكْراد » في العراق وسوريا ، و « الشرْكَس » في الاردن ، و« الأرْمَن » في لبنان والعراق ومصر وغيرهم .

سامي : وما نسبة هذه الاقليات القومية من مجموع السكان ؟

خليل : يشكل العرب ٩٤ بالمئة تقريبا من مجموع السكان ، والاقليات القومية الاخرى مجتمعةً تشكل حوالي ٦ بالمئة فقط .

سامي : هذا من الناحية القومية . فما الوضع من الناحية الدينية ؟

خليل : الاسلام يمثّل اعلى نسبة في العالم العربي ، إذ تبلغ نسبة المسلمين حوالي ٩٣ بالمئة من السكان . ويأتي بعدهم المسيحيون المنتشرون في عدد من الاقطار العربية ولا سيما لبنان حيث تبلغ نسبة المسيحيين فيه ٤٥ بالمئة تقريبا ، ومصر حيث يقدّر عدد المسيحيين الاقباط فيها بحوالي ١٥ بالمئة من مجموع السكان .

سامي : وهل تواجه هذه الاقليات الدينية او القومية بعض المشكلات نتيجة وجودها في محيط تسوده القومية العربية والديانة الاسلامية ؟

خليل : لا شك أن البلدان العربية تواجه بعض المشكلات من هذه الناحية ، شأنها في ذلك شأن كثير من

بلدان العالم المعاصر المتعددة الجنسيات والأديان . ولكن جهوداً مخلصة قد بذلت ولا تزال تبذل لحلها حلاً عادلاً ومُرضياً . لكن الوضع ما زال يحتاج إلى المزيد من الجهود . ومما يجدر ذكره هنا ان الاسلام عالمي الطابع منذ ظهوره ، فهو لا يفرق بين العرب وغير العرب من اتباعه من جهة ، ويعترف بما سبقه من الاديان والانبياء من جهة اخرى .

سامي : هذا صحيح . فقد قرأت عن كثير من الادباء والمفكرين والشعراء من اصل مسيحي او كردي او درزي الذين أسهموا في إنجازات الحضارة العربية الإسلامية قديماً وحديثاً .

خليل : لست أبالغ اذا قلت لك بان علاقة الاقليات القومية والدينية في الامة العربية بالأكثرية الاسلامية هي علاقة قوية تقوم على حرية العقيدة والمساواة فقد اثّرت هذه الاقليات وتأثّرت الى حدّ بعيد بالثقافة العربية الاسلامية بالرغم من انتمائها الى اديان واجناس مختلفة . وقد ادّت هذه الروابط القوية الى خلق شعور عند جميع المواطنين بوحدة الارض ووحدة المصير ووحدة المصالح المشتركة .

ب. معاني المفردات والتعبيرات

١. ملء الفراغات بالمفردات التي بين القوسين

(تقاليد ، يُعَد ، مستوى ، افتتاحيات ، مقدمة ، موارد ، إنجازات ، وحيد ، تقريبا ، اقليّات ، ثقيل ، دخل ، طمأنينة ، رواد ، قارة ، سبيل ، اصلاحات ، مجانيا ، جو ، وفير ، افريقيا ، خطة ، سورة ، قيمة ، فجأة ، امن ، كتاب ، بُعد ، قادرة)

أ) يتحمّل بعض الرؤساء العرب صعوبات كثيرة في ________ توحيد العرب .

ب) من المعروف عن « ثروت اباظة» تناوله موضوعات تتعلق بالدين والمحافظة على ________ العربية الاسلامية .

جـ) تحاول بعض الحكومات العربية استغلال ________ من الزيت و ________ الأخرى لرفع ________ المعيشة .

د) ________ عن الوطن يجعل الانسان لا يشعر ب ________ الحياة .

هـ) يعد الامام محمد عبده من ________ النهضة الحديثة الذين قاموا ب ________ كثيرة وتوصلّوا إلى ________ عظيمة .

و) تقع الكويت في ______ آسيا ومصر في قارة ______ .

ز) الزراعة في بعض اقطار العالم هي المورد ______ للسكان .

ح) تعتبر مصر في ______ الدول العربية التي تنتج القطن بكميات ______ .

ط) في الوطن العربي ______ قومية مختلفة تعيش مع غيرها في ______ يسوده التفاهم والتعاون .

ي) يبلغ عدد سكان عمان اليوم مليون ونصف نسمة ______ .

ك) صمت المذيع ______ ثم عاد يقرأ نشرة الاخبار بصوت ضعيف .

ل) قرأت سلوى ______ من القرآن لتدخل ______ و ______ في نفسها ، اما هريش فكان يقول كلاما من ______ .

م) بعض الدول العربية ______ اليوم على وضع ______ لتنمية بعض الصناعات الخفيفة و ______ فيها .

س) ليس التعليم في جميع انحاء العالم العربي ______ فحسب ، بل انه إلزامي في المراحل الابتدائية ايضا .

ع) تناولت ______ الصحف اليوم اهمية نظام الحكم الديموقراطي في العالم .

٢. استعمال « حوالَيْ » و « تقريباً »

أ) ملء الفراغ
املأ/املأي الفراغات باستخدام « حوالي » أو « تقريباً »

١) تحمل صاحبي آلام المرض ______ ٥ أعوام .
٢) يشتغل في المصنع الجديد ٤٠.. عامل ______ .
٣) قضى النبي محمد في نشر الدعوة الاسلامية ربع قرن ______ .
٤) تبعد مدينة عمان عن بيروت ______ ٢٧٠. ميلا .
٥) زادت صادرات الدولة بنسبة ٢٠. بالمئة ______ .

ب) تحويل

في الجمل التالية أعط/أعطي عدداً تقريبياً (round) بدل العدد المذكور مستخدماً/مستخدمة « حوالي » .

مثال : عدد السكان المسلمين اليوم ٩٠٤ مليون .
عدد السكان المسلمين اليوم ٩٠٠ مليون تقريباً .

١) يشكل المسلمون ٩٣ر١ بالمئة من عدد سكان العالم العربي .
٢) في جامعتنا ١٠٥ر٤٠ الف طالب .
٣) التحق بالجمعية التعاونية الاستهلاكية الجديدة ١٠٣ عضوا .
٤) ألّف الجاحظ ٣٢ كتابا .
٥) دام الحكم العربي في اسبانيا ٦٢٠ عاماً .
٦) راتبه الشهري ٦١٥ر٢٠ دولاراً .

٣. ملء الفراغات

املأ/املأي الفرغات بحرف الجر (أو الظرف) المناسب .

أ) لم يمضِ ــــ دراسته للغة العربية سنتان ــــ أصبح قادراً ــــ التحدّث ــــ ها ــــ شكل جيد.

ب) تَتَمَتَّعُ مدينة القدس ــــ مركز سياحي ممتاز لما فيها ــــ آثار تاريخية و دينية ذات قيمة عظيمة .

جـ) كافحت الشعوب الصغيرة كفاحاً طويلاً ــــ سَبيل الحصول على الاستقلال الكامل و ــــ سبيل الحرية والازدهار.

د) يُفيقُ أحمد ــــ النوم الساعة السادسة صباح كل يوم .

هـ) عُرف « روبين هود » ــــ انه كان يأخذ أموال الاغنياء ويُوَزِّعها ــــ الفلاحين والفقراء ــــ الاهالي .

و) عندما اقْتَرَبَت الطائرة ــــ المطار سمعنا صوت القائد يقول : « سنصل المطار بعد دَقائق »

ز) يقضي الأستاذ سالم معظم أوْقاتِ فَراغِهِ ــــ المقهى الجديد يقرأ الصحف وحين يفرغ ــــ القراءة ويتحدّث الى الاصدقاء .

ح) أَحَسَّتِ الروح ـــ الخوف وهي مقبلة ـــ ساعة الحساب ، إلاّ أنها أحسّت ـــ السعادة والاطمئنان ـــ أن صدر الحكم بأن تدخل الجنة .

ط) ط١ : انتظرتك امس ولم تحضري . وكان الانتظار طويلاً .

ط٢ : آسِفَة ـــ ذلك . تأخّرنا في الصف ولم اجد وسيلة لاخبارك . الرجاء عدم المؤاخذة .

ك) تَغَلَّبَت بعض الدول ـــ الاميّة ـــ طريق توفير المدارس والمعلمين ـــ لكبار والصغار فصار عدد .

ل) ـــ اصعب المشاكل التي يواجهها سكان المدن الكبرى عدم توفّر الأمْن والنظام فيها . فيشعر المواطنون بعدم الطمأنينية عندما يسيرون ـــ الشوارع ليلاً بل ولا يَأْمَنون ـــ الشر حتى في بيوتهم .

م) عَهِد الاستاذ ـــ طلاّبه بكتابة انشاء يناقشون فيه مصالح أمريكا في العالم العربي فقام الطلاب ـــ ما عُهِد ـــ هم ـــ ه .

س) يُظهر البعض مخاوف كثيرة ـــ شأن المشاكل النّاتِجَة ـــ الاستهلاك المرتفع للموارد البترولية وتأثيره السيِّء ـــ الحياة و على الطبيعة .

ع) شعرت البنت ـــ الخوف فَأَمْسَكَتْ بيد أمها وهي تسير ـــ الحديقة .

ف) كان « الماهاتما غاندي » يؤمن ايماناً عميقا ـــ ان الافراد والجماعات يستطيعون الحصول على حقوقهم دون ان يَلْجَأوا ـــ القوة ولكن باللُّجوء الى الكفاح والمقاومة السِلْمِيَّين .

ص) اِشْتَهَرَت مدينة بغداد ـــ قصص « السِنْدِباد » و« علي بابا » وغيرها ـــ قصص « الف ليلة وليلة » التي تُعدّ ـــ روائع الادب العالمي .

جـ. تدريبات القواعد

١. المبتدأ المؤخّر

أ) استعمال « مما ــــــ أنّ ــــــ »

١) تحويل وربط الجمل :

مثال : الإسلام عالميّ الطابع .
مما ساعد على احتفاظ المسلمين بغيرهم أنّ الإسلام عالميّ الطابع .

(أ) اللغة العربية الفصحى واحدة في جميع البلدان العربية .
أدّى ذلك الى التفاهم بين العرب .

(ب) يتمتع العالم العربي بمركز سياحي هام .
شجع ذلك الكثير من السواح على زيارة العالم العربي .

(جـ) سافرت اخته خارج البلاد للدراسة على حساب الدولة .
جعل ذلك اخته تشعر بالغربة .

(د) عاش في لبنان مدة طويلة .
جعله ذلك قادرا على استخدام العربية بسهولة .

(هـ) طلبت « سلوى » من والدها ان تدفن كما يدفن المسلمون .
جعل ذلك والدها يبكي بكاء حارا .

(و) تعتمد الزراعة في بعض الاقطار العربية على مياه الامطار .
جعل ذلك الفلاحين يلجأون الى حفر الآبار لخزن المياه .

٢) إكمال

مثال : مِمّا جعل جميع الأقليات الدينية في امريكا تعيش في جوّ يسوده التعاون ....

مِمّا جعل جميع الاقليات الدينيّة في أمريكا تعيش في جوّ يسوده التعاون أن الحياة فيها تقوم على حريّة العقيدة والمساواة .

(أ) مما ساعد على ارتفاع مستوي المعيشة في الكويت ______

(ب) مما يزيد مدينة بغداد جمالا ______

(جـ) مما جعل حكومة دولة الامارات العربية تقوم بتوزيع الثروة على المواطنين ______

(د) مما ادى الى انتشار الاسلام خارج الجزيرة العربية ______

(هـ) مما شجع على تقدم الصحافة العربية وتطورها ______

(و) مما يجعل تحديد مفهوم القومية صعبا ______

(ز) مما يجب الإشارة إليه ______

٣) تكوين جمل

يعطى الدارسون أمثلة حية من عندهم تشمل التركيب « مما ____ أنّ ____ » .

ب) استعمال « من ____ أنْ/أنّ ____ »

تكوين جمل

١) اختر/اختاري « من + صفة » من العامود الأول (I) وفعلين على الأقل من العامود الثاني (II) وكوّن/كوّني ١٠ جمل مفيدة في سياق (content) هذا التركيب .

مثال : من الواضح أنّ « كوريا » الجنوبية أعادت بناء مجتمعها بعد الحرب ونمت نمواً سريعاً .

من الصعب أن نستورد كل احتياجاتنا وأن نمول مشاريعنا في نفس الوقت .

I		II		
من الجدير بالذكر	من المفهوم	تمتع	تغلب	أحسّ
من الملاحظ	من الثابت	نال	استغلّ	انتهز
من الواضح	من المقبول	واصل	وزّع	صدّر
من الصعب	من المرجو	أصلح	لجأ	استهلك
من المعقول	من الظاهر	قدر	استورد	قضى
من السائد	من المظنون	اطّلع	موّل	أصلح
من المضحك	من الغريب	ارتفع	نما	واصل
		صمت	أعاد	

٢) تُعاد كتابة الجمل العشرة في « ب) » في سياق « مما ــــــ أنَّ/أن ــــــ »

مثال : مما أصبح واضحاً الآن أنّ كوريا أعادت بناء مجتمعها
مما يصعب عمله أن نستورد ... وأن نموّل ....

٢. الاستثناء أو التسليم بخلاف ما قيل (Exceptive and Concessive Sentences)

أ) استعمال « غير أن » / « إلاّ أن »

١) ربط جملتين

مثال : يمثل العرب المسلمون الاكثرية في العالم العربي
تحتوي المنطقة على أقليات دينية وقومية أخرى .

يمثل العرب المسلمون الاكثرية في العالم العربي ، غير ان المنطقة تحتوي على أقليات دينية وقومية أخرى .

(أ) يؤمن المسلمون أن محمداً رسول الله ونبيه .
يؤمنون ايضا بجميع الانبياء الذين ارسلهم الله قبله .

(ب) تقف المرأة العربية بجانب الرجل في جميع الأعمال .
لم تحصل المرأة العربية على حقوقها الكاملة حتى الآن .

(جـ) كان شعراء الجاهلية يجتمعون في سوق عكاظ .
لم يكن شعراء الجاهلية تجاراً يبيعون ويشترون .

(د) يعتبر الكاتب اللغة ركنا اساسيا من اركان القومية .
يعتبر الشعور بوحدة المصير من الاركان الاساسية كذلك .

(هـ) تتمتع بعض الاقطار العربية بثروات كبيرة .
لا يزال النمو الصناعي فيها ضعيفا .

٢) إكمال

(أ) لعب الامام محمد عبده دورا بارزا في الاصلاح الديني غير انه ____________

(ب) شعرت سلوى بالغربة بعد وصولها لندن ، إلاّ انها ____________

(جـ) يحيط بالدول العربية عدد من البحار والمحيطات ، غير انها ____________

(د) تنتج المصانع الامريكية اعدادا كبيرة من السيارات ، غير انها ____________

(هـ) في بعض البلدان العربية عدد من الصناعات الخفيفة إلا انها ____________

٣) أمثلة حية

أ) يعطى الدارسون ٥ أمثلة حيّة مستعملين التركيب « غير أنّ » أو « إلاّ أن » .

ب) استعمال « بالرغم من ____ فإنّ / إلا أنّ / غير أنّ ____ »
أو « بالرغم من ____ فـ + جملة »

تعاد كتابة الجمل في « ٢) » من « أ) » عاليه مع هذه التراكيب .
[من المكن أيضاً إعادة كتابة « ١) » و « ٢) » من « أ) »]

مثال : يمثل العرب المسلمون الأكثرية في العالم العربي ، غير أن المنطقة تحتوي ...
بالرغم من أن العرب المسلمين يمثلون ... فإنّ المنطقة تحتوي ...
بالرغم من أن العرب المسلمين يمثلون ... إلا أنّ المنطقة تحتوي ...

٣. تصريف

أعط/أعطي نَهْي فعل المصادر في سياق (context) مفيد وأضف/أضيفي جملة فيها نهي مناسب .

مثال : أنتن ، اقترب

لا تقتربن من الطاولة ولا تَأكُلْنَ منها .

أنتم ، مبالغة	أنتم ، تَمَنٍّ	أنتِ ، ملء
أنتَ ، استهلاك	أنتَ ، نيل	أنتَ ، ضمٌّ
أنتِ ، إحساس	أنتِ ، إنجاز	أنتَ ، قضاء
أنتن ، احتفاظ	أنتن ، انتماء	أنتِ ، إعادة
أنتم ، استغلال	أنتم ، فصل	أنتن ، إفاقة
أنتَ ، صَمْت		

د. الترجمة

القسم الرابع : التطبيقات

أ. النشاطات الشفوية

١. أسئلة

أ) ما أوجه الشبه والاختلاف بين البيئات الاجتماعية في الوطن العربي والبيئات الاجتماعيّة في البلد الذي تنتمي اليه ؟

ب) هل تتفّق مع الكاتب على أن استمرار وجود الأديان والقوميات المختلفة ومشاركتها في بناء الحضارة العربية يرجع الى الحرية التي يعطيها الاسلام لهذه الأقليات الدينية والقومية ؟

جـ) ما الأشياء التي كنت ترغب في تعلّمها عن الوطن العربي ولم تجدها في هذا المقال ؟

٢. مناظرة

يقسم الدارسون إلى ثلاث مجموعات . تلعب مجموعة دور الحكومة اللبنانية التي تدعو إلى الوحدة الوطنية ومجموعة أخرى دور إحدى الأقليات التي اشتركت في الحرب الأهلية داخل لبنان . تبدي المجموعة الثانية مخاوفها ورغباتها وتحاول المجموعة الأولى الرد عليها وإبداء آرائها فيها . تختار المجموعة الثالثة الموقف الذي دافع عنه صاحبه أحسن دفاع وتذكر أسباب اختيارها .

ب. النشاطات الكتابية

إنشاء

اختر/اختاري موضوعاً واحداً فقط (١٠٠ كلمة تقريباً)

١. الاقليّات الدينية والقومية في بلدك والعلاقات التي تربطها مع الأكثرية من السكان .

٢. مدى (extent) نجاح الولايات المتحدة في تحقيق التعاون والحريات الدينيّة للأقليات المختلفة فيها .

ملحقات : دراسات معجمية

أ.   كلمة شَأْن

(إنسان) ذو شأن = عظيمُ الشأن = رفيعُ الشأنِ	of great importance
أمر خطيرُ الشأنِ	of far reaching importance
صاحب / ذو الشأن	the person most directly concerned
بشأن كذا	regarding
أنت وشأنك .	Do as you like!
دَعْني وشأني !	Leave me alone!
تركه وشأنَه	to leave s.o. alone
ما شأنُك ؟	What's with you?
ما شأنك وهذا ؟	What have you got to do with this?
لا شأنَ له في هذا .	He has nothing to do with this.
هذا شأنه دائماً .	He is (always) that way.
لي معه شأنٌ آخَرُ	I still have an account to settle with him.
من شأنه أن يفعل كذا	He tends to do things this way.
شؤون الطلبة / الموظفين	students' / employees' union
وزارة الشؤون الاجتماعية	Ministry of Social Affairs
وزارة الشؤون الخارجية	Ministry of Foreign Affairs
لَجْنَة الشؤون الخارجية	Committee on Foreign Affairs

ب. التوسّع في المعاني

١. جِنْس - أَجْناس	race, nation
جنس (نوع)	kind, variety
الجنس البشري	the human race
جنس أدبي	literary genre
جِنْس	sex
علاقات جنسية	sexual relations
أمراض جنسية	sexual diseases
جِنْسية - جِنْسيات	nationality, citizenship
مُتَعَدِّد الجنسيات	multi-racial/multi-national
٢. أَصْل - أُصول (أساس)	
أصل الشجرة (جذرها)	root, trunk
أصل الإنسان (المكان الذي نشأ فيه)	origin
أصله	his lineage, stock
أصل الكلمة (جذرها)	the root of the word
أصل الكتاب / الرسالة	the original copy
أصل - أصول (عكس فرع - فروع)	principles, fundamentals
أصول الفِقْه	the 4 foundations of Islamic jurisprudence
حَسَبَ الأصول	in conformity with accepted norms, properly
صورة طِبْق الأصل	exact copy
٣. ثَبَتَ ـُـ ، ثُبوت / ثَبات (صَحَّ ، تَحَقَّق)	to be established, proven
(استقرّ)	also to be immovable
ثَبَتَ ـُـ ، ثُبوتَة / ثَباتَة / ثَبْت	to stand firm, remain firm
ثابِت القَلْب (شجاع)	courageous
ثابِت العَزْم	firmly resolved
أملاك ثابتة	real estate

٤. تأمّل ه / في	to look attentively
	to think over, ponder, meditate
٥. عُنْصُر - عَناصِر	race, stock, ethnic element
عُنْصُرِية	racism
تمييز عُنْصُري / تَفْرِقَة عُنْصُرية	racial discrimination
٦. جَوّ - أجْواء	milieu, environment
	weather, atmosphere
جَوّ مُمْطِر	rainy weather
	also air
جَوّاً	by air
القوات الجوّية	the air force
الأرصاد الجوّية	meteorological observations
غارة جوية	air raid
نَشْرَة جوية	weather report
الخطوط الجوية	airlines
ميناء جوي	airport
٧. هيئة - هيئات :	
هيئة التدريس في الجامعة	University faculty
هيئة تحرير الجريدة	newspaper editorial board
هيئة الأمم المتحدة	United Nations Organization
هيئة برلمانية / نيابية	parliamentary committee
هيئة دبلوماسية	diplomatic corps
هيئة حاكمة / حكومية	governmental agency
هيئة - هيئات = حال الشيء	form, shape, condition
(وشكله وصورته)	(aspect, appearance of s.o. or s.t.)
٨. قَضِيَّة - قَضايا (موضوع)	question, problem, issue
	also lawsuit, legal case

الدرس الرابع عشر

بَعْضُ العاداتِ وَالأعْيادِ في البِلادِ العَرَبِيَّة

القسم الأول : التمهيد

أ. أسئلة قبل القراءة

١. كم ساعة يعمل موظفو الحكومة في أمريكا ؟ موظفو الشركات والمحلاّت التجارية ؟
٢. من عنده فكرة عن أوقات العمل في البلاد العربية ؟ أوقات الطعام ؟
٣. هل توجد بعض المقاهي في هذه المدينة ؟ ومن يذهب اليها عادة ؟
٤. ماذا يعمل معظم الأمريكيين في نهاية الأسبوع ؟
٥. كيف تتّم الزيارات بين الأهل والأقارب والأصدقاء هنا ؟
٦. ما بعض العادات الأمريكية الخاصة بالزيارات ؟
٧. اذكروا بعض العادات الغربية المتّبعة في الزواج . وكيف تختلف هذه العادات عن العادات المعروفة عند العرب ؟
٨. ما هي بعض الأعياد القوميّة والدينيّة التي تعرفونها داخل أمريكا وخارجها ؟

ب. المفردات الجديدة

١. يحتفل العرب **بأعْيادٍ** قوميّة مثل **عيدِ** الثورة وأعياد دينية مثل **عيدِ** الميلاد (يوم ٢٥ ديسمبر) عند المسيحيين **وعيدِ** الفِطْر (في نهاية شهر رمضان) عند المسلمين .

عيدٌ - أعْيادٌ (يوم احتفال بمناسبة خاصة)

٢. من الملاحظ أن العائلة الأمريكية أخذت تنام في ساعة **مُبَكِّرَةٍ** من الليل أثناء الأسبوع لأنها تُفيق في ساعة **مُبَكِّرَةٍ** لتستعدّ للمدرسة أو العمل .

مُبَكِّرٌ (عكس متأخّر)

بَكَّر إلى ، تَبْكيرٌ — to come early to, be early at

٣. يعمل بعض عمال المصانع ليلاً ، ويعمل البعض منهم **نَهاراً** وذلك لأن المصانع تعمل **لَيْلَ نَهارَ** .

نَهارٌ (عكس ليل)

لَيْلَ نَهارَ (نهاراً وليلاً)

٤. يعمل الفلاحون في **الحُقول** الزراعية أما العمال والموظفون فيعملون في المصانع أو **الدَّوائِرِ** الحكومية .

حَقْلٌ - حُقولٌ (قطعة أرض صالحة للزراعة)

دائِرة - دَوائِرُ (مكان يشمل بعض المكاتب)

٥. تستمر **ساعاتُ الدَّوامِ** الرسمي في الدوائر الحكومية وفي الشركات في أمريكا من الساعة الثامنة صباحاً حتى الساعة الخامسة مساءً .

ساعاتُ الدَوام (وقت العمل ومدته المحددان بالقانون)

دام ـُ ، دَوْمٌ / دَوامٌ / دَيْمومَةٌ : دائمٌ (ثَبَتَ واستمرّ) — to last, go on

٦. استمرّ الاجتماع **فَتْرةً** طويلة دامت أكثر من خمس ساعات .

فَتْرَةٌ - فَتَراتٌ (مُدَّةٌ / مدة تقع بين زمنين)

٧. الإنسان بحاجة إلى وقت **للرّاحَةِ** ينقطع فيه عن العمل **ويَسْتَريحُ** فيه من التعب وحمل المسؤولية .

راحَةٌ (توقّف عن العمل) rest, recreation; vacation

استَراحَ من ، استِراحَةٌ (وجد الراحة / طلب الراحة)

أراحَ ه (من) ، إراحَةٌ (أدخله في راحة)

٨. يتناول الناس عادةً ثلاثَ **وَجَباتٍ** رئيسية يومياً . وتُسَمّى **وَجْبَةُ** الصباح **الفُطورَ** **ووَجبَةُ** الظهر أو بعد الظهر **الغَداءَ** **ووَجبَةُ** المساء **العَشاءَ** . وتختلف أوقات هذه **الوَجَباتِ** باختلاف المجتمعات والبيئات .

وَجْبَةٌ - وَجَباتٌ (أكْلَة واحدة)

الفُطورُ ، الغَداءُ ، العَشاءُ

٩. اِسْتَراحَ من ، اِسْتِراحَةٌ

انظر / انظري الجملة السابعة

١٠. يقول الأطباء إن **التَّدْخينَ** يسبّب كثيرا من الأمراض **للمُدَخِّنِ** والذين معه في المكان نفسه .

دَخّنَ (السجارة - السجاير) ، تَدْخين

١١. يذهب الناس في العالم العربي في أوقات فراغهم الى المقاهي **والنَّوادي** للرّاحة والاجتماع بالأصدقاء .

نادٍ - أنْدِيَةٌ / نَوادٍ

(مكان للنشاطات الثقافية أو الرياضية أو للراحة والتسلية)

١٢. يقول الأطباء إن المشيَ **رِياضَةٌ** ممتازة تُكْسِبُ الجسم قُوَّةً وحَيَوِيَّةً .

رِياضَةٌ (حركات لتقوية الجسم) physical exercise, sport

١٣. تدوم **عُطْلَةُ** المدارس الطويلةُ عادة ثلاثة أشهر أثناء الصيف .

عُطْلَةٌ - عُطَلٌ

(مدة من الزمن ينقطع فيها العمل في المدارس والمؤسسات)

١٤. **تَزْدَحِمُ** المقاهي والنوادي والملاهي والحدائق العامة **بالناس** في نهاية الأسبوع فيصبح من المستحيل إيجاد مكان فيها .

ازْدَحَمَ بِـ ، إزْدِحامٌ (امتلأ بـ (الناس))

١٥. **تَحْتَلُّ** العقيدة الدينية مركزاً رئيسياً في تصوّر وتصرّف الأفراد والجماعة في العالم العربي .

احْتَلَّ ، احْتِلالٌ (شَغَل)

١٦. تتميّز العائلة العربية بوجود رابطة **وَثيقَةٍ** بين جميع أفرادها تشمل أعضاء العائلة الممتدّة .

وَثُقَ يَوْثُقُ ، وَثاقَة : وَثيقٌ (ثابِت / قوي)

١٧. من العبارات **الشّائِعَة** الاستعمال في العالم العربي عبارة « إن شاء الله » . وتقال بكثرة عند كل مناسبة يُقبل الإنسان فيها على عمل شيء أو يريد فعله أو يَعِد بفعله .

شاع ـِ ، شُيوعٌ / مَشاعٌ : شائِعٌ (ظهر الشيء وانتشر) to be prevalent

أَشاعَ ه / أنّ ، إشاعَةٌ (نشره وأذاعه)

إشاعَةٌ - إشاعاتٌ (خبر غير موثوق به ينتشر بين الناس)

١٨. تنقسم السنة عادة إلى أربعة **فُصول** . لكن في بعض البلاد العربية كمصر مثلاً ، شأنها في ذلك شأن بعض الولايات الأمريكية كتكساس ، **فَصْلان** فقط هما **فَصْلُ الصيْفِ** الذي يمتدّ من مارس إلى أكتوبر و**فَصْل الشّتاءِ** في بقية أشهر السنة .

فَصْلٌ - فُصولٌ
الصيف ، الشتاء ، الخريف (Fall) ، الربيع (Spring)

١٩. تزوّج أحمد من فتاة عربية صغيرة في **السّنِ** ويقال إن **سِنّها** أقلُّ من **سِنِّه** (أي إنها تصغُرُه) بعشرين عاماً .

سِنٌّ [مؤنث] (عُمْرٌ)

٢٠. **يَفْرَحُ** الناس كثيرا عند زواج أبنائهم أو بناتهم ولهذا تُسمّى هذه المناسبات في بعض البلاد العربية كمصر مثلاً « **فَرَحاً - أَفْراحاً** » .

فَرِحَ ـَ (بـ) ، فَرَحٌ : فَرِحٌ - فَرِحون / فَرْحانُ أو فَرْحانٌ
[مؤنث فَرْحى أو فَرْحانَةٌ] - فَرْحى / فَراحَى (شعر بالسعادة / سُرَّ)
أفرح ه (بـ) ، إفْراحٌ = فَرَّحَ ه (بـ) ، تَفْريحٌ (سَرَّه / جعله فرحاً)

٢١. تحتفل المجموعات المِكْسيكِية والايرْلَنْدِية واليونانِية وغيرها في أمريكا بأعيادها الوطنية **فَيَلْبَسُ** أفرادها **المَلابِسَ** القومية ذات الألوان المختلفة ، ويغنّون أغانيهم الشعبية ويطبخون الأكلات **الإِثْنِيَّة** (ethnic) التي جاءوا بها من أوطانهم الأصلية .

لَبِسَ ـَ ه ، لُبْسٌ — to wear; to put on, don
مَلْبَسٌ - مَلابِسُ (كل ما يُلْبَس)
أَلْبَسَ ه ه ، إلْباسٌ = لَبَّسَ ه ه (غطّاه / وضع عليه الملابس)

٢٢. اعتاد الناس في الغرب أن يتبادلوا **البطاقات** المكتوبة بمناسبة الأعياد وخاصةً بمناسبة عيد الميلاد . وتُرسل **بِطاقاتُ** الدعوة للأفراح والحفلات المختلفة .

بِطاقَةٌ – بِطاقاتٌ

٢٣. **يُهَنِّئُ** المسلمون والمسيحيون في الاقطار العربية بعضَهم بعضاً بالأعياد عن طريق الزيارات أو إرسال بِطاقاتِ **التَّهْنِئَة** .

هَنَّأَ ه بـ/على ، تَهْنِئَةٌ ؛ تَهانِئُ/تَهاني
(قدمّ التمنّيات في مناسبة من المناسبات)

جـ تعبيرات ثقافية / حضارية

١. المَهْرُ

المهر هو المال الذي يقدّمه الزوج لزوجته عند الزواج . وتقوم الفتاة وأهلها باستعمال المهر لشراء ما تحتاجه من ملابس وأشياء خاصّة لبيت الزّوجيّة . واحيانا يضيف أهل الفتاة بعض المال لتتمكن الفتاة من العيش مع زوجها في سعادة وطمأنينة بعد الزواج . والمهر في الاسلام على نوعين : مهر يقدّمه الزوج عند الزواج كهديّة لعروسه لتشتري به ما تريد من حاجات وأشياء ويسمى « المهر المقدّم / المُعجّل » ومهر يسجّل في عقد الزواج يجب على الزوج تقديمه للزوجة في حالة الطلاق ويسمى « المهر المؤخّر / المؤجّل » . والهدف من المهر في الاسلام هو المحافظة على جميع حقوق المرأة وأمنها وسلامتها عند الزواج وبعد الطلاق .

٢. عيدُ الفِطْر / العيدُ الصّغير

يأتي عيد الفطر في نهاية شهر الصوم أو شهر رمضان . وشهر رمضان هو الشهر التاسع في الحساب الهجري . ويسمّى بعيد الفطر لأن الناس يفطرون في هذا اليوم بعد أن كانوا يصومون في أيام شهر رمضان .

٣. عيدُ الأضْحى / العيدُ الكَبير

يأتي هذا العيد في العاشر من شهر ذي الحجّة كلّ عام . وبمناسبة هذا العيد يذهب المسلمون الى مكة للحجّ أو لزيارة المسجد في مكّة والوقوف على جبل « عَرَفات » بالقرب من مكّة .

٤. عيد المَوْلِد النَّبَوِيِّ الشَّريف

يأتي هذا العيد في الثاني عشر من شهر ربيع الأول وفيه يحتفل المسلمون بمولد النبي محمد .

٥. سيدنا الحسين والسيدة زينب

الحُسين هو الابن الثاني لعلي ابن أبي طالب وفاطمة الزَهْراء بنت النبي محمد (مات ٦١ هـ / ٦٨٠ م) . ماتِ في العراق ودُفن في كربلاء وهو الإمام الثالث عند الشيعة . وزينب التي يُحتفل بمولدها في مصر هي أخت الحسين من أبيه وأمه (ماتت ٦٣ هـ / ٦٨٢ م) .

٦. عاشوراء

هو اليوم العاشر من شهر مُحَرَّم وهو يوم حزن وبكاء وألم عند الشيعة بمناسبة اسْتِشْهاد (martyrdom) الحسين في كَربَلاء (٦١ هـ / ٦٨٠ م) .

٧. عيدُ الميلاد

هذا العيد من اكبر الأعياد الدينية المسيحيّة وهو اليوم الذي يحتفل المسيحيون فيه بمولد السيد المسيح . ويأتي هذا اليوم في الخامس والعشرين من شهر ديسمبر في كل عام . ويحتفل الأقباط بعيد الميلاد في السابع من يناير (كانون الثاني) .

٨. أحد الشَعانين او السَّعَف

عيد الأحد الذي قبل عيد القيامة ويحتفل المسيحيون فيه بدخول السيد المسيح مدينة القدس وترحيب الناس له .

٩. عيدِ القِيامة

يعتبر هذا العيد اهم الاعياد عند المسيحيين وهو اليوم الذي قام فيه المسيح بعد موته على الصَليب وتغلب على الموت .

١٠. عبارات تقال في الاعياد

القسم الثاني : القراءة والاستيعاب

أ. النص الأساسي

بعض العادات والاعياد في العالم العربي

للمجتمع العربي عادات وتقاليد تتصل بحياة الناس الاجتماعية شأنه في ذلك شأن المجتمعات البشرية الاخرى .

يبدأ المواطن عادة عمله اليومي في ساعة مُبَكِّرَةٍ من النهار سواء كان في المصنع او الحقل او المحلات التجارية او الدوائر الحكومية والشركات . فتبدأ ساعات الدوام الرسمي في الدوائر والمؤسسات الحكومية في الساعة الثامنة صباحاً وتستمر حتى الساعة الثانية بعد الظهر . وتعمل المؤسسات والمحلات التجارية من العاشرة صباحاً وحتى الثامنة او التاسعة مساءً اي حوالي عشر ساعات . اما المدارس فتستمر الدراسة فيها من الثامنة او التاسعة صباحا حتى الثانية او الثالثة بعد الظهر، علماً بان مصر أخذت تتبع نظام الفترتين بسبب الازدياد الكبير في عدد الطلاب فيها : فتدرس مجموعة من الطلاب في الفترة الصباحية ومجموعة اخرى في الفترة المسائية . هذا وينقطع العمل او الدراسة في معظم البلاد العربية يوم الجمعة وهو يوم الراحة .

علماً بان: it being known that
هذا و: besides; what's more

ويتناول الناس ثلاث وجبات يومياً : وجبة الفطور قبل الذهاب إلى العمل في الصباح ثم طعام الغداء الذي يكوّن الوجبة الرئيسية بين الساعة الثانية والثالثة بعد الظهر وطعام العشاء حوالي التاسعة مساء . ومن المعتاد ان يستريح الناس في بيوتهم فترة ما بعد الغداء وخصوصا في الصيف .

وفي المساء تبدأ مرحلة التسلية وتبادل الزيارات . ومن المعروف ان المقاهي تلعب دورا مهما في حياة العرب الاجتماعية، اذ يقضي اغلبية الرجال اوقاتهم فيها فيلتقون باصدقائهم ويتبادلون الحديث حول مختلف الشؤون ويقرأون الصحف او يستمعون الى الراديو او يشاهدون برامج التلفزيون او يلعبون الطَّاوِلَةَ او الشِّطْرَنْجَ او غيرها من وسائل التسلية . وهناك يشربون الشاي او القهوة العربية او المُرَطِّبَاتِ وقد يدخّن بعضهم النَّارْجِيلَةَ

التسلية: pastime, entertainment
الطاولة؛ الشطرنج: backgammon; chess
التسلية؛ المرطبات؛ النارجيلة: entertainment; refreshments; water pipe (hookah)

. ومن اماكن التسلية الاخرى السينما والمسرح والملاهي والنوادي الاجتماعية والرياضية التي يقصدها الناس خاصة في عطلة نهاية الاسبوع حين تزدحم كل هذه الاماكن ازدحاما شديدا . وتعقد في بعض المقاهي والنوادي اجتمعات ادبية وثقافية حيث يناقش الادباء ورجال الفكر المواضيع الادبية ومواضيع الساعة . ويهتم كثير من المواطنين بأنباء الرياضة المحلية والعالمية فيتابعون المُباريَاتِ الرياضية التي تقام بين فرق الاندية المختلفة او الفرق العالمية بالذهاب الى الملاعب او مشاهدتها على التلفزيون او بقراءة ركن الرياضة في الصحف والمجلات . ومن اهم الالعاب الرياضية عند العرب كُرَةُ القَدَمِ وكُرَةُ السلَّةِ والسِّباحة .

matches, games

soccer; basketball; swimming

أما الزيارات فمعظمها عائلي وتحتّل مكانة هامة في حياة الاسرة في المجتمع العربي بسبب الرابطة الوثيقة بين افراد العائلة الواحدة والاقرباء . ومن العادات الشائعة في هذه المناسبات ان اهل البيت يقدمون الحَلْوِيّات والمُرَطِّبات والشاي والقهوة وغيرها . وقد تَتِمُّ هذه الزيارات من غير ميعاد سابق .

pastries

ويعتبر الصيف فصلا للراحة والسياحة بمناسبة عطلة المدارس الصيفية الطويلة التي تنقطع فيها الدراسة انقطاعا تاما . فتزور العائلات المدن او المواقع التاريخية او المناطق الجبلية او الواقعة على البحار في داخل البلاد او في الاقطار العربية القريبة.

ومن العادات الاجتماعية المعروفة وخاصة بين سكان القرى اقبال الناس على الزواج في سن مبكرة . ويقوم الاباء والامهات بدور بالغ الاهمية في اختيار الزوج او الزوجة لبناتهم او لبنيهم وفي الاعداد للزواج ، ولكن رأي الشاب او الفتاة له اهميته في موضوع الزواج . ويعتبر التَّكافؤ الاقتصادي الاجتماعي بين اسرتي الزوج والزوجة امرا مهما . غير ان الحالة الاقتصادية ليست كل شيء في التكافؤ . فقد ترفض أسرة ان تزوّج ابنتها من شاب من مستواها الاجتماعي والاقتصادي لاسباب تتصل بأخلاقه او مكانته الاجتماعية او سنه او علمه اوثقافته مثلا . وتتبع خُطُواتٌ تمهيدية معيّنة لتبادل الزيارات بين اسرتي الشاب والفتاة لطلب يد الفتاة وللاتفاق على المَهْرِ (عند المسلمين) وتحديد موعد تقديم خاتم الخطوبة والزُّواجِ الى غير ذلك من الامور الخاصة بموضوع الزواج . ومن الجديربالذكر ان الزواج بين الاقرباء وخاصة بين ابناء العم وبنات العم شائع وإن كانت فكرة الزواج من غير الاقرباء هي القاعدة العامة .

equality of status

steps

bridal money; engagement

وللعرب مناسبات خاصة واعياد ومواسم دينية وغيردينية . يذهب المسلمون يوم الجمعة إلى المساجد ظهرا فيصلون صلاة الجمعة ويستمعون إلى القرآن الكريم ويصغون إلى خُطبة الجمعة . أما المسيحيون فيجتمعون في الكنائس يوم الاحد للعبادة والصلاة فيُنشِدون التَرانيم ويستمعون إلى قراءة من الكتاب المقدس وإلى الخطب الدينية .ومن الاعياد الدينية عند المسلمين عيد الفِطْر وعيد الأضْحى وذكرى مولد النبي محمد . ويحتفل المسلمون في بعض الاقطار بموالد دينية اخرى مثل مولد السيدة زينب ومولد الحسين في مصر وهي احتفالات شعبية كبيرة تدوم اياماً . ويعتبر يوم « عاشوراء » من المناسبات الدينية الهامة عند المسلمين الشيعيين . ومن الملاحظ ان هذه الاعياد والمناسبات تقع في اوقات مختلفة من السنة الميلادية عاماً بعد عام وذلك لانها تعتمد على السنة الهجرية القمرية ذات الايام الـ ٣٢٨ وهي اقصر من السنة الميلادية الشمسية البالغ طولها ٣٦٥ يوما. ويحتفل المواطنون المسيحيون ايضا باعيادهم الدينية كَعيدِ الميلاد وعيدِ القِيامَة وعيد العَذْراءِ مريم واعياد القدّيسين وغيرها . ولهذه الاعياد مكانة خاصة في نفوس العرب فيفرحون بها ويذهبون إلى أماكن العبادة من مساجد وكنائس ويشترون الملابس الجديدة ويعدّون الحَلْويات والكَعْك ويستقبلون الاقارب والاصدقاء ويرسلون بطاقات التهاني أو المُعايَدَة التي تحمل عبارات مثل « كل عام وانتم بخير » او « عيد مبارك » او « عيد سعيد » او « اطيب التمنيات بالعيد السعيد» ، كما توزّع اللحوم على الفقراء بمناسبة عيد الأضحى . اما الاعياد غير الدينية فمنها الوطنية كعيد الاستقلال او الاعياد الخاصة ببعض المواسم كعيد الربيع (نوروز) الذي يحتفل به الاكراد وعيد شَمِّ النَسيمِ الذي يحتفل به المصريون في اوائل الربيع والذي يقع بعد عيد القيامة مباشرة .

sing hymns

Ashura

lunar

solar

the Virgin Mary

sweets; cake

exchange of felicitations

festive seasons

ب. القراءة الأولى السريعة

الأسئلة العامة

١. استخراج الأفكار الرئيسية

ما المواضيع الرئيسية التي جاء ذكرها في هذا المقال ؟

جـ. القراءة الثانية المركّزة

١. الأسئلة التفصيلية

أ) وضع الهيكل (outline)

اقرأ/اقرأي المقال بعناية ثم ضع/ضعي هيكلاً يحتوي النقاط الرئيسية وأهم تفاصيل هذا المقال استعداداً لمناقشتها في الصف .

ب) الصواب والخطأ

ضع/ضعي « صواب » (ص) بجانب الجمل التي تحتوي على معلومات صحيحة ، « خطأ » (خ) أمام الجمل التي تشمل معلومات غير صحيحة ، ثم صَحِّح/صحّحي ما تجده/تجدينه من أخطاء .

١) تعتبر وجبة الغداء وجبة الطعام الرئيسية في معظم الاقطار العربية .
٢) يقوم المواطنون احيانا ببعض الالعاب الرياضية في النوادي .
٣) من العادات الشائعة تقديم الحلويات او الشاي او القهوة او جميعها معا عند تبادل الزيارات بين العائلات العربية .
٤) يحدد الاقرباء عادة موعد الزيارات قبل القيام بها .
٥) لا يهتم المواطنون العرب بالالعاب الرياضية وما يكتب عنها في الصحف .
٦) الموسم السياحي في كثير من البلدان العربية يقع في فصل الصيف .
٧) يتم الزواج في العالم العربي بشكل عام في سن متأخرة .
٨) يأتي عيد الفطر «العيد الصغير» في نهاية شهر الصيام عند المسلمين .
٩) يزور المسلمون عادة قبر النبي محمد في المدينة احتفالا بذكرى مولد النبي محمد .
١٠) للنوادي وظائف ثقافية وسياسة بالإضافة إلى وظيفتها الاجتماعية .
١١) عبارة «كل عام وانتم بخير» من عبارات التهاني الشائعة في ايام الاعياد .
١٢) يوزع المسلمون عادة الحلويات والملابس على الفقراء بمناسبة عيد الاضحى .
١٣) عيد الاستقلال من الاعياد الوطنية التي يحتفل بها المواطنون المسلمون والمسيحيون .
١٤) عيد الربيع من الاعياد المعروفة عند المصريين منذ بداية تاريخهم .

٢. المفردات والتعبيرات المفيدة

أ) أسئلة

أجب/أجيبي عن الأسئلة التالية :

١) ساعة مبكّرة

ما المناسبات الخاصة التي يُفيق فيها الناس في ساعة مبكّرة ؟

٢) ساعات/أوقات الدوام

ما هي ساعات الدوام في البنوك والمحلاّت التجارية ؟

٣) فترة

ما طول فترة الغداء عادةً ؟

٤) الراحة

ما فترة الراحة بالنسبة لك ؟

٥) وجبة

متى تتناول/تتناولين وجبة الفطور ؟ الغداء ؟ العشاء ؟

٦) أماكن التسلية

اذكر بعض أماكن التسلية التي تذهب إليها .

٧) الألعاب الرياضية

ما الألعاب الرياضية التي تشترك/تشتركين فيها ؟ التي تشاهدها/تشاهدينها ؟

٨) احتلّ مكانة

ما القضايا التي تحتلّ المكانة الأولى الآن في تفكير العلماء والمفكرين ؟

٩) التهانئ

ما المناسبات التي تقدم فيها التهاني عند العرب ؟ ماذا يُقال عندئذٍ ؟

ب) تعريف العبارات

فسِّر/فسِّري العبارات التالية بكلماتك الخاصة

١) يوم الراحة
٢) يتبادلون الحديث
٣) مواضيع الساعة
٤) من غير ميعاد سابق
٥) من المعتاد
٦) رابطة وثيقة
٧) القاعدة العامة
٨) كل عام وأنتم بخير
٩) أوائل الربيع
١٠) فترة ما بعد الغداء
١١) دور بالغ الأهمية

٣. التراكيب المفيدة

أ) النعت (modifiers)

تحليل

جاء في النص عدد من الأمثلة على النعت . أعط/أعطي مثلين على كل نوع محدداً/محددة النعت ونوعه والمنعوت .

ب) المجهول

تحليل

جاء في النص عدد من الأمثلة على المجهول (أفعال وأسماء مفعول) . حدد/حددي موضعها وضع/ضعي عليها الحركات المناسبة .

جـ) وظيفة المصدر المؤول

تحليل

حدد/حددي موضع المصدر المؤول في النص وبين/بيني وظيفته في جملته .

د) المبتدأ المؤخر

إكمال

أكمل/أكملي « من العادات ... » باستخدام حقائق وأفكار من النص كما في المثالين التاليين :

مثال ١ : من العادات العربية أن يُقبل / إقبال الناس على الزواج في سن مبكرة .

مثال ٢ : من العادات العربية أن تقدّم / تقديم القهوة للضيوف .

هـ) تركيبان وصفيان

جاء كلمة « بالغ » مرتين في النص : بالغ الأهمية (المقطع السابع) والبالغ طولها (المقطع الثامن) . بين/بيني مَعْنَيَيْهما ومعنى ونوع كلٍ من التركيبين .

القسم الثالث : المراجعة

أ. القراءة الجهرية

لندا : سيعمل والدي خبيرا في وزارة الزراعة الليبيّة ونفكّر جميعا بالسفر معه الى ليبيا والاقامة هناك . فهل تسمح باعطائي بعض المعلومات المتصلة بحياة العرب وتقاليدهم ؟

جمال : قبل كل شيء ، ارحب بك وباهلك الى ليبيا ، وانا متأكد انكم ستشعرون بالسعادة والطمأنينة أثناء اقامتكم هناك ، خاصة وان والدك سيشغل منصب خبير في الدولة . وبالنسبة للعادات والتقاليد العربية بماذا تريدين ان نبدأ ؟

لندا : لِنبدأ الحديث عن العمل اليومي اذا سمحت .

جمال : يبدأ الموظفون عندنا اعمالهم في الدوائر الحكومية في ساعة مبكّرة من النهار حوالي الثامنة صباحا ، ويستمر العمل حتى الساعة الثانية او الثالثة بعد الظهر . ثم يعودون الى بيوتهم لتناول وجبة الغداء ، وهي الوجبة الرئيسية اليومية .

لندا : هل يعودون الى العمل بعد تناول الغداء ؟

جمال : الموظفون الحكوميون لا يعودون الى العمل ، اما الموظفون الذين يعملون في الاعمال الاخرى فيرجعون لمواصلة اعمالهم في الساعة الخامسة مساء وحتى الثامنة أو التاسعة .

لندا : ماذا يعمل الناس عادة في المساء ؟

جمال : بعض الناس يقضون اوقاتهم في المقاهي او النوادي يقرأون الصحف ويستمعون الى الانباء المحلية والعالمية ويشاهدون برامج التلفزيون ويلعبون بعض العاب التسلية ويشربون القهوة والشاي . والبعض الاخر يذهبون بصحبة عائلاتهم الى السينما او يقومون بزيارة بعض الاقرباء والاصحاب .

لندا : وكيف تتم هذه الزيارات ؟

جمال : ليس من الضروري في بلادنا تحديد ميعاد سابق قبل القيام بالزيارة كما هو الحال في امريكا وأوربا ، خاصة أنّ هذه الزيارات تتم عادة بين افراد العائلة الواحدة او الاقرباء . ولا بد لي هنا من ان اذكر ان اهل البيت عادة يقدمون في مثل هذه المناسبات الحلويات والشاي او القهوة او جميعها معا . ومن عبارات الترحيب الشائعة عبارة « أهلا وسهلا بكم » ، وعند تقديم القهوة او الشاي او الطعام عبارة « تفضلوا » . ويقول الزائر عادة بعد تناول الطعام او الحلويات او القهوة او الشاي لاهل البيت « دائما » او « في الافراح » او العبارتين معا « دائما في الافراح » .

لندا : هذه عادات حسنة تعجبني كثيرا . والان أوَدُّ ان اعرف بعض العادات المتّبعة في الزواج ؟

جمال : يقوم الآباء والامهات عادة باختيار الزوج او الزوجة لابنائهم ولكن موافقة الابناء والبنات ضرورية جدا . فاذا وافق الشاب او الفتاة على الزواج تقوم عائلتاهما بتحديد المهر يوم الخطوبة وكذلك يوم كتابة عقد الزواج والاحتفال بالزواج . ويدوم الاحتفال بالعرس حوالي أسبوعاً في بعض المناطق الريفية .

لندا : ماذا يعمل الناس خلال اسبوع الاحتفالات في القرى ؟

جمال : يذهب اصدقاء العريس الى بيت العريس وهناك يشربون القهوة او الشاي ويتناولون الحلويات ويقومون بالرقص والغناء الى ساعة متأخرة من الليل وتذهب النساء الى بيت العروس لتناول الشاي او القهوة والقيام بالرقص والغناء ايضا .

لندا : سمعت ان الزواج بين الاقرباء ليس محرّما عندكم .

جمال : هذا صحيح ، فالزواج بين ابناء وبنات العم والخال شائع عندنا بين المسلمين والمسيحيين .

لندا : وكيف يحتفل العرب بالاعياد ؟

جمال : عندنا اعياد دينية كعيد الفطر وعيد الاضحى عند المسلمين وعيد الميلاد عند المسيحيين . ويحتفل الناس بالعيد بلبس ملابسهم الجديدة والذهاب صباحا الى الكنائس او المساجد للصلاة ، وبعد عودتهم يتبادلون الزيارات لتقديم التهاني بالعيد وتناول الحلْويات والقهوة والشاي ، ويقدم بعض الناس الى اقربائهم الهدايا في هذه المناسبة . وهناك ايضا اعياد قومية غير دينية كعيد

« الاستقلال » او اعياد خاصة ببعض الأحداث الهامة او المواسم . وفي هذه الاعياد ينقطع الناس عن العمل ويخرجون مع عائلاتهم الى الحدائق العامة واماكن التسلية ويقوم البعض بتبادل الزيارات .

لندا : وماذا يعمل الموظفون اثناء العُطَل ؟

جمال : تسمح معظم الحكومات العربية للموظفين الرسميين فيها بالعودة خلال العطل الى بلدانهم الأصلية على حسابهم الخاص لزيارة اهلهم واقاربهم او القيام بزيارة بعض المدن او المواقع الهامة التي يرغبون في زيارتها .

لندا : هل تستطيع المرأة التنقّل من مكان الى مكان بحرية هناك ؟

جمال : تذهب النساء عادة الى الاسواق او المتاجر (shops) او الاماكن العامة بصحبة ازواجهن و ابنائهن او اقاربهن . غير ان المرأة الاجنبية تستطيع اذا ارادت الخروج الى هذه الاماكن بدون الرجل . فالناس عندنا يحترمون الاجانب وتقاليدهم وعاداتهم .

لندا : سؤالي الاخير حول بعض النشاطات التي يهتم بها الناس عندكم .

جمال : يهتم العرب بالنشاطات الرياضية بمختلف انواعها كركوب الخيل او كرة القدم « الفوتبول » . ويحبّون الحركة والتنقل دائما . ولذلك تجدين الكثيرين منهم يعملون في بساتينهم الخاصة أو في حقولهم واراضيهم .

لندا : هذه المعلومات تجعلني اطير شوقا للسفر والاقامة في ليبيا . فشكرا لك يا جمال .

جمال : اتمنى لك ولعائلتك التوفيق في بلادنا .

ب. معاني المفردات والتعبيرات

١. ملاءمة وتحويل

أكمل/أكملي خمساً من العبارات في العاموود الأول (بعد إضافة جملة اسم موصول وصلته relative clause) أو صفة مناسبة باختيار أكبر عدد من مصادر الأفعال التي في العامود الثاني وإضافة سياق (content) مفيد لها .

مثال : من الظواهر الهامة التي شهدها القرن العشرون بروز اليابان كقوة اقتصادية وإعادة بناء أوروبا بعد الحرب والتغلّب على الأمراض القاتلة وتحرير شعوب آسيا وافريقيا من السيطرة الأجنبية .

من الظواهر		
من المقترحات	احتفظ	تغلّب
من المبادئ	ثبت	قتل
من المظاهر	تعهّد	تحمّل
من الأخطاء	استغلّ	تمنٍّ
من الوسائل	وزّع	تبيّن
من الحقائق	لجأ	برز
من التقاليد	استهلك	تسامح
من الاتجاهات	ثري	ارتفع
من المفاهيم	نما	حرّر
من المعلومات	أعاد	أنجز
من الغايات	انتهز	شكّل
من الإنجازات	قضى على	كوّن
من الملاحظات	أحسّ	فصل
	قدر	وفّر

جـ. تدريبات القواعد

١. معاني « من »

بين/بيني معاني «من» في كل من الجمل التالية .

١. من اقوال النبي محمد « انا من قريش » .
٢. سأزورك في يوم من الايام .
٣. من المعروف ان الاديان العالمية الثلاث ظهرت في الشرق الاوسط .
٤. اخي نبيل اقوى منّي .
٥. منهم من وافق على تأجيل الانتخابات ومنهم من لم يوافق .
٦. تعجبت من جهلها .
٧. تشجيع التعليم المهني امر من الامور المهمة في العالم العربي .
٨. اكلت بلذة مما طبخته زوجتي .
٩. هاملت من اروع ما قرأته من كتب .
١٠. هذه الكتب الثلاثة هي كل ما رأيته من الكتب التي صدرت هذا العام .
١١. ما لي من صديق سواك .
١٢. ما من احد يقدر على العيش وحده .
١٣. اشتريت لابنائي ثلاث قطع من القماش .
١٤. من الصعب ان ندرس احوال المرأة في جميع البلاد العربية .
١٥. غرضه من السفر الى امريكا هو ان يتم تعليمه .
١٦. من مميزات اللغة العربية انها تحافظ على كثير من خصائصها القديمة .
١٧. نعرف ما يواجهه الاساتذة من صعوبات في تدريس اللغة العربية .
١٨. ارجو ان لا يكون قوله ان العرب يسيرون من سيّء الى اسوء صوابا .
١٩. يا لها من فتاة رائعة الجمال .
٢٠. ما اورعه من مدرس .
٢١. حسُنَ الزيت من احوال الشعب العربي .
٢٢. طلب منه ان يخرج من بيته .
٢٣. جاءتني رسالة من دمشق .
٢٤. انتظرنا من الساعة الرابعة حتى الساعة السابعة .
٢٥. رجع من امريكا دون ان يرى اهله .
٢٦. اتفقت على موعد معها من غير ان اراها .
٢٧. لا أصدّق ما قيل من أن القضية صعبة الحلّ .

٢٨. ليس من العدل أن ننسى كل ما حققناه من تقدم .
٢٩. تتألف الشعب الأمريكي من مجموعات متعددة الأصل والجنس .
٣٠. للمجتمع العربي كغيره من المجتمعات عادات وتقاليد خاصة به .
٣١. رفض أن يزوج ابنته من غنيّ .
٣٢. ذهب إلى الملهى دون أن يُعْلِم أحداً من أهله .

٢. معاني الفعل الماضي
وضّح/وضّحي معنى الفعل الماضي في الجمل التالية

أ) المشاعر الانسانية واحدة مهما اختلفت الاديان .
ب) مريم : هل هذه هي المرة الاولى التي تتركين فيها اهلك ؟
ليلى : لم اقضِ ليلة خارج بيتنا .
جـ) وتكلم الصوت : لقد عرفت النساء .
د) وقد تأخر ظهور الجامعات في مصر حتى سنة ١٩٠٨ حين انشئت الجامعة المصرية .
ه) سنسافر الي اوربا في العام القادم ان شاء الله .
و) لو آمنت قلوبهم بالاصلاح حقا لعملوا اكثر مما يقولون .
ز) قالت الأم لابنها قبل سفره : « حفظك الله وأوصلك بالسلامة أرجعك إلينا سالماً » .
ح) هل من حق المواطن أن يسافر إلى الخارج في أي وقت شاء ؟
ط) من فقد إيمانه وثقته بنفسه فَقَدَ كلّ شيء .
ي) قال الأستاذ لطالبه : « احفظ هذا الشعر وردّده » .
أجاب الطالب : «لقد حفظته منذ الصّغر » .
ك) قال لها : « هل تقبلين أن تكوني زوجة لي ؟ »
قالت : « قبلت » .
ل) سافر الطّهطاوي الي فرنسا ليكون اماما للبعثة العلمية التي كان قد ارسلها والي مصر محمد علي .
م) عُرف بطرس البستاني بلقب "المعلم الثالث" وهو لقب يدل على اهمية البستاني ومكانته اذا تذكرنا ان ارسطو كان يعرف في التاريخ العربي باسم المعلم الاول والفارابي بالمعلم الثاني .
س) عندما تزورني في العام القادم اكون قد انتهيت من دراسة الدكتوراة .
ع) سمعت بزواجك ، جعلك الله وزوجتك اسعد زوجين .

٣. أفعال المبادلة بالمثل : فاعل <—> تفاعل (reciprocity)

بين/بيني العلاقة بين كل فعلين من الأفعال التالية (الفعل الذي تحته خط هو الفعل الذي درسناه)

مثال : جاور / تجاور . تجاوروا تعني جاور أحدهما الآخر أي عاش كل منهما بجوار الآخر .

سامح / تسامح	ساوى / تساوى	صادق / تصادق
عامل / تعامل	واجه / تواجه	عاون / تعاون
ناقش / تناقش	حاسب / تحاسب	شارك / تشارك
بادل / تبادل	راسل / تراسل	قابل / تقابل

٤. إضافة مضافها صفة (= اسم فاعل / اسم مفعول / صفة مشبّهة)

أ) تكوين جمل

ضع/ضعي ثمانية من التراكيب التالية في جمل مفيدة تبرز معناها ثم عبّر/عبّري عن كل تركيب بتركيب آخر له معناها .

مثال : تتألّف الشعوب الحديثة النشأة من أقوام متعددي الجنسيات والمذاهب .

الشعوب الحديثة النشأة = الشعوب ذات النشأة الحديثة
الشعوب التي نشأتها حديثة

أقوام متعددي الجنسيات والمذاهب = أقوام ذوي جنسيات ومذاهب متعددة
أقوام جنسياتهم ومذاهبهم متعددة
أقوام لهم جنسيات ومذاهب متعددة

ثابتة الأركان	ضعيفات الإرادة	العظيم الشان
الذائعو الشهرة	كامل الصفات	بعيدا النظر
موحّد الأهداف	الشائع الاستعمال	دائمو الحركة
واسعي الثراء	افريقي الأصل	صغيرات السن

ب) ملاءمة ووضع في سياق

اختر/اختاري مضافاً من العامود الأول (I) وكلمة أو أكثر من الكلمات من العامود الثاني (II) بحيث تكوّن/تكوّنين إضافة مفيدة لها معنى . أضف/أضيفي موصوفاً مناسباً كلمات أخرى من عندك كمضاف إليه .

مثال : عظيم

عظيم الأهمية / الشان / القيمة

مشروع عظيم الأهمية / الشان / القيمة

I		II	
ثقيل	الأركان	القيمة	الاستعمال
سطحي	التفكير	الإمكانيات	العقيدة
عميق	الأهداف	الإحساس	العناصر
قليل	الصفات	الإجراء	الأغراض
سريع	الحركة	الإرادة	الاتّجاه
مُمَيَّز	الجذور	المشاعر	الفهم
مُحَدَّد	الدخل	السمع	الصفات
قويّ			
مُوَزَّع			

د. الترجمة

القسم الرابع : التطبيقات

أ. النشاطات الشفوية

١. أسئلة

أ) ما رأيك في العادات والتقاليد العربية التي درست عنها في هذا الدرس ؟ أيّ هذه العادات والتقاليد أعجبتك أم لم تعجبك ؟ ولماذا ؟

ب) ما أوجه الاختلاف بين العادات والتقاليد العربية وعادات وتقاليد بلادك من ناحية :

١) أوقات الدوام الرسمي

٢) تبادل الزيارات

٣) موضوع الزواج

٤) الاحتفال بالأعياد

٢. مواقف

تصوّر/تصوّري انك دعيت لتناول طعام الغداء في بيت عائلة أردنية في عمان بمناسبة عيد الفطر . وقدّم/قدمّي للعائلة بعض كلمات الشكر والتهنئة بالعيد قبل عودتك الى الفندق أو مكان سكنك .

ب. النشاطات الكتابية

إنشاء

١. اختر/اختاري موضوعاً واحداً فقط :

أ) بعض العادات والتقاليد المتّبعة في تبادل الزيارات والزواج في بلدك . (١٠٠ كلمة)

ب) رسالة لصديق عربي تخبره/تخبرينه فيها عن بعض التقاليد والعادات العربية التي تعجبك . (١٠٠ كلمة)

جـ) بطاقة تهنئة :

١) إلى صديق أردني مسيحي بمناسبة عيد الميلاد

٢) إلى أمك بمناسبة عيد الأم

٣) إلى صديقة بمناسبة تخرّجها

٤) إلى قريب لك بمناسبة زواجه

ملحقات : دراسات معجمية

أ. المفردات من جذر واحد

ح ل ل

١. حَلَّ ـُـ ه ، حَلّ	
حلّ المشكلةَ / المسألةَ الحسابيةَ	to solve the problem
حلّ المِلْحَ	to dissolve the salt
حلّ الحزبَ / البرلمانَ	to dissolve the party/parliament
حَلَّ ـُـ / ـِـ ، حَلّ / حُلول	
حَلّ المكانَ / بالمكانِ	to stop, stay at a place
حَلَّ مَحَلَّه	to take s.t.'s/s.o.'s place, replace, supersede
حلّ منه محلَّ الاستحسان / التقدير	to meet with s.o.'s approval/appreciation
حَلَّ ـِـ ، حَلال / حِلّ	to overwhelm, befall; be or become lawful, permissible
٢. حَلَّلَ ه ، تَحْليل	to dissolve, resolve (into its components) decompose, act as a solvent; analyze; to make/declare lawful, permissible, justify, absolve, exculpate
٣. أَحَلَّ ه ، إِحْلال	to cause to take or occupy, replace (s.o./s.th. by), take s.o./s.th. as substitute for; to declare lawful, legally permissible
٤. تَحَلَّلَ ، تَحَلُّل	to dissolve (intransitive), disintegrate
تَحَلَّلَ من	to extricate o.s./free o.s. from

٥. انْحَلَّ ، انْحِلال :

انحلّت المشكلةُ	the problem became solved, unravelled
انحلّ الجسمُ	the body became weak, slack
انحلّت الأخلاقُ	the morals disintegrated
انحلّت المادّةُ	the matter was dissolved, broken up

٦. احتلّ ه ، احتِلال (انظر في « ب. » رقم ١٠)

٧. استَحَلَّ ه ، استِحْلال	to regard s.th. as permissble, lawful;
	to regard as fair game, usurp
استحلّه الشيء	to request that s.th. be made permissble for s.o.

٨. حَلّ - حُلول	untying; solution (to a problem);
	dissolution, breaking up (of an organization); release, freeing, liberation
قابِل للحَلّ	solvable, soluble
أهل الحَلّ والرَبْط	those in power

٩. حِلّ :

أنت في حِلّ من ...	you are free to ..., you are at liberty to ...

١٠. حَلال (عكس حرام)	that which is lawful, permissble
ابن حَلال	decent fellow

١١. حُلول	advent, arrival (of a time)
أهنئك بمناسبة حلول العيد	

١٢. مَحَلّ - مَحالُّ / مَحَلّات :

محلّ العمل	place of employment
محلّ الإقامة	place of residence
محلّ تجاري - محلّات تجارية	business, firm, shop
محلّ اللهو / الملاهي	amusement center
محلُّ نزاعٍ	object of controversy
محلّ نَظَرٍ	s.t. striking, deserving attention

لا أرى مَحَلاً للعجب	there is nothing astonishing about
في محلّه	in his/her/its place/stead
في محلّه (في غير محلّه)	proper, suitable (improper, unsuitable)
لا محلّ له	out of place
١٣. مَحَلّيّ	local, native, indigenous
أخبار / شؤون محلّية	local news
إنتاج محلّي	local production
المحلّيّة	localism (as opposed to globalism, universalism)
١٤. تَحْليل - تَحاليلُ :	
مَعْمَل/مُخْتَبَر تحاليل	lab for chemical or medical analyses
التحليل النفسي	psychanalysis
بالتحليل	in detail
١٥. تَحْليليّ :	
بحث تحليلي	analytical study
عَقْل تحليلي	analytical mind
١٦. انْحِلال	dissolution, breakup
انحلال أخلاقي	moral breakup
١٧. احتلال :	
قوات الاحتلال	occupation force
١٨. مَحْلول - مَحاليلُ	liquid solution
١٩. مُنْحَلّ - مُنْحَلّون	morally corrupt
مجتمع مُنْحَلّ	corrupt society
٢٠. حُلَّة - حُلَلٌ	clothing, dress, garb, suit
حُلَّة رسمية	uniform, official dress
حُلَّة السهرة	formal/evening gown

ب. التوسّع في المعاني

١. عيد - أعْياد

عيَّدَ	to celebrate a feast/holiday
عيَّدَ على	to wish s.o. a happy holiday
عايَدَ ه ، مُعايَدَة	to felicitate s.o. on the occasion of a holiday
مُعايَدَة - مُعايَدات	exchange of congratulations on the occasion of a holiday

٢. حَقْل - حُقول :

حقول البترول (الزيت)	oil fields
حقول التجارب	experimental fields, fields for experimentation
دراسة حقلية	field study
ملاحظة حقلية	field observation

٣. دائرة - دوائرُ

دائرة - دوائرُ	office; agency, bureau; department
دائرة - دوائرُ	circle, circumference, perimeter; sphere, scope, range, extent; field, domain
في دائرة (عمله / اختصاصه)	within the framework of ...
دائرة اختصاص	jurisdiction
نقطة الدائرة	crucial point, crux
دائرة المعارف	encyclopedia
الدوائر الرسمية / السياسية	official/political circles or quarters
دائرة انتخابية	electoral district
دائرة دراسات الشرق الأوسط	Dept. of Near Eastern Studies

٤. دام :

ما دام ...	as long as; inasmuch as;
	while he is ..., when he is ...
ما دام هناك	so long as (while) he is there ...
ساعات الدوام (دائماً)	working hours, office hours
دواماً / على الدوام (باستمرار)	permanently, at all times, ever
دَوام	duration, permanence
دائم التقدم والنمو	in a state of constant progress and growth

٥. فَتْرَة - فَتَرات

فترة الانتقال	transition period
بين فترة وأخرى	now and then, from time to time
في الفترة بعد الفترة	at certain intervals, now and then, off and on, once in a while

٦. راحة :

فترة الراحة	pause, rest, recess
بيت الراحة	restroom
راحة البال	peace of mind
الراحة الاسبوعية	weekend

٧. اِسْتِراحَة : rest, repass, relaxation

استراحة - استراحات	intermission, pause
استراحة -- استراحات	waiting room (as in train station)

٨. رِياضَة - رياضات

رياضة بَدَنية	physical exercise, gymnastics
رياضة روحية	religious exercises
علوم الرياضة	mathematics
الرياضة البَحْتة	pure mathematics
الرياضة التطبيقية	applied mathematics
رياضة عقلية	intellectual game, exercise of wits

٩. عُطْلَة – عُطَل :

عطلة رسمية	official or legal holiday
عطلة الأسبوع	weekend
عطلة نهاية الأسبوع	weekend

١٠. اِحْتَلَّ – اِحْتِلال

	to assume/hold/occupy a place, rank, office
	to occupy by force
احتلّ مكان الصدارة	to occupy first place
حَلَّ مَحَلَّه	to take its place, replace it
أحلّه مَحَلَّه	to put s.o./s.th. in its place, replace it with s.th.

١١. وَثُقَ يَوْثُقُ ، وَثاقَة الشخص	to become strong, be firm (person)
وَثُقَ الشيء	to be firm, secure
وَثُقَ من أمر	to be sure, certain of s.th.
وَثِقَ (يَثِقُ) بـ/من (أن) ، ثِقَة / وُثوق	to put faith in, trust, rely on; be confident of/that
	to be confident of/that
يوثَقُ / موثوق به	trustworthy, reliable
روابط وثيقة	firm ties

١٢. شاع ـِ ، شُيوع :

شائعة – شائعات = إشاعة – إشاعات	rumor
شُيوعِيَّة	Communism
شيوعي – شيوعيون	communists

١٣. فَصْل – فُصول	season (s)
	section, chapter; act (in a play); class, grade; semester
فَصَلَ ـِ بين ، فَصْل	to separate
فاصِل – فَواصِلُ	division, partition
فاصِل موسيقي	musical interlude
حُكْم فاصل	final sentence, judgment

١٤. سِنّ [مؤنث] :	age (of a person)
سِنّ - أسْنان / أسِنَّة / أسُنّ	tooth (of a person, of a comb); tip (of a pen)
سِنّ الرُشْد	legal age, age of maturity
صغير السن / كبير السن	young / old
تقدّمت به السن	to become aged, grow older

الدرس الخامس عشر

العَرَبُ في المَهْجَرِ الأمْريكي

القسم الأول : التمهيد

أ. أسئلة قبل القراءة

١. سمّوا بعض الاقليات القوميّة في امريكا/في بلادك ؟
٢. لماذا تركت هذه الأقليات بلادها وحضرت الى أمريكا/في بلادك ؟
٣. كيف تؤثّر الأقليات القومية أو الدينيّة على الحياة في البلاد التي تعيش فيها؟ وكيف تتأثر بها؟
٤. أذكروا أسماء بعض الأمريكيين المعروفين الذين ينتمون الى أصول عربية .

ب. المفردات الجديدة

١. **هاجَر** العرب الى امريكا باعداد كبيرة بعد الحرب العالمية الاولى **ولهِجْرَتهم** اسباب ترجع غالباً الى سوء الاوضاع الاقتصادية في وطنهم الاصلي – شأنهم في ذلك شأن المهاجِرين الاخرين من مناطق العالم الاخرى .

هاجَرَ الى ، مُهاجَرةٌ (خرج من بلد الى آخرفيه للعيش فيه)

هِجْرةٌ (الخروج من ارض الى اخرى للعيش فيها)

٢. **بالنَّظَر إلى** التقدم المدهش في وسائل الاعلام يبدو ان الانسان يعيش احداث العالم كلها ويشارك فيها .

بالنظر الى / لـِ = نظراً الى / لـِ (بسبب / بفضل)

٣. **هِجْرة** (انظر / انظري الى الجملة الاولى)

٤. ان الاسباب التي أدّت الى هجرة العمّال العرب الى اوروبا في النصف الثاني من هذا القرن **تَصْدُقُ على** هجرة مجموعات اخرى من العمال الى حد بعيد حيث ان الاوضاع تكاد لا تختلف .

صَدَقَ ـُ على ، صِدْقٌ (صَلُح ان يقال) — to hold true of

٥. يقول علماء النفس ان **الحالَة** النفسية تؤثّر على نظرة الانسان للحياة وعلى تصرفه وعلى اوضاعه وان الاوضاع لن تتغير الا بتغيّر **الحالَة** النفسية.

حالةٌ - حالاتٌ (وَضْع)

٦. بعد تحسّن الأحوال الاقتصادية في دول الخليج العربي أصبح **مَجالُ** العمل مفتوحاً لعدد كبير من العمال والموظفيّن واصحاب المهن.

مَجالٌ - مَجالاتٌ (حقل / ميدان / فرصة)

٧. لا تستطيع السيارات الكبيرة المرور في هذا الشارع لأنه **ضَيِّقٌ** جداً .

ضاقَ ـِ ، ضيقٌ : ضَيِّقٌ (غير واسع)
ضَيَّقَ ه ، تَضْييقٌ (جعله يضيق)

٨. هذه الارض لا تصلح للزراعة ولا للسكن لانها **تَفْتَقِرُ إلى** الماء .

افْتَقَرَ الى ، إفْتِقارٌ (احتاج)

٩. يقول المَثَل : " العقل **السَليمُ** في الجسم **السَليمِ** " ونستطيع ان نضيف قائلين إنّ **سَليمَ** القلب هو **سَليمُ** العقل والجسم ايضاً .

سَلِمَ ـَ (من) ، سَلامَةٌ (لم يُؤذَ) : سالِمٌ - سالمون وسليمٌ - سُلَماءُ
(صحيح ، ليس فيه مرض)
سَلَّمَ ه (من) ، تَسْليمٌ — to cause to become safe, to save, to deliver (from)

١٠. تتّبع اليابان الآن سياسة اقتصادية سَليمة وذلك بزيادة الانتاج **وإيجادِ** أسواق له في الداخل والخارج و**إيجاد** مجالات واسعة للعمل لمواطنيها .

أَوْجَدَ ه ، إيجادٌ (جعلهُ متوفّراً أو موجوداً)

١١. عدد السكان في الولايات المتحدة كبيرجداً لأن **مِساحَةَ** البلاد واسعة . ومن الملاحظ انه بالرغم من انّ آلاسكا اكبر الولايات **مِساحَةً** الا انها من اقلّها سُكاناً.

مِساحَةٌ - مِساحاتٌ (اتّساع الأرض)

١٢. حاول المدير ان **يُغْرِيَها بالبقاء** في عملها بمختلف وسائل **الإغراءِ** اذ عرض عليها سيارة وراتباً محترماً ومنصباً عالياً في الشركة . لكنها رفضت كل محاولات الاغراء هذه.

أغْرى ه بـ ، إغْراءٌ

١٣. **يَهْرُبُ** الضعيف **مِن** مشاكل الحياة خوفاً منها ، لكن القوي يحاول دائماً مواجهة الصعوبات والتغلّب عليها بشجاعة.

هَرَبَ ـُ من ، هَرَبٌ / هُروبٌ (لم يتمكّن من مواجهة) : هَرْبانٌ
هَرَّبَ ه ، تَهْريبٌ (جعله يَهرُب)

١٤. **عانى** السيد المسيح الفقر والالام والوحدة في سبيل نشر دعوته للمحبة والعدالة والتسامح .

عانى ه ، مُعاناةٌ (تَحَمَّل ، تألَّم مِن)

١٥. إنْ يزداد الفقير فَقْراً والضعيف ضعفاً وَضَرراً بينما يزداد الغني غنىً والمسيطر سيطرة لظُلْمٌ عَظيم .

ظَلَمَ ـِ ه ، ظُلْمٌ : ظالِمٌ – ظالِمون / ظَلَمَةٌ / ظُلاّمٌ

(ظُلْم عكس عَدْل)

١٦. يُضْطَرُّ الناس إلى ترك بلادهم ومدنهم واراضيهم الى غيرها اثناء الحروب والازمات الاقتصادية .

إضْطَرَّ ه الى ، إضْطِرارٌ (جعل من الضروري ان يفعل شخصٌ شيئاً)

١٧. من المتفق عليه ان كولومبوس اكْتَشَفَ امريكا سنة ١٤٩٢ . لكن البعض يعتقدون ان اكْتِشافَ العالم الجديد حدث قبله بقرون واجيال .

اكْتَشَفَ ه ، اكْتِشافٌ (وجده لاول مرة)

١٨. يرحل البدو في الصحراء من مكان الى آخر سَعْياً وَراءَ الماءِ والعشب .

سَعى ـَ وَراءَ / إلى ، سَعْيٌ (عَمِل من أجل ، قَصَدَ ، طَلَبَ)

١٩. ليس من العدل او الحكمة ان يُسمح للحاكم او رجل السياسة ان يتصرف كَيْفَما شاء أو كَيْفَما كان الحال ومهما يكن من الامر دون حساب .

كَيْفَما

٢٠. وعدناه ان نرسل له رداً على رسالته فَوْرَ وصولها دون اي تأخير او تأجيل .

فَوْرَ وصولها (ما إن وصلت)

فَوْرَ + مصدر = فوراً / على الفَوْر / من فورِه (حالاً وبدون تأخير)

٢١. ما ان **اسْتَقَرَّ** المهاجرون **في** اوطانهم الجديدة حتى أخذوا يسعون إلى تشكيل مؤسّسات تهتم بشؤونهم التعليميّة والدينيّة والاجتماعية .

اسْتَقَرَّ بـ / في ، إسْتِقرارٌ (سكن ، بقي في المكان)

٢٢. التساؤلات حول المشاكل الاجتماعية في المجتمع الحديث كثيرة و لعل اهمها : من **يُعْنى بالاولاد** الصغار عندما تدخل الام ميدان العمل ومن **يُعْنى بالآباء** والامهات والاهل عندما تتقدّم بهم السن ؟

عُنِي يُعْنى بـ (الأمر) ، عِنايَةٌ (اهتم به وشُغِل به)
عَنى ه (الأمر) ، عِنايَةٌ (أَهَمَّه)

٢٣. من **خَصائِص** العائلة العربية احترام افرادها للوالدين وعنايتهم بالاقارب وكبار السن وخضوعهم لقيم المجتمع ومحافظتهم على العادات والتقاليد .

خَصيصَةٌ - خَصائِصُ (صفة تميّز الشيئ وتُحَدِّده)

٢٤. وُلِد الانسان ليكون حرّا ولكنه لكي يتمتّع بالحرية كاملةً علينا ان نحرّره من **قُيودِ** الخوف والمرض والفقر والحاجة .

قَيْد - قُيود

٢٥. الانسان النبيل كريم محب للجميع لا **يَبْغُضُ** احداً حتى اولئك الذين آذَوْه واساؤوا اليه .

بَغَضَ ه ـُ ، بُغْضٌ = أَبْغَضَ ه (عكس أحبّ)

٢٦. لا بُد لنا ان نتعلّم من **تَجارِبِ** الحياة لان من لا يتعلّم يُعيد اخطاءه الصغيرة منها والكبيرة .

تَجْرِبَةٌ - تَجارِبُ
جَرَّبَ ه ، تَجْريبٌ / تَجْرِبَةٌ

القسم الثاني : القراءة والاستيعاب

أ. النص الاساسي

العرب في المهجر الامريكي

في الولايات المتحدة الامريكية والبرازيل وغيرها من دول امريكا الشمالية والجنوبية عدد من الجالياتِ العربية ترجع غالبا الى اصل لبناني او سوري مع وجود عدد غير قليل من المواطنين الذين هاجروا من اقطار عربية اخرى كفلسطين والعراق ومصر واليمن . وبالنظر الى ان المهاجرين اللبنانيين اقدم العرب تاريخا في المهجر وان لأبنائهم من الأدباء مكانة خاصة في الادب العربي الحديث ، فاننا سنقتصر على اسباب هجرتهم ونتائجها عِلْما بأن ما يقال عنهم يصدق الى حد كبير على غيرهم من المواطنين العرب الذين هاجروا الى الامريكتين الشمالية والجنوبية .

communities

أسباب الهجرة :

لقد ابتدأت هجرة اللبنانيين الى امريكا في الربع الاخير من القرن الماضي لأسباب مختلفة اهمها :

١. سوء الحالة الاقتصادية . ان السبب الأول والأهَمّ للهجرة كان ولا يزال سوء الاوضاع الاقتصادية في لبنان ، إذْ ان مجال العمل ضيّق لأسباب عدة – منها افتقار البلاد الى مشاريع زراعية وصناعية وتجارية كبرى ، وعدم اتّباع سياسة اقتصادية سليمة تهتمّ بزيادة الانتاج الوطني وبايجاد اسواق خارجية له وبتطوير موارد البلاد الطبيعية – وان عدد السكان في ازدياد مستمر في بلد مساحته ضيقة واحواله الاقتصادية سيئة وامكانياته محدودة .

٢. الأزْدِهارُ الاقتصادي في المهاجر . وقد أغْرى اللبنانيين بالسفر ما بَلَغَهم من أخبار النجاح الذي حققه بعض المهاجرين . وكانت ولا تزال أنظار الراغبين في السفر تتّجه الى البلد الذي تكون حالته الاقتصادية مزدهرة ومجالات العمل فيه وفيرة .

Ottoman

٣. الظلم والاضْطِهاد ، فاضطرَّ عدد منهم الى الهجرة الى بلدان غير خاضعة للحكم العثماني كمصر او اقطار اخرى مثل الولايات المتحدة الامريكية والمَكْسيك والبرازيل هربا من ذلك الحكم الظالم وطلبا للحرية الدينية والفردية.

persecution

٤. طموحُ اللبنانيين . يعرف اللبنانيون بالطموح ، وقد اشتهروا منذ اقدم العصور بحب المُغامَرَةِ والاكتشاف والأسْفار للتجارة وسعيا وراء الرِزْق . ومما شجع المهاجرين منهم ويسّر امورهم انهم اينما ذهبوا وكيفما اتجهوا وجدوا ان اللبنانيين الذين سبقوهم الى تلك البلدان قد مَهَّدوا لهم الطريق وجعلوهم يشعرون فور وصولهم انهم بين اهلهم وفي وطنهم .

high aspirations

livelihood

نتائج الهجرة

اذا حاولنا ان ندرس بعض نتائج الهجرة الى الولايات المتحدة ، فاننا نلاحظ ان الجاليات اللبنانية الأولى قد ظهرت في المدن الكبيرة مثل نيويورك وبوسطن ثم انتشرت الى غيرها من المدن والمناطق وظهر لها نشاط واضح في مختلف المجالات . فما كاد يستقر المهاجرون حتى بدأوا يدركون حاجتهم الى مؤسّسات دينية وثقافية واعلامية تُعنى بشؤونهم . فانشأوا اماكن العبادة من كنائس وجوامع والجمعيات والنوادي الاجتماعية والثقافية التي تقيم الحفلات في المناسبات والاعياد وتعقد المؤتمرات للبحث في ما يهمهم من شؤون . كما نجد ان لهم في بعض المدن مطاعمهم التي تقدم أنواعاً من الأكل العربي وبعض الملاهي التي تقدم نماذج من الغناء والرَقْص العربييّن . واذا كان هؤلاء المهاجرون يُعرَفون باكتسابهم تقاليد البلاد التي يهاجرون اليها واحترامهم لها ، فانهم يمتازون كذلك بالمحافظة على كثير من تقاليد الوطن الأول والعادات الاجتماعية العربية.

dancing

وكانت الصحافة من اهم المجالات التي اهتم بها المهاجرون ودخلوها، فاصدروا عددا غير قليل من الصحف والمجلات الخاصة بهم . وكان أول من فكر باصدار جريدة عربية هما الدكتور إبْراهيم ونَجيب عَرْبيلي اللذان اصدرا «كَوْكَبَ امريكا» سنة ١٨٩٢ في نيويورك ، وكانت تنشر المقالات عن الشعب الامريكي وعن احوال البلاد العربية وتدافع عن الحقوق السياسية للأقطار العربية وتعمل على تقويةِ العلاقات التجارية والثقافية بينها وبين

العالم الجديد . وتوقّفت عن الصدور سنة ١٩٠٩ بعد استمرارها سبعة عشر عاما . ومن الصحف المهمة الاخرى جريدة «الهدى» التي صدرت سنة ١٨٩٨ وحتى سنة ١٩٧١ ، وجريدة « السّمير» الاسبوعية التي اصدرها ايليا ابو ماضي والتي اصبحت فيما بعد جريدة يومية واستمرت تصدر حتى وفاة صاحبها سنة ١٩٥٧ . ونجد اليوم عددا من الصحف العربية التي تصدر في نيويورك وديترويت ك «الهُدى» و«الأصلاح» و«البَيان» و«العالَمُ الجَديد» و«صدى الوطن» و«الرّسالَة» ، والتي تُعنى بأخبار الجاليات المحلية واهم الأخبار في امريكا والعالم العربي وتتناول قضايا العرب وشؤون المهاجرين باللغة العربية او باللغتين العربية والانجليزية معا . كما نجد ان للمهاجرين في بعض المدن برامج اذاعية باللغة العربية تحتوي على الاخبار والتعليقات والاغاني القديمة والحديثة .

ومن أهم آثار الهجرة ظهور ادب عربي في المهجر متأثر بالادب الغربي . ومن أعلامه جُبْران خَليل جُبْران (١٨٨٣ – ١٩٣١) مؤلّف الكتاب المشهور «النَّبِيُّ » الذي ترجم الى اكثر من عشرين لغة ، وأمين الرّيحاني (١٨٧٦ – ١٩٤٠) المعروف برحلاته المتعددة التي قام بها في مختلف الأقطار العربية وكتبه الخاصة بتلك الرحلات وبفضله في تطور النَّثْرِ في الادب العربي الحديث ، وميخائيل نُعَيْمَة (١٨٨٩ – ١٩٩٠) المعروف بِنَزْعَتِه الانسانية والروحية وعدد من الاعمال في الشعر والنَّقْدِ والقصة والمسرحية . وقد تميز أدب المهجر بخصائص متعددة منها تحرره من قيود التقاليد الأدبية ونزعته الانسانية والحَنينُ الى الوطن والتأمل ووصف الطبيعة . وقد أسهم المهجر في تكوين جمعيات أدبية مهمة ك « الرابطة القَلَمية » التي أنشئت في نيويورك عام ١٩٢٠ برئاسة جبران خليل جبران واستمرت في نشاطها حتى عام ١٩٣١ . ولقد كان للادب المهجري تاثير عميق في حركة تجديد الادب العربي الحديث وتطوير اساليبه .

prose, leavings

longing

feelings of warmth for

انظر/انظري القسم الثالث « أ. » « ٢. »

ومن الجدير بالملاحظة انه قد برزت في الاعوام العشرين الاخيرة ظاهرة لها اهميتها ودلالتها الكبيرتين . ذلك ان الامريكيين العرب الذين لم يعرفوا سابقا باهتماماتهم السياسية اخذوا يزدادون نشاطا وثقلا في المجال السياسي ومساهمة في الحياة العامة خاصة في الولايات المتحدة بفضل منظمات مثل « اللَجْنَة الامريكية العربية لِمُكافَحَةِ التَمْييز » والمَعْهَد العَرَبي الأمريكي وغيرها . ومن اهداف هذه المنظمات: اولا الدفاع عن حقوق العرب الامريكيين السياسية بمقاومة " الكليشيهات " والصُوَر النَمَطِية والتمييز خاصة في وسائل

The American-Arab Anti-Discrimination Committee

The Arab American Institute

cliches; stereotypes

الاعلام التي اعتادت ان تصوّر العربي اما كإرْهابيّ قاتل او كشيخ ثريّ متاخّر يستغلّ الغربيين لمصلحته الخاصة ، وباتخاذ الاجراءات القانونية للحفاظ على حقوق من واجه العُنْف والبغض بسبب اصله العربي كما يحدث اثناء ازمات الشرق الاوسط ومنها حرب الخليج الاخيرة ، وثانيا تشجيع مساهمة العرب في الحياة السياسية والحزبية وذلك عن طريق اشتراك مرشحين عرب في الانتخابات المحلية والوطنية وزيادة قوة الامريكيين العرب ونفوذهم السياسيين في الدوائر الانتخابية في مناطقهم وولاياتهم وفي واشنطن، وثالثا إطلاع الرأي العام الامريكي عن المجتمع العربي وقضايا العرب وثقافتهم وعن تجارب العرب الامريكيين في المهجر ، ورابعا الدعوة الى اتباع سياسة عادلة ومُتَوازِنَة نحو العالم العربي تتفق والمبادئ العالية التي قامت عليها الولايات المتحدة الامريكية ومصالح امريكا في المنطقة عن طريق عقد المؤتمرات وتقديم وجهة نظر العرب الامريكيين للحكومة وامام لجان الكونجرس ومطالبة الحكومة الامريكية بتأييد الحركات الديموقراطية والحقوق المَدَنِيَة خارج الولايات المتحدة كما في داخلها.

violence
balanced
civil

هذا وقد اشتهر من المغتربين وابنائهم رجال ونساء في مختلف الحقول الاكاديمية والفنية والتجارية والسياسية . نذكر منهم على سبيل المثال الأستاذ فيليب حِتّي الذي شغل منصب رئيس دائرة اللغات الشرقية في جامعة « برِنْستون » سنوات طويلة وعرف بمؤلفاته التاريخية القيّمة لا سيّما كتابه « تاريخ العرب » ، والاستاذ ارنست مكاريوس استاذ اللغويات في جامعة مشيغان ، والدكتور ادوارد سعيد استاذ الادب المقارن في جامعة كولومبيا ، والدكتور مايْكِل دِبيكي الجَرّاحُ المختص بأمراض القلب ، والدكتورة ايفون حدّاد في جامعة « ييل » ، ونَجْمي التلفزيون الأمريكي داني توماس وابنته مارلو توماس ، وجون سنونو حاكم ولاية «نيو هامشر» ومدير مكتب الرئيس بوش سابقا ، والسناتور السابق جيمز ابو رزق ، ورالْف نادِر المشهور بدفاعه عن مصالح المستهلكين .

westernized
surgeon
TV stars

بعض مصادر هذا النص : أديب مُرُوّة – الصحافة العربية : نشأتها وتطوّرها (بيروت ، ١٩٦١)
عيسى الناعوري – أدب المهجر (القاهرة ، ١٩٦٧) ، الطباعة الثانية

ب . القراءة الأولى السريعة

الاسئلة العامة

وضع الهيكل (Outline)

اكتب/اكتبي رؤوس أقلام (outline form) تشمل النقاط الرئيسية والفرعية التي جاءت في النص .

جـ. القراءة الثانية المركّزة

١. الاسئلة التفصيلية

أ) المطلوب من كل طالب/طالبة بدوره/ها التحدث بالتفصيل عن نقطة فرعية واحدة منب." عاليه .

ب) لماذا يتناول هذا المقال بشكل خاصّ هجرة اللبنانييّن الى أمريكا ؟

جـ) ما خصائص الادب المهجري وما اهميته ؟

د) ما أهداف المنظمات الأمريكية العربية وما الوسائل التي تتّبعها للوصول إلى هذه الأهداف ؟

٢. المفردات والتعبيرات المفيدة

أ) أجب / اجيبي عن الاسئلة التالية :
أسئلة

١) بالنطر إلى
بالنظر الى ضيق مجال العمل في امريكا اليوم ، هل تعتقد ان الهجرة اليها ستتوقّف ؟

٢) يصدّق على
ما الأمور التي تعلّمتها عن العربي والتي تصدق على الأمريكي

٣) الحالات

سم/سمّي بعض الحالات النفسية التي يواجهها كل إنسان .

٤) ضيّق

ما بعض الامور التي يمكن ان يُقال عنها إنها ضيّقة ؟

٥) افتقر

ما الامور التي يفتقر اليها النظام الرأسمالي ؟

٦) عانى

ما بعض الامور التي يعانيها الانسان في حياته ؟

٧) تُعنى بها

ما القضايا الحيوية العالمية التي يجب ان تُعْنى بها منظمة الامم المتحدة ؟

٨) خصائص

ما خصائص النظام الاشتراكي ؟

ب) تعريف الكلمات أو العبارات

اعطِ / اعطي معاني الكلمات او العبارات التالية بكلماتك الخاصة (بعض هذه من كلمات النص التي تحتها خط لكن معناها لم يُعط بالانجليزية في النص لانه واضح من السياق)

جاليات	المغتربين	امكانياته محدودة	الإضطهادجَرّاح
حب الاكتشاف	أعلامه	ارهابي	توقفت عن الصدور
العنف	المبادئ العالية	اصحاب الرأي	الحقوق المدنية
سنفتقر			

٣. التراكيب المفيدة

أ) النصب

جاء في النص عدد من الاسماء (بما فيها المصادر) النكرة (indefinite) المنصوبة . ابحث / ابحثي عنها وبيّن / بيّني وظيفتها ومعناها في جملها .

الاسم	الوظيفة	المعنى
مثال : تاريخاً	تمييز	من جهة التاريخ ، في التاريخ

ب) ما ... من ...

ابحث / ابحثي في النص عمّا جاء من امثلة لهذا التركيب وبيّن / بيّني معنى كل مثال .

مثال : قد اغراهم ما بلغهم من اخبار = اغرتهم الاخبار التي بلغتهم

جـ) الجمل الوصفية

في النص جمل جاءت صفة لموصوف (asyndetic relative clauses). ابحث/ابحثي عنها وبيّن/بيّني موصوفها .

الجملة	موصوفها
مثال : تهتم بزيادة الانتاج	سياسة

د) معنى " اللام "

جاء في النص امثلة عديدة من "اللام" . بيّن/بيّني معنى "اللام" في كل مثال .

هـ) ضمير الشأن

الامَ يشير الضمير في "أنه" في السطر الاول من المقطع قبل الاخير ؟

القسم الثالث : المراجعة

أ. قراءة جهرية

١. العرب في المهجر الأمريكي

ان ما يُقال عن هجرة اللبنانيين الى الامريكتين الشمالية والجنوبية يصدق الى حد كبيرعلى هجرة غيرهم من المواطنين العرب سواء كانوا سوريين ام فلسطينيين ام اردنيين ام مصريين ، غير ان الاسباب المؤديّة الى الهجرة تختلف نوعا ما في الحالتين . فبينما نجد ان الاكثرية الغالبة من العرب ومن بينهم اللبنانيون هاجروا في الربع الاخير منَ القرن الماضي هربا من ظلم الاتراك الذين كانوا يسيطرون على المنطقة العربية ولسوء الحالة الاقتصادية ، وضيق مجال العمل ، فان بقية الاسباب المذكورة لا تصلح ان تكون اساسا لهجرة جميع المغتربين العرب ، اذ لم تشكل الزيادة في عدد السكان في بقية الاقطار العربية الاخرى نفس المشكلة التي حدثت في لبنان لان مساحة أراضيها واسعة لا ضيّقة كما هي الحالة في لبنان ، كما ان التشجيع على الهجرة الذي كان يلاقيه اللبنانيون من اقاربهم في الخارج لم يكن متوفّرا لبقية المهاجرين العرب ، وذلك لعدم وجود اعداد كبيرة من اقاربهم الذين سبقوهم في الهجرة الى تلك البلدان .

ان قيام المغتربين العرب بعد استقرارهم في المهاجر بانشاء جمعيات ومؤسسات ثقافية وكنائس ومساجد خاصة بهم كان ولا يزال له اثر فعال في المحافظة على التقاليد والعادات الاجتماعية العربية وزيادة روابط المحبة والتعاون بين المغتربين العرب ، بالرغم من اكتسابهم تقاليد البلاد التي يعيشون فيها واحترامهم لقوانينها وعاداتها . ومن ناحية اخرى فان مساهمة هؤلاء المغتربين العرب في الحياة الادبية والعلمية والصحافية والتجارية والسياسية للبلدان التي يقيمون فيها وينتمون لها يعتبر اغناء للثروة العلمية والاقتصادية في هذه البلدان . فهناك اليوم اعداد كبيرة من المواطنين العرب الامريكيين من ذوي الاختصاصات المتنوعة في مختلف الحقول يقومون بتقديم الخدمات الكثيرة للمجتمع الامريكي من اجل تقدمه واسعاده والعمل على رفع مستوى المعيشة فيه. ومن الجدير بالملاحظة بان النشاط السياسي بين الامريكيين العرب قد ازداد في السنوات الاخيرة بفضل بعض المنظمات التي تدافع عن حقوق العرب وتشجّع مساهمتهم في الحياة السياسية وتطالب الحكومة باتخاذ سياسة عادلة في الشرق الاوسط .

٢. خصائص الأدب المهجري

للأدب المهجري خصائص متعددة أهمها :

أ) تحرره التام من قيود التقاليد الأدبية القديمة في التعبير والأسلوب ومن كل ما لا يصلح للحياة وللعصر .

ب) أسلوبه الفني الطابع الشخصي الخاص في التفكير أو التعبير أو في كليهما معاً حيث تظهر شخصية صاحبه قوية بخصائصها على الرغم من وحدة الغاية ووحدة الشعور .

جـ) الحنين إلى الوطن والحلم بالعودة إليه بما فيه من حياة بسيطة واطمئنان وطبيعة مبتسمة وجمال شرقي رائع وقرى وأهل هرباً من عالم الغربة وعالم المادّة في المهجر .

د) التأمّل في معنى الحياة وفي الحقائق الروحية والبحث عنها في كل شيء وفي ما يحيط بالنفس البشرية من شك وإيمان ومن أفراح وأحزان ومن خير وشر ومن محبة وبُغضة .

هـ) النزعة الإنسانية التي لا تعرف الحدود ولا الفروق بين بني البشر وتنادي بوحدة الإنسانية والشعوب وتنظر نظرة واسعة إلى الحياة وإلى الوجود وإلى المجتمع البشري كله وتدعو إلى مقاومة النظم التي تفصل بين الإنسان وأخيه الإنسان وإلى إقامة مجتمع إنساني أفضل يسوده العدل والمساواة والمحبة وإلى القضاء على الظلم وتخفيف آلام البشرية وإلى الرابطة الإنسانية الكبرى .

و) وصف الطبيعة التي كان أدباء المهجر جميعاً عميقي الإحساس بها وعميقي الحب لها والاتصال بها والتي كانوا ينظرون إليها على أساس أنها وحدة كاملة متعددة المظاهر موحّدة الخصائص تُشعر الإنسان بأنه جزءٌ منها وإن كان جزءاً بسيطاً جداً .

ز) البساطة في التعبير والاعتقاد بأن البساطة والموسيقى الشعرية والسهولة في التعبيرات هي أساس الجمال في الشعر والفن فجاء أدبهم غنائياً موسيقياً جميلاً رائعاً بمعانيه ومواضيعه وميسراً في كلماته وأسلوبه .

ح) الحرية وهي الركن الأول الذي قام عليه الأدب المهجري سواءً أكان في المعتقدات الفكرية أو الدينية أو الاجتماعية . ولعل المهجريين أهم مجموعة من رجال الفكر العربي الحديث نشرت

معاني التسامح في الدين وجعلت لذلك نصيباً كبيراً من أدب أصحابها . وإذا بحثنا عن الدين لدى أدباء المهجر وجدنا الحرية الفكرية التي لا تؤمن بمذهب مقيم الفوارق بين الإنسان والإنسان بل يدعو إلى التسامح فهؤلاء المهجريون يؤمنون بالله ويدعون إلى الإيمان به ولكنهم لا يرونه بعيون المذاهب التي نشأوا عليها بل يرونه أبا لجميع الناس على السواء ويحبون أن يراه جميع الناس كذلك مهما اختلفت أديانهم بلا فضل لذي دين منهم على ذي دين آخر .

ط) والوصف والتصوير اعتمد الأدباء المهجريون إلى حد كبير على جمال تصوير ودقة الإحساس بمختلف نواحي الحياة والمجتمع والجمع بين العاطفة والفكر الحر مع عمق وحيوية عظيمين فقد أدرك هؤلاء الأدباء معنى الأدب وصلته بالحياة والطبيعة وارتباطهما بالفن والجمال وقدّروا القيم الأدبية الفنية الصالحة للحياة فالتصوير إحدى قرايا الأدب المهجري الجميلة التي برز فيها وقدم منها أنواعاً عجيبة في مختلف صور الحياة ومشاعر النفس البشرية والفكر الإنساني .

ب. معاني بعض المفردات والتعبيرات

١. « ما كاد = (لم يكد) / لا يكاد ... حتى ... = ما إن ... حتى ... »

أ) استعمل / استعملي كل زوج من الافعال التالية (١٠ ازواج) في إطار « ما كاد / لم يكد ... حتى ... » أو « لا يكاد ... حتى ... » حسب الحاجة

مثال ١ : سمع – طار شوقاً

لم يكد المستمع يسمع صوت المذيعة حتى طار قلبه شوقاً لرؤيتها .

Scarcely had the listener heard the broadcaster's voice when his heart was filled with a desire to see her

مثال ٢ : وصل – استقبل

لا يكاد المهاجر العربي يصل الى "ديترويت" حتى يستقبله اهلها العرب بالترحيب .

Scarcely does the Arab emigre reach Detroit when the Arab families meet him with open arms.

شغل منصباً – لعب دوراً	غلب – نسي	.... – قلّ	علا – ....
وجّه – قَبل	أصدر – دافع	عبّر – ...	أصغى – انتبه
بدأ – ازدهر	مضى – ذاع	... – ادرك	... – اضاف

صعد – تساءل	امتدّ – اقتبس	... – خضع	.... – خاب
ابتسم – اطمأنّ	حفظ – ردّد	ركب –	دقّ – ....
أظهر – أخفى	... – بكى		

ب) تكوين جمل

والان كوّن / كوّني جملاً من ٧ ازواج اخرى في إطار " ما إن ... حتى ... "

مثال : ما إن سمع المستمع صوت المذيعة حتى طار قلبه شوقاً لرؤيتها .

ما إنْ يصلُ المهاجر حتى يستقبله اهله بالترحيب .

٢. المترادف

أعط/أعطي كلمة اخرى للكلمات التي تحتها خط

العالم العربي غني بالموارد الاقتصادية والثروات الطبيعية لعدّة عوامل نذكر منها موقعه الجغرافي المهم عند ملتقى القارات الثلاث اوربا وآسيا وافريقيا ، وكذلك مناظره الطبيعية الرائعة وآثاره التاريخية والدينية. وتعتبر الزراعة والمنتجات الزراعية موردا اساسيا يعتمد عليه القسم الاكبر من السكان . كما ان البترول الذي اصبح انتاج البلدان العربية له في السنوات الاخيرة يزيد عن ٢٥ بالمئة من الانتاج العالمي يشكل موردا رئيسيا هاما . وقد أدّى استغلال هذه الموارد الطبيعية وفي مقدمتها الزيت الى نهضة عربية شملت النواحي الاقتصادية والاجتماعية والعلمية . وكان من نتائج هذه النهضة ارتفاع مستوى المعيشة في كثير من الاقطار العربية ، وتقدم التعليم والصناعة وتأسيس البنوك وزيارة عدد المؤسسات خاصةً تلك التي تُعنى بالشئون الزراعية والصناعية وتحسين وسائل النقل والمواصلات .

جـ. تدريبات القواعد

١. معنى " اللام"

أ) بيّن / بيّني معنى "اللام" في كل من الجمل التالية.

١) لي بنت وثلاثة ابناء .
٢) انتظرته لمدة طويلة .
٣) له عليّ مال .
٤) يعجبني لانه طالب متفوق .
٥) ارسلت لاخي رسالة امس .
٦) سافر الى امريكا لاكمال دراسته .
٧) قررت الجمعية العامة لمنظمة الامم المتحدة بحث هذا الموضوع في جلستها القادمة .
٨) « هاملت » مسرحية مشهورة لشكسبير.
٩) فسر رئيس الشركة لموظفيه ما لهم وما عليهم .
١٠) لاعضاء المؤتمر ان يقبلوا أو لا يقبلوا اقتراحي .
١١) وقف المندوبون اكراما للرئيس .
١٢) الصديق للصديق .
١٣) قابلتنا للمرة الاولى عندما كانت طالبة في الجامعة الامريكية .
١٤) يوسُف اخو عَلِيّ لابيه فقط .
١٥) ليكرم كل منكم اباه وامه .
١٦) سأذهب الان لئلا اتأخر .
١٧) ساسافر الى واشنطن لكي اقابل اخي .
١٨) احبّها لذلك تزوّجها .
١٩) لماذا احترق الاكل يا مَيّ ؟
٢٠) لمن هذه السيارة الجميلة ؟
٢١) ظلّ لبضعة ايام لا يعرف ماذا يفعل.
٢٢) لن نفقد الامل في تحقيق اهدافنا لاي سبب من الاسباب .
٢٣) لم الخوف من المستقبل والمستقبل في يد الله .
٢٤) لقد زرتك ثلاث مرات ، لهذا ارجو ان تزورني هذه المرة .
٢٥) حضروا ليعطوا للزوجين السعيدين هدية.
٢٦) اني لا شعر باني في مركز صعب .

٢٧) لو كنت في مكاني لما رضيت بهذا الوضع .
٢٨) كنت كلما اتركها اشعر لتركها بشيء من الحزن .
٢٩) لجبران خليل جبران كتب مترجمة إلى عدة لغات .
٣٠) كان لانتشار الإسلام وتوسعه أثر فعّال في تنظيم حياة العرب .
٣١) قال لأهله : لا بد من الزواج بالمذيعة .
٣٢) لنبدأ حديثنا عن الموارد الطبيعية في الوطن العربي .
٣٣) اعتادت الصحف تخصيص قسم منها لأنباء الرياضة .
٣٤) السعودية وإيران تنتميان لمذهب ديني واحد .
٣٥) كان شعراء الجاهلية يجتمعون في سوق عكاظ ليلقوا قصائدهم الرائعة .

ب) كوّن/كوّني جملاً تشتمل كل معاني "اللام" التي تبيّنْتها من « أ) » .

٢. معنى المضارع

أ) بيّن/بيّني معنى المضارع وزمنه في الجمل التالية

١) شعر بالسعادة عندما بدأ يأكل البيض المقلي .
٢) كان البدو يعيشون في الصحاري .
٣) يصعب عليهم التغلّب على جميع المشكلات التي تواجههم .
٤) عشت لا اؤذي احداً من اهل الارض .
٥) الدين وحده لا يصلح ان يكون الركن الاساسي للقومية .
٦) لن تتزوج من ابن عمتها مهما يكن الامر .
٧) كان الحضر يسكنون المدن ويعملون في الصناعة والتجارة والزراعة .
٨) كان المستمع الكريم يسمح بقلب يطير شوقا .
٩) لم يعد يعرف ماذا يفعل .
١٠) صلوات الله على تلك التي ستجعلني سعيدا .
١١) كانت الروح تصعد الى السماء خائفة .
١٢) كان العرب لا يؤمنون بالله قبل الاسلام .
١٣) العامية هي اللغة التي يتكلمها الناس في حياتهم اليومية .
١٤) وافق مجمع اللغة العربية على مشروع يمكن ان يجعل القراءة سهلة .
١٥) اخذت الروح تسأل نفسها ماذا تقول لقضاتها .
١٦) وقف فريق من الملائكة يستقبلون الروح الصاعدة .

١٧) عشت لا اسيء الى احد من اهل الارض .
١٨) كنت استخدم اللهجة المصرية طول الوقت اثناء اقامتي في مصر .
١٩) كنت ساذهب الى لبنان في الشهر الماضي .
٢٠) سوف لا ازورك غدا .
٢١) يدخل ملك الانكليز فيستقبله صلاح الدين الايوبي بكل حفاوة ويعطيه هدايا ويكرمه .
٢٢) ديزي : لم تتحدث ليلى مع أبيها أمس .
مريم : ماذا تقولين ، يا ديزي ؟ ألن تخبرهم عن أمر زواجها ؟
٢٣) لم أكن أعرف أن عوامل شخصية قد لعبت دوراً هاماً في تطور هذه الأحداث .
٢٤) يعيش البدو في الصحراء . أما أكثرية السكان فتسكن الأرياف أو المدن .
٢٥) أحمد : أرجوك أن تزورني عندما تحضر إلى القاهرة يا بيتر .
بيتر : أعدك بذلك .

ب) كوّن/كوّني جملاً تشمل معاني المضارع المتعددة التي تبيّنتها من « أ » .

٣. الجمع

أعط/أعطي جمع الكلمات التالية في إطار : « مفرد + مِن + جمعه » وصفة مناسبة له .

مثال : عيد
عيد من الأعياد الرسمية

لحظة	أسبوع	حقل	عهد
دائرة	فترة	ناد	جنس
مذهب	نشاط	جو	سبيل
عقيدة	أمل	قانون	كمية
خطة	فرصة	عنصر	قضية
مقياس	أزمة	منصب	مرض
عطلة	اتفاقية	جذر	جزء

٤. الشرط

أ) فعلان مجزومان : أمر + مضارع مجزوم

مواقف

حصلت ابنتك على اول وظيفة لها بعد تخرجها في مدينة بعيدة عنك . قدم/قدّمي لها نصائح في اطار جمل شرطية تحتوي على فعل امر في الشرط مستخدماً / مستخدمة ٧ من الافعال التالية .

مثال : اِسْعَيْ وراء الخير تَجِدي راحةً للنفس
لا تقتربي من السوء تَأْمَنِي منه

انتهز	تمتّع	تبع	بالغ	كوّن
بُعد	أحسّ	فَرِح	اتّخذ	اتّجه
تمنى	احتفظ	استغلّ	وسّع	استند
تحمّل	تغلّب	ثبت	وثِق	لاحظ
أفاق	استراح	هرب	نما	ميّز
صمت	أسف	لجأ	تعهّد	ملأ

ب) " إنْ " الشرطية

اعد/ إعيدي كتابة جملك في « أ) » مع "إن" الشرطية .

مثال : إن سَعَيْت وراء الخير وجدت راحة للنفس
أو إن تَسْعَيْ وراء الخير تَجِدي راحة للنفس
أو إن تَسْعَيْ / سَعَيْتِ وراء الخير فانك ستجدين راحة للنفس

جـ) « مهما » و« حيثما » و« كيفما » و« كلّما »

مواقف

يستعدّ صديق لك للسفر الى بلد عربي للاقامة هناك مدة طويلة . قدم / قدمي له نصائح في اطار جمل شرطية تحتوي على كلمة من هذه الكلمات الشرطية مستخدماً / مستخدمة ١٠ افعال اخرى من القائمة .

مثال : كلما قابلتَ عربياً إِبْدَأْ بالتحية والسؤال عن عائلته.

القسم الرابع : التطبيقات

أ. النشاطات الشفوية

أسئلة

١. تحدث/تحدثي عن شعور رجل الشارع في بلدك نحو المغتربين الجدد من مناطق العالم المختلفة .

٢. أنت مهاجر عربي ترغب في انشاء جريدة أو مجلة عربية وتدعو احدى الصديقات اللواتي تعرفهن للمساهمة في المشروع . حاول ان تشرح لها أهداف المشروع واهميته من النواحي الاجتماعية والقومية والسياسية.

٣. تحدّث / تحدثي عن بعض المغتربين العرب الذين تعرفهم/تعرفينهم معرفة جيّدة .

٤. أنت المشرفة مع اثنتين من طلاب صفك على اقامة حفلة على شرف المغتربين العرب الجدد الذي استقرّوا في المنطقة التي تسكنين فيها . ناقشن المكان الذي ستقام فيه الحفلة وما يجب اعداده من طعام وشراب وكلمات ترحيب وبعض نشاطات التسلية .

٥. قارن / قارني بين نشاط الامريكيين العرب السياسي والنشاط السياسي لجالية اخرى تعرفها/تعرفينها .

٦. ما اوجه الاختلاف بين هجرة العرب بعد الحرب العالمية الأولى والهجرة بعد الحرب العالمية الثانية .

٧. طلب منك ان تلقي كلمة بمناسبة اكتساب بعض المهاجرين الجنسية الامريكية . ماذا تقول/تقولين لهم ؟

٨. لماذا يرغب الملايين من سكان العالم الحصول على البطاقة الخضراء (Green Card)أي حق الإقامة الدائمة في الولايات المتحدة .

ب. النشاطات الكتابيّة

إنشاء

اختر/اختاري موضوعاً واحداً فقط (١٠٠ كلمة)

١. قابل / قابلي أحد أفراد عائلة عربية مغتربة لجمع معلومات عن حياة العائلة في المهجر وماتلاقيه من صعوبات في الحياة ، ثم اكتب / اكتبي موضوعا حول هذه المقابلة .
أو (إنْ لم تجد/تجدي مَن تسأله/لسأليه ما هي الصعوبات التي تظن أنّ أى عائلة عربية مهاجرة تجدها عندما تستقر في بلد غريب ؟)

٢. اختر/اختاري جالية من الجاليات غير العربية المستقرّة الآن في بلدك وتحدّث/ تحدثي عن أسلوب حياتها ومساهمتها في بنائه وتقدمه .

القسم الخامس : القراءة والفهم

الدرس (١٥)

(١) تخليد جبران

بقلم ميخائيل نعيمة

التمهيد

أ. أسئلة : ماذا تفعل الامم لتخليد (immortalize) ذكرى رجالها ونسائها العظام. وماذا نفعل في امريكا لتخليد ذكرى رؤسائنا السابقين.

ب. المفردات الجوهرية :

١. تِمْثال – تماثيل statues

٢. مُهْمَل neglected

ج. الهدف : فهم رأي في نص جدلي

القراءة والاستيعاب

أ. النص : تخليد جبران

ب. القراءة الاولى السريعة :

ما المناسبة لكتابة هذا المقال ؟

ج. القراءة الثانية المركزة

١. الامَ يدعو ميخائيل نعيمة في هذه المناسبة؟

٢. ما معنى الجملة الاخيرة في النص؟

٣. من السياق هل يمكن تحديد او تخمين معنى الاتي

أ. مُبَعْثَرة هنا وهناك (السطر ١٠)

ب. مُحَجّبة (السطر ١٣)

ج. تُحْصى (السطر ١٥)

التعقيب

ان كان في مكتبة جامعتك او مكتبة جامعة قريبة منها ببلوغرافية كاملة لاعمال جبران حاول / حاولي الاطلاع على ما جاء فيها وفهم ما قاله نعيمة عن كونها "مبعثرة هنا وهناك".

جبران خليل جبران ، الطبعة السابعة ، بيروت: ١٩٧٤، ص ٣١٥

تخليد جبران

هذه كلمة أسوقها إلى محبّي جبران في الشرق والغرب ، لا سيّما إلى أولئك الذين يتحدّثون في أمر « تخليده » بالتماثيل وما إليها .

ليس جبران في حاجة إلى مَن يخلّد ذكره في الحجر أو البرونز أو سواهما. فهو أخلد منهما كإنسان . وأبقى أثراً كشاعر وفنّان . ولا نفع له أو لسواه من نَصب يقوم في ساحة ما من مدينة ما فيمسي على التمادي محطة للعصافير ومصيدة للغبار . وإذا كان المقصود من كلّ ذلك « تكريم » جبران فأجمل ما نكرمه به هو نشر أدبه وفنّه بين النّاس . ذاك أمرأ على قلبه بما لا يقاس . وذاك ما أنفق حياته لأجله . فتماثيل تقيمها روحه في أرواح الناس لأعظم وأروع من تماثيل يقيمها له الناس في ساحات المدن وعلى قوارع الطرق .

وهذه مؤلّفات جبران العربيّة ما تزال مبعثرة هنا وهناك بغير ما تنسيق أو تبويب . وهذه مؤلّفاته الانكليزيّة ما تزال في حاجة إلى ترجمة تضارع الأصل ولو بعض المضارعة بجودة أسلوبها وتؤدي معانيها بإخلاص . وهذه رسومه ما تزال محجبة مهملة . فهل أقلّ من أن تُجمع مؤلّفاته العربيّة وترجم مؤلّفاته الانكليزيّة وتُطبع كلّها طبعاً جميلاً بشكل واحد وقطع واحد حتّى يسهل الوصول إليها واقتناؤها على من يشاء ؟ وهل أقلّ من أن تحصى آثاره الفنيّة وتنظم وتعرض في مكان يليق بها ؟ وهل أقلّ من أن ينفق ولو بعض ريع كتبه على تنظيم رسومه وكتبه ؟

إن تشكيل لجنة من ذوي الذوق والفهم للاهتمام بهذه الأمور لأكبر ما يمكن محبّي جبران فعله من أجل أنفسهم وأجل جبران.فهو أعظم كاتب ظهر في الشرق منذ أجيال . وهو متفرّد في فنّه ليس في هذا الشرق وحده الذي لم ينجب بعد رسامين معدودين بل في الغرب الذي يعدّ ذاته ربّ الفن ومهد الفنّانين.

(٢) (القراءة للفائدة الثقافية)

فيما يلي نصّان تعرف/تعرفين مضمونها باللغة الانجليزية معرفة جيدة وقد ذاعت شهرتهما في العالم. اقرأ/اقرأي النصين وحاول/حاولي ان تتعرف/تتعرفي على كيفية التعبير بالعربية عن الافكار في الاصل الانجليزي.

(the original in English)

أ.

«إنّنا نعتقد
هذه الحقائقَ بديهيةً ... إنّ الأفرادَ بأجمعهم قد خُلِقُوا
متساوينَ ، وقد منحَهم خالقُهم حُقُوقاً معيَّنَةً غيرَ قابلةٍ
الانتزاع . ومن هذه الحُقوقِ الحياةُ والحريةُ والسَّعْيُ نحو
السعادة . ولصيانةِ هذه الحقوق تُنشأُ الحكوماتُ بين
النّاسِ ، فتَستمدُّ هذه الحكوماتُ سُلْطتَها العادلةَ من رِضَى
المحكومين . وإنّ أيةَ حكومةٍ — مهما كانَ شَكلُها — إذا
أصبحتْ هَدّامةً لهذه الغاياتِ فَحَقُّ الشعبِ أن يُغيِّرَها
أو يُلغِيَها ويُنشئَ مكانَها حكومةً جديدةً يَضعُ أساسها على
ما يبدُو له من مَبادئَ ويُنظِّمُ سلطتَها على ما يَتراءى له
من أشكال تَضْمَنُ له السّلامةَ والسعادة » .

ب.

« منذ سبعةٍ وثمانين عاماً خَلَقَ آباؤنا فى هذه القارّةِ أُمّةً جديدةً أُبدِعَتْ بروح الحرّية وكُرِّست لفكرةِ أنّ جميع الناسِ خُلِقوا متساوين . والآن نحن منهمكون فى حربٍ أهليّةٍ عظيمةٍ تختبرُ قُدرةَ هـذه الأمّةِ ، بل أيّةِ أمّةٍ كُوِّنَتْ وكُرِّسَتْ هكذا ، على طول الاحتمال .

لقد اجتمعنا فى مَيدانٍ عظيمٍ لتلك الحرب . اجتمعنا لتدشينِ شطرٍ منه كمثوًى أخيرٍ لأولئك الذين وَهَبُوا حياتَهم كيما تعيشَ هذه الأمّةُ . فمن اللّياقة والسَّدادِ معاً أن نفعل هذا حتماً . ولـكنّنا بمعنًى أكبر لا نستطيعُ أن ندشِّنَ ، ولا يمكننا أن نُكرِّسَ ، ولا يَسَعُنا أن نُقدِّسَ هذه الأرض . إنّ الشُّجعانَ ، أحياء وأمواتاً ، الذين جاهدوا هُنا قد كرّسوها إلى مَدًى أبعدَ كثيراً عن قُدرتنا على الإضافة أو النقصان . وقلَّ ما سيلاحظُه العالَمُ أو ما سيذكره طويلا ممّا نقوله هنا ، ولـكنه لن يَنْسَى أبداً ما فعلوه هنا . إنّ الأَحْرَى أن نكرّسَ أنفسَنا — نحن الأحياء — للعملِ الذى لم يَتِمّ بعدُ ، ذلك الذى قامَ بإنجازه بكلِّ نُبلٍ أولئك الذين جاهدوا هنا .

إنّ الأَحْرَى بنا أن نكرّسَ أنفسَنا هنا للواجبِ العظيمِ الباقى أمامَنا — حتى نستمدَّ من هؤلاء الموتى الممجَّدين وِلاءً مُزْداداً لتلك القضية التى وَهَبُوها هُنا وِلاءَهم الكاملَ الأخيرَ ، وحتى تُصمِّمَ تصميماً قاطعاً على أنّ هؤلاء الموتى لم يكن استشهادُهم عَبَثاً ، وعلى أنّ هذه الأمة ، بعنايةِ الله ، سيكون لها ميلادٌ جديدٌ من الحريةِ ، وأنّ حكومةَ الشعبِ ، بواسطةِ الشعبِ ، لأجلِ الشعبِ ، لَنْ تَمّحِى من الأرضِ » .

القسم السادس : الاصغاء والفهم

حديث اذاعي للشيخ عبد الامير صفيّ الدين

التمهيد

أ. أسئلة : ماذا تتوقّع ;ن يقول شيخ يقوم بزيارة لامريكا للمواطنين الامريكيين العرب والمسلمين ؟

ب. المفردات الجوهرية :

١. تَجْوال: سَفَر

٢. انطباع: رأي impression

٣. نُثْبِت وجودنا: نؤكد اننا موجودون ونعمل

ج. الهدف : فهم نص سردي وبعض تفاصيله

الاصغاء والاستيعاب

أ. النص : حديث اذاعي للشيخ عبد الامير صفي الدين

ب. الاصغاء للمرّة الاولى

ما موضوع الحديث الذي استمعت اليه وما المناسبة التي ألقى فيه؟

ج. الاصغاء للمرّة الثانية المركزة

١. ما الامور الثلاثة الهامة التي ذكرها المتكلّم عن العرب في امريكا؟

٢. ما الاقتراحان اللذان قدمهما؟

٣. ماذا تعرف/تعرفين عن الشيخ صفيّ الدين بعد استماعك لحديثه؟

التعقيب

ما رأيك فيما قاله المتكلّم؟

الواصل ، العدد ١١، ١٩٨٠

(٢) أُغنية «اعْطني الناي وغنِّ» (الاصغاء والتمتع)

استمع/استمعي الى هذه الاغنية المسجلة على الشريط من تأليف جبران خليل جبران وتلحين (musical score) الأخَوَيْن رَحْباني وغناء المطربة (singer) اللبنانية المشهورة فَيْروز.

ملحقات : دراسات معجمية

أ. مفردات من جذر واحد

غ ر ب

١. غَرَبَ ـُ عن ، غَرْبٌ — to withgdraw from, leave s.o. or s.th.

وصاح فيه قائلا : أُغْرُبْ عن وجهي ، لا أريد ان أراك مرة أخرى .

غَرَبَ ـُ ، غُروبٌ — to set (as in the sun)

غُروبِ الشّمسِ

ما اجمل غروب الشمس .

غَرُبَ ـُ ، غَرابة — to be a stranger; to be strange, odd

٢ . غَرَّبَ ، تَغْريب — to go westward

غَرَّبَ ه ، تغريب — to expatriate, banish, exile s.o.

٣. تَغَرَّبَ ، تَغَرُّب — to go to a foreign country, be away from one's homeland

تغرّب عن وطنه ليحصل على شهادة.

٤. اغْتَرَبَ ، اغْتِرابٌ — to emigrate

يعيش في البرازيل كثير من المغتربين العرب

٥. اسْتَغْرَبَ ، اِسْتِغْرابٌ — to find s.th. strange; to deem s.th. absurd

لا استغرب ذلك فقد سمعت عنه من قبل .

٦. غَرْبٌ

غَرْباً — westward

٧. غَرْبيٌّ – غَرْبيُّون

٨. غُربةٌ — absence from one's home, strangement, exile

قالت سلوى لهريش : انني اشعر بالغربة مجرد بعدي عن بيتي .

٩. غَريبٌ عن – غُرَباءُ — alien to...

غريب — strange, odd; difficult to understand

ليس من الغريب ان يفعل كذا .

غَريبٌ – أغْرابٌ — peculiarity, oddity, marvel

١٠. غَريبةٌ – غرائب — peculiarity, oddity, marvel

أشجار السيكويا (sequoia)من غرائب الطبيعة

١١. غَرابَةٌ — oddness, oddity, marvel

لا غرابة في كونه غنياً فقد عمل طويلاً وجمع الاموال .

١٢. مَغْرِبٌ – مَغارِبُ — place or time of sunset; west

مغرب الشمس — sunset

بلاد المغرب — The Maghreb, Morocco

مشارق الأرض ومغاربها — the entire world

١٣. مَغْرِبيّ – مَغارِبَةٌ — a North African, Moroccan

١٤. مُسْتَغْرَبٌ — strange, extraordinary, peculiar

ليس مستغرباً ان نجد اللبنانيين في كل بلاد العالم

ب. التوسع في المعاني

١. صَدَقَ ـُ على ، صِدْق	
صدق ـُ ، صِدْقٌ	to speak the truth, turn out to be correct
صَدَقَ في وعده	to keep one' promise
٢. حالة – حالات :	state, condition
حالة – حالات	situation
والحالة هذه	this being the case
في حالة غياب	in the case/event of his absence
كما هي الحالة في ...	as is the case with...
الحالة الراهنة	the status quo
الحالة الجوية	the atmospheric conditions
الحالة المدنية	civil/legal status
٣. مجالٌ – مَجالات	
مَجالُ – مَجالاتُ	classroom, space, scope, range
في هذا المجال	in this connection
٤. افتقر إلى	to be in need of
افتقر	to become poor
فَقُرَ ـُ ، فَقارَة : فَقيرٌ – فُقَراءُ	to become poor
(فَقْرٌ)	poverty
(فِقْرَةٌ – فِقْراتٌ / فِقَراتٌ / فِقَرٌ)	paragraph, passage
٥. سَلِمَ ـَ ، سَلامَةٌ	to be safe, sound, unimpaired
سَلِمَ من	to be free from, escape

٦. عَنَى ـِ ه الأمرُ ، عِنايَةٌ	(the matter) was on his mind, concerned him
عَنِيَ ـَ ، عَناءٌ	to be anxioud; toil, labor
(عَنى ـِ ه بـ)	to mean s.th. by (saying) s.th.
مَعْنى - مَعانٍ	meaning
(مَعْنَوي)	related to meaning; spiritual (vs. material); semantic; mental abstract
(مَعْني بـ)	to be interested in, be concerned with s.th.
(عانى ، مُعاناةٌ)	to endure, suffer
٧. اضْطَرَّ ه إلى ، اِضْطِرارٌ	to oblige s.o. to do s.th.
اُضْطُرَّ	to be forced, compelled
(ضرورة ، ضروريّ)	necessity, necessary
٨. استقرّ	to be settled, settle down in to dwell, linger; to be firmly embedded; to be stable
استقرّ الرأي على ...	it was decided to
لم نستقرّ على حال	we have not arrived at a definitive position
استقرّ أمره على ...	he ended up by ...
(قرّر)	to decide, stipulate, determine
(تقرير - تَقاريرُ)	report
(قارّة)	continent